데이터 사이언티스트

실전 노트

데이터의 핵심부터 포트폴리오까지,
한 권으로 돌파하기

저자 소개

이지영

이화여자대학교 언론정보학과를 졸업하고 외국계 홍보 회사에서 근무했다. 데이터를 다루고 싶어 캐나다 토론토 대학교(University of Toronto)에서 다시 응용통계학을 공부한 후, 요크 대학교(York University)에서 응용통계학 석사 과정을 무사히 마쳤다. 현재는 토론토에 거주하며 데이터 과학자로 일하고 있다. 유튜브 채널 〈Data Scientist 이지영〉에서 토종 문과 출신에서 이과로 전향한 경험을 바탕으로 어떻게 통계 공부를 하면 좋은지, 데이터 사이언티스트의 현업에 대한 내용을 공유하고 있다.

 # 서문

"Everything that has a beginning has an end, Neo."
시작이 있는 모든 것에는 끝이 있다.

영화 매트릭스에서 오라클이 주인공 네오(Neo)에게 한 말이다.

삶 시작 이후 우린 크고 작은, 길고 짧은 시작과 끝을 마주한다. 때론 의무로, 때론 선택으로 무엇을 시작하는 순간 끝을 향해 달려간다. 이 책이 나오게 된 시작점, 그러니까 원고를 제안받았을 때 필자는 둘째를 임신한 워킹맘이었다. 책을 쓰겠다고 한다면 뱃속 아기와 함께 낮에 일하고, 저녁에 첫째를 돌보고, 밤에 원고를 쓰는 생활을 할 것이다. 순탄치 않은 시작이다. 하지만 시작에 있어서, 이상적인 시작점이 과연 얼마나 존재할 수 있을까?

남편의 유학 생활 중 갑자기 통계학을 공부하고 싶어졌다. 20대에 언론정보학을 공부했기에, 서른 살 그것도 낯선 나라에서 선택한 통계학은 인생에 있어서 늦은 시작이었고, 그래서 바람직하지 않은 선택이기도 했다. 내 시작은 중도 포기로 끝을 맺을 수도 있을거란 두려움과 걱정이 가득했다. 우여곡절 끝에 무사히 졸업할 수 있었지만, 여전한 막막함 속에서 구직 활동을 시작했다. 이처럼 매번 나의 시작은 설렘보단 걱정과 두려움과 함께했다.

어느 날 문득, 이러한 나의 경험과 공부의 시간들이 과거의 내 모습과 같이 불안정하고 불확실한 시작점을 마주하고 있는 누군가에겐 도움이 될 수 있을 거란 생각이 들었다.

그래서 이 책은 지금의 내가 과거의 나에게 전달해 주고 싶은 내용을 중심으로 작성했다. 통계학이 어렵지 않다는 것, 통계가 데이터 과학에서 어떻게, 왜 중요한지, 그래서 어떻게 시작을 하면 좋은지 자세히 알려주어 막막함과 두려움을 가지지 않도록 독자들을 도와주고 싶었다. 그래서 독자들이 이 분야를 설렘으로 시작하고 성장하면서 자신만의 목표와 끝을 향해 잘 달려갈 수 있도록 응원하고 싶은 마음을 담아 집필했다. 그리고 이렇게 집필의 끝을 맺는다.

마지막으로 집필을 잘 마칠 수 있도록 지지해준 남편과 집필하는 동안 태어난 둘째, 엄마가 어떤 책을 쓰는지 궁금해하는 첫째, 그리고 한국에 있는 가족에게 사랑과 고마움을 전한다.

베타 리더 추천사

빅데이터가 모든 기업에서 꼭 필요하고 중요한 분야로 주목받으면서 빅데이터를 향한 사람들의 관심이 급속도로 늘어났습니다. 그에 따라 관련 전공이 아니었던 비전공자 중에도 '데이터 사이언티스트'란 꿈을 가지고 고민하는 사람들이 많아졌습니다. 이 도서는 그런 사람들에게 방향을 제시해 줄 수 있는 좋은 도서입니다. 또한, 취업을 준비할 때 제일 막막한 부분이 바로 포트폴리오를 준비하는 것인데 이 책에서는 취업 목적을 위한 포트폴리오 준비 방법 역시 친절하게 잘 다뤄 주고 있습니다. 취업 준비생들은 이 책을 읽으면서 무엇을 공부해야 하고 어떻게 준비해야 하는지 감을 잡고, 회사에 들어가서 '데이터 사이언티스트'로 일을 하는 자신의 모습을 상상할 수 있을 것 같습니다. '데이터 사이언티스트'에 막연한 관심을 가지고 있는 사람이라면, 다양한 예시와 친절한 설명을 통해 보다 구체적인 것을 보여주는 이 책이 큰 도움이 될 거라 생각합니다. '데이터 사이언티스트'가 된 나를 상상할 수 있는 책, 나를 데이터 사이언티스트로 만들어 줄 책이라고 생각합니다.

_ **김홍비**

도서가 굉장히 자세하게 설명되어 있고 짜임새 있게 설명이 이어져서 읽기에 수월했습니다. 제가 진로를 데이터 사이언티스트 쪽으로 잡았을 때, 막상 데이터 사이언티스트가 정확히 어떤 일을 하는지 어떤 역량이 필요한지를 몰랐는데 이 책 하나로 깔끔하게 정리된 것 같습니다. 먼저 데이터 사이언티스트로서, 데이터 사이언티스트가 정확히 무엇인지를 이해하고 "데이터"와 "사이언티스트"로 나눠서 차근차근 설명하는 친절한 저자 덕분에 제대로 이해할 수 있었습니다. 물론 이해하기 어려운 지식들도 많이 나왔지만, 그때마다 설명이 좀 더 세세하게 적혀 있어서 좋았습니다. 다만 세세한 설명이 있어도 처음 이쪽을 접한 사람들보다는 어느 정도 수학적, 통계적, 프로그래밍 지식이 잡혀 있어야 이해할 수 있을 것 같습니다. 그래도 이쪽으로 취업 준비를 하고 있거나 관련 업계에 종사하면서 공부하시는 분들에게는 굉장히 유익한 책이 되지 않을까 생각됩니다.

저도 아직은 지식이 부족해서 완전히 이해하기는 힘들었지만, 데이터 분야를 희망하고 있는 학생으로서 방향을 잡을 수 있게 되었고 어떤 역량을 기르고 어떻게 준비해야 하는지를 잘 알 수 있게 되었던 것 같습니다. 이 책의 베타리더로서 이 책을 읽고 후기를 작성한 경험이 앞으로의 준비에 있어서 큰 도움이 될 것 같습니다. 저처럼 막막했던 분들, 취업을 앞둔 분들, 현업에 종사하고 계시는 모든 분들께 추천드립니다.

_ 박준희

어린 시절 '과학자(사이언티스트)'에 대한 이미지를 생각할 때마다 끊임없이 다양한 연구를 하는 사람을 떠올리곤 했습니다. 하지만 제게 있어서 '데이터 사이언티스트'는 이런 이미지보다는 비교적 가볍게 들리곤 합니다. 아마 "데이터"에 대한 중요성이 높아지면서 데이터 교육이 단순 모델링 위주로 이뤄지고 "금방 사이언티스트가 될 수 있다"라는 메시지가 남용되고 있기 때문이 아닌가 생각합니다. 이런 가벼움을 경계하도록 하는 것이 이번 책의 진가가 아닐까 합니다. 책에서는 데이터를 다루는 방법론뿐만 아니라 데이터를 바라보는 시각에 대해서도 말하고 있습니다. 그리고 저자의 직접적인 경험을 통해 얻을 수 있던 여러 가지 가정 상황은 실제로 유사한 상황이 닥쳤을 때 독자들이 헤쳐 나갈 수 있는 가이드라인의 역할을 해줍니다. 또한, 저자는 마지막으로 데이터 사이언티스트를 꿈꾸는 후배를 위해 포트폴리오 구성 방법까지 친절하게 설명합니다.

'사이언티스트'로서의 무게감과 '데이터'를 다루는 방법에 대한 설명이 함께 담긴 이 책은, 장차 데이터 사이언티스트가 되고자 하는 입문자와 데이터를 단편적으로 공부하고 있는 학습자에게 데이터 사이언티스트까지 도달할 수 있도록 하는 지도와도 같은 안내서이자 필독서라고 할 수 있습니다.

_ 이기창

〈데이터 사이언티스트 노트〉는 단순히 데이터 분석을 위한 학습 도서는 아닙니다. 데이터 분야가 각광을 받고 빠르게 성장하고 있음에도, 필요한 분석 기술을 갖춘 데이터 사이언티스트가 부족하다는 의견이 많다고 하는데, 데이터 엔지니어, 데이터 사이언티스트 분야로 진출하려는 이들에게 저자는 선배 데이터 사이언티스트로서 조언과 노하우를 아낌없이 말해 줍니다. 단순히 조언이 아니라 문제와 문제를 해결하기 위한 접근 방법에 대해 우리가 직접 고민해 볼 수 있도록 유도하는 방식이 매우 신선했습니다. 데이터 직무를 꿈꾸는 사람이라면, 현실적인 조언을 얻을 수 있다고 생각합니다.

_ 이진

이 책은 실제 현업에서 데이터 분석 단계마다 마주하는 다양한 문제를 사례로 제시하고 이를 해결해 가는 도구로 통계와 수학 지식을 제공하고 이를 코드로 구현 및 시각화까지 하는 과정을 전부 보여 줍니다. 정말 재미있게 읽었습니다. 무엇보다 이 책의 매력은 '수준'을 잘 공략했다는 점이라고 할 수 있습니다. 데이터 사이언스에 대한 인기가 높아지는 만큼 적절한 난이도의 책이 필요하다고 생각하던 차에 이 책은 데이터 사이언티스트로서 알아야 하는 필수적인 통계와 수학 지식의 범위를 알려주기 때문에, 혼자 공부하기 좋은 교재가 될 수 있다고 생각합니다. 저처럼 연구 영역에 있는 사람이나 비전공자들은 데이터 그 자체를 다루는 기본기를 놓치는 경우가 많은데, 이 책은 데이터의 속성과 이를 이용할 때 유의해야 하는 점들을 구체적으로 소개하고 있어 매우 유용합니다.

_ 정진숙

데이터 분야의 학습은 모델에 가려져 데이터 자체를 등한시하는 경향이 있다 생각합니다. 본 도서는 실제 데이터 모양을 그려 보고 변경해 가며, 확률/가능도/최대우도추정과 같은 비슷한 개념들은 차이를 밑바닥까지 뜯어보는 등 차별화된 접근법을 사용한, 데이터의 질감을 느끼기 좋은 책이라 생각합니다.

특히, 풍부한 경험이 뒷받침되지 않으면 설명할 수 없는 문제 해결 접근법이나 실무 사례별 "상황"이 풍부하게 제시되는 점이 인상적이었습니다. 그 외에도 커리어를 위한 포트폴리오 작성법, 데이터 사이언티스트 실제 업무, 분야의 전망 등이 담겨 있어 읽는 내내 과외를 받는 느낌이 들었습니다. 데이터 분야의 커리어를 원하는 분들께 꼭 추천하고 싶은 도서입니다.

_ 허민

 **이 책의 구성**

이 책은 데이터 사이언스(데이터 과학) 분야에서 접할 수 있는 다양한 상황을 장마다 소개합니다. 문제 상황과 해결 방법, 관련 지식에 대해 차근차근 풀어드립니다.

1장에서는 데이터 직무를 이해하고 데이터 사이언티스트가 갖춰야 할 역량을 살펴봅니다. 그리고 체크리스트를 통해 지금의 나를 진단해 볼 수 있습니다. 2장에선 "데이터", 3장에선 "사이언티스트"란 단어에 집중해 진정한 데이터 사이언티스가 되기 위해 무엇을 알아야 하는지 자세히 들여다봅니다. 2장에서는 데이터의 무엇이 중요한지, 데이터를 처리하는 과정에서 주의해야 할 점에 대해 알아봅니다. 3장에서는 사이언티스트로서 꼭 알아야 할 기본 통계 개념과 그 개념이 업무에서 어떻게 활용되는지 알아봅니다. 4장에서는 현재 데이터 과학 분야에서 가장 주목받고 있는 핵심 업무를 소개합니다. 더불어 빠르게 신입을 벗어날 수 있었던 필자의 업무 노하우도 소개합니다. 5장에서는 포트폴리오를 준비하는 과정을 소개합니다. 여러분을 성장시킬, 그래서 수많은 이력서 중에도 여러분의 이력서가 돋보일 수 있는 방법을 찾길 바랍니다. 마지막 부록에서는 아직 파이썬이 익숙하지 않은 분들을 위해 윈도우와 맥(Mac) 환경에서의 파이썬 및 주피터 노트북 설치 방법을 소개하고, 데이터를 다루는 사람이라면 꼭 알고 있어야 할 기본 라이브러리인 판다스(Pandas)와 넘파이(Numpy) 라이브러리의 핵심을 설명합니다. 친절하게 도서를 구성했으니, 포기하지 말고 끝까지 잘 따라와 주시기 바랍니다.

마지막으로 도서의 일부 '이미지'와 '코드'에 QR코드가 삽입되어 있습니다. '코드'의 QR코드는 해당 코드를 구글 코랩에서 직접 실행해 볼 수 있는 링크를 담았습니다. 해당 사이트에 접속해서 이미 작성된 코드의 실행 버튼만 클릭해 보세요. 만약 구글 계정이 없어서 구글 코랩을 이용하기 어렵다면, https://bjpublic.tistory.com/445에서 ipynb 파일을 다운로드해서 코드를 실행해 보시기 바랍니다. 혹시 Git을 활용하는 것이 더 편하다면 https://github.com/bjpublic/datascientist에서 자료를 다운로드하셔도 됩니다.

코드를 직접 작성해 보는 것은 눈으로만 읽을때보다 훨씬 많은 것을 얻으실 수 있을 겁니다. 더불어 이미지에 있는 QR코드는 컬러 이미지로 확인하고 싶은 분들을 위해 컬러 이미지를 담았습니다. QR코드를 통해, 보다 효과적으로 도서를 활용하시기 바랍니다.

 **차례**

저자 소개 ... v
서문 ... vi
베타 리더 추천사 ... viii
이 책의 구성 ... xii

1장 데이터 사이언티스트 이해하기

1.1 데이터 직무 알아보기 ... 3
1.1.1 데이터 직무 세 가지: 데이터 분석가, 데이터 엔지니어, 데이터 사이언티스트 • 5
1.1.2 데이터 직무별 갖춰야 할 필수 능력 • 8

1.2 데이터 사이언티스트를 왜 하필 데이터 사이언티스트라고 할까 ... 10
1.2.1 회사가 데이터 사이언티스트에게 바라는 점 • 11
1.2.2 진짜 데이터 사이언티스트가 갖춰야 할 역량 • 13

1.3 데이터 사이언티스트를 희망한다면 이것부터 살펴라 ... 41
1.3.1 관련 전공자와 석·박사를 우대하는 현실 • 41
1.3.2 체크리스트로 보는 나는 무엇을 키워야 할까 • 45

2장 데이터 사이언티스트에서 "데이터"

2.1 데이터 유형 ... 49
2.1.1 정형 데이터(Structured Data) • 50
2.1.2 비정형 데이터(Unstructured Data) • 52
2.1.3 반정형 데이터(Semi-structured Data) • 55
2.1.4 내게 필요한 데이터 유형은 무엇일까? • 56

2.2 데이터에서 확인해야 할 사항 60
    2.2.1 4가지 상황에서 살펴본 데이터 크기(Size) • 61
    2.2.2 데이터의 값에 따른 종류 • 64
    2.2.3 결측치(Missing Value) • 75
    2.2.4 중복 데이터 • 94
    2.2.5 식별키(Prime Key, Primary Key) • 101
    2.2.6 상황으로 살펴보는 스키마 생성 예시 • 103

2.3 데이터 합치기 105
    2.3.1 데이터프레임 결합: pd.merge() • 106
    2.3.2 데이터프레임 결합: df_left.join(df_right, …) • 114
    2.3.3 여러 데이터프레임 연결: pd.concat() • 120
    2.3.4 데이터프레임, 배열, 리스트, 딕셔너리 연결: .append() • 130
    2.3.5 상황으로 살펴보는 데이터 합치기 활용 • 135

3장   데이터 사이언티스트에서 "사이언티스트"

3.1 데이터 사이언티스트는 무엇을 하는 사람인가 139
    3.1.1 질문을 통해 문제점 찾기 • 142
    3.1.2 수학과 통계 얼마나 잘해야 할까 • 144

3.2 기본 통계로 질문자 되기 147
    3.2.1 평균인 μ와 $\bar{x}$, 무엇이 다를까? • 147
    3.2.2 수학과 통계는 무엇이 다를까? • 152
    3.2.3 확률, 가능도, 최대 가능도 추정, 통계 차이는? • 155
    3.2.4 통계 vs. 머신러닝 그리고 모수 vs. 비모수 차이는 무엇일까? • 158
    3.2.5 정규분포를 포함한 분포는 결국 ○○이다 • 166

3.2.6 분포는 무엇으로 결정될까? • 179
3.2.7 중심경향값을 계산하는 대표적인 세 가지는 무엇일까? • 187
3.2.8 중심경향을 제외한 분포 파악에 필요한 통계치는 무엇일까? • 196
3.2.9 적률로 이해하는 분포 특징 4가지 • 200
3.2.10 피처 스케일링할 것인가, 말 것인가? 지도학습 사용 목적으로 판단하기 • 210
3.2.11 피처 스케일링 방법 중 선택 기준이 있을까? • 224
3.2.12 꼭 분포를 바꿔야 할까? 로그 변환, 파워 변환에서 손실과 이익을 따져 보기 • 241
3.2.13 중심극한정리에서 시작하는 추리통계 • 248
3.2.14 [가설검정 (1) - 가설 설정] 귀무가설을 $\bar{x}$=0이라고 하면 안 되는 이유 • 260
3.2.15 [가설검정 (2) - 유의수준] 가설을 선택하는 기준 & 선택에 따른 오류 • 264
3.2.16 [가설검정 (3) - 검정 통계량] 통계방법 선택하는 방법 • 267
3.2.17 [가설검정 (4) - α vs. p-value, 임계치 vs. 검정 통계량] 가설검정 결론 내리기 • 282
3.2.18 두 개 이상의 변수 관계를 이해할 때 알아야 할 개념:
공분산, 상관계수, 선형성, 공선성, 다중공선성 • 290
3.2.19 차원의 저주란 무엇일까? • 309
3.2.20 저주를 풀어줄 PCA란? • 316
3.2.21 필요한 변수만 선택해야 할 때 어떤 방법이 좋을까? • 323
3.3 100개 지식을 아는 사람 vs. 110개 지식을 아는 사람
누가 진정한 데이터 사이언티스트일까? 327

4장 데이터 사이언티스트가 하는 일

4.1 직장인으로서 데이터 사이언티스트 331
4.1.1 피할 수 없는 '업무 정의의 모호성' • 331
4.1.2 업무를 제대로 이해하는 방법 • 333

4.1.3 업무의 방향성을 지켜 줄 두 가지의 방법 • 335

4.1.4 당신을 돋보이게 할 상황에 따른 커뮤니케이션 방법 • 339

4.2 꼭 알아야 할 키워드 343

4.2.1 모델의 수익화(Web API) • 343

4.2.2 불확실성(Uncertainty) 다루기 • 354

4.2.3 모델 해석 능력(Interpretability) • 361

4.2.4 업무 효율성 - 자동화 머신러닝, 파이프라인 • 368

5장 포트폴리오로 시작하기

5.1 왜 포트폴리오일까? 379

5.2 당신을 함정에 빠뜨릴 포트폴리오 381

5.2.1 누구나 다 아는 데이터 • 381

5.2.2 복사 & 붙여넣기 식의 포트폴리오 • 382

5.2.3 양 vs. 질: 양을 선택한 포트폴리오 • 383

5.3 포트폴리오 예시 385

5.3.1 주제 찾기 & 문제점 제시 • 386

5.3.2 데이터 • 388

5.3.3 해결 과정 • 390

5.3.4 결과 • 393

5.3.5 플랫폼 선택, 문서화 • 404

5.3.6 재검토 • 406

5.3.7 마치며 • 406

부록 1 프로그래밍 환경 준비하기

부록 1.1 파이썬 및 주피터 노트북 설치하기 ... 409
- 부록 1.1.1 윈도우 운영체제 • 409
- 부록 1.1.2 맥 운영체제 • 414

부록 1.2 주피터 노트북 환경 설정하기 ... 419

부록 2 프로그래밍 활용하기

부록 2.1 대표적인 라이브러리 ... 425
- 부록 2.1.1 판다스(Pandas) • 428
- 부록 2.1.2 넘파이(Numpy) • 433
- 부록 2.1.3 .loc(), .apply(), .where() 속도 비교 • 438

에필로그 ... 447
찾아보기 ... 449

1.1 데이터 직무 알아보기

진로를 고민할 때, 전공을 선택할 때, 혹은 본격적으로 취업 시장에 뛰어들기에 앞서, 본인이 희망하는 산업의 성장 추이를 살펴보는 것은 매우 중요한 일이다. 그렇기 때문에 우리도 데이터 사이언티스트에 대해 알아보기 전에, 먼저 현재 한국 데이터 산업의 전체 시장 규모부터 확인해 보자.

2020년 정부 발표에 따르면 데이터 산업 시장 규모는 2018년 전년 대비 8.5% 상승한 15.6조 원을 차지했고, 데이터 직무 인력 수는 2019년 전년 대비 7.8% 상승해 89만 명으로 추정됐다. 2020년 기준, 인공지능 및 소프트웨어 핵심 인재는 1만 명 규모로 정부는 2025년까지 총 10만 명 인력을 양성한다는 목표를 세웠다.

그렇다면 세계적으로 인공지능 시장 규모는 얼마나 될까? 2020년 그랜드 뷰 리서치(Grand View Research) 인공지능 산업의 시장 규모 보고서에 따르면 미국, 캐나다, 멕시코, 독일, 영국, 중국, 일본, 인도, 브라질의 2019년 시장 규모는 약 390억 달러(USD)로 한화로는 43조 4천억 원 정도며, 이 중 북미가 시장 규모의 42%를 차지했다. 연평균복합성장률(Compound Annual Growth Rate)은 2020년부터 2027년까지 42.2%에 도달할 전망이다. 4차 산업 시대로 막 들어선 지금, 이 산업의 중심을 차지하고 있는 데이터 관련 업종에 대한 긍정적인 전망은 어쩌면 당연하다. 그렇다면 4차 산업의 핵심은 무엇이고 언제부터 시작된 걸까?

2016년 1월 스위스 다보스에서 열린 46차 세계경제포럼(The World Economic Forum)에서 인류는 네 번째 산업혁명 시대로 진입했음을 알리면서 앞으로 디지털 및 정보통신 기술이 제조업, 유통업, 금융업 등 다양한 산업과 결합해 새로운 형태의 제품, 서비스, 비즈니스 모델을 만들 것을 전망했다. 2016년과 비교해 현재 인류는 어떤 제품을 사용하고, 어떤 서비스를 누리며 살고 있을까? 영화관 하나 없이 많은 영화를 보유하고 있는 온라인 스트리밍 서비스 회사 넷플릭스(Netflix), 호텔 하나 없이 전 세계 숙박 중개 서비스를 제공하는 에어비앤비(Airbnb), 택시를 소유하지 않은 채 운송 서비스를 제공하는 운송 네트워크 회사 우버(Uber) 등 비즈니스를 하기 위해 갖춰야 할 조건이나 경계는 무너지고 이로부터 우리는 다양한 서비스를 누리게 되었다.

〈그림 1-1. 4차 산업 서비스 경계 몰락〉

앞으로 산업 경계는 더욱 모호해지고 사회는 점점 지능화될 것이다. 현재는 그 시스템을 구축하고 있는 단계라 많은 인재가 필요하고, 이는 데이터 직무를 희망하는 사람들에겐 매우 좋은 전망이다. 하지만, 인공지능의 발달로 인간의 노동마저 기술로 대체되는, 노동시장이 변화할 거라는 전망 역시 무시할 수 없다. 그렇다면 이런 양극단의 전망 속에서 데이터 직무는 괜찮은 걸까? 먼저 4차 산업 시대에 가장 주목받고 있는 세 가지 데이터 직무를 살펴보고 이 직무들이 주목받는 이유, 직무에서 주로 다루는 일, 데이터 산업의 전반적인 변화에 대해 알아보고 이해해 보자. 만약 이를 정확히 이해한다면, 데이터 산업과 직무에 대해서도 어렵지 않게 전망해 볼 수 있지 않을까?

1.1.1 데이터 직무 세 가지: 데이터 분석가, 데이터 엔지니어, 데이터 사이언티스트

데이터 관련 직무로 크게 세 가지, 데이터 분석가(Data Analyst), 데이터 엔지니어(Data Engineer), 데이터 사이언티스트(Data Scientist)를 살펴보자. 데이터 엔지니어가 데이터 사이언티스트의 일을 하는 경우가 있고, 데이터 사이언티스트가 데이터 분석가의 일도 하다 보니 업무가 어떻게 다른지에 대한 질문을 많이 받곤 한다. 어떻게 다를까? 그리고 어떤 업무가 겹칠까?

2017년 IBM Quant Crunch 보고서에 따르면 2015년 미국 기준 데이터 엔지니어의 직업 포스팅 수는 고작 9,911건이었고 향후 5년 39%의 성장률이 있을 것이라 전망했다. 다이스 2020 테크 잡 리포트(Dice Tech Job Report)에서 2018년 대비 2019년 구직 정보를 분석한 내용에 따르면 테크 관련 직업군 중 데이터 엔지니어의 구직 수가 작년 대비 50% 증가해 가장 빠른 성장률을 보였다. 불과 10년 전까지만 해도 수요가 거의 없던 데이터 엔지니어가 현재 가장 빠른 성장률을 보이고 있는 것이다. 왜 이런 상황이 생긴 걸까?

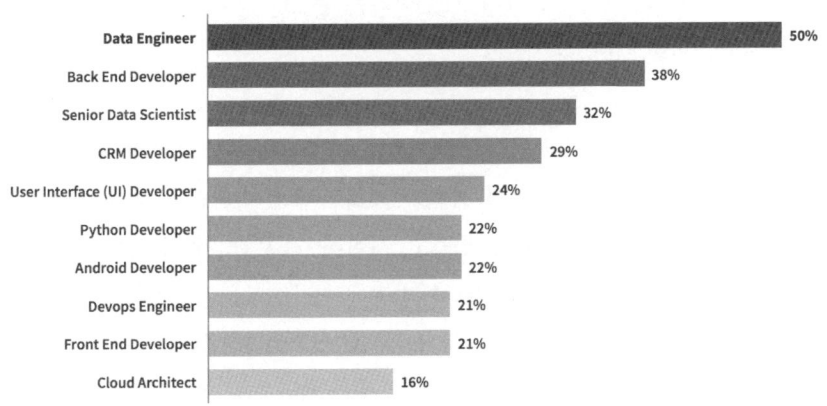

〈그림 1-2. 다이스 2020 테크 잡 리포트, 직업별 성장률〉

그 이유는 많은 회사가 수익구조를 만들어내는 수단으로 데이터를 사용하면서부터 시작된다. 회사들은 데이터로 수익화할 수 있는 기술과 방법에 대해 고민했고, 이 과정에서 수익화 이전까지의 시스템 구축을 담당하는 데이터 엔지니어의 역할이 중요해진 것이다. 그렇다면 어떻게 데이터로 수익구조를 만들 수 있는지부터 자세히 살펴보자.

당신은 특정 물건을 구매하려고 어떤 온라인 쇼핑몰에 접속했다. 무슨 종류의 물건이 있는지 살펴보고 그중 몇 가지를 클릭해서 자세히 살펴봤다. 물건이 마음에 들어 쇼핑몰에 가입한 후 신용카드로 결제하는 순간 재고가 없어서 구매하지 못했다. 시스템상에서는 어떤 일이 일어날까? 한 개인이 쇼핑몰에 접속하는 순간, 이 웹사이트에서 이뤄지는 모든 활동은 로그 파일(Log File)에 저장된다. 로그 파일이란 방문자가 언제 접속하고, 어느 페이지를 보았으며, 웹사이트 내에서 어떤 것을 검색하고 클릭했는지 등의 모든 활동 내역이 텍스트 형태로 저장되는 파일을 말한다. 아마존과 같은 거대 웹사이트에서 발생한 로그 파일은 얼마나 될까? Statista. com에 따르면 2020년 미국 아마존 웹사이트 방문자는 5월 한 달 기준으로 약 25억 명으로 로그 파일 역시 방문자를 훌쩍 뛰어넘는 어마한 양일 것이다. 과거 로그 파일은 용량만 차지하는, 소위 쓰레기 데이터란 취급을 받았다. 현재 로그 파일의 용량은 훨씬 비대해졌고 이에 과거보다 더 많은 용량을 차지하고 있지만, 최근에는 로그 파일에 사용자 행동(User Behavior)이라는 중요한 정보가 담겨 있다는 이유로 로그 가치를 인정받고 있다.

물론 이 로그 파일을 가지고 있다고 해서 웹사이트 방문자를 이해할 수 있는 건 아니다. 먼저는 엄청난 양의 파일, 게다가 정리되어 있지도 않은 로그 파일에서 중요한 정보(데이터)를 추출(Extract)하고, 사람이 이해하기 쉽게 데이터를 변환(Transform)한 뒤, 마지막으로 데이터를 한 곳에 저장(Load)하는 일이 우선되어야 할 것이다. 바로 이것이 데이터 엔지니어의 주요 업무이다. 이런 시스템이 구축되면, 데이터베이스에 방문자마다 어느 시간에, 어떤 제품을 보고 무엇을 구매했는지에 대한 정보가 실시간 혹은 주기적으로 저장될 것이다. 또한, 회원가입 양식에서 작성된 성별, 연령대, 배송지 등 구매자의 간단한 신상 정보 역시 데이터베이스에 저장될 것이다. 그렇다면 이 데이터로 어떻게 방문자 행동을 이해할 수 있을까?

데이터베이스에 데이터가 아무리 많이 쌓여 있더라도 데이터에 대한 분석과 이해가 없다면, 그것 역시 용량만 차지하는 쓰레기 데이터가 될 뿐이다. 따라서 데이터베이스에 있는 많은 데이터 중 방문자의 행동을 이해할 수 있는 데이터를 찾아 방문자들의 행동 패턴을 분석해야 한다. 그리고 그 일이 바로 데이터 분석가 혹은 데이터 사이언티스트가 하는 일이다. 하지만, 분석의 목적은 조금 다르다. 데이터 사이언티스트는 분석을 바탕으로 데이터를 이해한 뒤 특정 행동이나 사건을 예측하는 것에 집중한다. 예를 들어, 방문자가 웹사이트 첫 번째 페이지의 제품을 구매할지에 대한 예측, 혹은 다음 달 특정 제품 판매량에 대한 예측을 할 수 있다. 반면, 데이터 분석가는 비즈니스 의사결정에 유용한 정보를 찾는 것에 집중한다. 예를 들어, 웹사이트에 어떤 제품을 배치할지를 결정해야 한다면, 시간대 혹은 요일별 방문자 특징을 살펴보거나, 웹사이트 내의 제품 배치 대비 판매량을 비교하는 등의 데이터 분석이 필요하다.

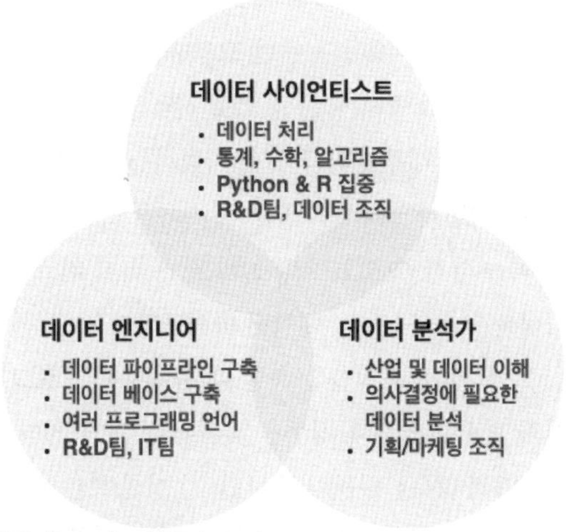

데이터 사이언티스트
- 데이터 처리
- 통계, 수학, 알고리즘
- Python & R 집중
- R&D팀, 데이터 조직

데이터 엔지니어
- 데이터 파이프라인 구축
- 데이터 베이스 구축
- 여러 프로그래밍 언어
- R&D팀, IT팀

데이터 분석가
- 산업 및 데이터 이해
- 의사결정에 필요한 데이터 분석
- 기획/마케팅 조직

* R&D: Research and Development

〈그림 1-3. 데이터 관련 직무 비교〉

물론 회사 규모가 작은 경우, 데이터 사이언티스트가 데이터 분석가의 역할을 감당하는 곳도 있다. 하지만, 회사에서 다루는 데이터가 많을 때는, 이 전체 데이터를 이해하는 데이터 분석가가 필요하다. 데이터 분석가는 회사 데이터뿐만 아니라 산업에 대한 전문 지식을 바탕으로 다른 부서와 협업 시 각 팀에게 필요한 데이터를 찾아주거나 필요한 데이터가 무엇인지 데이터 엔지니어에게 요구하는 일도 하기 때문이다.

▌1.1.2 데이터 직무별 갖춰야 할 필수 능력

이 세 가지 직무에서 공통적으로 갖춰야 할 필수 능력이 있다. 바로 데이터 자체에 대한 기본적인 이해와 지식이 필요하며, 데이터베이스 질의 언어인 SQL(구조화 질의어, Structured Query Language)을 잘 다룰 수 있어야 한다. SQL을 포함해 데이터를 다룰 때 기본으로 알아야 할 사항은 2장에서 자세히 소개하겠다. 지금은 직무별로 필히 알아야 할 기본 사항에 대해 살펴보자.

우선 데이터 엔지니어의 업무를 생각해 보자. 웹사이트에 데이터들을 모아 데이터베이스로 옮기는 작업을 할 때마다 매번 코딩하는 건, 상당히 비효율적인 일이다. 따라서 데이터를 한 장소에서 다른 장소로 전달하는 데이터 파이프라인(Data Pipeline) 시스템을 구축해 대부분의 작업을 자동화할 수 있어야 한다. 더불어 이 과정에서 누가, 언제, 어떻게 코드를 바꿨는지 지속적으로 조회할 수 있어야 하므로 개발에 대한 이력을 남길 수 있는 깃(Git)과 같은 버전 컨트롤(Version Control) 시스템에 대한 지식은 필수다. 또한, 데이터 파이프라인을 구축할 때, 즉 데이터를 수집하고 저장하고 처리하는 과정을 구축할 때 사용하는 프로그래밍 언어와 플랫폼이 다양해서 이와 관련한 지식과 경험을 갖춰야 한다. 하지만, 모든 프로그래밍 언어와 플랫폼을 하나씩 정복한다는 자세보단, 각 상황에 맞는 프로그래밍 언어와 플랫폼이 무엇인지 고민하며 방법을 찾아가는 게 더 효과적이다. 따라서 컴퓨터 공학 전공자가 이 직업에 대한 접근성이 좋은 것은 사실이다.

데이터 분석가의 경우 데이터 분석을 위한 통계 지식은 필수이며, 분석할 때 사용하는 프로그래밍 언어인 파이썬(Python)이나 R을 다룰 수 있어야 한다. 엑셀 함수, 시각화, 피벗 테이블(Pivot Table; 데이터 재배열 방법) 정도만 다뤄도 충분했던 과거와는 달리, 출처가 다양한 데이터를 합치고 대용량의 데이터를 다루고, 다양한 통계 분석이 필요한 요즘 프로그래밍 언어를 활용하는 게 더 효과적이기 때문이다. 필자가 자주 듣는 질문 중 하나는 바로 '비전공자도 취업할 수 있을까요?'이다. 물론 회사에서 사람을 고용할 때 경영, 통계 전공자를 우대할 수 있다. 하지만, 데이터 분석 능력이 비슷한 두 사람이 있다고 가정했을 때, 한 사람은 산업에 대한 이해와 관심이 높고 다른 사람은 그렇지 않다면 당연히 전자의 사람을 더 원할 것이다. **같은 데이터를 보더라도 산업의 흐름을 이해하는 사람은 어떤 분석이 필요한지에 대한 방향성을 알기 때문이다.** 특히 사회와 산업의 변화가 빠른 요즘 같은 시대에 전공자/비전공자의 구분만이 취업 여부를 결정짓는 잣대가 될 수는 없다. 그러므로 '비전공자도 취업할 수 있을까요?'와 같은 질문보다는 내 관심 산업 분야는 무엇이고 데이터 분석력을 어떻게 키울 것인가?를 더 고민해야 한다.

데이터 사이언티스트를 때론 "예측 모델을 만드는 사람"이라고 단순하게 설명하는 경우가 있어서 그런 일만 하는 것이 아닌가 오해를 하기도 한다. 물론 소속된 곳이 연구소인지, 기업인지, 스타트업 회사인지에 따라 데이터 사이언티스트가 하는 업무의 범위 차이는 있다. 하지만, 일반 회사 데이터 사이언티스트 업무에 있어서 모델링 작업은 전체 업무에서 많은 비중을 차지하지 않는다. 그보다, 데이터를 가공하는 데에 생각보다 오랜 시간이 걸리며, 데이터에 문제점은 없는지 연구하거나 더 유용한 데이터가 있는지 조사하는 업무도 상당하다. 앞으로 각 장에서 어떻게 데이터를 이해할 수 있는지, 사이언티스트로서 어떤 자세로 문제점을 찾고 어떻게 해결하는지, 그리고 최근 업무 동향이 무엇인지 자세하게 살펴보도록 하겠다.

1.2 데이터 사이언티스트를 왜 하필 데이터 사이언티스트라고 할까

필자는 데이터 사이언티스트로 커리어를 시작하면서, 예측 모델 업무는 전체 업무 중 극히 일부에 불과하다는 걸 느꼈을 때 이런 의문을 갖게 되었다. 데이터 사이언티스트는 왜 데이터 사이언티스트라고 부르게 되었을까? 사실 현재 데이터 사이언티스트의 업무 중 일부는 데이터 분석가나 과거 통계 전문가가 맡았던 일이기도 하다.

그렇다면 단지 빅데이터를 다룬다는 이유만으로, 또는 예측 모델을 기존 통계 모델보다 더 다양하게 다룬다는 이유로 데이터 사이언티스트란 직업이 새로 생긴 것일까? 그러면 과연 어떤 역량을 갖춰야 진정한 데이터 사이언티스트가 될 수 있을까? 등을 고민하면서 필자는 "데이터"와 "사이언티스트", 이 두 단어에 주목했다. 그리고 결국 데이터를 다루는 사람이 갖춰야 할 능력과 사이언티스트가 갖춰야 할 능력, 이 두 가지를 충족해야 진정한 데이터 사이언티스트라는 결론에 이르렀다.

먼저 데이터를 다루는 사람이 갖춰야 할 능력이라면, 당연히 데이터를 잘 이해하는 것이다. 데이터를 이해하기 위해 데이터가 속한 산업을 바로 보고 이해하며, 데이터를 다룰 수 있는 관련 지식을 배우면 된다. 그리고 사이언티스트가 갖춰야 할 능력은 연구하는 사람의 자세를 말할 수 있는데 그중에서도 데이터 과학에 대한 연구라 볼 수 있겠다. 그렇다면 과연 "데이터 과학"이란 무엇일까? 위키백과를 참고해 보자.

> "데이터 과학(Data Science)이란, 데이터 마이닝(Data Mining)과 유사하게 정형, 비정형 형태를 포함한 다양한 데이터로부터 지식과 인사이트를 추출하는데 과학적 방법론, 프로세스, 알고리즘, 시스템을 동원하는 융합분야다."

즉, 데이터에서 과학적인 방법이나 알고리즘을 통해 지식 및 인사이트(Insight)를 추출하는 게 데이터 사이언티스트의 역할이다. 그렇다면 회사는 어떤 인사이트를 얻기 위해 데이터 사이언티스트를 고용하는 것일까? 이번엔 회사의 입장에서 데이터 사이언티스트를 바라보자.

1.2.1 회사가 데이터 사이언티스트에게 바라는 점

물론 회사 규모에 따라, 혹은 데이터 보유량에 따라 데이터 사이언티스트에게 요구하는 점은 다양하다. 안타깝게도 데이터 사이언티스트에게 어떤 점을 바라는지 정확하게 인지하지 못한 채 고용하는 회사도 있을 것이다. 이처럼 회사마다 처한 상황은 다르겠지만 앞서 예를 들었던 쇼핑몰 웹사이트 상황을 통해 회사가 데이터 사이언티스트에게 바라는 점을 생각해 보자.

상황 1-1

데이터 엔지니어는 데이터 사이언티스트가 사용할 만한 데이터를 모아 데이터베이스에 저장할 수 있도록 데이터 파이프라인을 구축했다. 구축한 파이프라인을 통해 얻은 데이터를 이용해 데이터 사이언티스트는 주요 제품별 주간 판매량 예측 모델을 세우는 일을 맡았다. 데이터 사이언티스트로서 산업을 이해하고, 데이터를 분석하며 필요한 경우 데이터를 추가하기도 했다. 예측 모델을 다양하게 실험해서 어느 모델이 좋은지 평가도 했으며 그 결과 만족할 만한 예측 모델을 얻었다. 이 모델을 바탕으로 회사는 제품별 재고량을 조절하거나 할인 행사 진행 여부를 판단할 수 있게 됐다.

상황 1-2

제품 품목이 많아지면서, 부서마다 필요한 데이터가 다양해졌고 데이터베이스에는 많은 데이터가 쌓이게 되었다. 데이터 사이언티스트가 속해 있는 팀에서 예측 모델에 필요한 데이터만 따로 취합하여 다른 데이터베이스에 저장하기로 했다. 이로써 예측 모델에 필요한 데이터만 효과적으로 관리할 수 있게 됐다.

데이터 사이언티스트의 활약으로 [상황 1-1]에서는 회사가 만족할 만한 결과를 만들었고, [상황 1-2]에서는 일을 보다 효과적으로 할 수 있도록 환경을 개선했다. "그러면 이렇게 모두 행복하게 살았다"라고 결말을 맺을 수 있을까? 안타깝게도 현실은 동화 속 맺음말처럼 끝이 존재하지 않는다. 끝이 있다는 건, 더는 그 직무에 사람이 필요하지 않다는 뜻이다. 회사는 바로 질문할 것이다. "그래서 다음은 무엇을 할 것인가?"

이렇게 회사는 항상 다음 단계가 무엇인지 끊임없이 제안할 수 있는 사람을 필요로 하며, 그런 역량을 갖춘 사람을 늘 찾는다.

만약 부서에 10명의 데이터 사이언티스트가 있는데 프로젝트가 끝나서 5명만 일해도 되는 상황이면 남은 5명은 해고해도 괜찮을까? 반대로 프로젝트가 너무 많다면, 무엇을 우선순위로 할 것인가? 프로젝트 기반의 컨설턴트로 일하는 경우 다를 수 있겠지만 회사에 소속된 데이터 사이언티스트는 현재 맡고 있는 일뿐 아니라 다음 단계를 제안하는 것 역시 해야 할 업무 중 하나다.

회사 업무 흐름을 크게 보면 <그림 1-4>처럼 프로젝트 → 의사결정 → 실행 → 문제점 발견 → 다시 프로젝트로 흐름이 반복된다.

데이터 사이언티스트는 현재 상황에서 문제점을 발견하고 이를 해결할 수 있는 방법을 찾는 프로젝트를 맡는다. 이 프로젝트는 데이터 분석일 수도 있고, 혹은 예측 모델을 구축하는 걸 수도 있으며, 데이터의 문제점을 찾아 해결하는 일일 수도 있다. 회사 분위기 및 경력에 따라 다르겠지만, 경력이 짧을수록 보통 프로젝트가 끝나면 바로 다른 새로운 프로젝트를 맡아 일을 한다.

반면 의사결정자는 이 프로젝트를 구체적으로 실행했을 때, 회사에 어떤 도움이 될 수 있는지 혹은 회사가 가진 기존의 문제를 해결할 수 있는지 고민하고 실행 여부를 판단한다. 그리고 프로젝트가 실행되면 구체적으로 얼마만큼 이익이 발생하는지 혹은 잠재적인 위험이나 문제점이 해소될 수 있는지 파악한다. 그리고 프로젝트가 실행되는 과정에서 문제점이 생겨 이를 해결해야 하거나 혹은 더 나은 방향으로 개선할 여지가 생기면 이와 관련된 프로젝트를 다시 만든다.

〈그림 1-4. 업무 흐름〉

1.2.2 진짜 데이터 사이언티스트가 갖춰야 할 역량

경력이 짧은 데이터 사이언티스트일수록 프로젝트 범위 안에서 주어진 업무를 하는 것이 주된 일이겠지만, 다음(Next) 프로젝트를 제안할 수 있는 능력을 키워야 할 것이다. 여기서의 "제안"이란 팀 혹은 회사에 도움이 되는 방향, 또는 문제점을 해결해 잠재적인 위험을 감소시키는 것을 의미한다. 예를 들어, 데이터 파이프라인을 효과적으로 재구성하는 작업을 제안한다거나, 데이터 문제점을 발견해 이를 해결한다거나, 더 크게는 주어진 데이터로 수익이 발생할 수 있는 모델을 만드는 등 이익이 증가하거나 위험이 감소하는 방향 설정이 필요하다. 그렇다면 데이터 사이언티스트가 되기 위해서는 어떤 역량을 갖춰야 할까?

물론 다양한 역량이 필요하지만 필자는 그중에서도 〈그림 1-5〉처럼 크게 세 가지, 통찰력, 기술/개발 능력, 소통 능력을 소개하겠다.

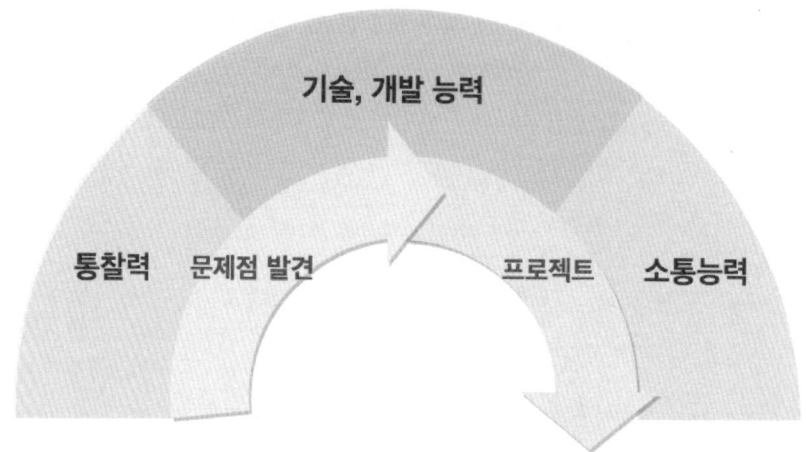

〈그림 1-5. 데이터 사이언티스트가 갖춰야 할 역량〉

1.2.2.1 통찰력(Insight)

"데이터 과학은 통찰의 도구이다."
"데이터를 통해 통찰력을 얻는다."
"데이터 사이언티스트는 통찰력이 있어야 한다."

이런 문장을 흔히 볼 수 있다. 통찰의 사전적 의미부터 살펴보자. 통찰(洞察)이란 통할 통, 살필 찰이 사용된 한자어인데, 환히 내다봄을 의미한다. 그렇다면 무엇을, 왜 환히 내다보고 싶은 것일까?

정말 단순하게 생각해 보자. 영리단체, 즉 회사가 있는 이유는 이익을 창출하기 위해서다. 다시 말해, 회사는 소비자 혹은 고객에게 상품이나 서비스를 제공함으로써 이익은 최대화하고 동시에 손해 및 위험 요소는 최소화하려 할 것이다. 직책과 업무 내용을 떠나 회사에 소속된 모든 직원은 결국 "최대한의 이익과 최소한의 손해"라는 같은 목적을 가지고 일한다.

- A라는 상품을 만드는 것이 좋은지, B라는 상품을 만드는 것이 좋은지

- A 상품을 만들었다면 성능 a b c가 있는 것이 나은지, 성능 a b d가 나은 것인지
- 상품 A의 a b c 성능을 가졌을 때, 디자인 X가 나은지, 디자인 Y가 나은지
- Y 디자인으로 a b c 성능을 가진 상품 A의 광고가 1안이 나은지 2안이 나은지
- 이런 기획된 제품을 출시할 때 가격은 얼마로 할지, 프로모션의 타깃을 누구로 잡을지 등등

이렇게 회사에서 만든 상품 혹은 서비스가 소비자에게 전달되기까지는 많은 의사결정을 거친다. 각 선택에 따라 어떤 결과를 얻을지 훤히 내다볼 수 있는 것, 그것이 바로 통찰이다. 그렇다면 회사의 궁극적인 목적을 달성하기 위해서는 어떤 결정이 좋을지 어떻게 미리 알 수 있을까? 어떻게 하면 통찰력을 기를 수 있을까?

가장 먼저 필자가 생각하는 데이터 사이언티스트가 갖춰야 할 통찰은, 데이터를 가공 및 분석하고 예측 모델링을 거쳐 수익화하기까지, 모든 단계에서 이뤄지는 결정마다 수학적, 통계적, 과학적으로 그것이 합리적인지 '훤히 들여다보는 것'이다. 왜냐하면 연관 데이터를 기반으로 목적에 맞게 분석을 한다면, 선택마다의 이익과 위험요소를 미리 예측할 수 있기 때문에 보다 나은 의사결정을 내릴 수 있기 때문이다. 여기서 목적에 맞는 데이터 기반 분석이란, 단순히 모델 알고리즘 A가 나을지, B가 나을지를 말하는 게 아니다. A의 결괏값이 잘 나와서 사용했는데 기대에 못 미친다면, 모델 알고리즘 B로 바꿀까?의 접근이 아니라 전체 과정을 살펴봐야 한다. 따라서 다시 처음으로 돌아가 어떤 데이터를 사용하고, 더 필요한 데이터를 찾을 수 있는지, 불필요한 데이터가 포함되어 있지는 않은지, 데이터 크기나 포맷은 적당한지 등등 처음부터 끝까지 모든 과정을 과학적으로 설명할 줄 알아야 한다.

이제 막 대학을 졸업했거나, 커리어를 시작한 사람은 실제 데이터를 다루면서 수학, 통계 지식으로 꾸준히 의심하고 고민해 보는 경험이 많지 않기 때문에 통찰력 역시 부족할 수밖에 없다. 하지만, 이 업무를 오래 했다고 해서 자연스레 통찰력이 쌓이는 것 역시 아니다. 현업에 종사하면서 필자가 스스로에게 던지는 질문 중 하나는 "5년 뒤, 10년 뒤 경력을 쌓는 만큼 사이언티스트로 통찰력을 가질 수 있을 것인가"

이다. 지금은 통찰력이 부족해도 괜찮을지 모르지만, 어느 정도 시간이 지나면 통찰력의 여부로 데이터 사이언티스트 직업 수명이 판가름되는 순간이 올 것이다. 따라서 이 직업을 희망한다면 수학, 통계 지식을 바탕으로 무엇을 의심하고, 무엇을 질문하고, 무엇을 실험해야 하는지 끊임없이 생각해야 한다. 따라서 만약 본인이 책에서 제시한 예시 상황 속에 있다면 어떻게 접근하면 좋을지 고민해 볼 것을 권한다.

1.2.2.2 기술력① 데이터베이스의 이해

상황 1-3

> 고객 분석을 하고자 데이터를 모으는 상황에서 영업팀, 고객관리팀, 재무팀마다 각각 보유한 데이터가 따로 있다는 것을 알게 됐다. 각 팀이 보유한 데이터 중, 소비자와 관련된 정보, 소비자의 주소, 구매 내역 및 가격, 구매했을 당시 프로모션이 있었는지, 환불한 적은 있는지 등, 다양한 정보를 취합해 데이터 사이언티스트에게 전달한다면 그 과정에서 생길 수 있는 문제점엔 무엇이 있을까?

[상황 1-3]의 문제점은 아래 <그림 1-6>의 왼쪽 이미지처럼, 각 팀이 데이터를 따로 관리하고 있는 경우, 데이터 사이언티스트는 팀에 필요한 데이터를 각각 요청해야 한다. 그러면 각 팀은 이 사안에 대해 팀이 보유한 데이터 중 어떤 데이터를 제공할 수 있는지 먼저 알아볼 것이다. 만약 세 개의 팀이 아니라 세 개 이상의 팀과 커뮤니케이션을 해야 한다면 모든 팀으로부터 데이터를 받기까지 어느 정도 시간이 걸릴지 예상하기 힘들다. 또한, 데이터 사이언티스트가 필요한 데이터를 찾는 과정에서 중요한 데이터가 누락될 가능성 역시 존재한다. 더불어, 필요한 정보만 추려진 데이터를 전달하는 과정에서도 어느 팀은 파일 하나를 보내는 반면, 어느 팀은 여러 개의 파일을 전달할 수도 있다. 결국 데이터 사이언티스트는 각 팀으로부터 얻은 여러 개의 데이터 파일을 이해하고 본인이 원하는 포맷에 맞게 이를 재정리하는 시간이 필요하다.

예를 들면, 고객 주소가 적힌 여러 개의 파일이 있다고 하자. 어느 파일은 한 개의 열(Column) 안에 주소지가 전부 들어 있을 수도 있고, 어느 파일은 건물 번호, 도로명, 우편번호 등 세부사항별로 각 열에 정리되어 있을 수도 있다. 그런데 주소지를 비교해 보니 고객 한 명이 여러 개의 주소지를 가진다거나, 정보가 파일마다 다르게 기재되어 있다면 과연 어느 파일에 적힌 주소를 신뢰해야 하는지와 같은 문제를 해결해야 한다.

그렇다면 <그림 1-6> 오른쪽처럼 모든 데이터가 한 곳에서 관리되어 있다면 상황은 어떻게 달라질까? 이런 경우, 데이터 사이언티스트가 팀에게 각각 데이터를 요청할 필요가 없고, 각 팀 역시 추가적으로 데이터를 작업할 필요가 없어진다. 또한, 데이터 사이언티스트가 데이터가 관리되는 곳을 한 번에 접근할 수 있기 때문에 필요한 데이터를 빠짐없이 읽을 수 있고, 위의 주소 관련 문제처럼 중복된 데이터나 오류 데이터에 대한 문제도 많지 않을 것이다. 결과적으로 업무의 효율성이 높아지고 시간 단축 역시 예상할 수 있게 된다.

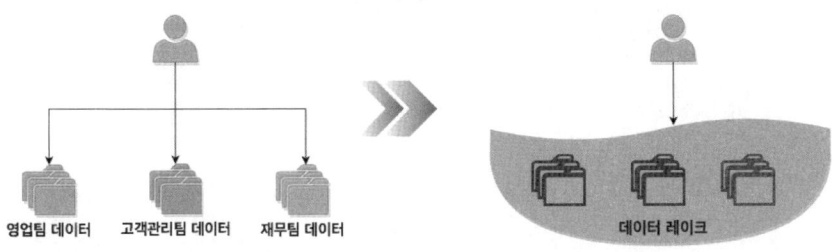

<그림 1-6. 데이터 접근 차이>

따라서 이제는 각 부서가 데이터를 따로 관리하는 것이 아니라, 조직 내의 모든 종류의 데이터를 데이터 레이크(Data Lake)라는 대규모 데이터 저장이 가능한 곳에 보관하는 추세로 변하고 있다. 만약 조직이 큰 경우, 혹은 데이터 사이언티스트가 관리하는 예측 모델이 여러 개인 경우 데이터 사이언티스트가 관리하는 데이터만 따로 모아 데이터 레이크를 만들기도 한다.

〈그림 1-7〉에서 미가공 데이터가 클라우드 서비스에 있는 데이터 레이크 저장 공간에 들어가면 미리 만들어 둔 데이터 가공 과정을 거쳐 미리 지정한 데이터 포맷과 구성에 맞게 데이터베이스(Database)에 자동으로 저장된다. 여기서 데이터베이스는 접근 권한이 있는 사람들이 데이터를 공유하고 사용할 목적으로 만들어진 데이터 집합체를 말한다. 각각의 데이터 사이언티스트는 데이터베이스에 자유롭게 접근할 수 있으며, 다른 팀원이라도 데이터베이스의 접근 권한을 받으면 접속할 수 있다. 여기서 데이터 사이언티스트가 필수로 알아야 할 데이터 및 데이터베이스에 관한 내용은 2장에서 다시 소개하겠다.

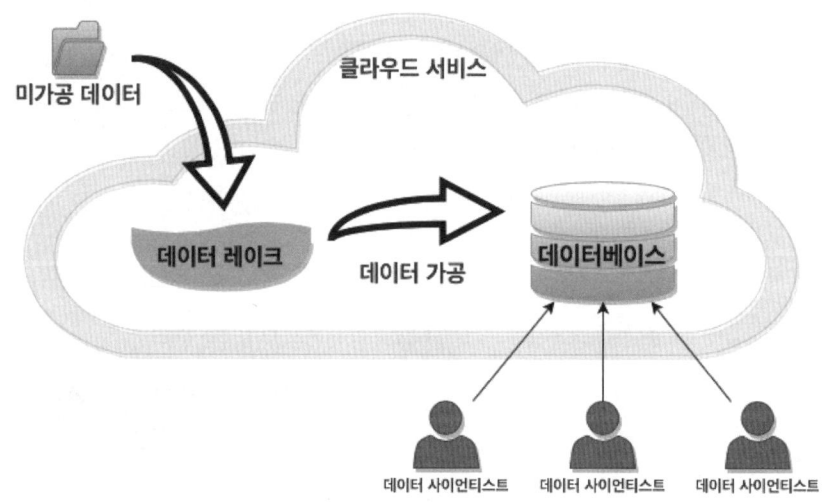

〈그림 1-7. 미가공 데이터 처리 과정〉

1.2.2.3 기술력② 클라우드 서비스

만약 데이터 사이언티스트가 개인 컴퓨터로 데이터 분석 업무를 한다고 생각해 보자. 데이터베이스에 접속하고 데이터를 다운받은 후 프로그래밍 언어를 이용해 일을 할 것이다. 그런데 만약 데이터가 이미지나 음성이라면, 데이터를 어떻게 전달받을 수 있을까? 혹은 데이터 크기가 커서 개인 컴퓨터에 저장하는 시간이 오래 걸리거나, 계산하는 과정에서 메모리 문제가 생긴다면? 데이터가 여러 곳(로컬 컴퓨터)에 저장될 수 있는 데이터 누수(Data Leakage) 문제는 어떻게 해야 할까? 또는 다른 팀원과 협업 시 분석 결과 그래프를 보여줘야 하거나, 결괏값을 데이터로 저장한 뒤 공유해야 한다면 어떻게 해야 할까? 좀 더 구체적으로 상황을 살펴보자.

온라인 쇼핑몰에서 주력 상품 중 5가지는 특히 날씨나 경제 상황에 따라 매출 변동이 심하다. 재고 관리를 위해 기존 판매 데이터와 일주일 날씨 및 경제 흐름 데이터 등을 조합해 앞으로 일주일 동안의 매출을 예측하는 모델을 만들고자 한다. 데이터 사이언티스트는 매주 목요일 저녁 6시마다 예측 모델에 필요한 데이터를 받으며 금요일 오전까지 5가지 제품의 예상 매출을 상사에게 보고해야 한다. 또한, 예측 정확도를 높이기 위해 매달 기존 데이터를 모두 취합해 예측 모델을 갱신한다. 그렇다면 위와 같은 상황에서 문제는 무엇이고 어떻게 해결해야 할까?

[상황 1-4]에서 개인 컴퓨터로 업무를 한다고 가정해 보자. 목요일 저녁 6시, 예측에 필요한 모든 데이터를 취합해 개인 컴퓨터에 저장한다. 프로그래밍 언어를 사용해 취합한 데이터를 예측 모델에 사용할 수 있도록 데이터를 처리한 뒤, 예측 모델에 적용해 5가지 제품의 다음 주 예상 매출 금액을 계산한다. 그 후 실제 판매량 및 예측 판매량 비교 그래프를 수정하여 보고서를 제출한다. 매주 목요일 저녁마다 이와 같은 작업을 반복해야 한다면 굉장히 비효율적이다. 더불어 매달 예측 모델을 다시 수정해야 한다면, 이와 관련한 데이터 양이 늘어나게 되고 어느 순간에는 개인 컴퓨터의 CPU 및 메모리 용량 문제가 생길 것이다. 또한 회사 데이터가 개인 컴퓨터로 저장되기 때문에 데이터 누출 가능성도 있다.

이처럼 개인 컴퓨터로 하는 작업은 업무의 비효율성을 초래한다. 그래서 요즘에는 비효율적인 작업을 개선하기 위해 클라우드 서비스(Cloud Service, 이하 클라우드)를 많이 사용한다. 여기서 클라우드란 개인 컴퓨터나 모바일 디바이스로 인터넷 "너머"에 있는 클라우드 사업자의 컴퓨터를 통해 받는 서비스를 말한다. 클라우드 사업자 사이트에 접속해 클라우드 서비스 전용 소프트웨어를 사용할 수 있는데, 내가 이용한 서비스만큼만 금액을 내면 된다. 또한, 클라우드 내의 운영 목적에 따라 프로젝트 코드와 데이터가 완전히 격리할 수 있는 환경을 제공한다. 개발 위주의 개발 환경(development 또는 dev), 실제 서비스가 운영되는 운영환경(production 또는 prod), 운영 환경으로 옮기기에 앞서 성능이나 보안 등을 검증하는 환경인 스테이징 환경(Staging) 등 여러 종류의 환경이 있는데, 환경마다 보안 레벨을 다르게 설정할 수 있다. 따라서 데이터 사이언티스트가 개발 환경에서 코드를 개발할 경우, 개발 환경에서는 보안 문제 없이 필요한 데이터에 안전하게 접근할 수 있으며 실제 서비스 운영에 사용되는 코드와 분리되기 때문에 운영 코드를 잘못 처리하는 상황을 방지할 수 있다.

〈그림 1-8. 아마존 웹 서비스 제품 (출처: https://aws.amazon.com/ko/)〉

AWS에서 사용할 수 있는 제품은 〈그림 1-8〉처럼 다양한데, 제품마다 상황별로 사용할 수 있는 서비스 역시 여러 가지가 있다. 그래서 업무와 관련해 상황에 맞게 어떤 서비스를 사용하면 좋을지, 금액은 어느 정도인지 미리 알아두는 것은 매우 중요한 일이다. 그렇다면 여러 클라우드 서비스 중 아마존 웹 서비스(Amazon Web Service, 이하 AWS)를 통해 [상황 1-4]를 어떻게 해결할 수 있을지 〈그림 1-9〉를 통해 살펴보자.

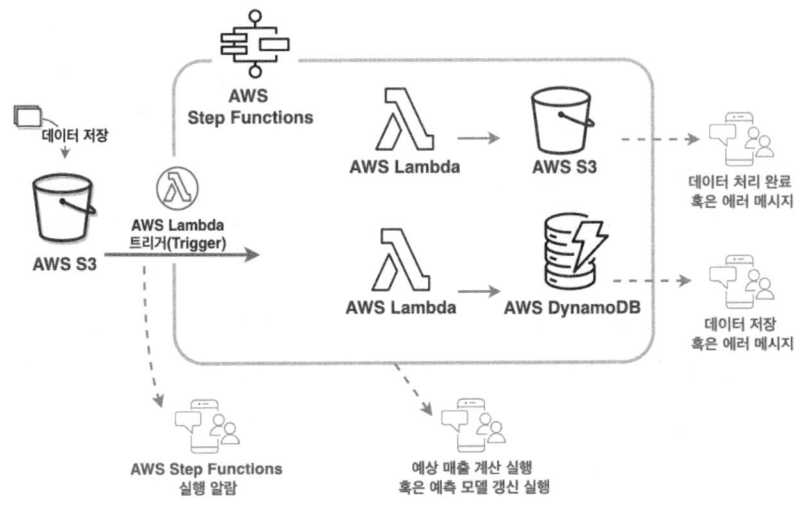

〈그림 1-9. 상황 1-4의 AWS 사용 예시〉

목요일 저녁 6시, 예측 모델에 필요한 모든 데이터는 스토리지 서비스 중 하나인 Amazon Simple Storage Service(이하 AWS S3)에 저장하도록 한다. AWS S3[1]는 〈그림 1-9〉에서 버킷 모양으로 되어 있는데, 어떤 데이터도 담을 수 있는 그릇이라 생각하면 된다. 데이터가 준비되었다면 이 데이터에 어떻게 접근하면 좋을까? 이때 컴퓨팅 서비스 중 하나인 Amazon Elastic Compute Cloud(이하 AWS EC2)[2]를 이용할 수 있다. AWS EC2는 클라우드 가상 서버로 메모리, CPU, 인스턴스 스토리지 등을 조절할 수 있는데, 필요에 따라 이런 리소스(Resource)를 쉽게 업그레이드/다운그레이드할 수 있다. 사용자는 VPN[3]을 통해 AWS EC2에 접속하여 지정된 클라우드 보안 환경 속에서 필요한 작업을 할 수 있다. 예를 들어, AWS EC2에 주피

---

1 AWS S3: https://aws.amazon.com/ko/s3/
2 AWS EC2: https://aws.amazon.com/ko/ec2/
3 가상 사설망(Virtual Private Network; VPN): 인터넷과 같은 공중망(Public Network)에서 두 개 이상 네트워크를 전용망(Private Network)처럼 연결하도록 가상의 터널을 만들고 암호화된 데이터를 전송할 수 있도록 구성된 네트워크

터 노트북을 설치해 작업하면, 같은 환경에 있는 AWS S3에 있는 데이터를 부르거나 혹은 AWS S3에 데이터를 저장할 수 있게 되어 데이터 누수의 우려를 줄일 수 있다. 이제 파이썬 스크립트에 모델링에 필요한 코드가 작성되어 있다면, 저녁 6시 AWS EC2에 접속한 뒤, AWS S3에 있는 새롭게 얻은 데이터를 불러와서 코드를 다시 실행하면 될까? 하지만 이렇게 한다면, 여전히 매번 사람의 개입이 필요한 비효율적인 상황이 연출되고 있는 것이다. 이런 경우, AWS EC2 대신 AWS Lambda(이하 AWS 람다)[4]를 사용해 이 상황을 해결할 수 있다. AWS 람다는 별도의 관리 없이도 특정 조건만 성립되면 미리 입력했던 코드를 자동으로 실행시키는 기능을 갖췄기 때문이다. 즉, AWS S3의 특정 버킷에 데이터가 추가되었을 때 AWS 람다에 작성된 코드가 자동으로 실행하도록 설정만 하면 더는 사람의 개입이 필요 없어진다. AWS 람다는 고용량이 필요한 복잡한 계산에는 적합하지 않으나, 다른 서비스 실행을 돕는 역할을 하기 때문에 상황에 알맞게 서비스를 선택해서 사용해야 한다.

매주 새롭게 얻은 데이터로 기존 모델을 사용해 예측하고, 매달 이제까지 모인 데이터를 취합해 예측 모델을 갱신해야 하므로 상황별로 실행해야 할 코드가 달라야할 것이다. 그래서 이런 경우에는 통합 서비스 중 하나인 AWS Step Functions[5]을 사용할 수 있다. 이 서비스는 AWS 람다 및 AWS 여러 서비스를 차례로 배열해 자동으로 실행하고 제한 시간 내 응답이 없으면 실패한 작업을 다시 시도하기도 한다. 〈그림 1-10〉처럼 AWS Step Functions 안에 데이터 처리 단계를 거쳐 예측 모델을 갱신해야 할지, 기존 모델을 사용해 예상 매출을 계산할지 상황별로 실행해야 할 워크플로우(업무 이동 경로, Workflow)를 작성해야 한다.

다시 〈그림 1-9〉의 AWS Step Functions에서 AWS 람다가 실행하는 주요 함수 안에 단계별 필요한 과정을 처리하도록 한다. 이 과정을 마치면 필요한 결괏값이나 모델 값을 스토리지에 저장한다. 예를 들어, 갱신된 모델은 AWS S3 버킷 안에, 예

---

[4] AWS 람다: https://aws.amazon.com/ko/lambda/
[5] AWS Step Functions: https://aws.amazon.com/ko/step-functions/

측 매출 값은 AWS 데이터베이스 중 하나인 DynamoDB(AWS DynamoDB)[6]에 저장할 수 있다. 만약 데이터베이스와 데이터 시각화를 제공하는 웹사이트와 연동하면 데이터베이스에 데이터가 추가될 때 자동으로 기존에 만들어 두었던 그래프를 업데이트할 수 있다. 이로써 AWS S3의 특정 버킷 안에 데이터가 들어가는 순간 상황별로 예상 매출 값을 계산하는 일이든, 혹은 예측 모델을 다시 갱신하는 일이든 사람의 개입 없이 업무의 자동화가 가능해진다. 이 과정이 잘 진행되는지 알고 싶다면 단계별 코드 작성 시 비즈니스용 채팅 도구인 슬랙(Slack)과 연동해서 메시지를 받으면 되고, 이 과정에서 클라우드 서비스를 사용한 만큼 금액을 지불하면 된다.

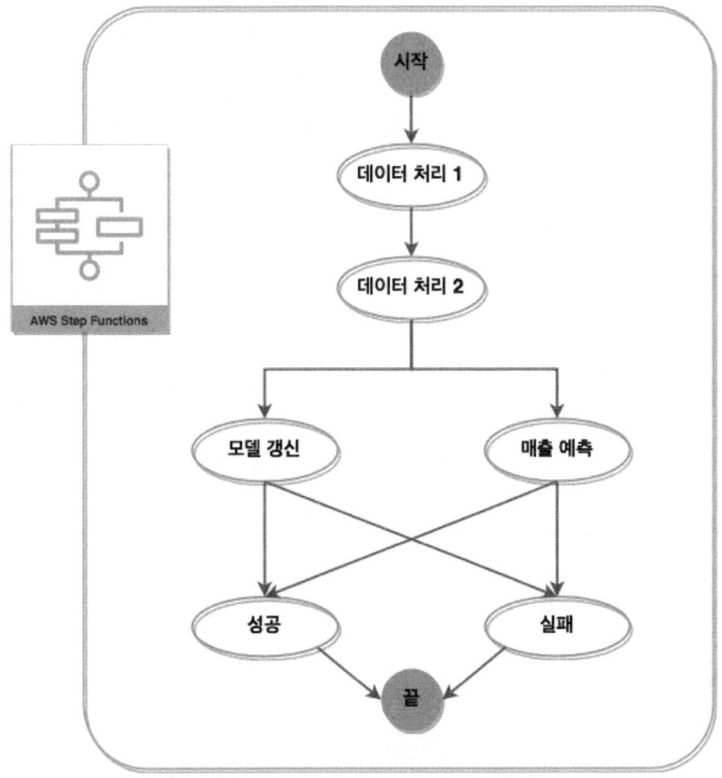

〈그림 1-10. AWS Step Functions 사용 예시〉

---

[6] AWS DynamoDB: https://aws.amazon.com/ko/dynamodb/

이외에도 클라우드 서비스를 사용했을 때 장점은 많다. 예시처럼 업무를 자동화하여 불필요한 반복작업을 줄일 수 있고, 팀원과의 협업이 쉬워지며, 예측 모델을 클라우드 서비스를 통해 수익화한다거나, 사용한 서비스 비용을 지불하는 방식으로 업무에 적절한 컴퓨터 사양을 조절할 수 있어 비용 절감도 기대할 수 있다.

대표적인 클라우드 서비스 업체는 AWS를 비롯해 Microsoft Azure, Google Cloud, IBM Cloud가 있는데, 회사마다 어떤 서비스가 있고 어떻게 다른지 세세하게 나무를 살피기보다, 전체 그림인 숲을 보는 접근이 필요하다. 데이터 사이언티스트가 주로 사용하는 서비스는 가상 서버(컴퓨팅), 데이터베이스, 스토리지, 분석툴, 서비스/애플리케이션 통합, 머신러닝/인공지능 정도다. 보통 보안, 네트워크, 관리, 개발자를 위한 서비스는 데이터 사이언티스트의 주요 업무에 해당되지 않는다. 이미 회사가 클라우드 서비스를 사용하고 있다면 이용하고 있는 회사의 제품 범위부터 살펴보자. 예를 들어, 기본적으로 사용하는 가상 서버는 무엇인지, 데이터베이스는 어떤 것을 사용하는지 등이다. 그리고 각 서비스의 이용 금액 역시 확인해서 불필요한 이용은 줄이도록 한다.

대표 서비스	aws	Microsoft Azure	Google Cloud	IBM Cloud
컴퓨팅	Amazon EC2	Azure Virtual Machines	Google Compute Engine Google App Engine	Virtual Servers Bare Metal Servers
서버리스	Amazon Lambda	Azure Functions	Google Cloud Functions	IBM Cloud Functions
데이터베이스	Amazon DynamoDB Amazon RDS Redshift	Azure DocumeentDB Azure SQL Database Azure SQL Data Warehouse	Google Cloud Datastore Google Cloud SQL Google Big Query Google Cloud Bigtable	IBM Cloudant® IBM Db2 on Cloud IBM Compose for MySQL for Cloud
스토리지	Amazon Simple Storage Service(S3)	Azure Blobs and Files	Google Cloud Storage	Object Storage
분석	Amazon Athena Amazon Glue	Azure Data Factory Azure Data Catalog	Google Cloud Data Fusion Google Cloud Datalab	IBM Analytics Engine IBM InfoSphere Information Server on Cloud
애플리케이션 통합	Amazon Step Functions	Azure Logic Apps	Google Workflows	IBM API Connect

〈그림 1-11. 클라우드 서비스 제품 비교〉

예를 들어, AWS EC2 가상 서버를 사용할 경우 컴퓨팅 파워에 대해 시간당 혹은 초당 비용이 다르다. 컴퓨팅 파워에 따라 시간당 0.0052 USD부터 20 USD까지 다양한데, 복잡한 계산이 필요한 경우, 여러 개의 저용량 가상 서버를 사용하는 것과 고용량 가상 서버 하나를 돌리는 것을 비교하는 등, 비용을 절약할 수 있는 방법도 생각해 보자.

1.2.2.4 기술력③ 프로그래밍 능력
- 나쁜 프로그래밍 언어는 없어도 나쁜 코딩은 있다

통계에 대한 깊은 지식이 있어도, 오류가 적은 좋은 데이터를 가지고 있어도 프로그래밍 언어를 모른다면 데이터 자체로 얻을 수 있는 정보는 아무것도 없다. 그래서 데이터 사이언티스트에게는 프로그래밍 능력이 필요한데, 데이터 사이언티스트가 사용하는 언어는 Python, R, MatLab, SAS 등 다양한 편이다. 하지만, 이 언어들은 단지 업무를 위한 도구일 뿐, 언어 하나하나에 대한 깊은 이해보다 한 가지 언어라도 이를 어떻게 활용하면 좋은지에 대한 꾸준한 고민과 적합한 활용이 더 중요하다.

클라우드 서비스에서 살펴봤던 [상황 1-4]를 다시 생각해 보자. 매주 목요일 저녁, 예측에 필요한 데이터를 받으면 예측 모델에 적용할 수 있도록 데이터를 가공해야 한다. 또한, 매달 기존 데이터를 취합해 모델을 갱신해야 한다. 그리고 상황별로 어떤 작업을 수행할지 컴퓨터가 이해할 수 있는 언어로 코드를 작성해야 한다. 미가공된 데이터일수록, 혹은 복잡한 상황일수록 코드도 복잡해지지만, 아무리 코드가 복잡하더라도 클라우드 서비스를 통해 자동으로 코드를 실행할 때, 문제(Error) 없이 작동시키는 건 매우 중요한 일이다.

그렇다면 클라우드 서비스가 오류 없이 작동한다면 그걸로 충분한 걸까? 만약 코드는 문제없이 잘 작동되는데, [상황 1-5]와 같은 경우에는 어떻게 해야 할까?

상황 1-5

이번 주 새롭게 얻은 데이터 양이 기존 대비 몇 배 많아져서 코드의 실행 시간(Running time)이 상당히 길어졌다. 이미 설정된 가상 서버 메모리보다 더 많은 메모리가 필요하게 되었는데, 더 좋은 사양으로 서버를 바꾸는 대신 비용은 늘리지 않는 범위에서 다른 대안은 없을까?

필자는 좋은 프로그래밍 언어, 나쁜 프로그래밍 언어는 없다고 생각하지만 코드가 얼마나 효율적인가를 기준으로 좋은 코드와 나쁜 코드는 존재한다고 생각한다. 여기서의 효율성이란 코드를 실행하는 동안 걸리는 시간이나 필요한 메모리의 양을 말한다. 계산에 과도하게 많은 시간이 소요되거나, 고사양의 가상 서버를 사용하는 것은 더 많은 비용과 비효율을 초래한다. 물론 데이터 크기가 작거나, 예측 모델이 복잡하지 않다면 이런 문제는 흔치 않겠지만, 데이터 크기가 커질수록, 계산 과정이 복잡할수록, 예측 값이 하나의 예측 모델에서 계산된 것이 아니라, 여러 개의 예측 모델의 평균 조합으로 계산된 경우, 이 문제는 확연히 드러날 것이다. 따라서 코드를 작성할 때마다 이 코드가 효율적인지 질문하는 습관이 필요하다.

코드의 효율성을 높이는 방법은 다양하지만 구체적으로 두 가지 예를 살펴보자. 아래 예시는 프로그래밍 언어 중 파이썬으로 구현하였으며 설치 방법은 부록1을 참고하자. 파이썬이 익숙치 않거나, 프로그래밍 언어를 잘 몰라도 괜찮다. 어떻게 효율성을 높였는지 큰 틀에서 이해하는 것이 더 중요하기 때문이다.

■ 파이썬 예제 1. 내가 다루는 데이터 포맷, 가장 적합한 포맷일까?

파이썬에서 라이브러리(Library)란 자주 사용하는 기능을 패키지 혹은 모듈(Module)로 미리 만들어 놓은 것을 말한다. 예를 들어, 데이터를 다루는 과정에서 데이터를 읽고, 가공하고, 저장하는 등 공통적으로 사용하는 기능이 많은데, 이 기능을 각 개인이 처음부터 구현해야 한다면 굉장히 번거로울 것이다. 그래서 자주 사용하는 기능을 묶어 라이브러리로 만들어 놓고, 개인이 이 라이브러리를 필요할 때마다 불러 원하는 기능들을 바로 사용할 수 있다. 상황마다 사용할 수 있는 라이브러리는 다양한데, 데이터를 다룰 때 가장 많이 사용하는 것은 판다스(Pandas) 라이브러리다(부록 2.1.1 판다스 참고). 판다스가 지원하는 데이터 스트럭처(Data Structure)는 1차원의 배열(Series)과 2차원의 데이터프레임(DataFrame; 2.1.1 정형 데이터의 그림 2-1 참고)으로 데이터가 엑셀 파일로 되어 있거나, 확장자가 csv(Comma Separated Value; 쉼표(,)로 구분된 텍스트 파일)인 경우 이 라이브러리를 통해 데이터를 부르거나 저장하며, 데이터프레임의 형태이기 때문에 데이터를 이해하거나 분석하는 작업에 판다스 라이브러리에 들어 있는 함수(데이터 합치기, 선택하기, 재구조화하기 등)는 유용하다. 하지만 업무에 있어서 데이터프레임으로 작업하는 것이 가장 적합한 포맷인지 확인하는 작업은 늘 필요하다. 예를 들어, 데이터 작업을 하고 파일로 저장할 때, csv로 저장하는 게 좋을까? 아니면 판다스를 이용해 데이터프레임을 바이트 형태로 변환(Serialization, 이하 직렬화)할 수 있는 피클(Pickle) 형태로 저장하는 것이 좋을까? 그것도 아니면 직렬화된 포맷 중, 파이썬과 R을 서로 사용할 수 있는 페더(Feather) 형태로 저장하는 것이 좋을까?

직렬화[7]란 파이썬의 객체(Object; 숫자/문자/함수 등 속성과 행동을 가진 데이터)를 일련의 바이트 스트림으로 변환하는 것을 말한다. 바이트들이 다시 파이썬 객체로 메모리상에 복원하는 것을 역직렬화(Deserialization)라 한다. 이 작업은 피클(Pickle), JSON 등 포맷 변환으로 이뤄진다. 페더(Feather)[8] 역시 직렬화된 데이터 포맷이지만 아파치 애로우(Apache Arrow; 인메모리(In-Memory) 컬럼 기반 데이터 포맷) 테이블을 저장하기 위한 경량 형식이며, 프로그래밍 언어 파이썬과 R에서 모두 사용 가능하다.

---

7 https://docs.python.org/ko/3/library/pickle.html
8 https://blog.rstudio.com/2016/03/29/feather/
  https://github.com/wesm/feather
  https://arrow.apache.org/docs/python/feather.html

참고로 앞으로 사용할 파이썬 버전은 3.7.9이다. 우선 필요한 라이브러리를 불러오는데, 설치되어 있지 않다면 주피터 노트북 안에서 **!pip3 install 패키지 이름**을 작성하면 된다. 주피터 노트북 설치 및 활용법은 <부록 1. 프로그래밍 환경 준비하기>를 참고하자.

```
# 파이썬 버전 확인
from platform import python_version
print("파이썬 버전:",python_version())
```

```
파이썬 버전: 3.7.9
```

<그림 1-12. 파이썬 버전>

```
# 판다스 라이브러리 설치
!pip install pandas
```

여기서 판다스와 실험에 필요한 임의 데이터를 생성하기 위해, 수치 계산 라이브러리인 넘파이(Numpy)와 랜덤(Random) 라이브러리를 사용하고, 추가로 결괏값을 그래프로 보기 위해 맷플롯립(Matplotlib) 라이브러리를 사용할 것이다.

```
# 데이터 분석 라이브러리
import pandas as pd

# 수치 연산을 수행하는 선형 대수(Linear Algebra) 라이브러리
import numpy as np

# 난수(Random) 생성
import random

# 시간 계산
from timeit import default_timer as timer
```

```
# 그래프 관련 라이브러리
import matplotlib
import matplotlib.pyplot as plt
import matplotlib.font_manager as fm
```

우선 실험에 앞서 임의 데이터를 만들어야 하는데, 데이터를 만들 때마다 매번 똑같은 코드를 작성하고 실행하는 건 매우 비효율적이다. 그래서 효율성을 높이기 위한 방법으로 함수(Function)를 사용한다. 여기서 함수란, "입력값(Input)이 주어졌을 때, 결괏값(Output)을 제공"하는 특정 작업을 실행하는 코드, 코드의 모임을 의미한다. 함수를 잘 활용하면, 똑같은 코드를 매번 반복해서 작성할 필요가 없다. **def 함수이름(매개변수):** 이렇게 함수를 정의하고, 네 칸 들여쓰기를 한 후 수행할 본문 코드를 작성하고 return 결괏값으로 마무리한다.

아래 예시 코드는, n_rows(행 개수)와 n_cols(열 개수)가 입력값으로 주어지면, 표준정규분포를 띄는 임의의 데이터프레임이 결괏값으로 나오는 generate_dataframe 함수다. 이 함수가 어떤 함수인지, 큰 따옴표 세 개(""")안에 간단한 설명(Docstring)을 작성했다.

```
def generate_dataframe(n_rows, n_cols):
    """
    주어진 행과 열의 숫자로 임의의 데이터프레임을 생성하며,
    이때 각 열의 값은 표준정규분포를 띄는 임의의 수를 가진다.
    """
    # 딕셔너리에서 키(key)는 열 이름, 밸류(value)는 표준정규분포를 띄는 무
작위 수이며, 차후 데이터프레임으로 변환.
    random_dataframe = {}

    for col in range(n_cols):
        # 문자열에서 특정 부분을 바꿀 경우 f-string(문자열 포맷팅) 사용
        # 문자열 앞에 f를 붙여 주고, 중괄호 안에 변수 이름이나 출력하고 싶
은 것을 입력
```

```
        col_name = f'col_{col+1}'
        values = np.random.normal(0, 1, n_rows)
        random_dataframe[col_name] = values
    return pd.DataFrame(random_dataframe)
```

두 번째 함수 get_result는 입력값에 행과 열의 개수를 지정하면 이 입력값은 첫 번째 함수 generate_dataframe을 통해 임의로 데이터프레임을 만든다. 이렇게 생성된 데이터를 (1) 데이터프레임 포맷인 csv, (2) csv를 압축한 csv.gzip, (3) 피클, (4) 페더 이렇게 네 가지 포맷으로 저장하고 다시 불러오는 시간을 계산한다. 이때 파일이 저장된 장소(경로)와 이름은 "./data/sample.포맷이름"이라고 되어 있는데, 현재 주피터 노트북을 사용하는 경로에 새로운 데이터(data)라는 폴더에 sample이라는 파일 이름으로 포맷별로 파일이 저장된 것을 말한다.

포맷마다 파일을 저장하고 다시 불러오는 시간을 타이머(timer)를 통해 계산한다. 그리고 이 시간은 실험마다 차례대로 지정된 리스트에 추가한다. 리스트란 대괄호([ ]) 안에 데이터를 순서대로 묶어 관리할 수 있는 컨테이너 자료형 중 하나다. 실험하기 전, 비어 있는 리스트로 저장 시간 리스트(test_save_time), 파일 읽기 리스트(test_read_time)를 미리 만들었다.

총 4개 포맷별 파일 저장 시간과 읽는 시간이 리스트 안에 추가되면 막대그래프를 통해 각 시간을 비교한다. 파이썬이 처음이라면 각 행의 코드를 이해하기보다 함수의 큰 흐름을 이해하고 넘겨도 괜찮다.

```
# 테스트 함수: csv, csv.gzip, pickle, feather
def get_results(n_rows, n_cols):
    """
    1. 주어진 행과 열의 숫자를 입력하면, 표준정규분포를 가진 임의 데이터프레임 생성
    2. CSV, CSV.gzip, pickle, feather로 데이터를 저장하고 불러오는 시간 계산 후,
    3. 종류별 소요시간을 그래프로 출력
    """
```

```python
# generate_dataframe을 이용해 임의 데이터 생성
df_sample = generate_dataframe(n_rows, n_cols)

print("생성된 데이터프레임 정보")
df_sample.info()

# 테스트(포맷) 종류
test_list = ["csv", "csv.gzip", "pickle", "feather"]

# 테스트마다 데이터를 저장하는 시간, 불러오는 시간을 리스트에 넣을 예정
# start와 end로 파일 저장 시간을 계산 후, test_save_time에 저장
test_save_time = []
# start와 end로 파일 읽는 시간을 계산 후, test_read_time에 저장
test_read_time = []

# 실험1: CSV
start = timer()
df_sample.to_csv("./data/sample.csv")
end = timer()
test_save_time.append(round(end - start, 3))


start = timer()
pd.read_csv("./data/sample.csv")
end = timer()
test_read_time.append(round(end - start, 3))

# 실험2: CSV.gzip
start = timer()
df_sample.to_csv("./data/sample_gzip.csv", compression='gzip')
end = timer()
test_save_time.append(round(end - start, 3))

start = timer()
pd.read_csv("./data/sample_gzip.csv", compression='gzip')
end = timer()
test_read_time.append(round(end - start, 3))

# 실험3: pickle
```

```python
start = timer()
df_sample.to_pickle("./data/sample.pkl")
end = timer()
test_save_time.append(round(end - start, 3))

start = timer()
pd.read_pickle("./data/sample.pkl")
end = timer()
test_read_time.append(round(end - start, 3))

# 실험4: feather
start = timer()
df_sample.to_feather("./data/sample.feather")
end = timer()
test_save_time.append(round(end - start, 3))

start = timer()
pd.read_feather('./data/sample.feather')
end = timer()
test_read_time.append(round(end - start, 3))

# 결괏값을 그래프로 변환
# 참고: https://matplotlib.org/3.3.2/api/_as_gen/matplotlib.pyplot.bar.html
# 사이즈 참고: https://matplotlib.org/users/dflt_style_changes.html

# 그래프 폰트 사이즈 설정
size = 13
params = {'figure.figsize': [10, 7], # 그래프 사이즈 설정
        'legend.fontsize': size,
        'font.size':size,
        'figure.titlesize': size*1.3,
        'axes.labelsize': size,
        'xtick.labelsize': size,
        'ytick.labelsize': size}
plt.rcParams.update(params)

# matplotlib 폰트 설정 (Mac OS인 경우)
rc('font', family='AppleGothic')
plt.rcParams['axes.unicode_minus'] = False
```

```
x = np.arange(len(test_list)) # 값 위치
width = 0.35 # 바 넓이
fig, ax = plt.subplots()

# 저장 시간과 읽는 시간 - 두 개 막대그래프가 보이도록 설정
rects1 = ax.bar(x - width/2, test_save_time, width, label='저장시간')
rects2 = ax.bar(x + width/2, test_read_time, width, label='읽기시간')

ax.set_title(f'파일 종류별 저장/읽기 시간 \n 데이터프레임 사이즈: {df_sample.shape}')
ax.set_ylabel('시간 (초)')
ax.set_xticks(x)
ax.set_xticklabels(test_list)
ax.legend()

# 막대그래프마다 결괏값(시간) 표기
def autolabel(rects):
    for rect in rects:
        height = rect.get_height()
        ax.annotate(f'{height}', #저장/읽기시간 값
                    xy=(rect.get_x() + rect.get_width() / 2, height), #값 위치
                    xytext=(0, 4), #결괏값과 (x,y)포인트와의 거리
                    textcoords="offset points",
                    ha='center')

autolabel(rects1)
autolabel(rects2)
fig.tight_layout()
plt.show()

# 그래프 이미지 파일로 저장
fig.savefig('파일저장읽기시간그래프.png', dpi=200)

# 함수 실행하기
get_results(3000000, 5)
```

〈그림 1-13〉에서 3,000,000개의 행과 5개의 열로 이뤄진 데이터를 임의적으로 만들어서 4개 포맷별 저장 시간과 읽는 시간을 계산해 다음과 같은 결과를 얻었다. .info()를 통해 알아본 데이터프레임의 메모리는 114.4MB이다. 이 데이터프레임을 csv로 저장했을 때 시간은 23초가 걸렸으며, csv 포맷이지만 gzip으로 압축했을 때는 57초가 걸렸다. 반면, 데이터프레임을 피클과 페더로 바꿨을 때 1초가 채 걸리지 않았다. 데이터의 행과 열이 많아질수록 데이터프레임과 직렬화된 포맷의 시간 차이는 더 벌어질 것이다. 단순히 파일을 저장하고 불러오는 것만으로도 데이터 포맷별로 효율성 차이가 나는 것을 알 수 있다.

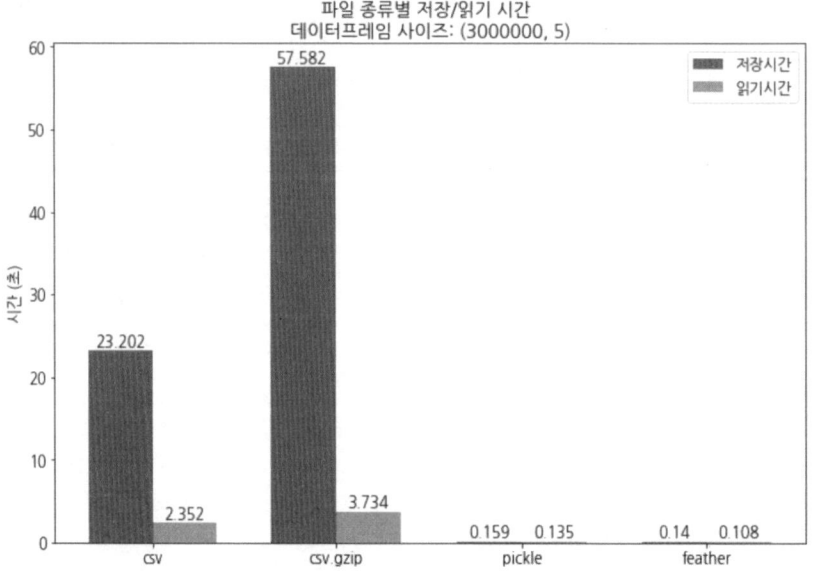

〈그림 1-13. 파이썬 예제 1. 실험 결괏값〉

예시는 단순히 파일을 저장하고 읽는 시간을 계산했지만, 데이터를 계산하는 함수를 만들 때, 데이터프레임을 그대로 사용하는 것과 데이터프레임을 딕셔너리나 리스트 등으로 바꿔 사용하는 방법 간에도 메모리나 계산 시간이 차이가 난다. 따라서 코드를 작성할 때, 과정이 논리적인지 확인해야 할 뿐 아니라 자료 구조의 올바른 사용으로 코드 구현 역시 효율적인지 확인해야 한다. 나쁜 코딩 vs. 좋은 코딩의 또 다른 예를 살펴보자.

■ 파이썬 예제 2. 최소한으로 코드를 수정하는 방법

[상황 1-4]의 업무를 하기 위해 <그림 1-14>처럼 총 4개의 파이썬 파일을 작성하였고, 매주 상황에 맞게 클라우드 서비스가 잘 작동되었다.

하지만 데이터를 취합하는 과정에서 모델에 사용되는 피처(변수 혹은 열, Feature)의 이름이 바뀌는 바람에, 이 피처가 사용되는 모든 스크립트의 이름을 수정했다. 앞으로 이런 문제를 미리 피할 수 있는 방법은 없을까?

| Files | Running | Clusters | Nbextensions |

Select items to perform actions on them.

☐ 0 ▾ ▰ / Desktop / 예제_매출예측

  ▱ ..
  ☐ ▱ 1_데이터_처리_1.py
  ☐ ▱ 2_데이터_처리_2.py
  ☐ ▱ 3_기존_모델_예측.py
  ☐ ▱ 4_기존_모델_갱신.py

〈그림 1-14. [상황 1-4]의 파이썬 파일〉

〈그림 1-14〉에서 .py 확장자를 갖는 파일은 파이썬으로 수정 및 사용이 가능하다. 이 하나의 파일을 모듈(Module)이라고도 하는데, 다른 스크립트 혹은 파이썬 파일에서 이 모듈을 불러오면 모듈 안의 코드를 사용할 수 있다.

이 파일 중에서 **3_기존_모델_예측.py**를 살펴보자. 〈그림 1-15〉에서 df_batch라는 데이터프레임에 예측 모델에 사용되는 피처만 선택하고자 한다. 이때 사용되는 피처를 features라는 리스트에 넣어서, **df_batch[features]**라고 설정하면, df_batch 피처 중 리스트 안에 있는 피처만 선택된다.

이 상황에서 "피처이름1"이 "피처이름1_수정"이라고 바뀌었다면 "피처이름1"이라 적혀 있는 코드마다 〈그림 1-15〉 오른쪽처럼 "피처이름1_수정"으로 다시 바꿔야 할 것이다.

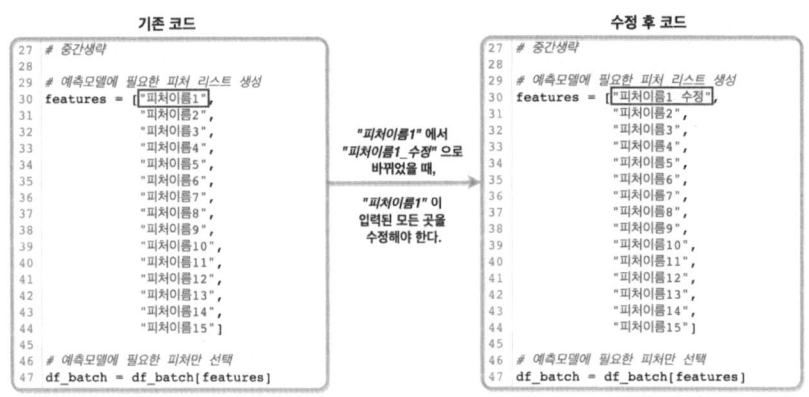

〈그림 1-15. 피처 이름 수정 예시〉

만약 .py 안에 있는 코드 행이 길다면, 혹은 이런 .py 파일의 개수가 많다면 피처 이름이 바뀔 때마다 수정하는 작업은 굉장히 번거로운 일이 된다. 게다가 예측 모델이 복잡해질수록, 모델에 사용되는 피처 수가 많아질수록 코드 작성 과정도 복잡해지고 지저분해질 수 있다. 그렇다면, 효율적으로 수정할 수 있는 코드를 작성하는 방법은 어떤 것이 있을까?

〈그림 1-16〉처럼 **1_데이터_처리_1.py** 파일 전에 **0. 마스터_딕셔너리.py** 파일을 만든다면 이 문제를 쉽게 해결할 수 있다. 여기서 딕셔너리(Dictionary)란 키(Key)와 밸류(Value)를 쌍으로 대응 관계를 나타낼 수 있는 컨테이너 자료형을 말한다. 이 마스터 딕셔너리에는 데이터 처리, 예측 모델에 필요한 정보를 담은 뒤 피클 파일로 저장한다.

```
1   import pickle
2   import boto3
3
4   # 마스터 딕셔너리
5   master_dict = {}
6
7   # 범주형 피처 리스트
8   master_dict["feature_cat"] = ["피처이름1",
9                                  "피처이름2",
10                                 "피처이름3",
11                                 "피처이름4",
12                                 "피처이름5",
13                                 "피처이름6",
14                                 "피처이름7",
15                                 "피처이름8",
16                                 "피처이름9",
17                                 "피처이름10"]
18
19  # 수치형 피처 리스트
20  master_dict["feature_num"] = ["피처이름11",
21                                 "피처이름12",
22                                 "피처이름13",
23                                 "피처이름14",
24                                 "피처이름15"]
```

〈그림 1-16. 마스터 딕셔너리 파일 만들기〉

그리고 각 파이썬 파일을 작성할 때마다 이 마스터 딕셔너리 파일을 읽으면 된다. 이렇게 마스터 딕셔너리를 이용했을 때, **3. 기존모델_예측.py**는 어떻게 될까?

〈그림 1-17〉처럼 마스터 딕셔너리 피클 파일을 AWS S3 "example_project_name" 버킷(Bucket)에 "example_path/master_dictionary.pickle" 키(Key)로 저장했다고 가정하자. 스크립트 작성 중에 이 마스터 딕셔너리 피클 파일이 필요할 경우, read_pickle이란 함수를 사용해 피클 파일을 불러서 사용하면 된다.

〈그림 1-15〉를 보면 필요한 피처만 선택해야 할 때, 파이썬 파일 내에서 작성하였지만, 마스터 딕셔너리 파일을 사용하는 경우, 스크립트 내에서 〈그림 1-17〉 코드 라인 30부터 44까지 따로 피처를 설정할 필요 없이 불러온 마스터 딕셔너리

파일을 사용하면 된다. 따라서 피처 이름 변경이나 피처를 추가한다거나 제외하는 등의 수정 사항이 생기면 마스터 딕셔너리 파일만 수정하면 되고, 다른 스크립트에서는 이 수정된 파일을 불러오므로 파일 자체 내에서 수정할 필요는 없다.

```
28  # 중간생략
29
30  # AWS S3에서 피클파일 불러오기
31  def read_pickle(bucket, key, encoding=None):
32      response = s3_client.get_object(Bucket=bucket, Key=key)
33      body = response["Body"].read()
34      if encoding is None:
35          data = pickle.loads(body)
36      else:
37          data = pickle.loads(body)
38      return data
39
40  # AWS S3 경로 설정
41  s3_bucket = "example_project_name"
42  s3_key = "example_path"
43
44  # 마스터 딕셔너리 파일 불러오기
45  master_dict = read_pickle(s3_bucket,
46                            f"{s3_key}/master_dictionary.pickle")
47
48  # 중간생략
49
50  # 예측모델에 필요한 피처 리츠스 생성
51  features = master_dict["feature_cat"] + master_dict["feature_num"]
52
53  # 데이터에 필요한 피처만 선택
54  df_batch = df_batch[features]
```

〈그림 1-17. 마스터 딕셔너리 파일 적용〉

여기선 단순히 피처 이름이 바뀌는 경우로 예를 들었지만, 특정 조건에 따라 값을 바꾸거나 특정 값을 사용할 경우에도 마스터 딕셔너리를 사용할 수 있다. .py 파일 안에 이 조건이나 값을 설정하는 것보다, 이 마스터 딕셔너리 파일을 만드는 것이 차후에 조건이나 값이 바뀌더라도 이 마스터 딕셔너리만 수정하면 되므로 보다 유연한 코드 작성이 가능하다.

지금까지 코드의 효율성과 유연성을 높이는, 좋은 코드 작성 방법에 대해 알아봤다. 이 밖에도 더 나은 코딩을 작성하는 방법은 다양하다. 그래서 프로그래밍 언어를 배우는 과정이나 실제 코드를 작성할 때, 항상 더 나은 방법이 없는지 고민하고 생각하는 자세가 중요하다.

1.2.2.5 커뮤니케이션 능력

데이터 사이언티스트가 갖춰야 할 중요한 마지막 역량은 바로 커뮤니케이션 능력이다. 데이터 사이언티스트의 커뮤니케이션 능력이 필요한 상황을 상대방에 따라 크게 두 가지로 나눠 보았다.

첫 번째, 상대방이 데이터 사이언티스트인 경우

상사에게 업무를 보고하거나, 업무를 처리하는 과정에서 예상치 못한 문제가 생겨 이를 해결하기 위해 프로젝트 방향을 바꿔야 할 때, 커뮤니케이션 능력이 필요하다. 나와 상대 모두 데이터 사이언티스트라면, 전문적인 기술을 바탕으로 정확하고 간결하게 말하는 것이 이 대화의 중요한 포인트가 된다. 예를 들어, 예상치 못한 문제를 해결할 수 없어 상사에게 보고한다고 가정해 보자. 상황 설명과 함께 어떤 시도를 했는지, 그래서 여전히 어떤 문제점이 있는지 정도면 충분할 것이다. 혹은 새로운 데이터를 사용해 기존 분류 모델을 검증해야 한다면 상사에게 보고할 때 새로운 데이터에 대한 설명(데이터 크기, 특이점 정도)과 함께 분류 모델의 성능평가지표,[9] 예를 들 RMSE(Root Mean Square Error), 오차 행렬(Confusion Matrix), ROC(Receiver Operating Characteristic) 커브(Curve) 등을 간결하게 정리해서 보고하면 된다. 따라서 상대방이 데이터 사이언티스트만큼 전문 지식을 갖춘 경우 커뮤니케이션에서의 큰 어려움은 없다.

두 번째, 데이터 사이언스 전문가가 아닌 경우

여기서의 비전문가는 〈그림 1-18〉에서 커뮤니케이션의 범위 안에 포함된 사람 중, 데이터 사이언티스트만큼 지식을 갖추지 않은 사람을 말한다. 회사 안에서 다른 팀과 협업을 하거나 클라이언트의 일을 할 때 소통하는 과정에서 크게 두 가지

---

[9] 성능평가지표는 〈5.3.4 결과〉 참고

를 생각해야 한다. 첫 번째는 어떤 도움이 필요하고 어떤 일을 해줄 수 있는지에 대한 상황 판단, 두 번째는 진행 순서를 파악하고 소요 시간을 계산하는 것이다. 특히 프로젝트 매니저나 클라이언트와 일을 할 때 어떤 일을 원하는지 정확히 파악하는 것이 중요한데, 이것이 데이터 사이언스 범위 안에서 가능한지, 그렇지 않다면 어떤 대안을 제공할 수 있는지 명확히 아는 것이 중요하다. 예를 들어, 클라이언트가 10기가바이트가 넘는 대용량 데이터를 사용해 클라우드 서비스로 선형 회귀(Linear Regression) 모델을 만들어 각 변수의 계수를 산출하여 그중 의미있는 변수가 무엇인지 알아봐 달라고 했다고 가정하자. 이때 데이터 사이언티스트로서 우리는, 상대가 요청한 일에 어떤 문제가 있고 그 대안으로 어떤 것을 해줄 수 있는지, 정확한 업무 내용과 예상 난이도, 업무를 하기 위해 필요한 예산 및 소요 시간까지 모두 고려한 후 명확하게 소통해야 한다.

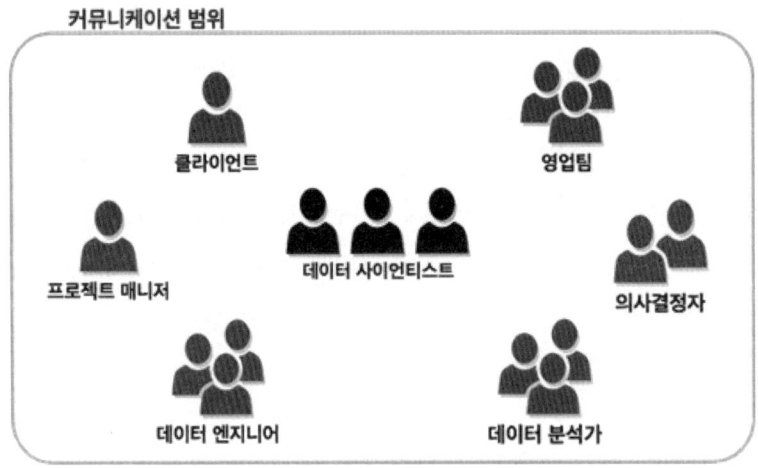

〈그림 1-18. 커뮤니케이션 범위〉

1.3 데이터 사이언티스트를 희망한다면 이것부터 살펴라

어떻게 해야 데이터 사이언티스트로 커리어를 시작할 수 있을까? 많은 회사에서 데이터 관련 인력이 부족하다고 하지만, 지원자 입장에선 높은 경쟁률을 뚫어야 한다. 2021년 데이터 과학, 인공지능, AI 등 신설 학과가 생기는데 4~5년 뒤, 쏟아져 나오는 취업준비생과 회사의 수요의 차이도 생각해 봐야 할 문제다.

▌1.3.1 관련 전공자와 석·박사를 우대하는 현실

그렇다면 회사는 그 많은 지원자 중 어떤 사람을 뽑을까? 자격 요건을 보면 많은 회사에서 공통적으로 석·박사 졸업생을 우대하는 것을 알 수 있다. 1~2년의 석사, 최소 4년 이상의 박사 기간 동안 무엇을 배우길래 대학 학부 졸업생보다 석박사 졸업생을 우대하는 걸까? 대학교 수업보다 깊은 지식을 배워서 그런 것일까? 회사 입장에서 생각해 보자.

팀에 기본적인 통계 지식을 갖추고 프로그래밍 언어를 아는 신입 데이터 사이언티스트가 들어왔다고 가정하자. 신입은 회사가 어떤 데이터를 다루는지, 현재 어떤 프로젝트를 진행하고 있는지 트레이닝을 받을 것이다. 그 후 어떤 일을 할까? 상사는 신입에게 업무를 주는데 단순하거나 반복적이지 않은 업무이기 때문에 충분한 가이드라인 제공이 힘들 수 있다. 게다가 만약 이 상황에서 전혀 예상치 못한 문제가 발생할 수 있다고 생각해 보자. 예를 들어, 필요한 라이브러리가 설치되지 않거나, 함수를 만들었는데 원하는 아웃풋(Output)이 나오지 않거나, 그 전 프로그래밍 언어 관련 문제가 생긴다면 그때마다 상사에게 도움을 청할 수 없을 것이다. 따라서 대부분의 문제는 스스로 해결해야 한다. 그러면 스스로 문제를 해결하는, 문제해결(Problem Solving) 능력이 있는 사람은 어떤 사람일까?

〈그림 1-19〉처럼 문제를 해결하기 위해서는 크게 세 가지가 필요하다. 먼저, 문제 관련 지식 및 기술을 갖춰야 한다. 만약 이 부분이 부족하다면 정보력, 즉 리서치를 통해 부족한 지식을 채워야 한다. 두 번째는 경력이다. 보통 경력이 많을수록 문제해결능력 역시 좋아지는데, 경력만큼 문제를 마주하고 해결해 온 경험이 많기 때문이다. 그리고 마지막은 끈기 있게 집중하는 자세다. 물론 이 세 가지 요소를 전부 갖춰야만 문제를 해결할 수 있는 것은 아니지만, 경험해 보지 않은 새로운 문제일수록 이 세 가지의 요소가 더욱 중요하게 작용한다.

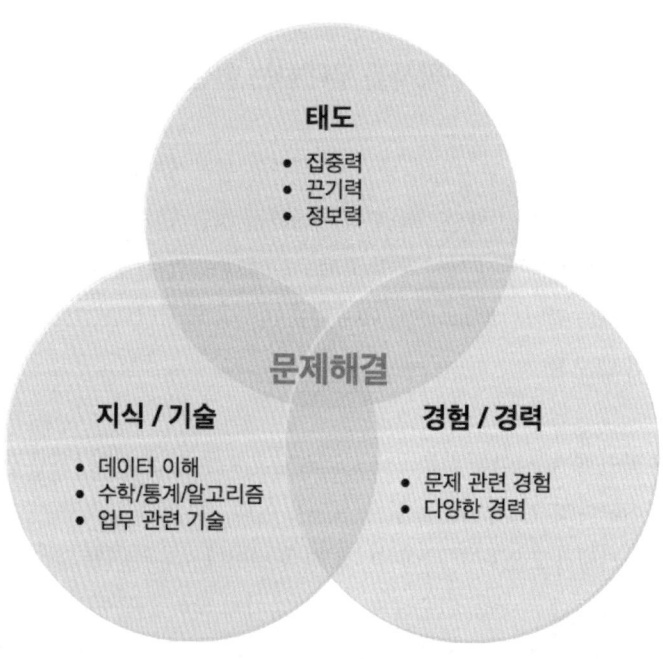

〈그림 1-19. 문제해결능력〉

데이터 사이언티스트 업무 특성상 제한된 시간과 예산 안에서 새로운 것을 시도하는 경우가 많다 보니 예상치 못한 크고 작은 문제를 많이 만날 수밖에 없다. 따라서 회사는 스스로 문제에 접근하고 해결할 수 있는, 문제해결능력을 갖춘 사람을 선호한다. 결국 지원자의 이력서와 면접 혹은 기술 시험을 통한 고용 과정을 거치면서 지원자가 <그림 1-19>의 세 가지 큰 능력을 갖췄는지 평가할 것이다.

이제 지원자를 살펴보자.

> 지원자 A. 회사 경력 없음. 업무 관련 전공 **대학 졸업생**
> 지원자 B. 회사 경력 없음. 업무 관련 전공 **석사 졸업생**
> 지원자 C. 회사 경력 없음. 업무 관련 전공 **박사 졸업생**

지원자 A, B, C 세 명 모두 회사 경력이 없더라도 지원자 B와 C는 경력자로 분류할 수 있다. 왜냐하면 여기서의 경력은 회사 경력을 의미하는 것이 아니라 문제 해결 경험을 말하기 때문이다. 단순히 석박사 과정이 대학 학부생보다 깊은 내용의 수업을 들어서가 아니다. 이것보다 더 중요한 점은 문제 해결 과정을 간접적으로 혹은 직접적으로 경험한 시간이 많았다는 점이다. 예를 들어, 지원자 A, B, C 중 누가 더 많은 논문을 읽었을까? 논문은 기존에 없었던 새로운 문제를 해결하기 위해 실험하고 증명하는 과정이 담겨 있다. 이런 논문을 읽고 이해한다는 것은 간접적으로 문제 해결 과정을 지켜보는 것과 같다. 박사 졸업생은 수많은 논문을 읽으면서 문제 해결 과정을 간접적으로 접하고 결국 자기 분야에서 새로운 문제를 찾아 해결하여 논문까지 심사받은 사람을 말한다. 특히, 새로운 문제를 찾는 것은 가장 어려운 과정 중 하나인데, 문제를 설정하고 해결하는 일련의 과정을 거치면서 그 과정 속에는 수많은 리서치(Research)의 시간이 있었을 것이다. 따라서 지원자 C의 경우, 더 많은 경력이 있는 것으로 보기 때문에 기대하는 포지션이나 연봉이 지원자 A, B와는 분명 다를 것이다. 만약 지원자 A가 취업 경쟁력을 키우고 싶다면 적어도 지원자 B만큼의 경력이나 경험을 이력서와 포트폴리오에 담아야 할 것이다. 포트폴리오에 대해서는 5장에 자세히 소개하겠다.

다음 경우는 어떨까?

지원자 D. 회사 경력 없음. 업무 관련 **전공 대학 졸업생**
지원자 E. 회사 경력 없음. 업무 관련 **비전공 석사 졸업생**
지원자 F. 회사 경력 없음. 업무 관련 **비전공 박사 졸업생**

업무 관련 비전공 석박사생이라면 회사가 우대하는 조건에 맞을까? 이런 경우 면접관마다 생각이 다를 수도 있다. 하지만, 필자의 경우 지원자 E가 입사한 경우를 더 많이 보았는데, 이들의 공통점은 석사 과정을 통해 문제 해결 경험을 갖춘 상태에서 전공자만큼의 지식과 기술을 따로 익혔다는 점이다. 회사 입장에서 지원자 E는 문제 해결 경험도 있을 뿐 아니라 적어도 지원자 D만큼의 전공지식을 갖췄다고 판단하기에 지원자 E를 뽑은 것이라 볼 수 있다.

마지막으로 다음 지원자 G는 어떻게 준비해야 A부터 F의 지원자 사이에서 최종 합격 통보를 받을 수 있을까?

지원자 G. 회사 경력 없음. 업무 관련 **비전공 대학 졸업생**

최근 들어 생물학을 전공했지만 데이터 분석가로, 경영학을 전공했지만 데이터 엔지니어로 지원하는 비전공자들이 많아지고 있다. 많은 비전공자는 지원자 G와 같이, "나 같은 비전공자가 지원해도 될까?"라고 고민할 것이다. 하지만, 이들이 진지하게 생각해야 할 점은, "비전공자가 해도 될까?"가 아니라, "그렇다면 나는 무엇을 준비해야 할까?"다. 스스로에게 앞으로 무엇을 해 나갈지 질문하며, 각 질문으로 자신의 목표와 현재 위치를 정확하게 파악하는 것이 매우 중요하다. 가장 먼저 회사가 기대하는 만큼의 업무 관련 지식을 내가 갖고 있는지, 그리고 전공자만큼의 지식을 갖췄는지부터 확인해야 한다. 그 후, 〈그림 1-19〉의 세 가지 큰 틀에서 자신의 문제해결능력은 어느 정도인지 확인하고, 어떤 방식과 내용으로 자신의 노력 과정을 포트폴리오에 담아낼지 고민해야 한다.

1.3.2 체크리스트로 보는 나는 무엇을 키워야 할까

먼저 지식과 경험 두 가지 틀에서 세부 항목을 살펴보자. 아래 항목마다 넓은 범위를 함축하고 있지만 이렇게 큰 틀에서 세부 사항으로 넘어가며 확인하는 것이 필요하다. 주위 나무만 살피며 내 위치를 확인하는 것보다 숲에서 나를 바라봐야 내 위치를 알 수 있기 때문이다.

항목	세부 항목	체크
지식 / 기술	데이터 탐색을 위한 기본 통계 지식과 프로그래밍 언어를 통한 구현 능력	
	표본 추출에 대한 개념 및 표본 추출 방법	
	각종 분포 이해(각 분포의 모수는 무엇인지, 어떤 상황과 연결할수 있는지 등)	
	부트스트랩 개념 및 활용 방법	
	불확실성 개념	
	신뢰 구간, 예측 구간	
	통계 실험	
	가설검정, A/B 테스팅 - 개념, 방법, 활용 예시	
	차원 축소 종류 및 개념 - 왜 중요하고 어떤 방법이 있는가	
	분산 분석	
	베이지안 통계	
	시계열	
	회귀 모델	
	분류 모델	
	지도/비지도 학습	
	머신러닝 기본 알고리즘	
	예측 모델 성능 평가 종류	

경험	지원하는 회사의 산업 데이터를 얼마나 알고 있는가 & 도움될 만한 데이터가 무엇이 있는가
	데이터 분석 경험 - 어떤 방법을 통해 어떤 인사이트를 얻었는가 & 그래프를 통해 분석 결과를 나타내 본 적이 있는가
	용량이 큰 데이터를 다뤄 본 적이 있는가
	불균형 데이터를 다뤄 본 적이 있는가
	예측 모델을 만든 후 모델 성능을 계산한 경험이 있는가 & 모델 성능을 개선할 방법을 고민해 본 적이 있는가
	모델링 중 피처 선택에 관한 경험을 한 적이 있는가
	최근 읽어 보았던 데이터 과학에 관련한 논문이 있는가
	문제 해결 경험이 있는가 - 문제는 무엇이고 어떤 방법을 시도해서 해결했는가
	분석이나 모델링 과정 중 실수했던 경험이 있는가 - 무엇을 실수했고 어떻게 발견했는가
	개인 프로젝트 경험이 있는가 - 주제 선정의 이유, 데이터 출처, 문제점/힘들었던 점 유무, 결괏값 등

2장

데이터 사이언티스트에서 "데이터"

Goal
Target
Plan
Timeline
issue

2.1 데이터 유형

데이터 사이언티스트를 간단하게 말하면 데이터를 다루는 사이언티스트가 아닐까? 그렇다면 우리는 먼저, 데이터가 무엇인지, 데이터엔 어떤 형태들이 있는지, 각 형태에 맞게 데이터를 부르고 처리하고 저장하는 방법 등 데이터의 기본에 대해 명확히 알아야 한다. 그러기 위해, 우선 무엇을 데이터라 부르는지 생각해 보자.

흔히 데이터라고 하면 행과 열의 테이블 형식처럼 이뤄진 파일을 생각하기 쉽다. 공공 데이터나 학교에서 과제로 받은 대부분의 데이터가 이런 형식이기 때문이다. 하지만, 데이터는 우리가 관찰하거나 측정해서 수집된 모든 것을 말한다. 카드 사용 내역, 부동산 가격, 병원 내 환자 치료 기록, 웹사이트 방문 기록뿐 아니라 카카오톡의 메시지, 사회관계망서비스(SNS)의 사진, 영상 등이 모두 데이터다. 데이터 사이언티스트는 이런 데이터 중 정보가 될 만한 데이터만 추출해 데이터베이스에 저장하거나, 분석하거나 혹은 예측 모델을 세우기도 한다. 그렇다면 [상황 2-1]과 같을 때, 주어진 업무를 어떻게 해결하면 좋을지 생각해 보자.

상황 2-1

웹사이트 신규 가입자에 대한 데이터가 매일 데이터베이스에 저장된다. 그중에서 주요 지역별 신규 가입자 수와 이들이 가입한 첫날 자사의 주력 제품인 A, B, C를 구매한 인원수만 다시 데이터베이스에 저장하고, 데이터 시각화 툴을 사용해 그 결괏값을 매일 업데이트하고자 한다.
이 업무를 하기 위해, 데이터베이스에서 불러오는 인풋 데이터는 어떤 형식이고, 계산 과정을 거쳐 시각화 툴을 사용하기 위한 아웃풋 데이터는 어떤 형식이 좋을까?

2.1.1 정형 데이터(Structured Data)

정형 데이터는 데이터베이스 종류 중 관계형 데이터베이스(Relational Database; RDB), 스프레드 시트(Spread Sheet), 확장자 csv인 파일에 저장할 수 있는 테이블 형태 데이터를 말한다.

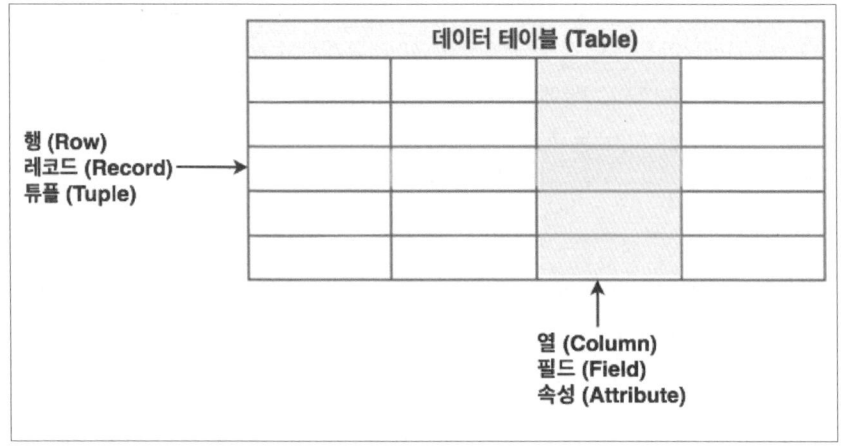

〈그림 2-1. 관계형 데이터베이스의 데이터 테이블〉

데이터 테이블은 위 〈그림 2-1〉처럼 행과 열로 이뤄져 있다. 데이터베이스에 저장된 각각의 데이터 테이블은 행마다 고유한 값을 가진 식별키(Prime Key, Primary Key)가 있으며, 때론 이 키로 다른 데이터 테이블과 합칠 수 있어서 여러 데이터 테이블 간의 연결 관계를 알 수 있다. 식별키에 대한 자세한 내용은 〈2.2.5 식별키〉를 참고하자.

온라인 쇼핑몰에 방문하는 모든 사람의 활동 내역은 로그 파일에 기록되며, 이것은 데이터 저장 창고인 데이터 레이크에 저장된다고 가정하자. 이 로그 파일에는 신규 방문자 및 구매자의 주문 내역도 있는데, 이 부분만 따로 관계형 데이터베이스에 저장하고자 한다. 여기서 관계형 데이터베이스란 간단하게 열과 행으로 이뤄진 테이블 형태의 데이터 모음으로 〈그림 2-2〉처럼 테이블 간의 상호 연결도 가능하다. 만약 한 데이터 테이블 안에 주문 번호, 제품 번호, 수량, 주문 날짜, 가격, 주문자의 배송지 및 개인정보, 제품 정보 등을 모두 다 넣으면 데이터를 관리하기 힘들 뿐 아니라 이 데이터를 불러 필요한 정보를 추리는 과정 역시 쉽지 않을 것이다. 만약 <그림 2-2>처럼 여러 개의 테이블로 나눠 관계형 데이터베이스에 저장한다면, 관리도 쉽고 테이블 이름을 참고해 정보를 찾는 일도 쉬울 것이다.

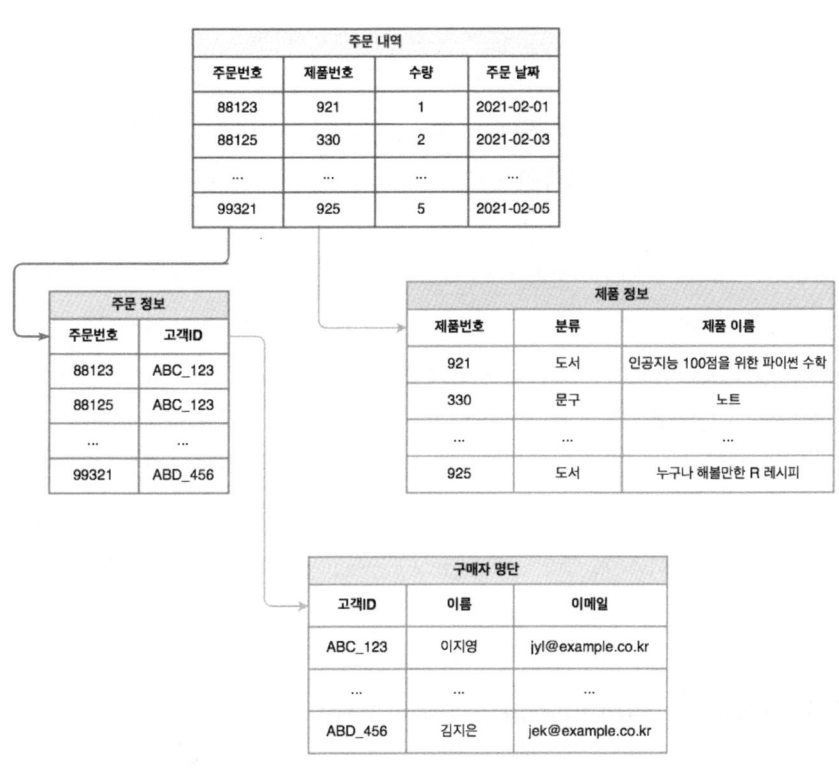

〈그림 2-2. 정형 데이터 예시〉

이처럼 관계형 데이터베이스에 데이터를 저장하려면 각 필드(열 이름, Field)에 맞게 데이터 값이 잘 입력되어야 한다. 만약 구매자 명단 테이블에서 고객ID 필드에 수량이 들어간다거나, 이름이란 필드에 주문 번호가 들어가면 안 된다. 따라서 데이터 테이블에 식별키는 무엇이고, 필드마다 어떤 값이 들어가야 하는지에 관한 조건이 정리된 데이터가 필요한데 이를 스키마(Schema)라 한다. 데이터베이스 테이블마다 이 스키마를 지정해 놓아야 하는데, 스키마에 맞는 데이터만 데이터 테이블에 저장될 수 있기 때문이다. 따라서 정형 데이터는 미리 정해진 스키마(Predefined Schema)에 따라 관계형 데이터베이스에 저장될 수 있는 데이터를 말하기도 한다.

정형 데이터의 장점은 테이블 형식으로 되어 있어서 데이터를 이해하기 쉽고, 기본적인 연산과 데이터 분석이 용이하다는 것이다. 예를 들어, <그림 2-2> 주문 내역 테이블에서 주문 번호 필드를 기준으로 주문 정보 테이블과 합칠 수 있고, 그 후 고객ID 필드 기준으로 구매자 명단 테이블과 합칠 수 있다. 기본키를 이용해 합쳐 새로 얻은 데이터 테이블로 고객ID ABC_123인 사람의 구매 횟수를 계산할 수 있다.

관계형 데이터베이스에 저장된 데이터 중에 필요한 데이터를 불러오거나 활용할 때 사용하는 언어가 바로 SQL(Structured Query Language)이다. 원하는 데이터를 얻기 위해, SQL이라는 언어로 원하는 조건을 검색하고 조회해야 하는데, 이러한 질문을 던지는 것을 쿼리(Query)라 한다. 쿼리를 통해 얻은 데이터로 계산을 하거나, 패턴을 알아보거나 하는 등의 분석을 할 수 있다. 따라서 데이터를 다루는 직종이라면 당연히 SQL은 필수로 알아야 한다. 관계형 데이터베이스를 다루는 시스템은 대표적으로 MySQL, Oracle, PostgreSQL, Microsoft SQL Server 등이 있다.

2.1.2 비정형 데이터(Unstructured Data)

쉽게 말해 정형 데이터와 반대되는 개념이다. 미리 정해진 스키마에 따라 테이블 형식으로 데이터가 저장되는 것이 아니라, 데이터의 형태와 구조가 복잡한 다이내믹한 스키마(Dynamic Schema)에 따라 데이터가 저장된다. 따라서 데이터마다 다른 스키마를 가질 수 있다. 비정형 데이터의 예로는 영상, 음성, 이미지 또는 워드(Word)나 PDF와 같은 텍스트로 된 문서, 소셜 미디어 활동 데이터 등이 있다.

비정형 데이터는 비관계형 데이터베이스(Non-Relational Database; NoSQL)에 저장된다. 여기엔 전혀 다른 특성을 가진 데이터를 저장할 수 있는데, 〈그림 2-3〉처럼 키(Key)-밸류(Value) 저장소, 문서(Document) 저장소, 그래프 저장소, 와이드-칼럼(Wide-column) 저장소가 있다. 비관계형 데이터베이스 시스템으로 MongoDB, AWS DynamoDB, Cassandra, Redis 등이 있다. 관계형 데이터베이스와 비교해 보면, 관계형 데이터베이스는 하나의 시스템을 알면 다른 시스템도 금방 익힐 수 있지만 비관계형 데이터베이스는 데이터에 따라 저장소가 다르기 때문에 하나의 시스템을 안다고 해서 다른 시스템을 알 수 있는 것은 아니다.

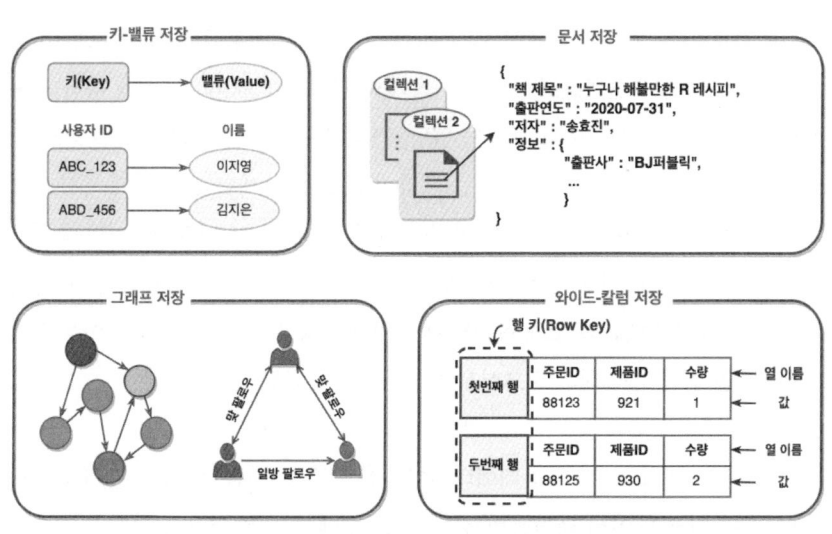

〈그림 2-3. 비관계형 데이터베이스에 저장되는 비정형 데이터 종류〉

키-밸류 저장소는 하나의 키와 하나의 값이 한 쌍으로 묶인 가장 간단한 저장 방법이다. 키는 데이터를 식별해야 하므로 중복된 키를 가질 수 없지만 값은 중복 가능하다. 여기서 값은 데이터의 큰 제약이 없어서 숫자, 문자열뿐 아니라 이미지, 음성 등 다양한 값이 가능하다. 주요 제품은 AWS DynamoDB, Redis, Hbase 등이 있다.

문서 저장소는 키-밸류 저장과 비슷한 형식이지만 이때 값이 JSON(제이슨,

JavaScript Object Notation, {키:밸류} 형태의 데이터, XML(eXtensible Markup Language, HTML을 개선해 만든 언어) 혹은 BSON(Binary JSON)과 같은 문서 형태다. <그림 2-3>처럼 문서 안에 다른 문서를 저장할 수 있다. 주요 제품으로 MongoDB, MongoDB Atlas, AWS DynamoDB, AWS DocumentDB, Google Cloud Firestore, Couchbase Server, Azure Cosmos DB, IBM Cloudant 등이 있다. 문서 저장소 사용례로 일본의 다국적 비디오 게임 개발 및 배급사 세가(Sega)를 들 수 있다. 게임 출시 이후 수백만 명의 플레이어가 동시에 접속해도 수평적 확장이 유연할 수 있도록 MongoDB Atlas를 사용함으로써 복잡한 부하 처리를 관리할 수 있다.

그래프 저장소는 많은 객체에서 연결 관계를 표현할 때 유용한 저장 방법이다. <그림 2-3>에서 오른쪽이 SNS상의 사용자의 팔로우(Follow) 관계를 나타낸다. 이때 노드(Node)는 사람이고 관계는 일방, 쌍방의 팔로우를 나타낸다. 하나의 노드가 가질 수 있는 관계의 수나 종류는 제약이 없으며, 관계를 표현할 때 <시작 노드>, <도착 노드>와 같은 방향이 있어야 한다. 특히, 소셜 네트워킹이나 추천엔진에 유용하다. 주요 제품은 Neo4j, Azure Cosmos DB, AWS Neptune 등이 있다. 예를 들어, 미국의 대표적 소매 유통업체인 월마트(Walmart)는 Neo4j를 이용해 각 고객에 맞는 추천 상품 및 프로모션을 실시간으로 제공한다.

와이드-칼럼 저장소는 관계형 데이터베이스와 언뜻 비슷해 보인다. 관계형 데이터베이스에 있는 데이터 테이블의 경우, 모든 행에서 같은 열을 공통적으로 가지고 있다. 하지만, 와이드-칼럼 저장소는 하나의 행이 여러 개의 칼럼으로 되어 있는데 행마다 다른 열을 가질 수 있다는 차이가 있다. 각 행이 다른 데이터 형태를 가질 수 있으므로 고정된 스키마를 가질 수 없다. 관계형 데이터베이스와 다르게 와이드-칼럼 저장소의 데이터는 데이터끼리 합칠 수 없으며 대신 하나의 행 안에 모든 열을 모을 수 있다. 주요 제품은 Cassandra, Hbase 등이 있다. 와이드-칼럼 저장소를 사용한 예로는, 스웨덴의 음악 스트리밍 및 미디어 서비스 제공업체인 스포티파이(Spotify)가 대표적이다. Cassandra를 사용해 사용자가 선택한 곡, 장르, 아티스트 등 정보를 와이드-칼럼 저장소에 저장하고 이를 바탕으로 개인의 기호에 맞는 서비스를 제공한다.

2.1.3 반정형 데이터(Semi-structured Data)

반정형 데이터의 예로는 URL 형태로 있는 HTML(Hypertext Markup Language; 웹 페이지를 만드는 언어의 한 종류), 오픈 API(Open Application Programming Interface; 4.2.1 모델의 수익화 참조)에 사용되는 XML, JSON, 그리고 로그 파일이 있으며, 대부분 파일 형태로 저장된다. 〈그림 2-4〉 XML, JSON 파일을 보면 파일 자체에서 어떤 내용이 있는지 알 수 있지만 연산이 불가능하다는 것을 알 수 있다. 반정형 데이터 사용례로는, 스크레이핑(Scraping; 웹사이트나 문서 파일을 데이터로 추출) 작업이 있다. 이때, 비정형 데이터를 스크레이핑을 통해 HTML인 반정형 데이터로 추출하고 이를 정형 데이터로 바꿔 분석하거나 예측 모델에 사용한다. 혹은 예측 모델을 기반으로 한 API를 개발할 때 JSON 파일을 사용한다. 저장 방법으로는 클라우드 서비스의 데이터 저장소에 파일 자체를 저장하거나 혹은 AWS DynamoDB처럼 비정형과 반정형 데이터까지 저장할 수 있는 클라우드 서비스를 이용하기도 한다.

```
XML

<root>
    <element>
        <사용자ID>ABC_123</사용자ID>
        <이름>이지영</이름>
    </element>
    <element>
        <사용자ID>ABD_456</사용자ID>
        <이름>김지은</이름>
    </element>
</root>
```

```
JSON

[
    {
        "사용자ID" : "ABC_123",
        "이름" : "이지영",
    },
    {
        "사용자ID" : "ABD_456",
        "이름" : "김지은",
    }
]
```

〈그림 2-4. XML, JSON 파일 예시〉

2.1.4 내게 필요한 데이터 유형은 무엇일까?

데이터의 유형에서 염두에 둬야 할 것은, 데이터는 고정된 것이 아니라 필요에 따라 여러 유형으로 바꿀 수 있다는 점이다. 정형 데이터는 비정형, 반정형 데이터로 바꿀 수 있고, 반대로 비정형 데이터는 반정형, 정형 데이터로 바꿀 수 있다. 따라서 데이터를 다룰 때, "이런 상황에는 어떤 데이터 유형이 좋을까?"를 스스로 질문할 수 있어야 한다.

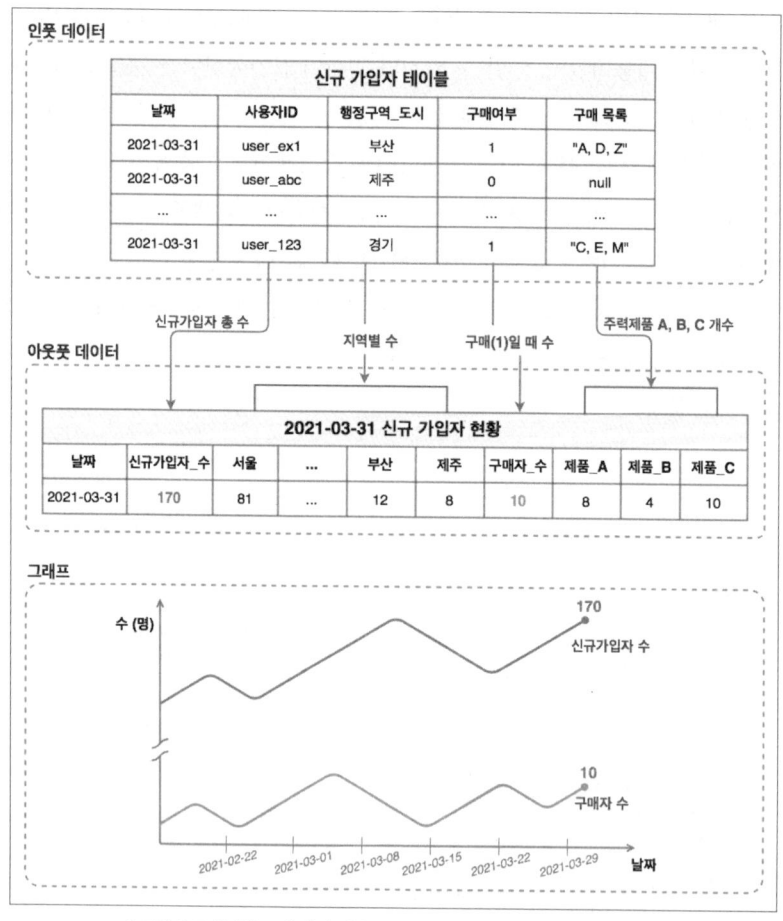

〈그림 2-5. [상황 2-1]에서 아웃풋을 정형 데이터로 저장했을 경우〉

정형 데이터는 데이터를 이해하고 분석할 때 유용하다. 그렇다고 정형 데이터만 사용하는 게 맞을까? 만약 정형 데이터에서 행마다 원하는 값을 계산하기 위해 함수를 사용해야 하는 경우, 계산이 오래 걸리거나 메모리 문제가 생기면 어떻게 해야 할까?

다시 [상황 2-1]을 살펴보자. 웹사이트 로그 파일 중 신규 방문자 및 구매자에 관한 데이터는 데이터베이스에 저장된다. 이것을 인풋(Input) 데이터라 했을 때, 이 데이터의 모습은 <그림 2-5>의 [신규 가입자 테이블]과 비슷한 형태다. 이때 열의 구성은 다음과 같다.

- **날짜:** 가입 날짜(연-월-일)
- **사용자ID:** 신규 가입자 ID
- **행정구역_도시:** 신규 가입자 주소록 중 행정도시 발췌
- **구매 여부:** 1 또는 0의 값으로 1은 구매, 0은 비구매
- **구매 목록:** 구매 여부 값이 1일 때, 제품 구매 목록

이 인풋 데이터에서 구해야 할 값은 1) 매일 발생한 신규 가입자 총 수와 이 중에서 가입 첫날 제품을 구매한 고객 수, 2) 주요 도시별 가입자 수, 3) 주력 제품 A, B, C의 구매 수량이다. 이 값들은 아웃풋(Output) 데이터가 되는데, 어떤 형태의 데이터가 효과적일까?

우선 <그림 2-5>처럼 정형 데이터로 저장한다면 이 아웃풋 데이터의 열은 다음과 같을 것이다.

- **날짜:** 가입 날짜(연-월-일)
- **신규 가입자_수:** [신규 가입자 테이블]에서 같은 날짜에 발생한 사용자ID의 총 수
- **서울, ⋯, 제주:** 총 17개의 시도를 각 열에 정리
- **구매자_수:** [신규 가입자 테이블] 구매 여부에서 1일 때의 총 개수

- **제품_A:** [신규 가입자 테이블] 구매 목록에서 제품 A의 개수
- **제품_B:** [신규 가입자 테이블] 구매 목록에서 제품 B의 개수
- **제품_C:** [신규 가입자 테이블] 구매 목록에서 제품 C의 개수

아웃풋 데이터인 [2021-03-31 신규 가입자 현황] 테이블의 사이즈를 보자. 2021년 3월 31일의 하나의 행에 17개의 시도가 있어서 17개의 열과 나머지 6개의 열(날짜, 신규가입자_수, 구매자_수, 제품_A, 제품_B, 제품_C), 총 23개의 열이 있다. 그리고 데이터베이스에 아웃풋 데이터를 매일 저장하려면, 23개의 열과 식별키에 대한 정보인 스키마를 미리 만들어야 한다(2.2.6 상황으로 살펴보는 스키마 생성 예시 참고). 그 후, 이 데이터 테이블에 매일 발생하는 아웃풋 데이터를 계속 새로운 행으로 추가할 수 있다.

이렇게 아웃풋 데이터가 만들어지면 1) 신규 가입자 수 & 신규 가입자 중 구매자 수의 날짜별 선그래프, 2) 주요 도시별 신규 가입자 막대그래프, 3) 주요 제품 A, B, C 판매량 막대그래프를 만들 수 있다. 〈그림 2-5〉는 그중 첫 번째 선그래프를 예로 그려보았다. [상황 2-1]의 업무까지 살펴봤으니, 이제 다음을 생각해 보자.

1. 어떤 클라우드 서비스로 이 과정을 자동화할까?
2. 클라우드 서비스를 이용하지 않는다면, 어떻게 스크립트를 작성해야 업무를 최소화할 수 있을까?
3. 어떤 데이터 시각화 플랫폼을 사용해서 매일 업데이트를 할 수 있을까?
4. 주력 제품 목록에 D 제품을 추가하고 싶다면 어떻게 할까?
5. 구매 목록 중 주력 제품 A, B, C를 제외한, 당일 가장 많이 팔린 제품과 그 개수를 그래프에 추가하고 싶다면 어떻게 할까?

이처럼 [신규 가입자 현황] 데이터가 관계형 데이터베이스에 매일 저장되는 상황에서, 4번과 5번과 같은 추가 업무가 생기면 스키마 역시 추가해야 하는 번거로움이 생긴다. 그런데 5번의 경우, 당일 가장 많이 팔린 제품은 매일 달라질 수 있기

때문에 스키마를 미리 지정하기 쉽지 않을 것이다.

관계형 데이터베이스에 데이터를 저장하는 상황은, 미리 정해진 스키마에 맞는 데이터만 저장될 때 유용하지만, [상황 2-1]처럼 업무 방향이 바뀌면 그때마다 스키마를 다시 설정해야 하는 번거로움이 발생한다. 뿐만 아니라 데이터베이스에서 필요한 데이터를 추출할 경우, 데이터 크기가 커질수록 작업 시간도 오래 걸린다는 단점이 있다.

그렇다면 [신규 가입자 현황]을 반정형 데이터로 저장한다면 어떨까? 데이터 테이블 형식이 아닌 키와 밸류로 아웃풋을 저장하면 4, 5번처럼 제품이 중간에 추가되거나 빠지더라도 전혀 문제되지 않는다. 데이터를 저장할 때마다, 내가 원하는 키와 밸류를 저장할 수 있기 때문이다. 클라우드 서비스마다 반정형 데이터를 저장할 수 있는 데이터베이스가 있는데, 데이터 시각화 플랫폼을 이 데이터베이스와 연결하면 된다.

```
<2020년 3월 31일 아웃풋 데이터>
{
  날짜: "2020-03-31",
  신규가입자_수: 170,
  서울: 81,
  경기: 67,
  부산: 12,
  제주: 8,
  강원: 2,
  구매자_수: 10,
  제품_A: 8,
  제품_B: 4,
  제품_C: 10,
  제품_K: 12
}
```

```
<2020년 4월 1일 아웃풋 데이터>
{
  날짜: "2020-04-01",
  신규가입자_수: 180,
  서울: 75,
  경기: 70,
  부산: 20,
  제주: 2,
  충남: 12,
  세종: 1,
  구매자_수: 10,
  제품_A: 10,
  제품_B: 11,
  제품_C: 8,
  제품_J: 20
}
```

2.2 데이터에서 확인해야 할 사항

데이터가 중요한 시대인 만큼 회사 내부에서 발생하는 데이터뿐만 아니라 외부에서 데이터를 구매해 사용하기도 한다. 이때, 외부 데이터는 자사에서 사용하는 데이터와 굉장히 다른 포맷이거나 전혀 가공되지 않은 복잡한 데이터일 수도 있다. 그래서 외부 데이터를 전부 사용하기도 하지만 때론 필요한 정보만 추출하고 가공해서 데이터베이스에 저장한다.

상황 2-2

외부로부터 매달 데이터를 받는다. 이 데이터는 자사의 예측 모델링에 사용되므로 데이터 사이언티스트가 관리하는 관계형 데이터베이스에 따로 저장하고자 한다.

외부 데이터를 관계형 데이터베이스에 자동으로 저장하기 위해 스키마부터 먼저 만들어야 하는데, 무엇을 고민하고 어떤 과정을 거쳐야 할까?

〈그림 2-6〉은 A라는 외부 데이터를 A'로 수정해서 데이터베이스에 저장하는 간단한 업무처럼 보이지만 사실 쉬운 작업은 아니다. 먼저, 이렇게 정형 데이터를 다룰 때 확인해야 할 것들을 살펴본 후, [상황 2-2]에 적용해 보자.

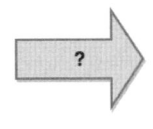

<그림 2-6. [상황 2-2]의 데이터 전환 예시>

2.2.1 4가지 상황에서 살펴본 데이터 크기(Size)

데이터를 처음 받으면 무엇부터 확인할까? 물론 사람마다 다를 수 있지만, 필자는 보통 데이터 크기를 먼저 확인한다. 데이터 크기를 확인하는 것은 단순히 몇 개의 행과 열로 된 데이터인지 확인하는 것이 아니다. 다음과 같은 상황을 생각하며 데이터 크기를 늘 확인한다.

2.2.1.1 데이터베이스에서 데이터를 불러오거나 저장할 때 혹은 클라이언트로부터 데이터를 받을 때.

프로그래밍 언어로 문제없이 데이터를 잘 읽었다 할지라도 이 데이터가 내가 읽어야 할 데이터인지 확인하는 것이 중요하다. 또한, 사용 목적에 맞게 잘 가공된 데이터를 데이터베이스에 저장하는 경우도 마찬가지다. 스크립트가 잘 작동된다 하더라도 내가 인지하지 못한 부분에서 오류가 생길 수 있으므로 데이터 크기를 늘 기억해서 모든 데이터가 잘 저장됐는지 확인하는 자세가 필요하다. 또한, 데이터베이스에는 하나의 데이터만 있는 것이 아니라 데이터 파일들이 많이 있기 때문에 팀원 혹은 클라이언트 간의 커뮤니케이션 과정에서 잘못된 파일을 주고받는 경우가 생길 수 있다. 그래서 내가 파일을 받거나 보낼 때 그 데이터 파일이 맞는지 서로 확인할 수 있도록 데이터 크기를 같이 명시해주는 것이 좋다.

2.2.1.2 데이터 처리 과정에서의 데이터 크기 확인

데이터 사이언티스트는 미가공 데이터(Raw data)를 상황에 맞게 가공하는데, 이 과정에서 중복된 데이터나 불필요한 데이터를 지우면서 데이터 손실이 일어난다. 이런 데이터 손실이 어느 과정에서 얼마나 일어났는지 확인하는 것이 좋다. 또한, 데이터 손실이 심한 경우, 데이터에 문제가 있는 것은 아닌지 확인할 필요가 있다.

2.2.1.3 결측치 및 유일값 각 개수

데이터 크기는 전체 데이터의 행과 열의 개수만을 말하지는 않는다. 데이터에 값이 없으면 이를 결측치(Not Available, Missing value, None, Null, NA)라 하는데, 결측치가 있다면 얼마나 있는지, 해당 데이터에 그만큼의 결측치는 타당한 것인지 항상 확인해야 한다. 또한, 범주나 수가 제한된 값을 가진 열은 유일한 값(Unique Value)의 개수가 굉장히 많을 수 있고 반면에 한정적일 수도 있다. 데이터가 가지고 있는 정보에 맞게 유일값의 개수가 타당한지, 각 유일값이 전체 데이터 중 차지하는 정도가 타당한지 역시 확인할 필요가 있다. 예를 들어, <제품 분류>는 "소설", "IT", "수험서", "유아서적" 이렇게 총 4종류만 있어야 한다면, 데이터의 유일값이 정말 4를 갖는지, 데이터가 하나의 값에 과도하게 몰려있지는 않은지 등을 확인할 수 있다. 주어진 데이터 크기를 확인할 때 행과 열의 개수만 파악하는 것 뿐 아니라, 결측치와 유일값까지 고려해야 한다. 그 과정에서 데이터에 문제나 오류가 있지는 않은지 파악하여 데이터의 타당성을 확인할 수 있다. 이 부분은 이번 장, <결측치> 예제를 통해 더 자세히 살펴보도록 한다.

2.2.1.4 이 데이터 크기로 예측 모델을 세워도 괜찮은가?

여기서 예측 모델을 만든다는 의미는 우리가 예측하고자 하는 값에 대해 주어진 데이터에서 패턴을 찾거나 식을 만든다는 뜻이다. 우리가 원하는 가장 이상적인 예측 모델은 새로운 데이터가 주어졌을 때 모델을 통해 나온 예측 값과 실제 값 간의 차이가 적은 모델이다. 그런데 데이터를 가지고 패턴을 찾거나 식을 만드는 과정에 가지고 있는 데이터를 전부 사용한다면 새로운 데이터를 얻기까지 예측 모델이 제대로 작동하는지 확인하기 어렵다. 따라서 예측 모델을 만드는 과정에서 훈련 데이터(Training Data)와 시험 데이터(Test Data)로 나누고, 먼저 훈련 데이터만으로 예측 모델을 만든다. 이렇게 만들어진 예측 모델의 예측 값이 새로운 데이터에서 실제 값과 어느 정도 차이가 있는지 검증하기 위해 모델을 만드는 과정에 전혀 노출되지 않았던 시험 데이터를 사용한다. 훈련 데이터와 시험 데이터를 가지고 계산한 예측 값과 실제 값의 비교로 예측 모델이 얼마나 정확하고 이상적인지 확인한다. 예측 모델 평가는 5장 포트폴리오 예시 중 결과 부분에서 소개하겠다.

그런데 만약 데이터의 크기가 작은 경우, 이 데이터를 다시 훈련과 시험 데이터로 나눠야 하므로 더 적은 양의 훈련 데이터만으로는 예측하고자 하는 값의 패턴을 찾거나 식을 만드는 데에 충분하지 않을 수 있다. 이럴 경우 데이터를 더 얻거나 혹은 모수적 모델을 사용하도록 한다(3.2.4 통계 vs. 머신러닝 그리고 모수 vs. 비모수 차이는 무엇일까? 참고). 그렇다면 데이터가 많을수록 좋을까? 꼭 그런 것은 아니다. 데이터 크기가 커질수록 차원의 저주(3.2.19 차원의 저주란 무엇일까? 참고)라든가, 계산 과정에서의 메모리의 한계라는 다른 문제가 생길 수 있다. 또한, 통계 모델을 사용할 경우 많은 양의 데이터는 유의성을 파악하는 데에 오히려 방해되기도 한다.

여러 상황을 통해 왜 데이터 크기를 확인해야 하는지 간단하게 살펴보았다. 더 많은 이유가 있겠지만 데이터 크기를 확인하는 목적은 다음처럼 요약할 수 있다.

- 내가 다루는 데이터가 올바른 데이터인지
- 데이터 가공 과정에 오류가 없는지
- 데이터에 오류나 문제점이 있는 것은 아닌지
- 분석이나 모델링에 적합한 데이터 크기인지

2.2.2 데이터의 값에 따른 종류

<그림 2-6> 데이터 테이블을 보자. col_1 열이 <이름>이라면 각 행에 사람 이름이 들어가야 한다. col_2 열이 <출생 연도>라면 행마다 <이름>에 해당되는 사람의 태어난 연도가 입력돼야 한다. 이처럼 열(변수 혹은 피처, Feature)에 들어가는 값에 따라 데이터 종류를 <그림 2-7>처럼 구분할 수 있다.

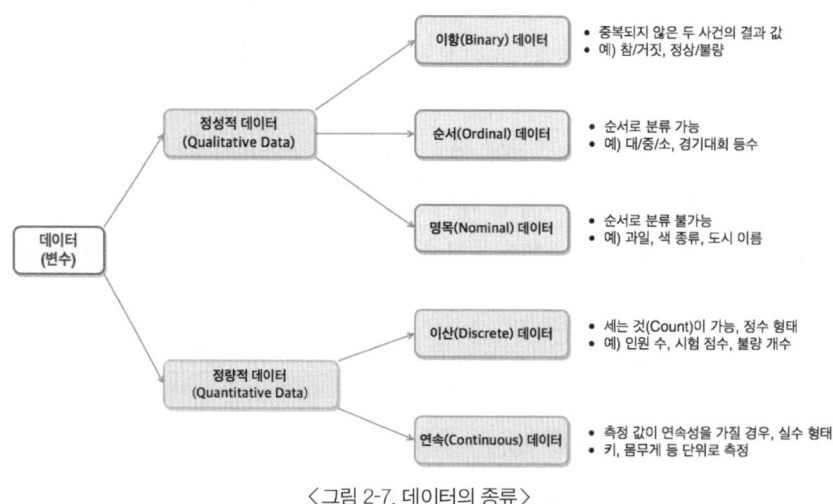

<그림 2-7. 데이터의 종류>

데이터 값에 따라 크게 문자나 범주로 구성된 정성적 데이터(Qualitative Data)와 숫자나 수량으로 표현하는 정량적 데이터(Quantitative Data)로 나뉜다. 정성적 데이터는 범주형 데이터(Categorical Data)라고도 하며, 정량적 데이터는 수치형 데이터(Numerical Data)라고 부른다.

<그림 2-7>에서 정성적 데이터는 다시 세 가지로 나눌 수 있는데, 두 개의 결괏값으로 표현할 수 있는 이항 데이터(Binary Data), 범주 형식이지만 그 안에서 순서를 가진 순서 데이터(Ordinal Data), 그리고 각 범주의 순서를 지을 수 없는 명목 데이터(Nominal Data)가 있다.

정량적 데이터는 정수의 형태로 셀 수 있는 이산 데이터(Discrete Data)와 측정을 통해 얻은 값인 연속 데이터(Continuous Data)로 나뉜다.

그렇다면 다음과 같은 데이터는 어떻게 구분할 수 있을지 생각해 보자.

2.2.2.1 건물번호

도로명 주소는 행정구역, 도로명, 건물번호, 상세주소로 구성되어 있는데, 이때 건물번호는 도로 시작점에서 20m 간격으로 왼쪽은 홀수, 오른쪽은 짝수로 번호를 붙이게 된다. 관계형 데이터베이스에 고객정보의 데이터가 있는데 이 고객정보는 배송지 주소, 도로명 주소 역시 포함한다. 각 열에 행정구역, 도로명, 건물번호, 상세주소가 기입되었다면, 이때 건물번호는 숫자로 표기될 것이다. 그렇다면 건물번호는 정량적 데이터일까?

2.2.2.2 음식점 별점

배달 어플에 음식점의 후기를 별 1개에서 별 5개까지 남길 수 있다. 배달 어플 가입자마다 어느 음식점에 몇 개의 별점을 남겼는지 데이터베이스에 저장하려고 할 때 <별점>이란 열에 1부터 5의 값이 들어간다면 이 데이터는 어떤 종류의 데이터일까?

2.2.2.3 집에 발코니가 있는 경우 1로 표기한 열

집의 방의 개수, 화장실의 개수와 같은 정보가 담겨 있는 데이터가 있다. 만약 집에 발코니가 있으면 <발코니>라는 열에 1로, 발코니가 없는 경우 0으로 표기했다. 숫자 1과 0은 어떤 종류의 데이터일까?

먼저 다음의 파이썬 예시를 통해 프로그래밍 언어는 어떻게 데이터를 구분하는지 살펴보자. 그리고 상황 (1)~(3)에서 데이터 종류를 어떻게 구분하는 것이 좋은지 다시 살펴보자. 먼저 넘파이(Numpy, np)[1]와 판다스(Pandas, pd),[2] 랜덤(Random)[3] 라이브러리를 부른 뒤 임의 데이터를 만들어 보자. 무작위 수를 생성할 때 시드(Seed)를 미리 설정하면, 랜덤 함수를 이용할 때마다 무작위 수를 얻지만 매번 같은 수를 부르기 때문에 일관성 있는 값을 얻는다. 반면, 시드를 설정하지 않으면 랜덤 함수를 사용할 때마다 매번 다른 값을 얻는다.

<그림 2-8>에서 총 10개의 행과 5개의 열을 만드는데 각 열은 리스트(List)[4]나 배열(Array) 형태로 만들어 이를 데이터프레임(DataFrame)으로 변환한다. 생성한 데이터는 2021년 3월 31일에 제품을 구매한 고객ID 명단으로 제품 구매 시 구매 가격은 얼마이고 할인은 얼마나 받았는지, 그리고 각 고객이 VIP인지 아닌지를 나타낸다고 가정하자. 이때 VIP열은 Y 또는 N의 값을 가지는데 이때 Y가 나올 확률은 0.3, N이 나올 확률은 0.7이라고 설정하였다.

```
# 필요한 라이브러리 불러오기
import numpy as np
import pandas as pd
import random

# 임의 숫자 시드 설정
random.seed(20)    # 임의로 20 지정
np.random.seed(21) # 임의로 21 지정
```

---

[1] 넘파이(Numerical Python; Numpy): 배열, 행렬 등 수치 데이터의 연산을 위한 라이브러리
[2] 판다스(Pandas): 데이터를 분석하고 처리하기 위한 라이브러리로 1차원 자료구조 배열(Series), 2차원 자료구조 데이터프레임(DataFrame), 3차원 자료구조 패널(Panel)을 지원
[3] 랜덤(Random): 숫자를 무작위로 뽑거나, 값을 무작위로 섞을 때 사용되는 라이브러리
[4] 리스트(List): 숫자, 문자 등 여러 요솟값을 하나의 변수로 관리할 때 사용하며, 대괄호([])로 감싸 주고 각 요솟값은 쉼표(,)로 구분

```python
# 고객ID 배열
# 100,000에서 200,000 사이 랜덤한 정수 10개를 뽑아 배열로 반환한 것을
user_id라 지정
# 이때, 100,000 포함하며 200,000 포함하지 않음
user_id = np.random.randint(100000, 200000, 10)

# 구매 가격 리스트
# 100에서 1000 사이 값에서 무작위로 10개를 뽑아 리스트로 반환 (1000 불포함)
price_list = random.sample(range(100, 1000), 10)
# 각 요소에 1000을 곱한 뒤 $를 붙여 문자열 리스트로 변환
price_list = ['$' + str(x*1000) for x in price_list]

# 할인 금액 리스트
# 100에서 500 사이 값에서 무작위로 10개를 뽑아 리스트로 반환 (500 불포함)
reduce_price_list = random.sample(range(100, 500), 10)
# 각 요소에 10을 곱한 뒤 $를 붙여 문자열 리스트로 변환
reduce_price_list = ['$' + str(x*10) for x in reduce_price_list]

# VIP 여부 배열
# Y는 0.3의 뽑힐 확률로, N은 0.7의 뽑힐 확률로 10개의 Y와 N으로 구성된 배
열 반환
vip_array = np.random.choice(["Y", "N"], size=10, p=[0.3, 0.7])

# 임의 데이터 만들기
df = pd.DataFrame({
                '고객ID': user_id,
                '구매날짜': pd.Timestamp('20210331'),
                '구매가격': price_list,
                '할인금액': reduce_price_list,
                'VIP': vip_array
            })
df
```

	고객ID	구매날짜	구매가격	할인금액	VIP
0	180841	2021-03-31	$840000	$2670	Y
1	170863	2021-03-31	$802000	$3930	N
2	171480	2021-03-31	$905000	$1860	N
3	108964	2021-03-31	$884000	$1130	N
4	181968	2021-03-31	$254000	$3100	Y
5	163856	2021-03-31	$366000	$3080	N
6	142104	2021-03-31	$790000	$1380	Y
7	188764	2021-03-31	$750000	$1520	N
8	145666	2021-03-31	$969000	$1640	N
9	196767	2021-03-31	$203000	$2630	N

〈그림 2-8. 임의 데이터 만들기〉

이 데이터를 이용해 우선 〈구매가격〉과 〈할인금액〉을 합친 금액이 얼마인지 계산해 보자. 〈그림 2-9〉에서 두 열을 더한 값을 보니 첫 번째 행의 값이 $840000$2670으로 우리가 기대했던 값이 아니다. 결괏값 마지막 줄에 데이터 타입(Dtype)을 살펴보면 오브젝트(Object)[5]라 되어 있는데, 파이썬에서 두 열에 입력된 값을 문자열로 인식해서 이 값을 숫자로 계산하지 않고 두 열의 값을 그대로 나란히 적었던 것이다.

---

5 오브젝트(Object): 판다스와 넘파이에서 값이 문자이거나 혹은 문자와 숫자가 섞여 있을 경우의 데이터 타입을 지칭

```
# 구매가격과 할인금액 합산하기
df['구매가격'] + df['할인금액']
```

```
0    $840000$2670
1    $802000$3930
2    $905000$1860
3    $884000$1130
4    $254000$3100
5    $366000$3080
6    $790000$1380
7    $750000$1520
8    $969000$1640
9    $203000$2630
dtype: object
```

〈그림 2-9. 가격 합산하기〉

그렇다면 데이터를 만들 때 과정을 다시 살펴보자. 〈그림 2-10〉에서 100부터 999까지 10개의 숫자를 무작위로 추출해 price_list라는 리스트를 만들었다. 그리고 **for x in price_list**라는 for loop 반복 구문에서 이 리스트에 들어 있는 값에 차례대로 1,000을 곱한 뒤(str(x*1000)), 그 값을 문자열(String)로 변환하고(str()), 이 문자열 앞에 '$'를 더했다. 이 과정에서 price_list의 첫 번째 값은 840에서 $840000으로 바뀌었다.

```
# 구매 가격 리스트
price_list = random.sample(range(100, 1000), 10)
print('price_list:', price_list)

# 구매 가격 리스트에 $ 추가
price_list = ['$' + str(x*1000) for x in price_list]
print('\nprice_list에 $ 추가:', price_list) # \n 한 줄 건너뛰기
```

```
price_list: [993, 435, 686, 273, 127, 521, 516, 176, 205, 228]

price_list에 $ 추가: ['$993000', '$435000', '$686000', '$273000',
'$127000', '$521000', '$516000', '$176000', '$205000', '$228000']
```

〈그림 2-10. 구매가격, 할인금액 데이터 다시 보기〉

〈그림 2-11〉에서 임의로 만든 데이터의 타입을 살펴보자. .dtypes 또는 .info()를 사용하면 각 열의 데이터 타입 구분을 통해 프로그래밍 언어가 이 데이터를 어떻게 이해하고 처리하는지를 알 수 있다. 고객ID는 정수(int64)이며, 구매날짜는 pd. Timestamp로 데이터를 만들어서 날짜시간형이며, 그 외 구매가격, 할인금액, VIP 열은 문자열이어서 오브젝트로 설정됐다.

```
# df 기본 정보 확인
df.info()

<class 'pandas.core.frame.DataFrame'>
RangeIndex: 10 entries, 0 to 9
Data columns (total 5 columns):
 #   Column   Non-Null Count   Dtype
---  ------   --------------   -----
 0   고객ID     10 non-null      int64
 1   구매날짜     10 non-null      datetime64[ns]
 2   구매가격     10 non-null      object
 3   할인금액     10 non-null      object
 4   VIP      10 non-null      object
dtypes: datetime64[ns](1), int64(1), object(3)
memory usage: 528.0+ bytes
```

〈그림 2-11. .info()로 데이터 타입 확인하기〉

그렇다면 여기서 가격과 관련된 두 개의 열을 정수로 바꾸고, VIP 값은 Y 혹은 N 값을 가지기에 이항형 데이터(불리언, Boolean; 참과 거짓을 나타내는 숫자 1과 0만을 이용하는 방식)가 될 수 있도록 Y는 True로, N은 False 값으로 바꿔 보겠다.

데이터프레임 열을 기준으로 복잡한 연산을 도와주는 .apply() 함수를 사용해 보자. <구매가격>과 <할인금액> 열을 지정한 뒤, .apply() 안에 람다(Lambda) 함수를 함께 사용할 수 있다. 여기서 람다는 lambda <매개변수>, <매개변수> …: 매개변수를 이용한 식으로 간단하게 작성할 수 있는 함수다. **lambda x: x.replace ('$', '')** 에서 해당하는 열의 행마다 값을 x라고 매개변수로 지정할 경우, 콜론(:) 뒤에 이 x를 어떻게 처리해야 하는가에 대한 내용을 담으면 된다. 즉, x라는 값에 '$' 문자열을 비어 있는 문자열('', Empty String)로 바꾸라는 람다 함수를 해당 열에 적용(apply)하란 뜻이다. 이 과정에서 '$'가 지워지지만, 타입을 바꾼 것이 아니므로 여전히 문자열이다. .astype()을 이용해 타입을 문자에서 정수(int)로 바꿨다.

VIP열은 각 행의 값이 "Y"와 같으면(==, 같다는 뜻), 이 "Y"값을 "True"로 바꾸고 그렇지 않으면(!=, 같지 않다는 뜻) "False"로 바꿔야 한다. 행마다 값을 확인해야 하므로 for 문을 통해 조건에 대한 if 문을 사용하는 대신, 빠른 계산 속도의 넘파이 함수, np.where()를 이용하면 된다. np.where() 함수는 배열의 요소를 검색해 그 위치 값인 인덱스(색인, Index)를 반환한다. 이렇게 배열 요소를 검색할 때 조건문을 사용할 수 있는데, 조건을 만족하면 True를 만족하지 않으면 False를 반환한다. True(참)일 때, 혹은 False(거짓)일 때 불리언(Boolean) 대신 다른 값을 지정할 수 있으며 다른 예시는 부록 2에서 다루는 라이브러리 중 .loc(), apply(), where() 속도 비교를 확인해 보자. 따라서 이 함수의 형태는 np.where(배열에 대한 조건문, 참일 때 값, 거짓일 때 값)로, VIP열의 조건문은 df["VIP"] == "Y"이고, 조건이 참인 Y일 때 값은 True로, Y가 아닐 때의 값은 False로 변환한다. 이렇게 데이터를 수정하고 데이터 타입을 다시 확인해 보니 구매가격과 할인금액은 int64로, VIP는 불리언으로 바꾼 것을 확인할 수 있다.

```
# 구매가격 및 할인금액 데이터 타입 변환
# 구매가격/할인금액 열에서 행의 값마다 $를 ''로 변환해 지운 후 정수로 변환
df["구매가격"] = df["구매가격"].apply(lambda x: x.replace('$', '')).astype('int')
df['할인금액'] = df['할인금액'].apply(lambda x: x.replace('$', '')).astype('int')
df.head()
```

	고객ID	구매날짜	구매가격	할인금액	VIP
0	180841	2021-03-31	840000	2670	Y
1	170863	2021-03-31	802000	3930	N
2	171480	2021-03-31	905000	1860	N
3	108964	2021-03-31	884000	1130	N
4	181968	2021-03-31	254000	3100	Y

〈그림 2-12. 구매가격, 할인금액 타입 변환〉

```
# VIP 데이터 타입 변환
# VIP열에서 값이 Y일 때 True로, 그렇지 않은 경우 False로 변환
df["VIP"] = np.where(df["VIP"] == "Y", True, False)
df.head()
```

	고객ID	구매날짜	구매가격	할인금액	VIP
0	180841	2021-03-31	840000	2670	True
1	170863	2021-03-31	802000	3930	False
2	171480	2021-03-31	905000	1860	False
3	108964	2021-03-31	884000	1130	False
4	181968	2021-03-31	254000	3100	True

〈그림 2-13. VIP 타입 변환〉

```
df.dtypes
```

```
고객ID                int64
구매날짜       datetime64[ns]
구매가격                int64
할인금액                int64
VIP                  bool
dtype: object
```

〈그림 2-14. 데이터 타입 확인〉

〈그림 2-15〉에서 이제 금액 관련 열은 숫자형 데이터로 인식하기 때문에 〈구매가격〉과 〈할인금액〉을 더해 이 값을 〈원래가격〉이라는 열로 만들었다.

```
df["원래가격"] = df['구매가격'] + df['할인금액']
df
```

	고객ID	구매날짜	구매가격	할인금액	VIP	원래가격
0	180841	2021-03-31	840000	2670	True	842670
1	170863	2021-03-31	802000	3930	False	805930
2	171480	2021-03-31	905000	1860	False	906860
3	108964	2021-03-31	884000	1130	False	885130
4	181968	2021-03-31	254000	3100	True	257100
5	163856	2021-03-31	366000	3080	False	369080
6	142104	2021-03-31	790000	1380	True	791380
7	188764	2021-03-31	750000	1520	False	751520
8	145666	2021-03-31	969000	1640	False	970640
9	196767	2021-03-31	203000	2630	False	205630

〈그림 2-15. 가격 합산 다시 하기〉

이처럼 내가 파악한 데이터 종류와 프로그래밍 언어가 인식하는 데이터 종류가 일치하는지 확인하는 것이 중요하다. 간단하게 임의 데이터를 만들어 데이터를 변환해 보았지만, 실제 데이터의 경우 몇백 개의 열이 있을 수도 있기 때문에, 이를 확인하는 작업이 오래 걸릴 수 있다. 특히 [상황 2-2]에서 데이터를 데이터베이스에 주기적으로 저장해야 할 경우, 스키마를 만들어야 하는데 데이터 타입을 어떻게 하면 좋을지 고민하는 것은 필수이다. 다시 다음의 예를 살펴보자.

2.2.2.1'1 건물번호

만약 데이터의 건물번호 열에서 모든 값이 정수로 되어 있다 할지라도, 실제로는 문자열로 지정해야 한다. 현재까지 얻은 데이터가 정수값만 있었더라도 10-1과 같은 건물 번호도 있기 때문에 이 열에 해당될 수 있는 모든 값의 형태를 고려해야 한다.

2.2.2.2'1 음식점 별점

5점 척도, 별점과 같은 데이터는 정성적 데이터에서 순서형 데이터의 대표적인 예이지만, 만약 행마다 문자로 '1', '2', '3', '4', '5'라고 입력되었다면 평균 별점과 같은 계산은 할 수 없다. 따라서 계산이 필요한 경우 수치형 데이터로 변환해야 한다.

2.2.2.3'1 집에 발코니가 있는 경우 1로 표기한 열

이 열에 해당하는 값은 숫자 형태 1 혹은 0, 문자 형태 'Y' 혹은 'N'으로 표기할 수 있다. 혹은 불리언(Boolean) 값인 True, False로도 표기할 수도 있다. 그런데 [상황 2-2]처럼 스키마를 미리 설정해야 하는 경우, 이 열의 데이터 타입을 정수라고 지정한다면 0과 1을 제외한 다른 정수 값이 들어간 행 역시 데이터베이스에 들어갈 수도 있기 때문에, 스키마에서 이 열은 불리언으로 지정해야만 한다. 그래야 True, False 이외의 값을 가진 행이 데이터베이스에 들어갈 수 없다.

2.2.3 결측치(Missing Value)

데이터에 무응답이나 데이터의 손실 및 오류로 결측치(Missing Value)가 생길 수 있다. 이 결측치는 프로그래밍 언어나 데이터베이스에서 NaN(Not-A-Number), NA(Not Available), None, 혹은 Null로 표기되며, 간혹 -999999와 같은 숫자로 표현되기도 한다. 이렇게 데이터에 결측치가 있다면 1) 무엇이 결측치인가, 2) 결측치를 어떻게 표현할 것인가, 3) 결측치를 어떻게 다룰 것인가를 고민해 봐야 한다.

2.2.3.1 무엇이 결측치인가

보통 실제 데이터를 다뤄 보기 전까지 미처 생각하지 못했던 부분이 바로 결측치에 대한 문제이다. The World Bank의 공공 데이터 중 국가별 인구수에 관한 데이터를 열어 보자.

<그림 2-16>처럼 학교, 정부 혹은 기관에서 제공하는 공공 데이터를 보면 무엇이 결측치인지 한눈에 바로 알 수 있다. 왜냐하면 데이터가 가공되는 과정에서 1) 무엇이 결측치인가, 2) 결측치를 어떻게 표현할 것인가의 부분이 이미 해결됐기 때문이다. 따라서 깨끗하게 정리된 파일에서 시작하는 경우 3) 결측치를 어떻게 다룰 것인가부터 고민하겠지만, 실제 가공되지 않은 파일을 받는 경우, 1) 무엇이 결측치인가부터 시작해야 한다. 이를 확인하려면, 열마다 올바른 값이 들어가 있는지 확인하는 작업이 필요한데, 데이터 크기가 커질수록, 가공되지 않은 데이터일수록 상당한 시간이 걸린다. 하지만, 이 과정이 제대로 이뤄지지 않는다면 데이터는 그만큼 오류를 갖게 되고 차후 다른 업무나 모델링까지 영향을 끼칠 수 있다.

```python
# 판다스 라이브러리 불러오기
import pandas as pd

#출처: World Bank Open Data(https://databank.worldbank.org/)
df_pop_est = pd.read_csv("Population-EstimatesData.csv")

#데이터 크기
print(df_pop_est.shape)

#첫 5행
df_pop_est.head()
```

	Country Name	Country Code	Indicator Name	Indicator Code	1960	1961	1962	1963	1964	1965
0	Arab World	ARB	Age dependency ratio (% of working-age populat...	SP.POP.DPND	88.061110	89.489513	90.782451	91.898948	92.728007	93.201290
1	Arab World	ARB	Age dependency ratio, old	SP.POP.DPND.OL	6.591951	6.700903	6.793279	6.867327	6.919224	6.947790
2	Arab World	ARB	Age dependency ratio, young	SP.POP.DPND.YG	81.324186	82.626198	83.789155	84.767354	85.474209	85.872972
3	Arab World	ARB	Age population, age 00, female, interpolated	SP.POP.AG00.FE.IN	NaN	NaN	NaN	NaN	NaN	NaN
4	Arab World	ARB	Age population, age 00, male, interpolated	SP.POP.AG00.MA.IN	NaN	NaN	NaN	NaN	NaN	NaN

〈그림 2-16. 공공 데이터 예시〉

다음 예시를 살펴보자. 〈그림 2-17〉에서 food_list를 df라는 데이터프레임에서 '식품'이란 열로 전환했다. 식품에 해당하는 값을 살펴보니 식품에 해당되지 않은 값도 보인다. 3, -30%, 무료배송과 같은 값은 오류에 해당하므로 np.nan으로 바꿔야 하며, ' ', None은 결측치이지만 일관성을 위해 np.nan으로 바꿔야 할 것이다. 또한, 캔과 같은 값은 이 값이 음료에 속하는지 혹은 캔 음식에 속하는지 모호하므로 어느 부분에 해당하는지 확인이 필요하고, 만약 확인할 수 없다면 이 값을 차후에 np.nan으로 바꿔야 할지 고민해야 할 것이다.

```
# 판다스와 랜덤 라이브러리 불러오기
import pandas as pd
import random

# 임의 숫자 시드 설정
random.seed(20)
np.random.seed(21)

# 고객ID 배열
# 100000(포함)에서 200000(불포함) 수 중 무작위로 11개 정수값 추출

user_id = np.random.randint(100000, 200000, 11)
food_list = ['음료', '채소', '간식', 3, '과일', '', '캔', '도서',
'-30%', '무료배송', None]

#기존에 만든 user_id를 고객ID란 열로, food_list는 식품이란 열로 변환해 데
이터프레임 생성
df = pd.DataFrame({
                    '고객ID': user_id,
                    '식품': food_list
                })
df
```

	고객ID	식품
0	180841	음료
1	170863	채소
2	171480	간식
3	108964	3
4	181968	과일
5	163856	
6	142104	캔
7	188764	도서
8	145666	-30%
9	196767	무료배송
10	164241	None

〈그림 2-17. 결측치 예시〉

2.2.3.2 결측치를 어떻게 표현할 것인가

데이터프레임에서 결측치를 np.nan 혹은 None으로 표현할 수 있는데, 사실 이 두 가지가 쓰이는 상황은 다르다. 먼저, np.nan과 None의 타입부터 살펴보자.

〈그림 2-18〉에서 넘파이 라이브러리에서 np.nan은 실수(Float)라는 클래스(Class)에 속하고, None은 NoneType 클래스에 속한다. 여기서 클래스란 무언가를 계속 만들 수 있는 도면이라 생각하면 된다. 이 도면을 통해 만들어진 것을 객체(Object)라 부른다. 예를 들어, 자동차를 만들 수 있는 도면이 클래스라면, 이 도면으로 만든 각종 자동차는 객체가 된다. 이때 자동차의 모양이나 색이 다양할 수 있는데 자동차가 가지고 있는 속성만 만족한다면 자동차라는 클래스에 속하는 객체가 될 수 있다. 그리고 각각의 자동차는 다른 자동차에 영향을 미치지 않듯이 동일한 클래스 안에서 만들어진 객체끼리 서로 영향을 주지 않는다. 실수라는 클래스에 여러 소수점 값을 가질 수 있는 객체가 만들어질 수 있는데 np.nan도 그 실수에 속하는 객체가 된다. np.nan과 None이 어떻게 다른지 살펴보자.

```
x = np.nan
print('np.nan 타입:', type(x))

y = None
print('None 타입:', type(y))
```

```
np.nan 타입: <class 'float'>
None 타입: <class 'NoneType'>
```

〈그림 2-18. 결측치 np.nan & None 타입〉

〈그림 2-18〉에서 x에는 np.nan 값을, y엔 None 값을 넣었다. 그런데 〈그림 2-19〉의 x is np.nan이라는 구문에서 값이 참(True)이라 나온 반면, x == np.nan 구문은 거짓(False)이라 나왔다. 반면, y is None라는 구문과 y == None이란 구문

모두 참이란 값이 나왔다.

```
print('x값에서 is, == 확인')
print(x is np.nan)
print(x == np.nan)
print('\ny값의 is, == 확인')
print(y is None)
print(y == None)
```

```
x값에서 is, == 확인
True
False

y값의 is, == 확인
True
True
```

〈그림 2-19. np.nan & None 값 비교〉

여기서 is는 왼쪽과 오른쪽이 모두 같은 객체를 가리키는지 확인하는 구문이다. 즉, x의 객체와 np.nan의 객체가 같은지, 그리고 y의 객체와 None의 객체가 같은지 물어보기 때문에 둘 다 참이란 결과를 얻었다. 반면, ==는 왼쪽과 오른쪽의 값(Value)이 같은지 물어보는 구문으로, None의 경우 y와 None의 값이 같은 값인지 비교할 수 있지만, np.nan의 경우 정의상 np.nan값 자체를 비교할 수 없어서 False를 얻었다. 이를 염두에 두고 〈그림 2-20〉의 상황을 보자.

❶ NaN

〈그림 2-20〉에서 A열 값이 1, 2, np.nan을 가진 df_nan 데이터프레임을 만들었다. 이때 1과 2는 정수이지만 np.nan값은 실수이므로, 열 A의 데이터 타입은 실수가 된다.

데이터프레임에서 특정 값이 있는 행을 제외하고 싶으면 비교연산자 !=를 사용하고, 특정 값과 같은 행만 선택하고 싶으면 ==를 사용하면 된다. **df_nan[df_nan["A"] != np.nan]**은 df_nan의 데이터프레임 열 A에서 np.nan과 같지 않은 행만 반환하란 뜻이다. 그런데 그 전에 살펴보았듯이 np.nan은 값을 비교할 수 없기 때문에 비교연산자 !=을 사용하면 〈그림 2-21〉처럼 np.nan값이 제외되지 않은 것을 확인할 수 있다.

이럴 경우 .isnull()(결측치인지) 혹은 .notnull()(결측치가 아닌지) 구문을 이용해 결측치를 제외할 수 있다. 아래 예시는 .isnull()로 **df_nan[~df_nan["A"].isnull()]**이라 했는데, 열 A에서 각 행이 결측치인지 확인하고 결측치가 아닌 것만 반환해야 하므로, 아닌 값을 제외해 주는 물결 표시(~)를 사용했다.

```
# df_nan 데이터프레임 만들기
df_nan = pd.DataFrame([1, 2, np.nan], columns=["A"])
print(df_nan.dtypes)
df_nan
```

```
A    float64
dtype: object
```

	A
0	1.0
1	2.0
2	NaN

〈그림 2-20. np.nan이 포함된 데이터프레임 만들기〉

```
# 비교 연산자를 이용해 np.nan 제거하기
df_nan[df_nan["A"] != np.nan]
```

	A
0	1.0
1	2.0
2	NaN

〈그림 2-21. 비교연산자로 np.nan 제거하기〉

```
# 결측치를 확인하는 함수를 통해 결측치 제거하기
df_nan[~df_nan["A"].isnull()][6]
```

	A
0	1.0
1	2.0

〈그림 2-22. .isnull()을 이용해 np.nan 제거하기〉

❷ None

None은 언제 사용할 수 있는지 살펴보자. 〈그림 2-23〉처럼 None은 값이 존재하지 않거나 없을 때 혹은 값이 정의되지 않을 때 사용된다. id_food_dict라는 딕셔너리를 만들었는데, 키값 1, 2, 3에 음료, np.nan 그리고 None의 값을 넣었다. 딕셔너리이름.get(키)[6]를 사용해 키에 해당하는 밸류가 무엇인지 출력(print)해 보자. 키 1은 음료라는 값으로, 키 2는 np.nan이란 값으로, 키 3은 None이란 값으로 출력되었지만, 딕셔너리에 없는 키의 값을 물어본 경우에도 여기에 해당하는 값이 없으므로 None이 출력되었다.

---

6 get(x) 함수는 딕셔너리에서 x라는 키(Key)에 대응되는 밸류(Value)를 돌려준다.

```
# id_food_dict 딕셔너리 생성
id_food_dict = {1: '음료', 2: np.nan, 3: None}

print('key 1 해당하는 value:', id_food_dict.get(1))
print('key 2 해당하는 value:', id_food_dict.get(2))
print('key 3 해당하는 value:', id_food_dict.get(3))
print('key가 없는 경우:', id_food_dict.get(4))
```

```
key 1 해당하는 value: 음료
key 2 해당하는 value: nan
key 3 해당하는 value: None
key가 없는 경우: None
```

〈그림 2-23. None 사용 예시_(1)〉

또 다른 None 사용례를 살펴보자. 〈그림 2-24〉에서 get_add라는 함수에서 x와 y값을 인풋으로 넣을 때 x와 y를 더한 값을 출력하고자 한다. 이때 def 구문으로 함수를 만들 수 있는데, 함수 안 마지막 줄에 리턴할 값을 지정한다. 만약 리턴 값을 정의하지 않으면 함수에 어떤 값을 입력하더라도 그 결괏값은 None이 된다. print(get_add(3,4))의 출력된 값을 보면, get_add라는 함수에서 프린트(print) 구문으로 함수의 시작과 x+y값, 그리고 함수 끝이라는 값이 출력되었지만 정작 함수 자체에서 나오는 결괏값은 리턴(return)에서 지정되지 않았으므로 None이라 출력되었다.

```
# def를 이용해 함수를 만들 때 return 값이 정의되지 않은 경우
def get_add(x, y):
    print("함수 시작")
    print(x+y)
    print("함수 끝")

print(get_add(3,4))
```

```
함수 시작
7
함수 끝
None
```

〈그림 2-24. None 사용 예시_(2) 함수를 만들 때 return이 정의되지 않은 경우〉

따라서 〈그림 2-25〉처럼 return x+y값을 지정해야 제대로 함수의 결괏값이 나온다.

```python
def get_add(x, y):
    print("함수 시작")
    print(x+y)
    print("함수 끝")
    return x+y

print(get_add(3,4))
```

```
함수 시작
7
함수 끝
7
```

〈그림 2-25. None 사용 예시_(2) 함수를 만들 때 return이 정의된 경우〉

이제까지 np.nan과 None의 차이를 간략하게 살펴보았다. 결측치는 다양하게 표현 가능하지만, 데이터프레임에서의 NaN은 실수(Float)로 취급되는 반면, None은 말 그대로 정의되지 않았거나 비어 있음을 뜻하는 것을 기억해야 한다. 다음 예시에서 결측치를 다룰 때 주의해야 할 점을 살펴보자.

〈그림 2-8〉의 데이터를 다시 불러 보자. 데이터 타입을 보면, 고객ID는 정수, 구매날짜는 날짜와 시간을 나타내는 데이트타임(DateTime), 그 이외의 열은 텍스트를 나타내는 오브젝트(Object)이다.

df

	고객ID	구매날짜	구매가격	할인금액	VIP
0	180841	2021-03-31	$840000	$2670	Y
1	170863	2021-03-31	$802000	$3930	N
2	171480	2021-03-31	$905000	$1860	N
3	108964	2021-03-31	$884000	$1130	N
4	181968	2021-03-31	$254000	$3100	Y
5	163856	2021-03-31	$366000	$3080	N
6	142104	2021-03-31	$790000	$1380	Y
7	188764	2021-03-31	$750000	$1520	N
8	145666	2021-03-31	$969000	$1640	N
9	196767	2021-03-31	$203000	$2630	N

〈그림 2-26. 〈그림 2-8〉 df〉

df.dtypes

```
고객ID                   int64
구매날짜           datetime64[ns]
구매가격                  object
할인금액                  object
VIP                    object
dtype: object
```

〈그림 2-27. 〈그림 2-8〉 df 데이터 타입〉

이번엔 〈할인금액〉 열을 .apply() 대신 .replace() 구문을 이용해 문자열 $을 지우고 정수로 변환해 보자. .replace() 구문은 문자열에서 특정 구문을 다른 구문으로 바꾼다. 〈그림 2-28〉을 보면 $를 ""(Empty String)로 바꾸면 $가 지워지므로 문자열에서 숫자만 남고, 이를 정수로 바꿀 수 있다.

```
df["할인금액"] = df["할인금액"].str.replace("$", "").astype(int)
df
```

	고객ID	구매날짜	구매가격	할인금액	VIP
0	180841	2021-03-31	$840000	2670	Y
1	170863	2021-03-31	$802000	3930	N
2	171480	2021-03-31	$905000	1860	N
3	108964	2021-03-31	$884000	1130	N
4	181968	2021-03-31	$254000	3100	Y
5	163856	2021-03-31	$366000	3080	N
6	142104	2021-03-31	$790000	1380	Y
7	188764	2021-03-31	$750000	1520	N
8	145666	2021-03-31	$969000	1640	N
9	196767	2021-03-31	$203000	2630	N

〈그림 2-28. 할인금액 데이터 타입 변환〉

```
df.dtypes
```

```
고객ID            int64
구매날짜    datetime64[ns]
구매가격           object
할인금액            int64
VIP             object
dtype: object
```

〈그림 2-29. 할인금액 데이터 타입 확인〉

이제 〈그림 2-30〉에서 이 데이터를 고객ID를 제외한 열마다 무작위로 np.nan값으로 바꿔보자. **데이터프레임이름.loc[인덱스, 열 이름] = 입력하고자 하는 값** 구문으로 데이터프레임에서 해당 열의 인덱스 행에 입력하고자 하는 값을 넣을 수 있다. 여기서 np.nan은 실수이므로 할인금액의 데이터 타입이 정수(int64)에서 실수

(float64)로 바뀌었다. 데이트타임(DateTime)인 경우 결측치는 NaN 대신 NaT라 표현된다.

```
# 리스트에 있는 열마다 0.25만큼의 행을 샘플 인덱스를 추출해 해당 인덱스에 있
는 값을 np.nan으로 변환
for col in ['구매날짜', '구매가격', '할인금액', 'VIP']:
    df.loc[df.sample(frac=0.25).index, col] = np.nan
df
```

	고객ID	구매날짜	구매가격	할인금액	VIP
0	180841	2021-03-31	$840000	2670.0	Y
1	170863	NaT	NaN	3930.0	N
2	171480	2021-03-31	$905000	1860.0	NaN
3	108964	2021-03-31	$884000	NaN	N
4	181968	NaT	$254000	3100.0	Y
5	163856	2021-03-31	$366000	NaN	N
6	142104	2021-03-31	$790000	1380.0	Y
7	188764	2021-03-31	NaN	1520.0	NaN
8	145666	2021-03-31	$969000	1640.0	N
9	196767	2021-03-31	$203000	2630.0	N

〈그림 2-30. 무작위로 np.nan 넣기〉

df.dtypes

```
고객ID              int64
구매날짜     datetime64[ns]
구매가격            object
할인금액           float64
VIP               object
dtype: object
```

〈그림 2-31. 무작위로 np.nan을 넣은 후 데이터 타입 확인〉

하지만 여러 데이터가 하나의 데이터프레임으로 합쳐지는 과정에서 np.nan과 None이 섞이는 상황이 발생할 수 있다. 이번엔 무작위로 np.nan 대신 None을 넣은 후, <그림 2-32>에서 최종 데이터프레임을 살펴보자. 데이터 타입이 데이트타임(DateTime)인 경우, None값을 넣었을 때 역시 결측치가 NaT로 표현되었으며, 데이터 타입이 실수인 경우 None이 아닌 NaN으로 변환되어 표현되었다. 하지만, 데이터 타입이 오브젝트인 경우 None값으로 바뀌었다.

```
# 리스트에 있는 열마다 0.25만큼의 행을 샘플 인덱스를 추출해 해당 인덱스에 있는 값을 None으로 변환
for col in ['구매날짜', '구매가격', '할인금액', 'VIP']:
    df.loc[df.sample(frac=0.25).index, col] = None
df
```

	고객ID	구매날짜	구매가격	할인금액	VIP
0	180841	2021-03-31	$840000	2670.0	Y
1	170863	NaT	NaN	3930.0	N
2	171480	2021-03-31	$905000	1860.0	NaN
3	108964	NaT	$884000	NaN	N
4	181968	NaT	$254000	3100.0	Y
5	163856	NaT	$366000	NaN	None
6	142104	2021-03-31	None	NaN	None
7	188764	2021-03-31	NaN	1520.0	NaN
8	145666	2021-03-31	$969000	NaN	N
9	196767	2021-03-31	None	2630.0	N

<그림 2-32. 무작위로 None 넣기>

<그림 2-33>에서 .isnull()을 사용하여 각 행이 결측치인지 아닌지를 확인한다. 그리고 .sum()은 각 행에서 True의 개수를 합칠 수 있는데, 결측일 경우(True) 이 개

수를 합쳐 각 열의 결측치 개수를 확인할 수 있다. np.nan 혹은 None 표현에 상관없이 각 열의 결측치 개수를 알 수 있다. 물론 .isnull()을 사용해 결측치 표현에 상관없이 결측치를 파악할 수 있지만, 데이터 전체에서 결측치 표현을 통일하는 것이 좋다. 그렇다면 만약 결측치 표현이 혼재되어 있는 경우, np.nan과 None 중에 어떤 것을 사용하는 것이 좋을까? 이 두 표현뿐 아니라 판다스(Pandas) 라이브러리에는 데이터 타입에 상관없이 결측치를 <NA>로 일정하게 표현할 수도 있는데, 어떤 것을 사용하는 게 맞을까?

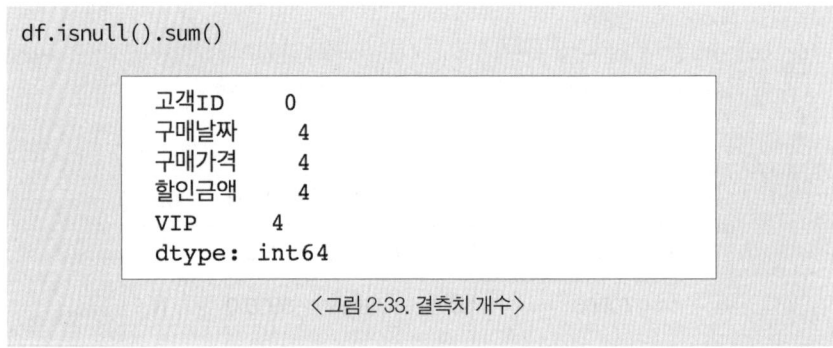

〈그림 2-33. 결측치 개수〉

하나의 프로그래밍 언어에서 업무를 시작하고 끝을 맺는 경우, 일관성 있게 결측치를 표현하면 될 것이다. 하지만, 데이터를 데이터베이스에 저장해야 할 때는 상황이 다르다. Postgres, MySQL과 같은 데이터베이스는 np.nan을 인식하지 못하므로 np.nan 대신 None값으로 결측치를 바꿔 줘야 하기 때문이다. 〈그림 2-32〉 데이터의 np.nan값을 None으로 바꿔보자.

이번에도 .replace()를 사용해 np.nan값을 None으로 바꿔 보았다. 그런데 결괏값을 확인해보니 분명 None으로 변환되어 있어야 할 값이 이전 행의 값으로 채워졌다. .replace() 구문에서 np.nan을 None이란 값(인자, Argument)으로 바꾸도록 코드를 작성했지만, 〈그림 2-34〉와 같은 결과가 나온 이유는 뭘까? 그 이유는 None이 어떤 특정한 값이 아니기 때문이다. .replace() 구문에서는 특정한 값이 지정되지 않은 경우 이전 행의 값으로 채워지는데 None이 어떤 특정한 값이 아니기 때문에 〈그림 2-34〉와 같은 결과가 나온 것이다. 따라서 어떤 값을, 특정 값으로 바꿔주는 .replace() 구문을 사용할 때에는 내가 생각했던 값으로 잘 바뀌었는지 꼭 확인해야 한다.

```
# df와 똑같은 데이터프레임을 df_ex1에 저장
df_ex1 = df.copy()

# 열마다 replace를 이용해 np.nan을 None값으로 변환
for col in ["구매날짜", "구매가격", "할인금액", "VIP"]:
    df_ex1[col] = df_ex1[col].replace(np.nan, None)

df_ex1
```

	고객ID	구매날짜	구매가격	할인금액	VIP
0	180841	2021-03-31	$840000	2670.0	Y
1	170863	2021-03-31	$840000	3930.0	N
2	171480	2021-03-31	$905000	1860.0	N
3	108964	2021-03-31	$884000	1860.0	N
4	181968	2021-03-31	$254000	3100.0	Y
5	163856	2021-03-31	$366000	3100.0	Y
6	142104	2021-03-31	$366000	3100.0	Y
7	188764	2021-03-31	$366000	1520.0	Y
8	145666	2021-03-31	$969000	1520.0	N
9	196767	2021-03-31	$969000	2630.0	N

〈그림 2-34. replace로 np.nan을 None으로 변환〉

그래서 이번에는 .replace() 대신 .where(조건문, 조건이 거짓일 때 넣는 값)을 사용해 보자. 〈그림 2-35〉에서 이 조건이 참이라면 주어진 값을 그대로 사용하고 조건이 거짓이라면 None으로 바꾸라는 뜻으로 데이터프레임에서 각 값이 결측치가 아니면 그 값을 그대로 유지하고 그렇지 않으면 None 형태로 바꾸게 되었다. 그 결과, 데이터 타입이 데이트타임(DateTime)인 경우는 NaT로 표현되었지만 그 외 모두 None으로 바뀐 것을 확인할 수 있다.

```
# df와 똑같은 데이터프레임을 df_ex2에 저장
df_ex2 = df.copy()

# where 구문을 이용해 결측치를 None값으로 변환
df_ex2 = df_ex2.where(pd.notnull(df_ex2), None)
df_ex2
```

	고객ID	구매날짜	구매가격	할인금액	VIP
0	180841	2021-03-31	$840000	2670	Y
1	170863	NaT	None	3930	N
2	171480	2021-03-31	$905000	1860	None
3	108964	NaT	$884000	None	N
4	181968	NaT	$254000	3100	Y
5	163856	NaT	$366000	None	None
6	142104	2021-03-31	None	None	None
7	188764	2021-03-31	None	1520	None
8	145666	2021-03-31	$969000	None	N
9	196767	2021-03-31	None	2630	N

〈그림 2-35. where로 np.nan을 None으로 전환〉

〈그림 2-36〉에서 결측치를 None으로 바꾼 뒤, 데이터 타입을 보니, None으로 인해 구매가격, 할인금액, VIP라는 열이 오브젝트로 바뀌었다. 꼭 프로그래밍 언어가 파이썬이 아니더라도 값을 바꿀 때, 내가 생각하는 값으로 잘 바뀌었는지, 데이터 타입이 어떻게 바뀌는지 확인하는 것은 매우 중요하다. 또한, 데이터프레임에서 결측치를 일관성있게 표현해야 데이터를 더욱 정확하게 다룰 수 있다.

```
df_ex2.dtypes
```

```
고객ID                  int64
구매날짜          datetime64[ns]
구매가격                 object
할인금액                 object
VIP                  object
dtype: object
```

〈그림 2-36. np.nan을 None으로 전환 후 데이터 타입 확인〉

2.2.3.3 결측치를 어떻게 다룰 것인가

결측치를 다루는 방법엔 여러 가지가 있는데, 먼저 결측치를 다루기 전 몇 가지 질문부터 해 보자.

- 결측치가 무작위로 나타나는가?
- 결측치가 나타나는 데에 패턴이 있는가?
- 결측치가 얼마나 관측되는가?

이를 염두에 두고 〈그림 2-37〉처럼 결측치를 다루는 방법 4가지를 소개한다.

(3) 결측치에 다른 값 대체하기				
인덱스	열1	열2	...	열n
행1	xx	xx	...	xx
행2	xx	대체값	...	xx
...	...	...	...	...
행m	xx	xx	...	xx

(4) 결측치 그대로 두기				
인덱스	열1	열2	...	열n
행1	xx	xx	...	xx
행2	xx	결측치	...	xx
...	...	...	...	...
행m	xx	xx	...	xx

〈그림 2-37. 결측치 다루는 방법〉

첫째, 결측치가 포함된 행(Row, Record) 전체 지우기

〈그림 2-37〉의 첫 번째 데이터 테이블 두 번째 행은 여러 열에 걸쳐 결측치가 관측된다. 이 경우, 두 번째 행을 지우는 방법이다. 이때 고려해야 할 사항은 행의 개수인데, m개의 행 데이터에서 숫자 m이 데이터 분석이나 예측 모델을 하기에 충분히 많을 경우, 여러 열에 걸쳐 결측치가 많이 관측된 행을 지우는 건 크게 문제되지 않을 것이다. 하지만, 행의 개수가 적다면 행 전체를 지우는 것이 나은지, 아니면 다른 방법이 나은지 충분히 고민해야 한다.

둘째, 결측치가 포함된 열(Column, Feature) 전체를 없애기

이번엔 결측치가 특정 열에 여러 행에 걸쳐 결측치가 발생한 경우에 해당한다. 한 열에 결측치가 많다면 그 열이 담고 있는 정보가 충분하지 않다는 것을 의미한다. 많은 수의 열은 결국 차원의 수를 높여 차원(Dimension)의 저주에 빠질 수 있다(3.2.19 차원의 저주란 무엇일까? 참고). 열 개수가 많은 데이터프레임에서 결측치가 많이 관측된 열을 지움으로써 차원의 수를 줄일 수 있지만, 반면 열의 개수가 충분하지 않은 경우 열을 지우는 것이 나은지 혹은 결측치를 채울 수 있는 다른 방법을 사용하는 것이 나은지 고민해야 한다.

셋째, 결측치에 다른 값 대체하기

대체값은 1) 통계치로 대체값을 계산하거나 혹은 2) 다른 예측 모델을 이용해 결측치를 예측하는 방법이 있다. 통계치로는 결측치가 포함된 열의 평균값(Mean), 중앙값(Median), 최빈값(Mode), 혹은 다른 열과 조합하여 계산한 그룹별 평균값, 그룹별 중앙값 등이 있다. 또한 결측치를 예측하는 모델을 만들어 그 예측값을 결측치로 대체할 수도 있다. 결측치를 대체하는 방법은 다양하고, 프로그래밍 언어로 어떻게 구현하는지에 대한 정보는 어렵지 않게 찾을 수 있다. 하지만, 코딩을 하는 것보다 더 중요한 것은 왜 다른 값으로 대체해야 하는지, 어떤 값으로 대체하는 것이 나은지, 그래서 대체값을 통해 하고자 했던 분석이나 예측 모델링에서 더 나은 결괏값을 얻었는지 등을 확인하는 것이다.

넷째, 결측치를 그대로 두기
결측치를 일관성 있게 표현할 뿐 결측치를 있는 그대로 두는 방법이다. 결측치를 지우거나 다른 값으로 대체하는 경우 데이터에 편향(Bias)을 가져올 수 있기 때문이다. 특히 결측치를 기존에 있는 데이터를 이용해 통계치로 대체하는 경우, 그 통계치에 데이터가 더 집중하게 되어 다른 값이 의도치 않게 이상치가 될 수도 있다.

결측치를 다루는 방법은 이 밖에도 다양한데, 각 데이터가 가진 특성에 따라 보다 효과적이고 알맞은 방법이 있을 것이다. 가장 중요한 것은 데이터가 가지고 있는 오류나 불확실성을 줄이는 과정으로 결측치를 다뤄야 하며, 결측치를 다루는 방법 때문에 데이터가 어느 한쪽으로 치우치게 되는 편향이 일어나면 안 된다.

2.2.4 중복 데이터

 상황 2-2-1

동종 업계의 사업체를 이해하고자 각종 사이트로부터 스크레이핑 작업을 통해 회사 이름과 사업체 종류(자영업, 파트너십, 주식회사 등)에 대한 데이터를 얻었다. 미가공된 데이터를 보니, 같은 회사 이름이라 하더라도 오타나 축약어로 중복된 경우가 많았으며, 사업체 종류 역시 같은 종류인데도 다르게 표현된 경우가 많았다. 이 상황에서 두 가지 문제를 해결하고자 한다.

1. 어떻게 하면 중복된 회사 이름을 파악할 수 있을까?
2. 여러 개의 단어로 이뤄진 문구(설명, 회사 이름 등)를 어떻게 하면 비슷한 의미를 가진 것끼리 분류할 수 있을까?

여기서 말하는 중복(Duplicated) 데이터란 상황에 따라 의미가 달라질 수 있지만, 대체로 비슷하거나 동일한 값을 가리키며 같은 열이나 행이 반복되어 나타나는 것을 말한다. 만약 데이터베이스에서 데이터를 읽을 경우에는 행마다 고유한 식별키를 가지고 있기 때문에 행 전체가 중복되어 나타나지 않는다(2.2.5 식별키 참고). 하지만 엑셀, csv 파일 혹은 데이터 스토리지에서 미가공된 데이터를 불러올 경우 중복된 데이터가 있을 수 있다. 미가공된 데이터일수록 중복된 데이터가 많이 있는데 이 중복 데이터를 지울지(Deduplication) 혹은 그대로 둘지 결정하기 전 다음과 같은 질문을 해 보자.

- 업무의 목적이 무엇인가?
- 중복된 데이터가 전체 데이터에서 어느 정도 차지하는가?
- 왜 중복된 데이터가 발생했는가?

미가공된 데이터를 가공하여 데이터베이스에 저장해야 하거나, 혹은 중복된 데이터 때문에 학습 데이터와 테스트 데이터 간의 분포가 맞지 않는 상황 등, 여러 이유로 중복된 데이터를 찾고 지우는 작업이 필요하다. 물론 무조건 중복된 데이터를 지우기만 하는 건 아니다. 분류 모델에서 타깃 클래스 간의 불균형이 심한 경우 중복된 데이터를 임의로 만들기도 한다. 이에 대한 내용은 〈5.3.4 결과〉를 참고하길 바란다. 하지만, 여기선 보편적으로 더 자주 맞닥뜨리는 중복 데이터를 지우는 상황에 대해 소개하겠다. 만약 업무에서 중복된 데이터를 사용할 수 없다면, 〈그림 2-38〉과 같이 중복된 데이터를 지우고 데이터베이스에 저장해야 한다.

행2, 행3 중복			
인덱스	열1	열2	열3
행1	B2	USA	True
행2	B2	US	True
행3	B2	US	True
...	...	...	...
행m	B8	KO	False

중복된 행 지우기			
인덱스	열1	열2	열3
행1	B2	USA	True
행2	B2	US	True
...	...	...	...
행m'	B8	Ko	False

〈그림 2-38. 인덱스 2, 3에서 나타난 중복된 데이터 지우기〉

사실 중복된 데이터를 지우는 작업은 시간이 오래 걸리거나 어려운 과정이 아니다. 문제는 중복된 데이터를 찾는 일이다. 〈그림 2-39〉의 두 번째 데이터 테이블의 첫 번째 행 열2의 값은 "USA"인데 결국 "US"와 같은 의미를 가진다. 그렇다면 첫 번째 인덱스 행과 두 번째 인덱스 행이 중복되었으므로 이 중 하나를 지워야 한다. 이렇게 데이터 타입이 문자열일 때, 나라 이름뿐 아니라, 비즈니스 이름, 축약어 사용 여부 및 문장과 같은 경우 무엇이 중복인지 찾는 작업은 쉽지 않다. 이런 경우 파이썬이나 R과 같은 프로그래밍 언어에서 문자열을 비교하는 FuzzyWuzzy[7]라는 라이브러리를 사용하는 것도 한 방법이다.

---

[7] 문자열 비교 파이썬 라이브러리 FuzzyWuzzy: https://github.com/seatgeek/fuzzywuzzy

2 & 3 중복			
인덱스	열1	열2	열3
1	B2	USA	True
2	B2	US	True
3	B2	US	True
...	...	...	...
m	B8	KO	False

1 & 2 중복			
인덱스	열1	열2	열3
1	B2	USA	True
2	B2	US	True
...	...	...	...
n	B8	KO	False

최종 데이터			
인덱스	열1	열2	열3
1	B2	US	True
...	...	...	...
n'	B8	Ko	False

〈그림 2-39. 문자열에서 중복된 데이터 찾기〉

FuzzyWuzzy 라이브러리가 설치되어 있지 않다면 주피터 노트북에서 **!pip3 install 라이브러리 이름**(!pip3 install fuzzywuzzy)을 이용해 다운받은 뒤 라이브러리를 불러온다. FuzzyWuzzy의 여러 기능 중 extract를 사용해 보자.

만약 〈그림 2-39〉의 국가명이 적힌 열2에서 "US"란 값이 있는데 다른 값으로 "US!", "U.S.", "USA", "United States", "SU"란 값이 있다. 이중에서 "US"를 의미하는 값을 "US"로 바꿔주고 싶다면 어떻게 해야 할까?

〈그림 2-40〉의 input_str은 "US"라고 설정하고, choices라는 리스트 안에 5개의 단어를 넣었다. 여기서 process.extract() 구문은 "US"라는 문자와 비슷한 단어를 choices 리스트 안에 있는 5개 문자 후보 중 상위 3개(limit=3)를 뽑으라는 뜻이다. 참고로 FuzzyWuzzy 0.18.0 버전에서 최대 5개까지 고를 수 있다. 결괏값을 보면 choices라는 리스트 중에서 점수에 따라 "US!", "USA", "U.S." 이 세 가지 단어가 "US"와 가까운 것으로 선택됐다. 물론 United States 역시 US를 의미하지만, 단순히 문자와 문자와의 비교이므로 단어가 의미하는 것까지 파악할 수 없다. 또한, 특정 이름 축약어를 사용하거나, 여러 단어의 조합으로 비교할 경우 상황은 조금 더 복잡해질 수 있다.

```
# fuzzywuzzy를 사용하기 위해 필요한 패키지 설치하기
!pip3 install fuzzywuzzy

# fuzzywuzzy를 사용하기 위한 라이브러리 불러오기
from fuzzywuzzy import fuzz
from fuzzywuzzy import process

# input_str: 기준이 되는 문자
input_str = "US"

# choices: 비교하고자 하는 문자 리스트
choices = ["US!", "U.S.", "USA", "United States", "SU"]

# input_str 문자를 choices 안에 있는 각 문자와 비교한 뒤 상위 3개 선택
process.extract(input_str, choices, limit=3)
```

```
[('US!', 100), ('USA', 90), ('U.S.', 80)]
```

〈그림 2-40. FuzzyWuzzy를 이용해 단어의 비슷한 정도 비교하기〉

이번엔 여러 개의 단어를 비교해야 할 경우를 살펴보자. 〈그림 2-34〉는 호텔 예약 사이트인 Expedia와 Booking.com에서 방을 설명하는 단어를 추출한 데이터 중 일부로 캐글(Kaggle) 사이트에서 Room Type이란 데이터를 참조했다. choices 리스트 안에 있는 후보 중에서 "Deluxe 1 King room"과 가장 가까운 단어는 무엇일까? 각 후보가 얼마나 비슷한지 그 점수를 보여준다.

```
#출처: https://www.kaggle.com/leandrodoze/room-type
choices = ["Deluxe Room, 2 Queen Bed",
           "Deluxe Room, City View",
           "Club Room, 1 King Bed",
           "Junior Suite, 1 King Bed",
           "King Room, Deluxe"]

process.extract("Deluxe 1 King Room", choices)
```

```
[('King Room, Deluxe', 95),
 ('Club Room, 1 King Bed', 75),
 ('Deluxe Room, 2 Queen Bed', 72),
 ('Deluxe Room, City View', 72),
 ('Junior Suite, 1 King Bed', 48)]
```

〈그림 2-41. FuzzyWuzzy로 여러 단어 비교하기〉

여러 단어, 혹은 문장에서도 단어와 비교할 후보만 있으면 얼마나 비슷한지 비교할 수 있어서 유일값이 많은 데이터에서도 이 방법을 활용해 중복 값끼리 분류할 수 있다. 이번엔 〈그림 2-42〉에서 이전에 사용했던 choices라는 Room Type 리스트를 데이터프레임으로 바꾸고 열 이름은 〈룸타입〉이라 했다. 〈룸타입〉이란 열에서 행마다 〈룸타입〉의 전체 값 중에서 가장 비슷한 값을 찾아 〈룸타입_matched〉란 열을 만들고자 한다.

예를 들어, 〈룸타입〉 첫 번째 값인 "Deluxe Room, 2 Queen Bed"를 input_str라고 했을 때, 이 값에 대해 〈그림 2-43〉처럼 〈룸타입〉의 전체 값 중 가장 비슷한 값으로 정렬할 수 있다. 전체 값에는 input_str도 포함되므로 가장 높은 점수를 가진 것은 input_str 값, ('Deluxe Room, 2 Queen Bed', 100, 0)[8]이다. 이 값을 제외해야 하므로 〈그림 2-44〉에서 볼 수 있듯이 두 번째 값인 ('King Room, Deluxe', 77, 4)가 input_str과 비교했을 때 가장 비슷한 값이라 볼 수 있다.

만약 이 값에서 77점이 미리 정한 임계값(Threshold)보다 높을 때, input_str은 "King Room, Deluxe"와 가장 비슷하다고 판단할 수 있다. 만약 임계점보다 낮은 경우 input_str에서 비슷한 단어가 없으므로 결측치로 표현하면 된다.

이 과정을 input_str과 임계값을 매개변수로 〈그림 2-45〉처럼 get_match란 함수

---

[8] ('Deluxe Room, 2 Queen Bed', 100, 0): (값, 스코어, 값에 해당하는 인덱스)

로 만든 후, <룸타입>의 모든 값을 이 함수에 적용해 나온 반환 값으로 <룸타입_matched>의 열을 만들었다. 여기서 사용된 임계값은 70이며, 이 값을 조절해 단어의 유사도 역시 조절할 수 있다.

```
# 라이브러리 불러오기
import pandas as pd
import numpy as np

# choices를 데이터 타입으로 변환
df = pd.DataFrame({'룸타입': choices})
df
```

	룸타입
0	Deluxe Room, 2 Queen Bed
1	Deluxe Room, City View
2	Club Room, 1 King Bed
3	Junior Suite, 1 King Bed
4	King Room, Deluxe

<그림 2-42. 룸타입 데이터프레임>

```
input_str = "Deluxe Room, 2 Queen Bed"
process.extract(input_str, df['룸타입'])
```

```
[('Deluxe Room, 2 Queen Bed', 100, 0),
 ('King Room, Deluxe', 77, 4),
 ('Club Room, 1 King Bed', 67, 2),
 ('Deluxe Room, City View', 66, 1),
 ('Junior Suite, 1 King Bed', 42, 3)]
```

<그림 2-43. 첫 번째 값을 룸타입 전체 값에서 비슷한 값 정렬>

```
# input_str을 제외했을 때, 가장 비슷한 단어 선택(top_score)
top_score = process.extract(input_str, df['룸타입'])[1]
print(top_score)
```
[10]

---

[9] <그림 2-43>의 결괏값 중 input_str을 제외한 두 번째 값이 가장 비슷한 단어이므로 두 번째 값을 지정해야 한다. 리스트의 인덱스는 0부터 시작하므로 [1]이 바로 두 번째 값이 된다.

```python
threshold = 70

# 이 비슷한 단어의 스코어가 임계값보다 높으면 단어를 선택하고 그렇지 않은 경우
결측치로 표현
top_score[0] if top_score[1] > threshold else np.nan
```
[11]

```
('King Room, Deluxe', 77, 4)
'King Room, Deluxe'
```

〈그림 2-44. 첫 번째 값과 가장 비슷한 다른 값〉

```python
# 위 과정을 함수로 표현
def get_match(input_str, threshold):
    """
    input_str을 df['룸타입']의 후보와 비교한 후
    가장 비슷한 값이 threshold보다 높으면 그 값을 반환하고,
    그렇지 않으면 결측치로 반환
    """
    top_score = process.extract(input_str, df['룸타입'])[1]
    top_score = top_score[0] if top_score[1] > threshold else np.nan
    return top_score
df['룸타입_matched'] = [get_match(row, 70) for row in df['룸타입']]
df
```

	룸타입	룸타입_matched
0	Deluxe Room, 2 Queen Bed	King Room, Deluxe
1	Deluxe Room, City View	King Room, Deluxe
2	Club Room, 1 King Bed	NaN
3	Junior Suite, 1 King Bed	NaN
4	King Room, Deluxe	Deluxe Room, 2 Queen Bed

〈그림 2-45. get_match 함수로 〈룸타입〉의 값을 서로 비슷한 단어로 분류〉

---

10 top_score가 ('King Room, Deluxe', 77, 4)인 경우, top_score[1]은 77, top_score[0]은 'King Room, Deluxe'에 해당한다.

<룸타입>의 유일값은 5개인데, 이 값을 서로 비슷한 단어를 찾아 분류해 보니 <룸타입_matched>에서 볼 수 있듯이 크게 King Room과 Queen Bed, 그리고 결측치로 나눌 수 있었다.

문자열에서 중복 데이터를 찾는 일은 많은 유일값 중에서 같은(또는 비슷한) 값을 찾는 과정을 말한다. 다시 말해, 결국 같은(중복) 값을 가져야 할 데이터가 오타나 축약, 여러 단어 조합으로 인해 유일한 값으로 표현되었고, 우리는 위에서 살펴본 방법으로 많은 유일한 값을 비슷하거나 같은 값으로 분류하는 작업을 해야 한다. 이 작업은 데이터 크기가 커질수록, 미가공된 데이터일수록 수작업은 불가능하다. [상황 2-2-1]의 문제를 해결하기 위해 위에서 소개한 예시를 활용하면 되겠다.

2.2.5 식별키(Prime Key, Primary Key)

데이터베이스에는 여러 개의 데이터 테이블이 목적에 따라 나눠져서 저장된다. 이 데이터베이스에 접속하는 사람은 어떻게 해야 원하는 데이터를 얻을 수 있을까? 예를 들어 데이터베이스에서 특정 이름의 상가나 특정 위치의 집, 특정 제품, 혹은 특정 고객을 찾으려고 한다. 데이터의 크기가 크고, 관련 데이터가 많고, 필요한 데이터에 대한 조건이 복잡할수록 이 데이터를 찾는 일은 쉽지 않을 것이다. 하지만 상가, 집마다 혹은 고객마다 고유한 아이디(ID)가 있다면, 이 아이디를 이용해 데이터를 찾거나 조건에 맞는 데이터를 쉽게 추출할 수 있을 것이다. 이처럼 데이터에서 특정 정보를 확인(Identify)하거나 찾을 수 있도록 도와주는 역할을 하는 특정 열(하나일 수도 있고 여러 개의 열의 조합도 가능)을 데이터 식별키(Prime Key, Primary Key)라고 부른다. 이 식별키는 <그림 2-2>처럼 정형 데이터 간의 관계를 파악하는 데에 사용된다.

식별키 조건은 다음과 같다.

- **Unique:** 키(혹은 ID)는 유일해야 한다.
- **Not nullable:** 식별키 안에서 결측치가 있으면 안 된다.
- **Fixed:** 키 값은 고정되어야 한다. 만약 키 값이 바뀌는 경우, 변경 전과 변경 후의 대응 관계를 파악할 수 있어야 한다.

〈그림 2-46〉은 온라인 쇼핑몰 가입자 테이블의 한 예이다. 식별키의 조건을 만족하는 열은 고객ID, 가입ID, 이메일 열이 될 것이다. 이를 후보키(Candidate Key)라 부른다. 이처럼 후보키는 식별키가 될 수 있는 모든 열을 말하며, 이 중 식별키가 되지 않은 키를 대체키(Alternate Key)라 한다.

이 식별키는 데이터가 생성되면 자동으로 만들어지도록 설계하거나 혹은 회사 내부에서 식별키를 만드는 법을 개발해 사용하기도 한다. 때론 식별키에 문제가 생기는 경우도 있다. 예를 들어, 〈그림 2-46〉의 상황처럼 신규 가입자 발생 시 고객ID를 자동으로 생성하도록 설정했지만, 시스템 오류로 식별키가 중복되어 발생할 수도 있을 것이다. 만약 건물을 대상으로 식별키를 만들고자 한다면 건물 데이터가 들어올 때마다 순차적으로 키를 부여하는 방법은 현명하지 않다. 왜냐하면 건물 데이터가 중복해서 들어올 가능성이 높고, 순차적으로 키를 만들었다면 건물 데이터를 새로 받을 때마다 기존에 키가 존재하는지 늘 확인하는 절차를 거쳐야 하기 때문이다.

물론 식별키를 디자인하고 생성할 수 있도록 설계하는 일은 데이터 사이언티스트의 주요 업무는 아니지만, 식별키의 중요성과 발생할 수 있는 문제를 미리 파악하는 것은 중요하다.

가입자 데이터 테이블				
고객ID	가입ID	이름	이메일	가입날짜
AAA-111	jyl	이지영	jyl@example.co.kr	2020-10-01
BCA-091	jek	김지은	jek@example.co.kr	2020-11-15
TUZ-833	jyl2	이지영	jyl2@example.co.kr	2021-01-04
...	...	...	...	...
PSE-405	abc2	박현우	hwp@example.co.kr	2021-03-20

식별키 Primary Key / 대체키 Alternate Key → 후보키 (Candidate Key)

〈그림 2-46. 온라인 쇼핑몰 가입자 테이블에서 본 식별키〉

2.2.6 상황으로 살펴보는 스키마 생성 예시

〈2.2 데이터에서 확인해야 할 사항〉의 [상황 2-2]를 살펴보자. 외부로부터 데이터를 주기적으로 받아 데이터베이스에 저장해야 할 경우 어떤 과정을 거쳐서 최소한의 업무를 할 수 있을까?

〈그림 2-47〉은 [상황 2-2]에 대한 업무 과정을 보여주는데, 최초 업무와 차후 과정 이렇게 두 가지로 나눌 수 있다. 먼저, 외부 데이터를 처음 받았다면 데이터를 이해하는 과정이 필요하다. 이 데이터가 어떤 데이터이고, 어떻게 활용할 수 있는지 등을 파악한 후 가공(혹은 클리닝) 과정을 거친다. 그 후, 내부 데이터베이스에 이 데이터를 저장하기 위해서 스키마를 생성해야 하는데, 내부 데이터와 관계를 나타낼 수 있는 식별키를 만들도록 하고, 그게 불가능하다면 식별키의 조건에 맞는 열(키)을 찾도록 한다. 그리고 각 열이 가질 수 있는 값이 유일(Unique)한지, 결측치(Nullable)가 있어도 되는지, 어떤 데이터 타입을 가져야 하는지에 대한 스키마를 설정한다. 이때 주의해야 할 점은, 추후에 데이터를 받는 경우 각 열에 예상 가능한 값을 미리 파악해야 한다는 것이다. 이렇게 스키마를 설정한 후 내부 데이

터베이스에 가공된 외부 데이터를 저장한다.

만약 이 작업을 외부 데이터를 받을 때마다 해야 한다면 굉장히 비효율적이다. 그렇기 때문에 클라우드 서비스를 이용하여, 외부 데이터를 받았을 때 자동으로 데이터를 가공해서 미리 지정한 스키마에 따라 가공된 외부 데이터가 내부 데이터베이스로 저장되게 한다.

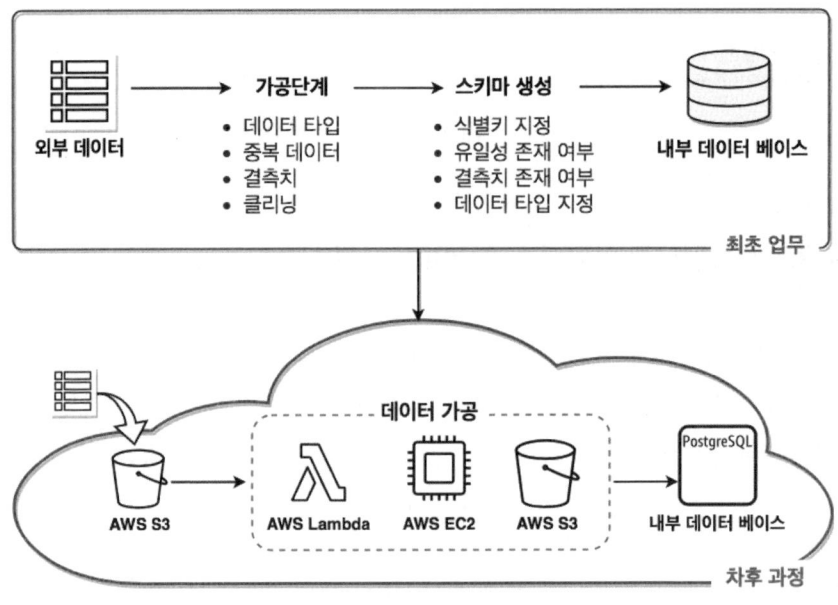

〈그림 2-47. [상황 2-2] 업무 과정 예시〉

2.3 데이터 합치기

데이터베이스에서 여러 개의 데이터를 읽어 합치는 작업뿐 아니라, 외부에서 데이터를 얻거나, 스크레이핑(Scraping) 작업으로 인터넷상에서 데이터를 수집한 후 내부 데이터와 합쳐야 할 때도 있다. 이처럼 여러 개의 데이터프레임을 다루는 경우, 한 데이터프레임에 다른 데이터프레임을 특정한 값을 기준으로 합치거나 혹은 단순히 행이나 열을 기준으로 데이터를 연결해야 하는 작업은 굉장히 흔하다.

 상황 2-3

데이터베이스에 저장된 여러 데이터 테이블을 불러서 예측 모델을 만들려고 한다. 여러 개의 정형 데이터가 있는 경우, 식별키를 기준으로 데이터를 합친 후 특정 열을 이용해 원하는 값을 계산하여 새로운 데이터프레임을 만들고자 한다. 이때 무엇을 주의해야 할까?

이런 작업은 파이썬 판다스(Pandas, 이하 pd) 라이브러리에 있는 pd.merge(), .join(), .concat(), .append() 구문을 사용할 수 있는데, 각 함수는 어떤 역할을 하고 어떤 점을 주의해야 하는지 살펴보자.

- **pd.merge()**: 두 개의 데이터프레임에서 각 데이터의 키(Key)를 기준으로 결합
- **.join()**: 두 개의 데이터프레임에서 키(Key) 혹은 인덱스(Index)를 기준으로 결합
- **.concat()**: 두 개 이상의 데이터프레임(혹은 배열)을 열이나 행을 기준으로 연결
- **.append()**: 행을 기준으로 데이터프레임(혹은 배열, 리스트, 딕셔너리)을 추가

2.3.1 데이터프레임 결합: pd.merge()

〈그림 2-48〉 pd.merge()[11] 구문의 left와 right는 데이터프레임을 말한다. how는 데이터를 합치는 방법을 말하는데 여기서 기본값(Default)은 inner join이다. on은 두 데이터프레임에서 공통으로 있는 열로 두 데이터프레임을 합치는 기준이 된다. 이 밖에 자세한 설명은 판다스 유저 가이드[12]를 참고하자.

> pandas.merge(left, right, how='inner', on=None, left_on=None, right_on=None, left_index=False, right_index=False, sort=False, suffixes=('_x', '_y'), copy=True, indicator=False, validate=None)

〈그림 2-48. pd.merge() 구문〉

데이터를 합치는 방법은 inner, outer, left, right 총 4가지 방법이 있다. 〈그림 2-49〉처럼 데이터 결합 방법을 벤 다이어그램으로 표현할 수 있는데 inner join은 교집합, outer join은 합집합을 의미한다. 또한, 왼쪽 데이터프레임의 키인지, 오른쪽 데이터프레임의 키인지에 따라 left join과 right join 방법도 있다.

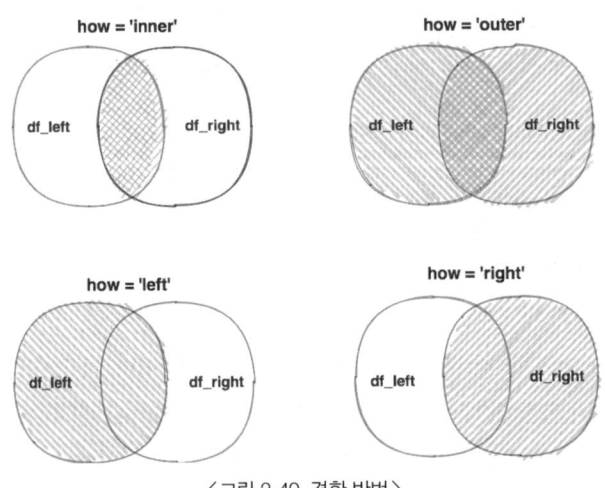

〈그림 2-49. 결합 방법〉

---

11 https://pandas.pydata.org/pandas-docs/stable/reference/api/pandas.merge.html
12 https://pandas.pydata.org/pandas-docs/stable/user_guide/merging.html

파이썬의 예로 데이터 결합이 어떻게 이뤄지는지 살펴보자. 먼저, 라이브러리를 불러온 뒤, 판다스의 소수점 설정을 통해 소수점 첫 번째 자리까지 표현하도록 했다.

```
import numpy as np
import pandas as pd

# 소수점 첫 번째 자리까지 표시
pd.set_option('precision', 1)
```

<그림 2-50>에서 왼쪽 데이터프레임 df_left와 오른쪽 데이터프레임 df_right를 만들었다. 각 데이터프레임에는 <색>과 <가격>, 그리고 <색>과 <이름>이란 열이 있는데, 여기서 <색>을 기준으로 데이터를 결합하려고 한다.

```
# 데이터프레임 생성
df_left = pd.DataFrame({'색': ['red', 'orange', 'yellow', 'green', 'blue'],
                        '가격': [1000, 2000, 3000, 4000, 5000]},
                        index=[9, 1, 2, 3, 4])

df_right = pd.DataFrame({'색': ['yellow', 'green', 'blue', 'navy', 'purple'],
                         '이름': ['노란색', '초록색', '파란색', '남색', '보라색']},
                         index=[3, 4, 5, 6, 7])

# 데이터프레임 df_left & df_right 확인
df_display[14]([df_left, df_right], ['df_left', 'df_right'])
```

df_left			df_right		
	색	가격		색	이름
9	red	1000	3	yellow	노란색
1	orange	2000	4	green	초록색
2	yellow	3000	5	blue	파란색
3	green	4000	6	navy	남색
4	blue	5000	7	purple	보라색

<그림 2-50. df_left와 df_right 생성>

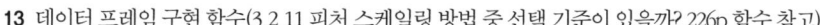

13 데이터 프레임 구현 함수(3.2.11 피처 스케일링 방법 중 선택 기준이 있을까? 226p 함수 참고)

<그림 2-51>에서 먼저 Inner 방법으로 양쪽 데이터프레임에서 공통으로 나타나는 값에 대해서만 데이터가 결합했다. 두 데이터프레임, df_left와 df_right에서 yellow, green, blue 값이 있기 때문에 Inner로 결합된 데이터프레임의 결괏값은 이 세 가지 값으로만 이뤄졌다. 그리고 yellow, green, blue의 인덱스 값은 df_left와 df_right가 서로 다르지만, 결합된 데이터프레임은 이런 인덱스와 상관없이 0부터 시작한다.

```
# Inner Join
df_inner = pd.merge(df_left, df_right, on="색", how="inner")

# 데이터프레임 df_left & df_right, df_inner 확인
df_display([df_left, df_right, df_inner], ['df_left', 'df_right', 'df_inner'])
```

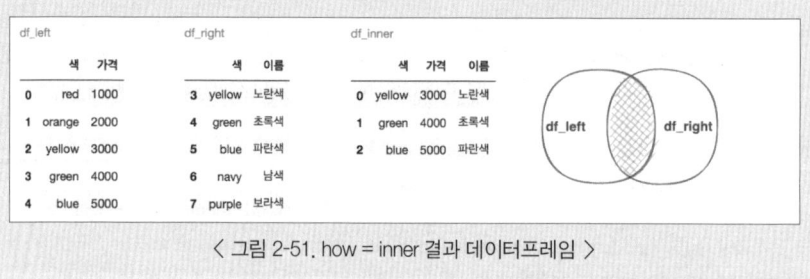

〈 그림 2-51. how = inner 결과 데이터프레임 〉

<그림 2-52>는 Outer를 사용했는데, 양쪽 데이터프레임의 키(on= "색")의 모든 값이 결합된다. 결과 데이터프레임을 보면 red와 orange의 경우 df_right에서 해당한 이름의 값이 없고 navy와 purple은 df_left에서 가격이란 값이 없어서 np.nan으로 표시됐다. 이 결측치의 타입은 실수(Float)이므로, df_outer에서 가격 데이터 타입을 보면 소수점자리로 변한 것을 알 수 있다. 실수인 np.nan 값이 가격 열에 추가되었기 때문에 가격 열의 데이터 타입이 모두 정수에서 실수로 바뀐 것이다.

```
# Outer Join
df_outer = pd.merge(df_left, df_right, on="색", how="outer")

# 데이터프레임 df_left & df_right, df_outer 확인
df_display([df_left, df_right, df_outer], ['df_left', 'df_right',
'df_outer'])
```

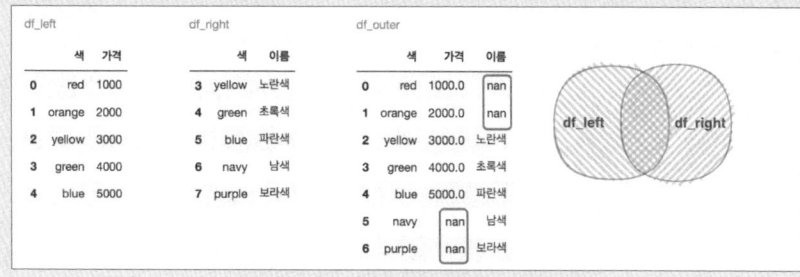

〈 그림 2-52. how = outer 결과 데이터프레임 〉

〈그림 2-53〉은 Left 방법을 사용했다. df_left의 키 값을 기준으로만 df_right 값이 결합된다. df_right에는 red, orange 값이 없으므로 df_left_join의 결과 데이터프레임을 보면 이에 해당하는 이름이란 열의 값이 결측치로 입력됐다.

```
# Left Join
df_left_join = pd.merge(df_left, df_right, on="색", how="left")

# 데이터프레임 df_left & df_right, df_left_join 확인
df_display([df_left, df_right, df_left_join], ['df_left', 'df_
right', 'df_left_join'])
```

〈 그림 2-53. how = left 결과 데이터프레임 〉

〈그림 2-54〉처럼 Right를 이용했을 때, df_right 키의 값을 기준으로만 df_left가 결합된다. df_left에는 navy와 purple 값이 없으므로 df_right_join의 가격 열을 보면 이에 해당하는 값이 결측치로 표기됐고, 가격의 데이터 타입이 정수에서 실수로 바뀌었다.

```
# Right Join
df_right_merge = pd.merge(df_left, df_right, on="색", how="right")

# 데이터프레임 df_left & df_right, df_right_merge 확인
df_display([df_left, df_right, df_right_merge], ['df_left', 'df_right', 'df_right_merge'])
```

〈 그림 2-54. how = right 결과 데이터프레임 〉

■ 주의점 1. 인덱스로 결합할 때

데이터프레임에서 꼭 공통으로 가지고 있는 열로 데이터를 결합할 수 있는 것은 아니다. 만약 같은 키라도 열의 이름이 다를 때, df_left의 키 이름과 df_right의 키 이름을 다르게 설정할 수 있다. 또한, 인덱스로도 데이터를 결합할 수 있는데, 두 개 데이터프레임에서 공통으로 가지고 있는 열의 이름이 있다면 주의해야 한다.

〈그림 2-55〉처럼 df_left와 df_right에서 인덱스를 기준으로 하는 Right 방법으로 데이터를 결합했다. 공통인 인덱스 값은 3과 4이므로, df_left에 있는 3과 4의 인덱스의 값이 결합되었다. 이때 양쪽 모두 색이란 열을 갖고 있어서 df_left의 색은 색_x로, df_right의 색은 색_y로 열 이름이 바뀐 것을 알 수 있다. 따라서 결과 데이터프

레임인 df_right_join만 본다면 색_x, 색_y 중에서 어떤 열을 우선시해야 할지 모를 수 있다.

따라서 인덱스로 데이터를 결합할 경우,

- 두 개의 데이터프레임에서 같은 이름의 열이 있는지
- 있다면 어떤 것을 우선시해야 할지
- 차후에 _x, _y로 열 이름이 표시되면 데이터프레임의 출처는 무엇인지

이 세 가지를 유의해야 한다.

```
# Right Join - 인덱스 기준
df_right_merge_index = pd.merge(df_left, df_right,
                                left_index=True, right_index=True,
                                how="right")

# 데이터프레임 df_left & df_right, df_right_merge_index 확인
df_display([df_left, df_right, df_right_merge_index],
           ['df_left', 'df_right', 'df_right_merge_index'])
```

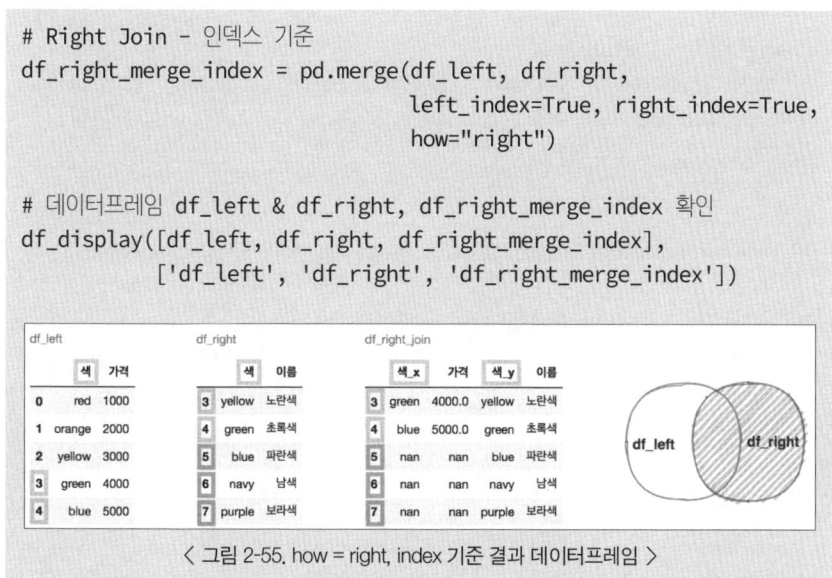

〈 그림 2-55. how = right, index 기준 결과 데이터프레임 〉

이 밖에도 pd.merge() 구문에서 설정할 수 있는 값들은 다양하다. 그렇기 때문에 데이터에 따라 어떤 사항을 선택하면 되는지 고민해 보는 것도 좋은 연습이 된다.

■ 주의점 2. 키에 중복된 값이 있을 때

만약 키 안에 중복된 값이 있다면 어떻게 될까? 〈그림 2-56〉의 df_left와 df_right 모두 yellow 값의 행이 두 번 중복됐다. Inner로 두 데이터프레임을 결합해 보니 결과 데이터프레임에서 yellow 값이 4번 중복됐다. 이처럼 데이터 결합에선 결합하는 기준이 되는 열(혹은 키)의 값이 중복인지 아닌지 구분하지 않는다.

```python
# 데이터프레임 생성
df_left = pd.DataFrame(
    {'색': ['red', 'orange', 'yellow', 'yellow', 'green', 'blue'],
     '가격': [1000, 2000, 3000, 3000, 4000, 5000]},
    index=[0, 1, 2, 3, 4, 5])

df_right = pd.DataFrame(
    {'색': ['yellow', 'yellow', 'green', 'blue', 'navy', 'purple'],
     '이름': ['노란색', '노란색', '초록색', '파란색', '남색', '보라색']},
    index=[3, 4, 5, 6, 7, 8])

# Inner Join
df_inner = pd.merge(df_left, df_right, on="색", how="inner")

# 데이터프레임 df_left & df_right, df_inner 확인
df_display([df_left, df_right, df_inner], ['df_left', 'df_right',
'df_inner'])
```

df_left			df_right			df_inner		
	색	가격		색	이름		색	가격	이름
0	red	1000	3	yellow	노란색	0	yellow	3000	노란색
1	orange	2000	4	yellow	노란색	1	yellow	3000	노란색
2	yellow	3000	5	green	초록색	2	yellow	3000	노란색
3	yellow	3000	6	blue	파란색	3	yellow	3000	노란색
4	green	4000	7	navy	남색	4	green	4000	초록색
5	blue	5000	8	purple	보라색	5	blue	5000	파란색

〈 그림 2-56. how = inner, 중복키를 가질 때 결과 데이터프레임 〉

<그림 2-57>은 df_right <이름>이란 열의 값이 깨끗하게 정리되지 않아서 "노란색"도 있고 "노랑"도 포함됐다. Outer로 결합했을 때 결과 데이터프레임의 행이 더 늘어난 것을 알 수 있다. 데이터 행의 수가 많을수록, 중복된 키가 많을수록 많은 행이 만들어지다 보니 이 과정에서 메모리 오류가 생길 수 있고, 결합이 가능해도 더 복잡한 데이터를 얻게 된다.

```
# 데이터프레임 생성
df_left = pd.DataFrame({'색': ['red', 'orange', 'yellow', 'yellow',
'green', 'blue'],
                        '가격': [1000, 2000, 3000, 3000, 4000, 5000]},
                        index=[0, 1, 2, 3, 4, 5])

df_right = pd.DataFrame({'색': ['yellow', 'yellow', 'yellow',
'green', 'blue', 'navy', 'purple'],
                         '이름': ['노란색', '노란색', '노랑', '초록색',
'파란색', '남색', '보라색']},
                         index=[6, 7, 8, 9, 10, 11, 12])
# Outer Join
df_outer = pd.merge(df_left, df_right, on="색", how="outer")

# 데이터프레임 df_left & df_right, df_outer 확인
df_display([df_left, df_right, df_outer], ['df_left', 'df_right',
'df_outer'])
```

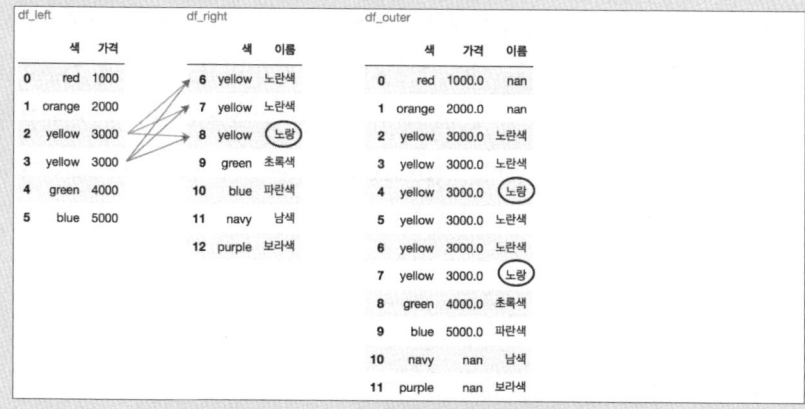

<그림 2-57. how = outer, 중복키를 가질 때 결과 데이터프레임>

따라서 데이터를 결합할 때, 이 세 가지를 유의해야 한다.

- 데이터를 충분히 정리했는지
- 키에서 중복된 값이 있는지, 있다면 그 값이 꼭 있어야 하는지
- 데이터 결합 후, 내가 생각했던 데이터 크기가 맞는지

2.3.2 데이터프레임 결합: df_left.join(df_right, ...)

결합하는 방법으로 pd.merge()뿐 아니라 .join()도 있다. 〈그림 2-58〉에서 .join() 구문을 살펴보자. pd.merge(df_left, df_right, …)와 df_left.join(df_right, …)는 거의 비슷한데, .join()에서 결합하는 기준의 키를 지정하지 않으면 인덱스를 기준으로 결합한다는 점이 다르다. 여기서 어떤 점을 주의하면 될까?

DataFrame.join(other, on=None, how='left', lsuffix='', rsuffix='', sort=False)

〈그림 2-58. .join() 구문〉

pd.merge()에서 사용했던 데이터로 .join()을 사용해 보자. 〈그림 2-59〉에서 df_left.join(df_right, how="left") 부분에서 오류가 났다. 그 이유는 결합할 때 기준이 되는 키를 지정하지 않았기 때문이다. 기준이 되는 키가 없어, 인덱스를 기준으로 두 데이터를 결합하려 했으나, df_left와 df_right에 모두 "색"이란 열이 있기 때문에 결합하지 못하고 오류가 발생했다. pd.merge()의 경우 같은 이름의 열이 있더라도 열_x, 열_y로 열 이름이 다시 만들어지지만, .join()의 경우는 오류가 발생한다.

```python
# df_left, df_right 두 개의 데이터프레임 생성
df_left = pd.DataFrame(
    {'색': ['red', 'orange', 'yellow', 'green', 'blue'],
     '가격': [1000, 2000, 3000, 4000, 5000]},
    index=[0, 1, 2, 3, 4])

df_right = pd.DataFrame(
    {'색': ['yellow', 'green', 'blue', 'navy', 'purple'],
     '이름': ['노란색', '초록색', '파란색', '남색', '보라색']},
    index=[3, 4, 5, 6, 7])

# 데이터프레임 df_left & df_right 확인
df_display([df_left, df_right], ['df_left', 'df_right'])

# join 으로 데이터프레임 결합
df_right = df_left.join(df_right, how='right')
```

```
df_left                    df_right
    색    가격                    색    이름
0   red     1000          3   yellow  노란색
1   orange  2000          4   green   초록색
2   yellow  3000          5   blue    파란색
3   green   4000          6   navy    남색
4   blue    5000          7   purple  보라색

---------------------------------------------------------------------------
ValueError                                Traceback (most recent call last)
<ipython-input-108-1eb3823156e7> in <module>
      8
      9 df_display([df_left, df_right], ['df_left', 'df_right'])
---> 10 df_right = df_left.join(df_right, how='right')

~/opt/anaconda3/lib/python3.7/site-packages/pandas/core/frame.py in join(self, other, on, how
, lsuffix, rsuffix, sort)
   7869         """
   7870         return self._join_compat(
-> 7871             other, on=on, how=how, lsuffix=lsuffix, rsuffix=rsuffix, sort=sort
   7872         )
   7873

                                    오류 메시지 중략

ValueError: columns overlap but no suffix specified: Index(['색'], dtype='object')
```

〈그림 2-59. join() 인덱스 기준으로 결합할 때 오류〉

따라서, 인덱스 기준으로 결합할 것인지, 아니면 키(열)로 결합할 것인지 생각해야 한다. 먼저, 색이란 열 이름으로 결합한다면 〈그림 2-60〉처럼 df_right의 색이란 열

을 인덱스로 지정하고, df_left의 색과 Right Join을 하는 방법이 있다. pd.merge()를 사용했을 때와 어떤 차이점이 있는지 찾아보고 <그림 2-60>을 살펴보자.

```
# 인덱스 대신 열(키) 이름으로 데이터를 합칠 경우
df_right_join_key = df_left.join(df_right.set_index(['색'],
                                 verify_integrity=True),
                                 on=['색'], how='right' )

df_right_join_key
```

	색	가격	이름
2.0	yellow	3000.0	노란색
3.0	green	4000.0	초록색
4.0	blue	5000.0	파란색
NaN	navy	NaN	남색
NaN	purple	NaN	보라색

<그림 2-60. .join() df_right에서 <색>을 인덱스로 설정 후 데이터프레임 합치기>

이번엔 df_left와 df_right에 있는 <색>이란 열 이름을 바꾸고 인덱스를 기준으로 데이터를 결합해 보자. <그림 2-61>을 보면, df_right에 있는 인덱스가 사용되었고, df_left와 df_right에 있는 모든 열이 포함되어 df_right_join이 생성됐다.

```
# df_left, df_right 두 개의 데이터프레임 생성
df_left = pd.DataFrame({'색_left': ['red', 'orange', 'yellow',
'green', 'blue'],
                        '가격': [1000, 2000, 3000, 4000, 5000]},
                        index=[0, 1, 2, 3, 4])
```

```
df_right = pd.DataFrame({'색_right': ['yellow', 'green', 'blue',
'navy', 'purple'],
                         '이름': ['노란색', '초록색', '파란색', '남색',
'보라색']},
                         index=[3, 4, 5, 6, 7])

# 인덱스 기준으로 데이터를 합칠 경우
df_right_join = df_left.join(df_right, how='right')

# 데이터프레임 df_left, df_right, df_right_join_index 확인
df_display([df_left, df_right, df_right_join],
           ['df_left', 'df_right', 'df_right_join'])
```

df_left			df_right			df_right_join			
	색_left	가격		색_right	이름		색_left	가격	색_right	이름
0	red	1000	3	yellow	노란색	3	green	4000.0	yellow	노란색
1	orange	2000	4	green	초록색	4	blue	5000.0	green	초록색
2	yellow	3000	5	blue	파란색	5	nan	nan	blue	파란색
3	green	4000	6	navy	남색	6	nan	nan	navy	남색
4	blue	5000	7	purple	보라색	7	nan	nan	purple	보라색

〈그림 2-61. 열 이름 변경 후 인덱스로 Right 결합〉

만약 두 데이터프레임에 중복된 값이 있다면 어떻게 될까? 〈그림 2-62〉에서 df_left의 인덱스 2와 3에, df_right의 인덱스 3과 4에 중복 데이터가 있다. 두 데이터프레임을 인덱스 기준으로 right join할 경우, .join()을 사용할 경우 결합하는 기준이 인덱스이므로 따로 설정할 필요는 없고, pd.merge()를 사용할 경우 합치는 기준을 인덱스로 설정하였다. 두 방법 모두 같은 결괏값을 얻었는데, df_left 인덱스 3, 4, 5의 행 정보가 결합되고, df_left에는 인덱스 6, 7, 8이 없으므로 결측치로 채워졌다. 이때 결측치의 데이터 타입이 실수이므로 결합된 데이터프레임의 정수 값은 실수로 바뀌었다. 두 데이터프레임에 중복된 값이 있더라도 인덱스를 기준으로 데이터프레임이 합쳐졌기 때문에 다른 열의 중복 값 여부에 영향을 받지 않았다.

```python
# df_left, df_right 두 개의 데이터프레임 생성
df_left = pd.DataFrame({
            '색_left': ['red', 'orange', 'yellow', 'yellow', 'green', 'blue'],
            '가격': [1000, 2000, 3000, 3000, 4000, 5000]
            }, index=[0, 1, 2, 3, 4, 5])

df_right = pd.DataFrame({
            '색_right': ['yellow', 'yellow', 'green', 'blue', 'navy', 'purple'],
            '이름': ['노란색', '노란색', '초록색', '파란색', '남색', '보라색']
            }, index=[3, 4, 5, 6, 7, 8])

# join을 이용해 두 데이터프레임 합치기 (기본값: 인덱스)
df_right_join_index = df_left.join(df_right, how='right')

# merge를 이용해 두 데이터프레임 합치기 (인덱스 기준 설정)
df_right_merge_index = pd.merge(df_left, df_right, left_index=True,
                                right_index=True, how="right")

# 데이터프레임 및 결괏값 확인
df_display([df_left, df_right], ['df_left', 'df_right'])
df_display([df_right_join_index, df_right_merge_index],
           ['df_right_join_index', 'df_right_merge_index'])
```

df_left

	색_left	가격
0	red	1000
1	orange	2000
2	yellow	3000
3	yellow	3000
4	green	4000
5	blue	5000

df_right

	색_right	이름
3	yellow	노란색
4	yellow	노란색
5	green	초록색
6	blue	파란색
7	navy	남색
8	purple	보라색

df_right_join_index

	색_left	가격	색_right	이름
3	yellow	3000.0	yellow	노란색
4	green	4000.0	yellow	노란색
5	blue	5000.0	green	초록색
6	nan	nan	blue	파란색
7	nan	nan	navy	남색
8	nan	nan	purple	보라색

df_right_merge_index

	색_left	가격	색_right	이름
3	yellow	3000.0	yellow	노란색
4	green	4000.0	yellow	노란색
5	blue	5000.0	green	초록색
6	nan	nan	blue	파란색
7	nan	nan	navy	남색
8	nan	nan	purple	보라색

〈그림 2-62. 인덱스로 Right 결합, 중복 데이터가 있는 경우 join과 merge 비교〉

<그림 2-63>에서 pd.merge()와 .join()이 어떻게 다른지 df_left, df_right 데이터 프레임과 열(키)을 사용했을 때 혹은 인덱스를 사용했을 때에 따른 결합된 결과 데이터를 정리해 보았다. 두 개의 데이터프레임을 pd.merge()에서 인덱스를 기준으로 결합하면, 그 결괏값이 .join()에서 인덱스 기준으로 결합한 결괏값과 같다는 것을 확인할 수 있다(단, pd.merge()의 경우 .join()과 다르게 중복된 열 이름은 자동으로 열 이름이 색_x, 색_y로 수정된다). 키(열)를 기준으로 결합하는 경우, pd.merge()를 사용할 때 인덱스가 자동으로 0부터 생성되지만 .join()의 경우 인덱스에 결측치(NaN)가 생성되어 차후 인덱스를 다시 새로 설정해야 한다. 왜냐하면 .join()의 경우 결합된 데이터의 인덱스는 df_left의 인덱스를 사용하기 때문에 Right Join을 했을 때 df_left에 없는 값, navy와 purple의 경우 인덱스가 생성되지 않아 NaN값을 갖기 때문이다. 따라서 결합된 데이터를 나중에 사용했을 때 인덱스 값이 제대로 생성되지 않은 경우 문제가 생길 수도 있으므로 다시 인덱스 값을 초기화(0부터 시작)하는 작업을 해야 한다.

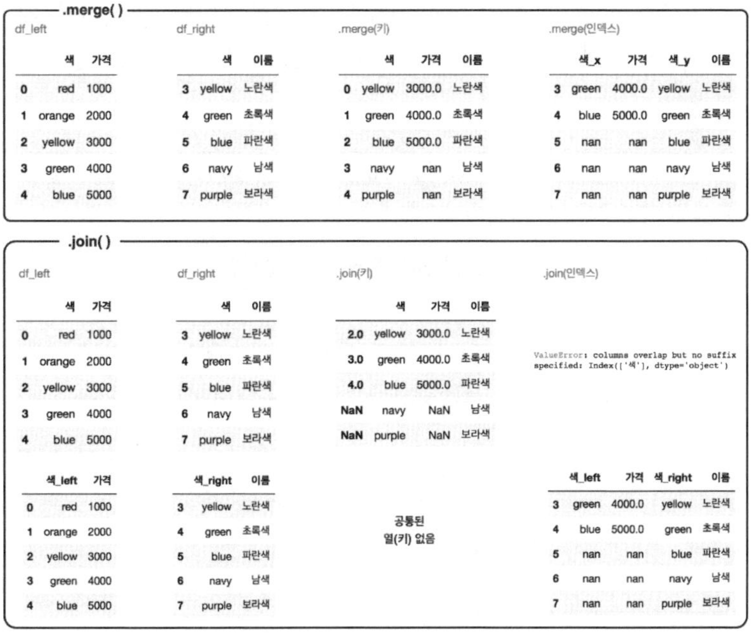

〈그림 2-63. merge와 join 구문 차이〉

예시로 든 데이터는 행의 수가 적기 때문에 문제점을 쉽게 파악할 수 있지만, 데이터 크기가 클수록 그 과정에서 생긴 문제점을 파악하기 쉽지 않다. 따라서 오류 없이 결과 데이터를 얻었더라도,

- 결합된 데이터의 크기가 내가 생각했던 데이터 크기와 맞는지
- 열 이름이 바뀌지 않았는지
- 인덱스에 문제가 생기지 않았는지

위 세 가지를 확인하는 습관은 중요하다.

2.3.3 여러 데이터프레임 연결: pd.concat()

만약 데이터프레임을 가로로, 혹은 세로로 연결할 경우 pd.concat()[14]을 사용할 수 있다. 여기서 concat은 연결(Concatenation)을 뜻하며 데이터프레임이 두 개 이상일 때 행 기준으로 혹은 열 기준으로 연결 가능하다.

> pandas.concat(objs, axis=0, join='outer', ignore_index=False, keys=None, levels=None, names=None, verify_integrity=False, sort=False, copy=True)

〈그림 2-64. pd.concat() 구문〉

먼저 데이터프레임을 행을 기준으로 연결하면 〈그림 2-65〉의 결과를 얻을 수 있는데, 이를 파이썬으로 어떻게 구현할 수 있는지 알아보자.

---

[14] https://pandas.pydata.org/pandas-docs/stable/reference/api/pandas.concat.html#pandas.concat

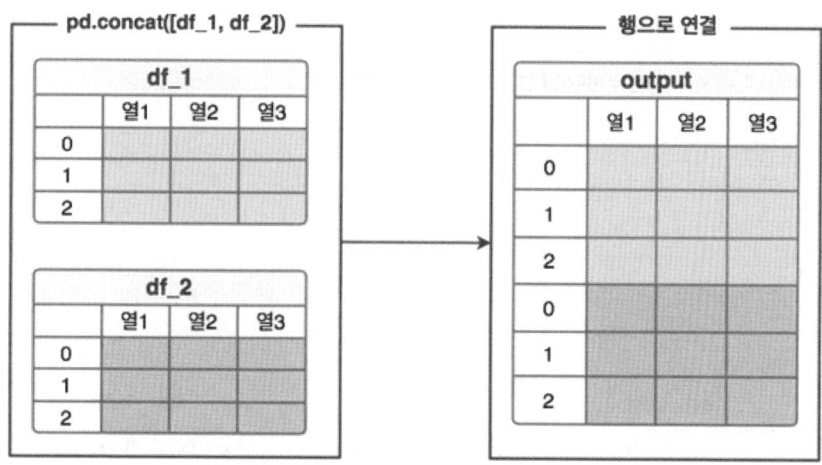

<그림 2-65. 행 기준 연결>

<그림 2-66>처럼 df_1, df_2, df_3 세 개의 데이터프레임에 각각 색과 이름에 대한 데이터가 들어있다고 가정해 보자. pd.concat([df_1, df_2, df_3])라고 데이터를 연결하면 이때 리스트 안에 들어있는 데이터프레임이 행을 기준으로 연결될 것이다. 행을 기준으로 연결하면 2개의 열로 6개의 행이 있어야 하는데, 코드를 실행한 결과 데이터프레임은 6개의 열과 6개의 행이 만들어졌다. 무엇이 문제였을까?

```
df_1 = pd.DataFrame({'색1': ['red', 'orange'],
                     '이름1': ['빨간색', '주황색']},
                    index=[0, 1])

df_2 = pd.DataFrame({'색2': ['yellow', 'green'],
                     '이름2': ['노란색', '초록색']},
                    index=[2, 3])

df_3 = pd.DataFrame({'색3': ['blue', 'navy'],
                     '이름3': ['파란색', '남색']},
                    index=[8, 9])
```

```
# 기본값: 행(row) 기준으로 연결
result_row = pd.concat([df_1, df_2, df_3])

# 연결할 데이터프레임 확인
df_display([df_1, df_2, df_3], ['df_1', 'df_2', 'df_3'])

# 결과 데이터프레임
result_row
```

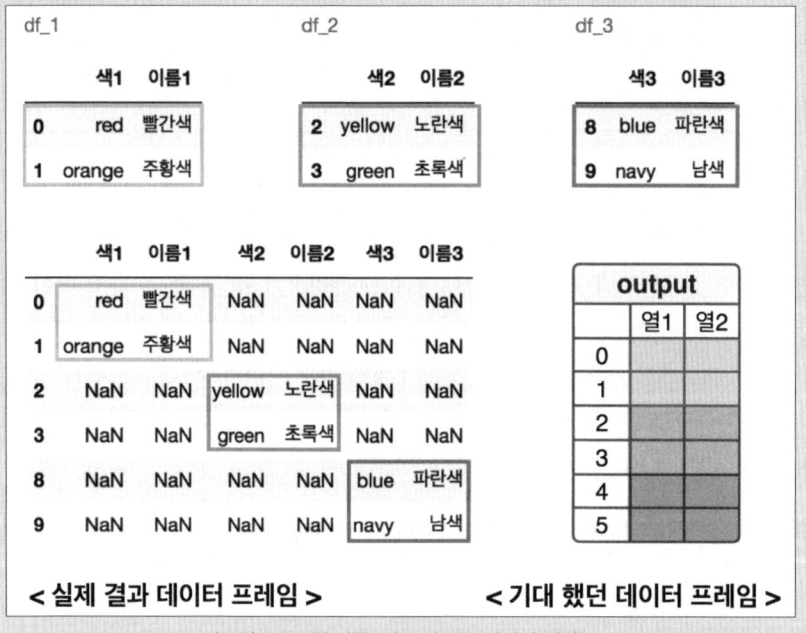

〈그림 2-66. 행 기준, 기본 값으로 데이터 연결〉

다시 〈그림 2-65〉의 열 이름에 주목해 보자. 데이터프레임을 행으로 연결하려면 df_1과 df_2의 열 이름이 같아야 한다. 따라서 〈그림 2-66〉에서 df_1, df_2, df_3 의 열 이름이 모두 달랐던 점이 문제였을 것이다. 먼저, df_1.rename(columns={기 존이름:새로운이름})을 이용해 기존 이름에서 새로운 이름으로 열 이름을 바꿔 보 자. 이때 inplace = True라고 추가로 지정하면 df_1의 변경된 사항을 다시 df_1에 저장한다는 것을 의미한다. df_1, df_2, df_3 열의 이름을 모두 같도록 다시 저장한 뒤, pd.concat([df_1, df_2, df_3])을 통해 데이터프레임을 연결해 보자.

```python
# 열 이름을 {기존:새이름}으로 설정 뒤, 데이터프레임에 다시 저장
(inplace=True)
df_1.rename(columns={"색1": "색", "이름1": "이름"}, inplace=True)
df_2.rename(columns={"색2": "색", "이름2": "이름"}, inplace=True)
df_3.rename(columns={"색3": "색", "이름3": "이름"}, inplace=True)

# 기본값: 행 기준으로 결합
result_row = pd.concat([df_1, df_2, df_3])

# 인덱스 값 확인 필요
df_display([df_1, df_2, df_3, result_row],
           ['df_1', 'df_2', 'df_3', 'result_row'])
```

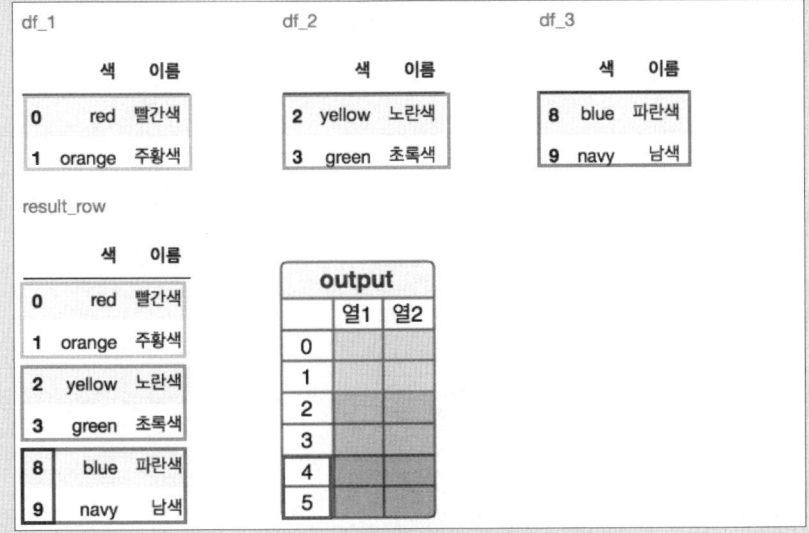

<그림 2-67. 데이터프레임 열 이름 수정 후 행 기준 데이터 연결>

우리가 기대했던 2개의 열과 6개의 행으로 데이터가 연결되었지만 <그림 2-66>에서 우리가 원하는 결괏값과 실제 값의 인덱스를 비교해 보면 값이 다르다. 인덱스 값이 중요할까라고 생각할 수 있지만, 인덱스에 결측치나 중복값이 있거나, 앞

서 예시처럼 건너뛴 값들이 있다면, 인덱스 값을 기준으로 함수를 만들어야 할 때 문제가 생길 수도 있다. 따라서 〈그림 2-67〉 결과 데이터프레임 인덱스에 건너뛴 값이 없도록 재설정해야 한다. 보다 간단한 방법은 〈그림 2-68〉처럼 pd.concat() 구문에서 ignore_index 옵션을 True로 설정해, 연결하고자 하는 데이터프레임의 원래 인덱스 값과 상관없이 새롭게 연결된 데이터프레임의 인덱스 값이 0부터 자동으로 부여되도록 하는 것이다. 그 결과, result_row 데이터프레임이 우리가 기대했던 output과 같게 되었다.

```
# ignore_index = True 설정
result_row = pd.concat([df_1, df_2, df_3], ignore_index=True)

# 인덱스 값 확인 필요
df_display([df_1, df_2, df_3, result_row],
           ['df_1', 'df_2', 'df_3', 'result_row'])
```

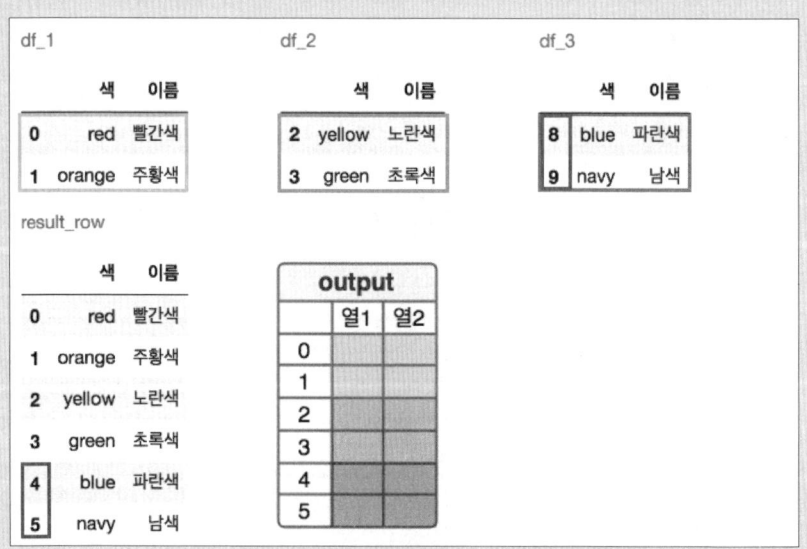

〈그림 2-68. 행 기준 인덱스 값을 새롭게 부여한 데이터 연결〉

다음은 열의 기준, 즉 〈그림 2-69〉처럼 가로로 데이터를 연결하는 방법을 알아보자.

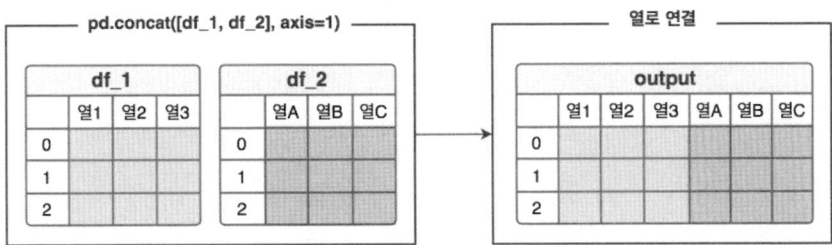

〈그림 2-69. 열 기준 연결〉

먼저 df_1, df_2, df_3을 만든 후, axis=1을 설정해 열을 기준으로 세 개의 데이터를 연결해 보자. 〈그림 2-70〉 결과 데이터프레임을 보면 우리가 기대했던 것과 다르다. 인덱스를 기준으로 데이터를 연결하는 과정에서, 세 개의 데이터프레임이 각각 다른 인덱스 값을 가지고 있었기 때문이다.

```
# 데이터프레임 생성
df_1 = pd.DataFrame({'색': ['red', 'orange'],
                     '이름': ['빨간색', '주황색']},
                    index=[0, 1])

df_2 = pd.DataFrame({'색': ['yellow', 'green'],
                     '이름': ['노란색', '초록색']},
                    index=[2, 3])

df_3 = pd.DataFrame({'색': ['blue', 'navy'],
                     '이름': ['파란색', '남색']},
                    index=[8, 9])

# axis = 1 열 방향으로 합치기
result_col = pd.concat([df_1, df_2, df_3], axis = 1)
```

```
# 연결하려는 데이터
df_display([df_1, df_2, df_3],['df_1', 'df_2', 'df_3'])

# 결과 데이터프레임
result_col
```

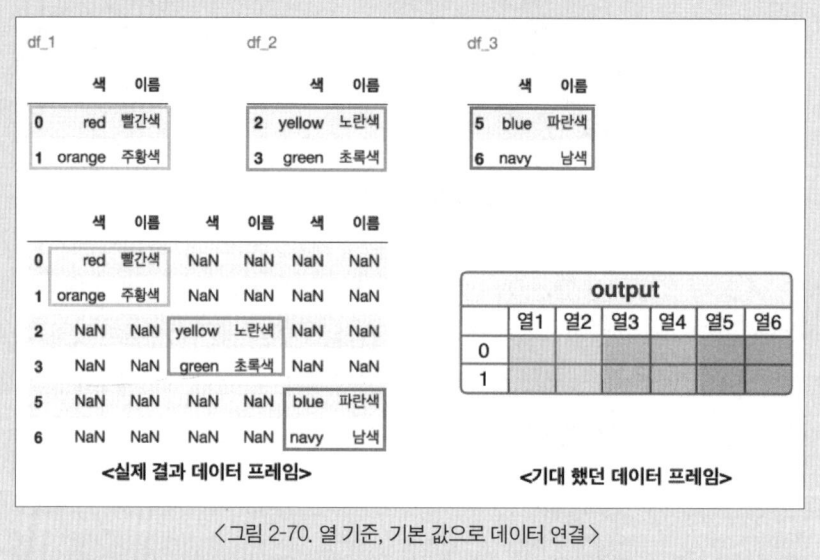

〈그림 2-70. 열 기준, 기본 값으로 데이터 연결〉

인덱스를 바꿔야 하니까 행 기준에서 데이터프레임을 연결할 때 사용했던 ignore_index=True를 설정하면 되지 않을까? 〈그림 2-71〉을 보면 인덱스의 값은 그대로고 오히려 기존 열 이름이 숫자로 바뀌었다. ignore_index 옵션에서 인덱스는 데이터프레임을 연결하는 방향의 인덱스를 말한다. 행 기준으로 데이터를 연결하면 우리가 기존에 알고 있는 인덱스 값이 초기화되어 원하는 결과 데이터프레임을 얻지만, axis=1 열을 기준으로 데이터프레임을 연결할 때에는 결과 데이터프레임의 열이름이 0, 1, 2,... 값으로 초기화된다. 따라서 열을 기준으로 데이터프레임을 연결할 때 ignore_index는 좋은 방법이 아니다.

```
# axis = 1 열 방향으로 합치기
result_col = pd.concat([df_1, df_2, df_3], axis = 1,
                       ignore_index=True)

# 연결하려는 데이터 및 결과 데이터 확인
df_display([df_1, df_2, df_3],['df_1', 'df_2', 'df_3'])

# 결과 데이터프레임
result_col
```

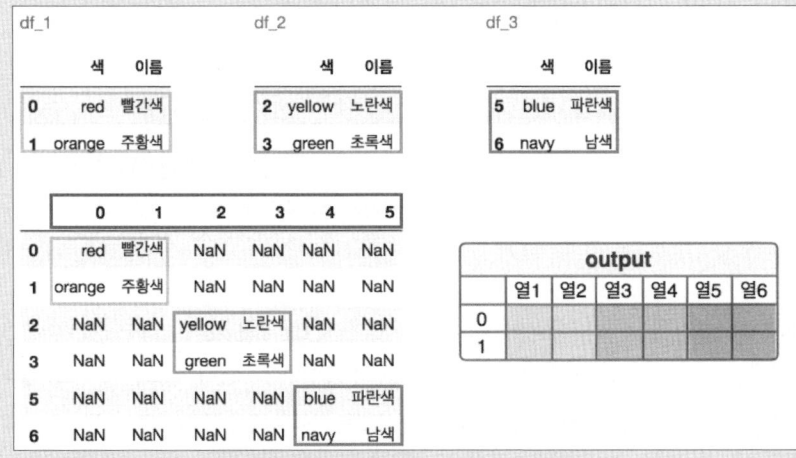

〈그림 2-71. 열 기준 인덱스 값 상관없이 데이터 연결〉

그래서 〈그림 2-72〉처럼 연결할 데이터프레임의 인덱스에 .reset_index()를 활용하여 0부터 인덱스를 다시 설정했더니 우리가 예상했던 결괏값과 비슷하게 나왔다. 하지만 결과 데이터프레임에 색과 이름의 열이 중복되어 나타났다.

```
#기존 인덱스 값을 지우고(drop=True), 0부터 다시 시작
df_2.reset_index(drop=True, inplace=True)
df_3.reset_index(drop=True, inplace=True)

result_col = pd.concat([df_1, df_2, df_3], axis = 1, ignore_index=True)
```

```
# 연결하려는 데이터
df_display([df_1, df_2, df_3],['df_1', 'df_2', 'df_3'])

# 결과 데이터프레임
result_col
```

〈그림 2-72. 인덱스 재설정 후 열 기준 데이터 연결〉

result_col이란 데이터프레임에 "이름"이란 열을 찾는 작업을 하니, 하나가 아닌 이름 열이 모두 출력되는 것을 〈그림 2-73〉에서 확인할 수 있다. 이때, 각 열의 행마다 값이 다른 것을 확인할 수 있는데 연결된 데이터가 복잡할수록 열 이름이 중복되면 해당 데이터의 출처를 파악하기가 힘들어진다. 따라서 열을 기준으로 데이터를 연결할 땐, 열의 이름이 중복되지 않도록 설정하는 것이 중요하다.

```
result_col["이름"]
```

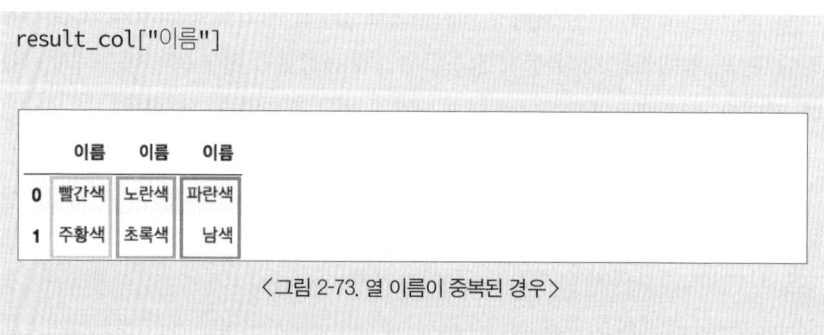

〈그림 2-73. 열 이름이 중복된 경우〉

.rename()을 이용해 데이터프레임마다 중복된 열의 이름이 없도록 다시 설정한 후 데이터를 연결해 보자. <그림 2-74>처럼 우리가 기대했던 데이터프레임과 실제 얻은 데이터프레임이 같다.

```
# 열이름을 {기존:새이름}으로 설정 뒤, 데이터프레임에 다시 저장(inplace=True)
df_1.rename(columns={"색": "색1", "이름": "이름1"}, inplace=True)
df_2.rename(columns={"색": "색2", "이름": "이름2"}, inplace=True)
df_3.rename(columns={"색": "색3", "이름": "이름3"}, inplace=True)

result_col = pd.concat([df_1, df_2, df_3], axis=1)

# 연결하려는 데이터
df_display([df_1, df_2, df_3],['df_1', 'df_2', 'df_3'])

# 결과 데이터프레임
result_col
```

〈그림 2-74. 이름 재설정 후 열 기준 데이터 연결〉

이 밖에 pd.concat()은 특정 열(키)의 값을 그룹화해서 연결하거나, 인덱스 값을 고려하지 않고 연결하는 등 다양한 기능이 있다. 하지만, 데이터를 행 기준으로 혹은 열 기준으로 연결할 때, axis=1이란 값을 동일하게 부여하더라도 우리가 원하는 데이터프레임이 나오지 않는 경우도 있다는 것을 알 수 있었다. 따라서 행 기준일 경우(axis=0)에는 같은 데이터프레임이 세로로 연결되는 것이므로 열 이름이 같아야 하고, 열 기준일 경우(axis=1)에는 데이터프레임이 가로로 연결되는 것이므로 열

이름이 달라야 한다는 기본적인 사항을 인지해야 할 것이다. 또한, 연결하려는 데이터프레임이 제대로 설정되었는지, 연결하고 난 후의 데이터프레임이 내가 생각했던 것과 일치하는지 항상 확인하는 것을 잊지 말자.

2.3.4 데이터프레임, 배열, 리스트, 딕셔너리 연결: .append()

데이터프레임 연결 방법 중 행을 기준으로 데이터를 연결하는 경우 pd.concat() 대신 .append()를 사용할 수 있다. 데이터프레임뿐 아니라 배열(Series), 딕셔너리 및 리스트 등 연결이 필요할 때 .append()[15] 구문을 자주 사용한다.

> DataFrame.append(other, ignore_index=False, verify_integrity=False, sort=False)

〈그림 2-75 .append() 구문〉

〈그림 2-76〉에서 df_1, df_2, df_3의 데이터프레임을 .append()를 사용하여 연결했는데, 〈그림 2-68〉처럼 pd.concat()을 사용했을 때와 같은 결과를 얻었다. 그렇다면 어떤 상황일 때 .append()를 사용하는 것이 좋을까?

---

[15] https://pandas.pydata.org/pandas-docs/stable/reference/api/pandas.DataFrame.append.html

```python
# append: axis=0
df_1 = pd.DataFrame({'색': ['red', 'orange'],
                     '이름': ['빨간색', '주황색']},
                    index=[0, 1])

df_2 = pd.DataFrame({'색': ['yellow', 'green'],
                     '이름': ['노란색', '초록색']},
                    index=[2, 3])

df_3 = pd.DataFrame({'색': ['blue', 'navy'],
                     '이름': ['파란색', '남색']},
                    index=[8, 9])

# index 값을 초기화하여 데이터 연결
result_append = df_1.append([df_2, df_3], ignore_index=True)

df_display([df_1, df_2, df_3, result_append],
           ['df_1', 'df_2', 'df_3', 'result_append'])
```

〈그림 2-76. .append()로 pd.concat()과 같은 결과 얻기〉

<그림 2-77>에서 <그림 2-76>의 결괏값인 result_append라는 데이터프레임에 add_row라는 배열(Series)을 연결하고자 한다. 여기서 배열은, 쉽게 말해서 열이 한 개인 데이터프레임이라고 생각하면 된다. add_row["색"]의 뜻은 이 배열에서 인덱스가 <색>일 때 값을 반환하란 의미로 purple 값이 출력됐다. 이 상태에서 pd.concat()과 .append()를 사용해서 add_row라는 배열을 result_append라는 데이터프레임에 추가해 보자. ignore_index의 값을 True로 설정해 추가되는 배열이 데이터프레임의 마지막 행이 될 수 있도록 했다. pd.concat()과 .append()를 사용했을 때 결괏값이 다르다는 것을 알 수 있다.

<그림 2-77>에서 add_row를 데이터프레임으로 바꿔 보면 열의 이름은 0이고 인덱스 색과 이름에 purple, 보라색으로 값이 들어 있다. pd.concat()으로 이 배열을 추가하면 add_row에서 0이라는 열 이름이 결과 데이터프레임에도 만들어진다. 반면, .append()를 사용할 경우, 우리가 예상했던 결괏값을 얻었다. 왜냐하면 .append() 구문상 행을 기준으로만 데이터가 추가되기 때문이다.

```
# add_row라는 Series 생성
add_row = pd.Series(['purple','보라색'], index=['색','이름'])
print('>>> add_row 배열\n',add_row)
print('>>> 색 이름 출력:', add_row["색"])

# result_append에 .concat()을 이용해 add_row 추가
added_concat = pd.concat([result_append, add_row], ignore_index=True)

# result_append에 .append()를 이용해 add_row 추가
added_append = result_append.append(add_row, ignore_index=True)

# result_append, concat 사용, append 사용했을 때 결괏값 출력
df_display([result_append, added_concat, added_append],
           ['result_append', 'added_concat', 'added_append'])
```

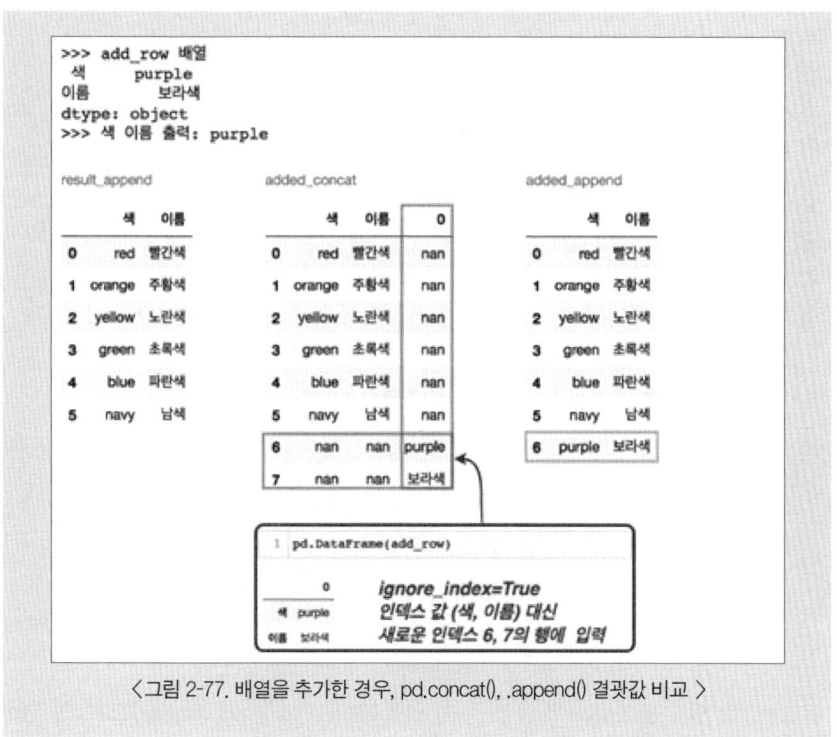

<그림 2-77. 배열을 추가한 경우, pd.concat(), .append() 결괏값 비교>

<그림 2-78>처럼 .append()는 배열뿐 아니라 리스트(List)도 연결할 수도 있다. list_ex는 네스티드 리스트(Nested List; 리스트 안에 있는 각 값 역시 리스트로 되어 있음)인데 첫 번째 값은 리스트의 형태로 ["red", "빨간색"]이다. ["orange", "주황색"]을 .append()로 list_ex에 두 번째 값으로 추가해 보자. 이 결괏값을 데이터프레임으로 변환할 수 있는데, pd.DataFrame(리스트, columns=열이름)의 방법으로 list_ex를 데이터프레임인 df_list_ex라는 변수에 저장했다.

```
# 네스티드 리스트(Nested list), list_ex 생성
list_ex=[['red','빨간색']]

# list_ex에 다른 리스트 추가
list_ex.append(['orange','주황색'])
```

```
# list_ex 출력
print('list_ex:', list_ex)
print('list_ex의 첫번째 값:', list_ex[0])
print('list_ex의 두번째 값:', list_ex[1])

# list_ex를 데이터프레임으로 전환
df_list_ex=pd.DataFrame(list_ex, columns=['색','이름'])
df_list_ex
```

```
list_ex: [['red', '빨간색'], ['orange', '주황색']]
list_ex의 첫번째 값: ['red', '빨간색']
list_ex의 두번째 값: ['orange', '주황색']
```

	색	이름
0	red	빨간색
1	orange	주황색

〈그림 2-78. append()로 리스트 연결〉

pd.concat() 함수를 list_ex에 사용할 수 있을까? list_ex를 pd.concat()으로 연결하려 했더니, 〈그림 2-79〉와 같이 TypeError가 발생했다. 그 이유는 pd.concat()은 배열이나 데이터프레임의 연결만 가능하기 때문이다. 따라서 리스트나 딕셔너리를 활용할 때는 .append()를 사용한다.

```
pd.concat([list_ex])
```

```
---------------------------------------------------------------------------
TypeError                                 Traceback (most recent call last)
<ipython-input-338-a48b0256b603> in <module>
----> 1 pd.concat([list_ex])

              오류 메시지 중략

TypeError: cannot concatenate object of type '<class 'list'>'; only Series and DataFrame objs are valid
```

〈그림 2-79. pd.concat()으로 리스트 연결〉

2.3.5 상황으로 살펴보는 데이터 합치기 활용

여러 개의 정형 데이터를 합친 후, 특정 열을 이용해 원하는 값을 계산하여 새로운 데이터프레임을 만들고자 했던 [상황 2-3]을 다시 살펴보자. 이 업무는 크게 데이터를 결합해야 하는 작업과 특정 열에서 각 행의 값을 계산해 이렇게 계산된 값을 새로운 데이터프레임으로 만드는 작업으로 나눌 수 있다. 먼저, 두 개의 데이터프레임에서 특정 열(키)을 기준으로 결합을 해야 한다고 가정해 보자. 이때 각 열에 중복된 값은 없는지, 결측치는 없는지 확인해야 할 것이다. 또한, 결합된 데이터프레임의 행 개수가 기대했던 행의 개수와 일치하는지도 확인해야 한다. 이렇게 데이터를 결합한 뒤, 행마다 계산된 값을 리스트 안에 값을 차례대로 넣게 되면(append), [행0일 때 계산된 값, 행1일때 계산된 값, …, 행n일 때 계산된 값]으로 된 리스트를 얻게 된다. 이 리스트는 데이터프레임으로 변환할 수 있다.

이 과정에서 두 개의 데이터를 정확하게 결합하지 않으면 데이터 자체에 문제가 생기고, 행마다 계산된 값 역시 잘못된 값이 된다. 따라서 단계마다 내가 기대했던 것처럼 데이터가 잘 결합되었는지, 행마다 정확하게 계산되어 최종 리스트에 들어 있는 개수가 결합된 데이터프레임의 행의 개수와 일치하는지 등 확인하는 단계가 필요하다.

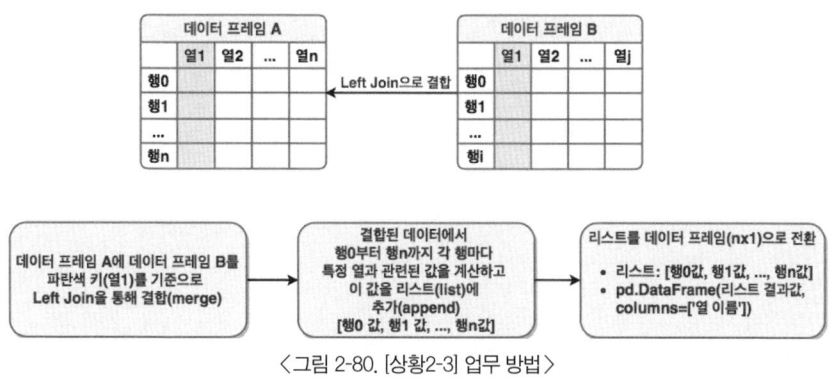

〈그림 2-80. [상황2-3] 업무 방법〉

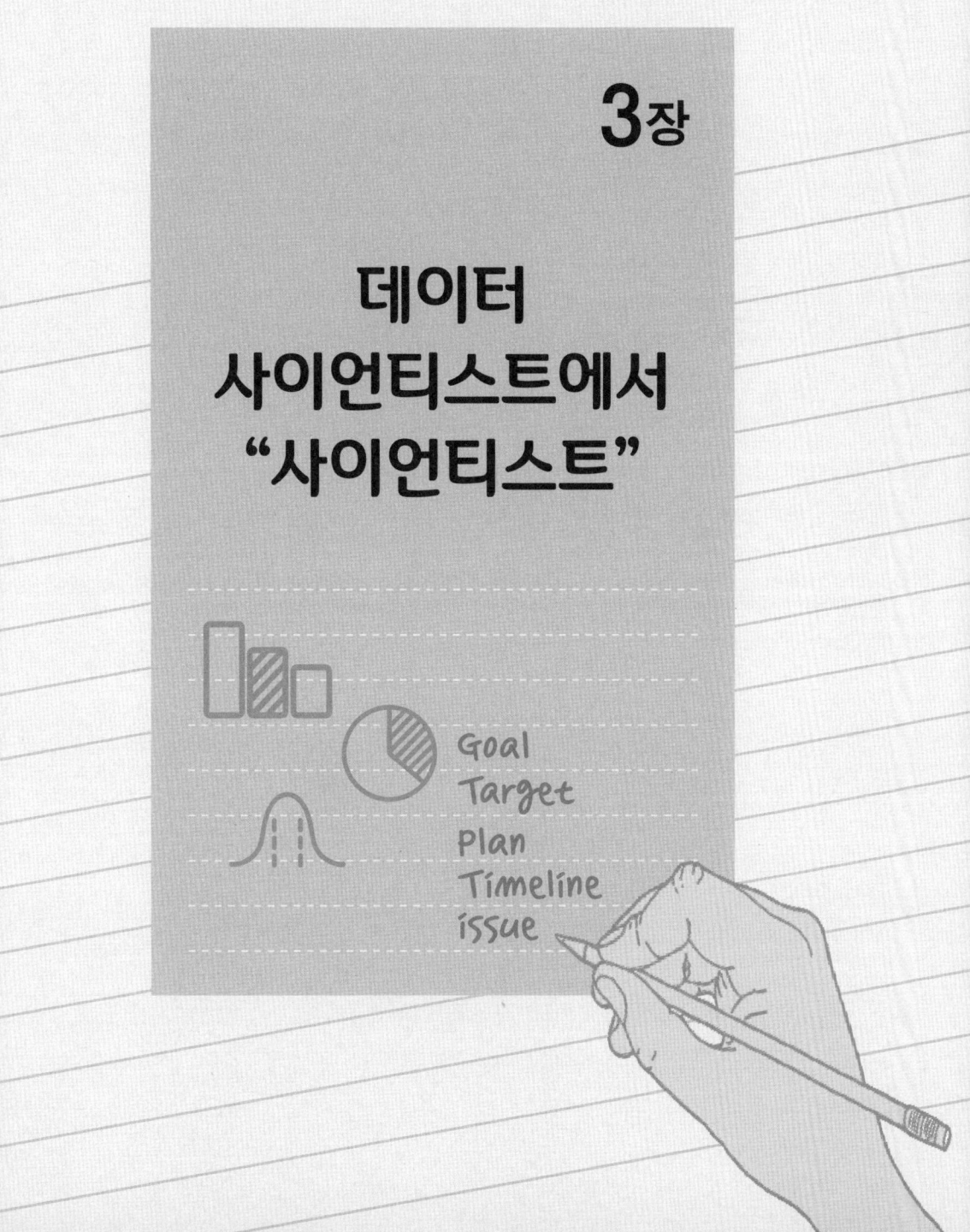

3장

데이터 사이언티스트에서 "사이언티스트"

3.1 데이터 사이언티스트는 무엇을 하는 사람인가

2장에선 데이터사이언티스트라면 기본적으로 알아야 할 "데이터"에 대해 살펴봤다. 데이터의 속성을 알고, 주어진 데이터를 이해하기만 하면 데이터 사이언티스트라 할 수 있을까? 그렇지 않다. 데이터를 알았으니, 이젠 사이언티스트의 역할을 알아야 한다. 사이언티스트가 어떤 문제를 해결하는 방법을 연구하는 사람이므로 데이터 사이언티스트 역시 데이터로 크고 작은 문제를 해결하는 사람을 말한다.

데이터 사이언티스트는 데이터를 사용해 과학적으로 문제를 해결하는데, 이 과정에서 다시 크고 작은 문제를 마주한다. 업무 과정에서 마주하는 문제는 〈그림 3-1〉처럼 크게 두 가지 상황으로 나눌 수 있다. 업무 과정에서 지식과 경험을 바탕으로 무엇이 문제인지 바로 알아차리는 상황과 새로운 기술을 도입하여 문제를 해결해야 하는데 문제를 제대로 인식하지 못한 채 업무를 진행하는 상황이다.

〈그림 3-1. 문제 종류〉

이미 무엇이 문제인지 인지한 경우, 어떻게 해결해야 할지 고민하고 그 해결 방법을 적용하거나 실험하면 된다. 물론 문제를 해결할 수 있는 방법을 찾기 위해 연구하는 시간이 오래 걸릴 수도 있다. 하지만 이것 역시 업무 과정일 뿐, 주어진 시간 및 예산 범위 내에서 문제를 해결하거나 꼭 해결이 아니더라도 다른 대안점을 찾기도 한다.

반면 두 번째 상황은 첫 번째 상황과 다르다. 새로운 클라우드 서비스를 이용하거나 기존에 했던 작업이 아닌 새로운 기술을 이용해 예측 모델을 만들 때, 업무를 시작하기 전부터 발생할 수 있는 문제점이나 기법상의 단점을 모두 예상할 수는 없다. 물론 업무 경력이 길다면 다양한 상황을 경험하고 해결해 나갈 수 있겠지만, IT 기술이나 플랫폼은 계속 업데이트되기 때문에 예상하지 못한 상황을 항상 피할 수는 없다. 따라서 이는 문제라기보다 "시행착오"로 이해해야 한다.

이렇게 두 가지 상황을 소개했지만, 첫 번째 문제는 업무 과정에서 해결 & 타협점을 찾으면 되고 두 번째는 피할 수 없는 시행착오이기 때문에 결국 두 가지 상황 모두 걱정할 만한 큰 문제는 아니다. 그렇다면 [상황 3-1]을 보자.

 상황 3-1 **업무 과정에서 마주하는 문제**

> 예측 모델을 만드는 과정에서, 데이터를 훈련 데이터와 시험 데이터로 나눴다. 훈련 데이터에서 예측 모델 성능이 뛰어나게 나왔지만, 시험 데이터로 다시 성능을 확인해 보니, 훈련 데이터를 사용했을 때보다 성능이 훨씬 떨어진다는 것을 알게 됐다.

머신러닝(기계학습, Machine Learning; 기계가 주어진 훈련 데이터(Training Data)로 적합한 모델을 학습) 알고리즘은 훈련 데이터를 학습하면서 예측 모델을 만들기 때문에, 이 모델을 만드는 과정에 한 번도 노출되지 않은 새로운 데이터(보통 시험데이터)로도 모델을 평가한다. 훈련 데이터와 시험 데이터에서 예측 모델 성능 수준이 비슷해야 실제 새롭게 얻은 데이터에서도 예측 모델로의 역할을 제대로 할 수 있다. 이것이 주어진 데이터를 미리 훈련 데이터와 시험 데이터로 나누는 이

유다. 그런데 훈련 데이터와 시험 데이터 간의 성능이 비슷하지 않다면, 업무 과정에서 어떤 문제가 있었음을 의미한다.

예측 모델을 만드는 과정이 〈그림 3-2〉와 같았다고 가정해 보자. 예측 모델을 만들기까지, 데이터를 읽고, 처리하고, 계산하는 과정이 필요하다. 이 흐름은 C에서 D와 E의 상황으로 나눠질 수 있고, 혹은 D에서 다시 B로 가는 등 상황에 따라 달라지며, 여러 개의 프로그래밍 스크립트를 통해 진행된다. 그런데 G, H, I 상황이 합쳐지면서 문제가 발생했는데, 이 문제는 이전 과정의 어떤 부분이 잘못되었다는 신호(Signal)다. 따라서 이 신호를 발견하면 문제를 일으킨 최초 원인으로 돌아가야 하는데, 결국 전체 과정을 다시 살펴봐야 한다. 단순히 잘못된 코드로 오류가 났을 수도 있고, 데이터를 잘못 불렀거나, 혹은 데이터를 잘못 처리했을 수도 있다. 코딩이 잘못된 거라면 이를 고치고 다시 실행하면 된다. 하지만, 데이터 사이언티스트로서 간파하고 있어야 할 문제를 인지하지 못한 채, 업무를 진행하다가 문제가 드러난 경우는 새로운 것을 시도하며 겪는 시행착오와는 전혀 다른 상황이다.

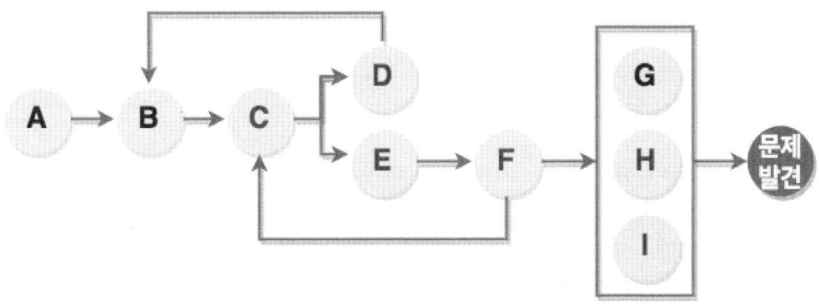

〈그림 3-2. 업무의 흐름과 문제의 원인 찾기〉

이와 같은 상황을 피해야 하는 이유는 다음과 같다.

- 문제가 결괏값에 미치는 영향이 작을 수도 있지만, 잘못된 예측값을 얻거나 잘못된 의사결정으로 이어지는 등 결과에 큰 영향을 줄 수도 있다.
- 문제 발견은 신호일 뿐, 근본 원인을 찾기 위해서는 모든 과정을 다시 살펴봐야 한다.

- 원인을 찾은 후 업무 방향이나 과정이 바뀔 수 있다.

앞서 살펴본 모든 상황은 데이터 사이언티스트로 일할 때 자주 있는 일이다. 그렇다면 어떻게 하면 이런 상황을 최소화할 수 있을까? 다음 장에서 그 방법을 소개한다.

3.1.1 질문을 통해 문제점 찾기

필자는 〈질문하기〉 방법을 추천한다. 내가 던지는 질문이 맞는 질문인지 아닌지를 떠나 우선 질문부터 던진다.

> "왜 이 작업을 해야 할까?"
> "어떻게 이 작업을 진행할까?"

예측 모델을 만들기까지 간단하게 〈그림 3-3〉과 같은 단계를 거친다. 데이터를 모으고, 데이터를 깨끗이 정리하는 처리 과정을 거친 뒤, 필요에 따라 피처 엔지니어링(Feature Engineering)의 단계도 필요하다.

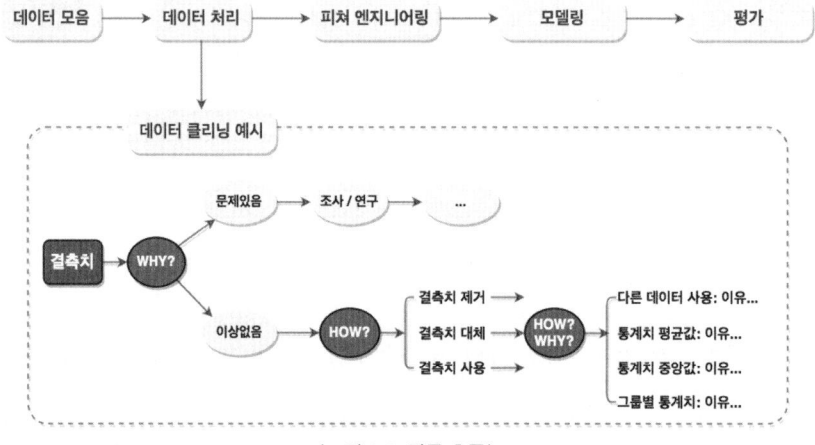

〈그림 3-3. 질문 흐름〉

여기서 피처 엔지니어링 단계는 처리된 데이터를 이용해 모델의 예측을 돕는 새로운 피처(변수)를 만들거나 피처를 변환시키는 작업을 말한다. 예측 모델을 만든 후에는 이 모델을 평가한다. 단계마다 해야 하는 작업을 제대로 완료한 후에 다음 단계로 넘어가야 한다.

여기서 데이터 처리 단계를 보자. 데이터 처리에도 여러 가지가 있지만 그중 클리닝(Cleaning) 부분에서 결측치를 발견했다. 이 경우 A와 B라는 데이터 사이언티스트의 업무 자세를 보자.

데이터 사이언티스트 A
피처 엔지니어링과 모델링 단계에서 결측치가 있어도 머신러닝 알고리즘을 사용하는 데 큰 문제가 없으므로 결측치를 그대로 두기로 결정했다.

데이터 사이언티스트 B
왜 결측치가 있는지 그 이유부터 살펴봤다. 이 피처에만 결측치가 있는지, 이 피처와 연관된 다른 피처 역시 결측치가 있는지, 아니면 다른 피처와 비교해 특정 그룹에서만 결측치가 나타나는지 그 현상을 살펴보았다.
결측치가 무작위로 발견되어서 데이터 자체엔 문제가 없음을 파악한 뒤, 결측치를 다룰 방법과 그 방법을 사용하는 이유를 살펴보았다. 식별키를 이용해 내부 데이터와 합쳐 이 결측치를 채울 수 있는지도 시도해 보았다. 이 피처의 평균값과 중앙값도 살펴보고 분산(Variance)도 계산해서 결측치가 가질 수 있는 예상 값도 생각해 보았다. 결측치가 많지 않고, 결측치 자체로도 충분한 정보가 될 수 있을 수 있으므로 결측치가 있는 행을 지우지 않고 다음 단계로 넘어가기로 했다. 그리고 이 상황을 간단히 노트에 정리했다.

A와 B 모두 결측치를 그대로 둔 판단의 결과는 같다. 사실 업무 속도만 본다면 B가 느릴 것이다. 하지만 만약 문제가 발견된다면 모든 과정을 다시 살펴야 하는 A와는 다르게 B는 업무 과정에서 문제가 될 만한 것을 미리 인지해 해결했을 수도 있다. 물론 데이터에 몇백 개, 몇천 개가 넘는 피처가 있다면 하나씩 확인하기 힘

들지만, 중요한 피처로 판단되는 경우에는 왜 문제가 되는지, 어떻게 처리해야 하는지와 같은 질문을 통해 얻을 수 있는 이점들이 있다.

- 코딩 실수를 줄인다.
- 업무 과정의 논리적 타당성을 높인다.
- 문제를 일으킬 수 있는 부분을 미리 인지해 추가 업무를 막을 수 있다.
- 상사나 팀원이 할 만한 예상 질문을 미리 파악할 수 있다.
- 다음 업무를 미리 계획할 수 있다.

데이터 사이언티스트를 희망하는 취업 준비생이라면 혹은 데이터 사이언티스트로서 커리어를 시작했다면 사소한 단계라도 이 업무를 왜 해야 하고, 어떤 방법으로 처리했는지 정확히 인지하는 연습을 하자.

3.1.2 수학과 통계 얼마나 잘해야 할까

데이터 사이언티스트와 관련된 질문 중, 비슷한 맥락으로 대답할 수 있는 것으로 묶어보았다.

"수학과 통계는 얼마나 많이 알아야 하나요?"
"예측 모델 몇 번 다뤄보았는데 깊은 통계 공부까지 필요한가요?"
"논문을 꼭 읽어야 하나요?"

이런 질문을 받으면 수학과 통계의 중요성을 어떻게 설명하면 좋을지 생각하곤 한다. 중요성을 깨달으면 이 질문이 무의미하다는 것을 알 수 있을 텐데 말이다.

수학과 통계는 얼마나 많이 알아야 하나요?

데이터 사이언스 관련 전공자/비전공자를 떠나 <그림 3-3> 예시에서 다룬 통계 내용은 이미 배웠던 평균값, 중앙값, 분산 정도다. 하지만 그것들을 왜 다뤄야 하고 어떻게 접근해야 하는지 알지 못하면 아무 소용없는 지식일 뿐이다. 아는 만큼 보이고 아는 만큼 질문할 수 있으므로 지식의 범위도 중요하지만 이미 알고 있는 내용이라 할지라도 제대로 알고 있는지, 잘 활용하고 있는지 점검하는 태도 역시 필요하다. <질문하기>를 통해 본인의 능력을 진단하면, 자연스레 지식의 범위와 깊이를 확장시키는 노력을 하게 될 것이다.

예측 모델 몇 번 다뤄보았는데 깊은 통계 공부까지 필요한가요?

예측 모델에 자주 사용되는 알고리즘은 있다. 온라인 커뮤니티이자 AI 경진대회를 주최하는 캐글(Kaggle) 웹 사이트에서뿐 아니라 구글 검색만으로도 이런 알고리즘 코드는 쉽게 구할 수 있다. 이런 코드를 이해하고 본인의 업무에 적용하는 것도 중요하지만, 실제 업무에서 올바른 데이터를 가지고 있는지 확인하는 과정 역시 중요하다.

잘못된 데이터로 만든 예측 모델, 과연 신뢰할 수 있을까? 데이터가 많을수록 더 좋은 결과를 얻을 수 있을 거라 생각하는 사람이 많다. 하지만 잘못된 데이터는 그저 용량이 큰 잘못된 데이터일 뿐, 아무리 훌륭한 알고리즘을 통해 예측 값을 얻어도 새로운 데이터에서도 예측 성능이 뛰어나다는 보장을 할 수 없다.

데이터 사이언티스트는 필요한 데이터를 모으는 수집 단계부터 그 결괏값까지 전체 과정이 옳은지(과학적인지) 책임져야 하며, 이를 확인하는 작업은 데이터에 대한 지식뿐 아니라 통계, 수학, 알고리즘, 사용하는 클라우드 플랫폼 등 모든 지식을 활용해야 한다.

논문을 꼭 읽어야 하나요?

데이터 사이언티스트로서 기본 지식을 갖췄다 할지라도, 본인이 가진 지식의 범위와 깊이는 본인 스스로 확장할 수 있는 능력을 갖춰야 한다. 하지만 이런 정보나 지식은 대부분 새로운 논문을 통해 확장할 수 있다.

코딩 문제는 여러 온라인 커뮤니티에서 이미 나와 비슷한 문제를 가진 사람을 찾을 수 있기 때문에 쉽게 문제를 해결할 수 있다. 하지만 문제 해결을 위한 방법론은 코딩 문제와 다르게 검색을 통해 얻을 수 있는 정보에 한계가 있다. 왜냐하면 데이터 사이언스는 데이터에 최신 기술을 적용하거나 혹은 더 나은 예측 값을 얻을 목적이 크기 때문에, 단순히 구글링(Google 사이트에서 검색하는 행위)으로 얻는 내용은 한계가 있고, 관련 내용을 찾았다 할지라도 이를 신뢰할 수 있는지 스스로 점검해야 한다. 내신 본인이 가진 상황과 비슷한 사례의 논문을 찾고 이를 해결하는 과정을 살펴본다면 어떻게 상황을 해결할지 아이디어를 얻을 수 있다. 또한 논문 심사를 통해 문제 해결 과정이 검증된 것이므로 논문 활용은 필수다.

데이터 사이언티스트가 어떤 사람인지, 그래서 어떤 자세가 필요한지 살펴보았다. 물론 데이터 사이언티스트는 어떤 업무를 하고 어떤 자세를 갖춰야 하는지 아는 것도 중요하지만 가장 중요한 것은 본인의 지식 범위와 깊이를 확장하려는 지속적인 노력과 그 지식을 업무에 어떻게 활용할지 끊임없이 질문하는 자세임을 잊지 말자. 다음 장에선 데이터 사이언티스트가 알아야 할 지식에 대해 자세히 살펴보자.

3.2 기본 통계로 질문자 되기

업무에 있어서 가장 기본적으로 알고 있어야 할 개념을 소개한다. 내가 알고 있는 지식을 점검하는 것을 넘어서 그 지식들을 상황에 맞게 제대로 활용하고 있는지 생각해 보자.

3.2.1 평균인 μ와 $\bar{x}$, 무엇이 다를까?

토론토 대학교 통계 수업시간에 교수님께서 이런 말씀을 하셨다.

> "전공책에 수식이 많은데 전체 내용을 이해하는 것도 중요하지만 수식 자체를 정확히 이해하는 것이 무엇보다 중요하다. 게다가 수식으로 적혀 있는 것에 감사하게 생각해야한다. 통계라는 학문이 정립되는 과정에서, 학자들이 모집단/표본이란 개념을 이해하고 이론을 만들고 증명하는 과정에서, 매번 긴 설명 없이 간단하게 설명할 수 있도록 수식을 만든 것이 얼마나 대단한 일인가? 우리는 그저 이 수식을 이해하고 수식이 갖는 장점을 사용하기만 하면 된다."

소설을 읽어도 인물들의 이름과 인물 간의 관계를 정확히 알아야 내용을 이해할 수 있듯이, 통계 용어와 수식에 대한 이해 없이 통계 교재나 논문을 제대로 이해하는 것은 불가능하다. 〈그림 3-4〉의 흐름처럼 먼저 수식부터 이해하고 통계 교재나 논문에서 주어진 상황을 어떻게 수식으로 표현했는지 방법을 익힌다면, 현재 주어진 문제를 수식으로 표현하는 데에 적용할 수 있다. 수식으로 표현하면, 상황을 더 명확하게 정리할 수 있다는 장점이 있다. 수식이 갖는 힘을 이용하기 위해 우선 기본 통계 수식부터 이해하자.

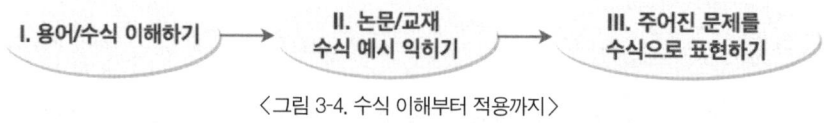

〈그림 3-4. 수식 이해부터 적용까지〉

통계의 첫 출발부터 다시 보자. 통계에서 가장 먼저 기억해야 할 세 가지는 〈그림 3-5〉의 모집단(Population), 표본(Sample) 그리고 모델(Model)이다. 기본 개념은 다음과 같다.

❶ 모집단 : 크기에 상관없이 관심/연구 대상 전체
❷ 표본 : 모집단에서 무작위로 추출된 일부
❸ 모델 : 연구자가 연구한 혹은 생각한 모집단 특징/모습

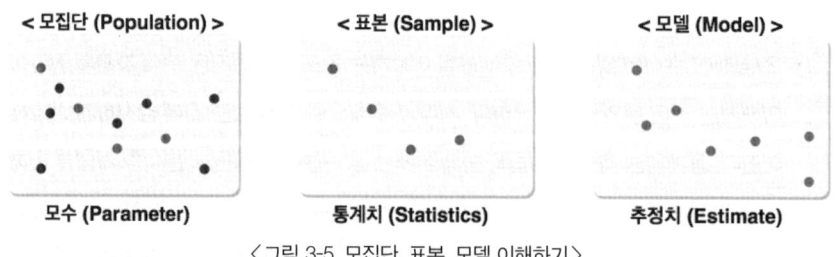

〈그림 3-5. 모집단, 표본, 모델 이해하기〉

3.2.1.1 모집단

크기에 상관없이 연구하고자 하는 대상 전체를 모집단이라 한다. 이때 대상은 살아있는 것일 수도 있고, 물건일 수도 있다. 하루에 한강대교를 지나가는 차, 특정 나라의 한 해 사망자 수와 같이 모집단의 구성 요소(Unit)를 셀 수 있는 모집단(Finite Population)이 있고, 특정 질환이 있는 환자 몸에 있는 바이러스처럼 셀 수 없

는 모집단(Infinite Population)도 있다. 이 모집단에서 측정할 수 있는 특징을 모수(Parameter)라 하는데, 궁극적으로 연구자가 알고 싶어 하는 값이다. 모의실험을 통해 임의적으로 모집단을 만드는 경우가 아니라면, 현실에서 모수를 알 수 있을까? 모수에 대해 기억해야 할 두 가지 특징을 소개한다.

① 실제 모수 값을 알 수 없다.

모수는 〈진실의 값〉으로 단지 추정할 뿐, 이 값을 알 수 없다. 실험을 통해 측정할 수 있는 특징 중 하나인 모집단의 평균을 알고 싶다고 생각해 보자. 예를 들어, 특정 질환을 가진 환자 그룹과 질환이 없는 정상인 그룹에서 평균 염증 수치에 대한 차이가 있는지 알고자 한다. 하지만 질환을 가진 전체 대상도 파악하기 힘들뿐더러, 염증 수치 역시 매번 달라지므로 정확하게 모수를 구하는 건 불가능하다.

② 모수는 고정(Fixed)된 값이다.

통계학에서 확률(Probability)을 어떻게 정의하고 사용하냐에 따라 크게 빈도주의 접근방법(Frequentist Philosophy)과 베이지안 접근방법(Bayesian Philosophy)으로 나뉜다. 빈도론(Frequentism)에서 바라본 확률은 표본을 구하는 과정에서 전체 일어날 수 있는 사건 중 특정 사건이 일어날 비율로 이해한 반면, 베이지안(Bayesianism)은 확률을 지식의 정도 혹은 불확실성의 정도로 바라보며, 실험을 통해 이 확률을 보정(Update)하는 과정을 거친다. Modern Epidemiology (Kenneth J. Rothman 저) 책에 따르면, 두 흐름은 모수를 구하는 과정이 다를 뿐, 그 시작점은 모수가 고정된 값을 가질 수 있다는 관점에서 출발한다고 했다. 쉽게 생각해 보면, 연구 과정에서 구하고자 하는 이 진실의 값이 계속 변한다면 과연 연구의 의미가 있을까?

모수가 고정된 진실의 값이지만 우리가 전혀 알 수 없다면, 어떻게 해야 이 모수와 최대한 가까운 값을 추정할 수 있을까? 아마 최대한 많은 모집단을 연구한다면 모집단의 특징을 더 정확히 파악할 수 있을 것이다. 하지만 모두 연구하기에는 예산과 시간의 한계가 있다. 따라서 모집단의 일부인 표본이 필요하다.

3.2.1.2 표본

표본은 모집단에서 무작위로 추출된 일부를 말하는데, 표본에서 측정할 수 있는 특징을 통계치(Statistics)라 한다. 표본에서 기억해야 할 특징은 다음과 같다.

① 표본은 무작위로(Random) 뽑힌다.
모집단을 구성하는 각각의 구성 요소가 표본으로 뽑힐 확률이 똑같은 경우, 우리가 얻은 표본은 무작위로 뽑혔다고 말한다. 이를 단순임의표본추출(Simple Random Sampling)이라 한다. 실제로 표본을 추출(Sampling)할 때, 모집단이 너무 크거나 제약 요건이 많아 구성 요소가 뽑힐 확률이 똑같지 않을 수도 있다. 이에 주어진 상황에 따라 다양한 표본추출 방법을 사용한다.

② 표본은 모집단을 잘 반영해야 한다.
표본 추출 방법은 다양하지만 잊지 말아야 할 중요한 점, 표본 추출을 통해 얻은 표본은 모집단을 잘 반영해야 한다는 점이다. 따라서 표본을 통해 통계치를 구하고 이 통계치로 모집단의 모수를 추정할 때, 우리가 얻은 표본이 모집단을 잘 대표한 집단이라는 가정을 한 상태다.

③ 표본이 바뀔 때마다 통계치 역시 바뀐다.
표본 자체가 무작위로 얻은 집단이므로 표본을 통해 얻은 통계치 역시 무작위 값(Random Value)으로 고정되지 않은(Not Fixed) 수다.

3.2.1.3 모델

주어진 표본을 바탕으로, 연구자가 생각한 모집단의 모습이다. 모델은 모집단과 같을 수 없지만 모델을 통해 모집단을 이해하거나 혹은 예측하는 데 사용할 수 있다. 우리가 알지 못하는 모수의 값을 모델을 통해 추정했을 때 이를 추정치(Estimates)라 한다. 모델을 만든 후, 연구자가 구상한 모델이 모집단과 얼마나 다를까? 모델을 얼마나 신뢰할 수 있을까? 같은 질문을 할 수 있다. 이 질문들은 이 책 전반에 걸쳐 소개하겠다.

3.2.1.4 수식

각각의 상황을 살펴보았다. 모수, 통계치, 추정치의 수식을 다르게 사용해야 수식만으로도 어떤 상황을 의미하는지 알 수 있다. 다음 표처럼 수식이 알파벳 대문자 혹은 그리스 문자로 되어 있으면 모집단의 모수를 의미하며, 알파벳인 경우 표본의 통계치를 말하고, 그리스 문자에 꺾음표(hat, ^)가 있으면 모집단을 추정하는 추정치를 말한다.

	모집단 모수	표본 통계치	모델 추정치
사이즈	N	n	$\hat{N}$
평균	μ	$\bar{x}$	$\hat{\mu}$
분산	σ^2	s^2	$\hat{\sigma}^2$
표준편차	σ	s	$\hat{\sigma}$
비율	π	p	$\hat{\pi}$
회귀계수	β_0, β_1	b_0, b_1	$\hat{\beta}_0, \hat{\beta}_1$

〈표 3-1. 모집단, 표본, 모델 수식〉

데이터 사이언티스트가 사용하는 데이터는 표본을 말한다. 그래서 무엇을 알고 있어야 할까?

모의실험이나 모집단 전체를 조사해 얻은 전수조사(센서스, Census) 데이터가 아니라면, 일상 업무에서 다루는 데이터는 표본을 말한다. 통계치를 계산하거나 혹은 모델을 세우는 업무에 집중하면 가장 중요한 가정을 잊곤 한다. 바로 표본에서 중요한 특징인 **"표본은 모집단을 잘 반영해야 한다."**라는 점이다. 그런데 주어진 데이터가 모집단을 잘 반영하지 않은 데이터라면, 이 데이터로 모델을 만든다 할지라도 모델 성능은 떨어질 수밖에 없다.

물론 가지고 있는 데이터가 모집단을 제대로 반영했는지 확인하는 작업은 쉽지 않다. 데이터가 어떻게 취합되었고, 데이터 가공 과정에 문제는 없는지, 가지고 있는 데이터와 다른 데이터(공공 데이터, 다른 출처의 데이터 등)와 통계치를 비교해 보는 등 여러 방법을 통해 표본이 타당한지 생각해 보는 습관을 갖자.

3.2.2 수학과 통계는 무엇이 다를까?

데이터 사이언티스트는 수학과 통계를 기본으로 알아야 한다는데, 도대체 두 학문이 어떻게 다를까? <그림 3-6>에서 간단한 예시를 통해 수학과 통계의 차이점을 찾아보자. 수학은 왼쪽 그림처럼, 값이 주어졌을 때, 값을 구하려면 기울기 a와 절편 b를 이용한 $aX+b$ 식을 사용하면 된다. 반면 통계는 오른쪽 그림처럼 점으로 된 값을 구하고자 할때, $aX+b$라는 실선에서 어떤 오차(Error)를 더하거나 빼야 한다. 그런데 이 오차는 우리가 알 수 없으며, 점마다 각기 다른 오차를 가진다.

수학은 우리가 이미 알고 있는 현상이나 가정이 정의(Definition) - 이론(Theorem) - 증명(Proof)의 과정을 거친 학문이다. 물론 통계학 역시 이런 수학적인 과정(Reasoning)을 사용한다. 하지만 궁극적인 목적은 주어진 표본으로 알 수 없는 모집단을 이해하거나, 실험으로 특정 사건이 일어날 확률을 계산하는 등 수학과 다르게 불확실성(Uncertainty)이란 개념이 포함된다. 앞에서 모집단과 표본을 살펴봤듯이, 통계의 목적은 모집단을 이해하기 위한 것이지만, 결국 우리가 얻는 건 표본(데이터)이다. 통계치는 모수를 얼마나 잘 추론할 수 있는지, 모델은 모집단을 얼마나 잘 반영하는지를 이해하려면 이 과정에서 어떤 불확실성이 있는지 알아야 한다. 예로, 모집단에서 100명을 무작위로 추출한 후, 몸무게를 쟀다. 사람마다 실제 몸무게 값이 있지만, 우리가 얻은 값은 체중계라는 도구를 통해 측정(Measure)된 값이다. 이 과정에서 여러 질문을 던질 수 있다.

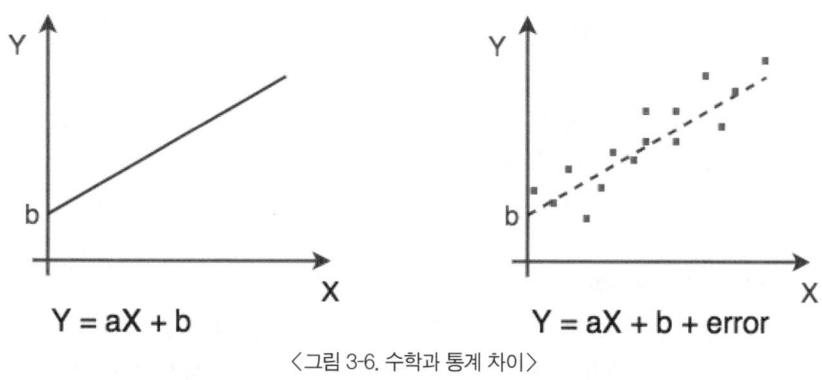

〈그림 3-6. 수학과 통계 차이〉

3.2.2.1 실제 몸무게와 측정된 몸무게에서 어느 정도 오차(Error)가 발생했을까?

실제 몸무게가 82kg이라고 가정했을 때, 체중계 값이 82.3이라 나왔다면 0.3만큼의 오차가 발생했음을 알 수 있다. 하지만 여기서 계산한 오차는 실제 몸무게를 알고 있다는 가정에서 오차를 구한 것일 뿐, 현실 세계에서 실제 몸무게를 알 수 없다. 현실에서 실제 몸무게 값을 모른 상태에서 우리가 측정한 값으로 오차가 어느 정도인지 어떻게 알 수 있을까?

3.2.2.2 반복해서 몸무게를 잰다면 같은 값이 나올까?

같은 대상을 소수점 세 번째 자리까지 나오는 체중계 두 개로 몸무게를 재 보았다. 하나는 매번 측정할 때마다 82.500이란 몸무게 값이 계속해서 나오고, 다른 하나는 82.295, 82.310, 82.349처럼 다른 몸무게 값이 나왔다. 첫 번째 체중계가 매번 같은 값을 보여주기 때문에 두 번째 체중계보다 더 정확하다고 단정 지을 수 있을까?

3.2.2.3 만약 체중계가 잘못 설정되어 있다면?

이번엔 같은 대상을 여러 개의 체중계로 몸무게를 측정했더니 모든 체중계에서 같은 값이 나왔다. 그렇다면 모든 체중계가 실제 몸무게를 정확하게 쟀다고 말할 수 있을까? 체중계가 만들어질 때 초기 설정이 잘못되어 모두 1kg씩 덜 나온다면 무게는 1kg씩 차이가 날 것이다. 체중계 자체가 1kg씩 덜 나오도록 편향(Bias)되었기 때문에 이 체중계 역시 정확한 체중계라고 확신할 수 없다.

어떤 불확실성이 있을까?

불확실성은 늘 존재한다. 그래서 예측 모델을 만드는 과정에서 이 모델을 얼마나 신뢰할 수 있는지 평가 과정을 거치거나, 혹은 신뢰구간을 계산하는 등 불확실성을 이해하기 위해 수치화하는 작업을 거친다.

물론 불확실성을 정확하게 수치화할 수 없더라도, 작업마다 어떤 종류의 불확실성이 있는지 알고 있는 것은 의미 있다. 간단한 예를 들어 보자. 내가 얻은 데이터, 믿을 만한 데이터일까? 과연 데이터를 얼마나 신뢰할 수 있을까? 단순히 "내가 받은 데이터니까 맞는 데이터겠지"라고 생각하고 업무를 진행하는 것과 "이 데이터를 어느 정도 신뢰할 수 있을까?"라고 생각하며 업무를 진행하는 것은 다르다. 우리가 얻은 데이터는 측정 과정에서 문제가 있을 수도 있고, 제대로 측정되었다 하더라도 진실의 값이 아닐 수 있으며, 실제와 가까운 측정값을 얻었더라도 데이터에 잘못 입력되었을 수도 있다. 데이터를 온전하게 믿어서는 안 되며, 데이터 크기가 커질수록, 미가공된 데이터일수록 미처 발견하지 못한 오류가 있을 수 있다는 것을 기억해야 한다. 따라서 여러 각도에서 데이터의 통계치를 구하거나 시각화함으로써 데이터의 오류를 발견하는 안목을 길러야 한다.

3.2.3 확률, 가능도, 최대 가능도 추정, 통계 차이는?

확률(Probability), 가능도(우도, Likelihood), 최대우도추정(Maximum Likelihood Estimation; MLE), 통계(Statistics) 개념이 섞여 있는 예시에서 어디에 어떤 개념이 들어 있는지 생각해 보자.

커피 프랜차이즈 회사 팀 홀튼(Tim Hortons)에서 매년 "Roll up the Rim to Win" 이 벤트를 한다. 커피 컵 테두리에 말려 있는 부분을 올려 당첨을 확인할 수 있는데, 무료 커피부터 자동차 같은 큰 상품도 걸려 있다. 캐나다 전역에서 이뤄지는 마케팅 행사라 이 기간이 되면 필자는 팀 홀튼 커피를 자주 마시곤 했다. 무려 100억이 넘는 무료 음료 상품이 걸렸지만 필자의 경우 이 무료 음료권에 당첨된 경우가 손에 꼽는다(코로나19 이후 이벤트 방식이 바뀌었다). 도대체 몇 잔을 마셔야 당첨될 수 있는지 궁금해서 팀 홀튼 커피숍에 당첨 티켓을 들고 온 사람 10명을 무작위로 선택해 다음 질문을 했다고 가정하자.

"몇 번째 커피를 구매했을 때, 처음 당첨되었나요?"의 질문에 다음과 같은 답변을 얻었다.

(단위: 구매한 커피잔 수)

2   10   7   9   1   20   4   3   6   5

첫 번째 사람은 두 번째 커피를 샀을 때 당첨되었고, 두 번째 사람은 열 번째 커피를 샀을 때 당첨되었다. 이렇게 무작위로 선택된, 당첨된 10명은 커피를 한 번이라도 구매했기 때문에 필자가 들을 수 있는 답변은 1 이상의 어떤 값이 된다. 위에 얻은 값, 2, 10, 7 등 무작위처럼 보이는 이 값은 사실 전체 생산된 커피 컵 중 당첨이라 찍혀 생산된 컵의 비율에 따라, 사람마다 커피를 구매했을 때 당첨 컵이 사용된 결과가 반영된 수다. 만약 생산된 커피 컵 중 대부분의 컵이 당첨이라 찍힌 컵이라면(대부분의 사람이 한두 잔 커피에서 당첨될 확률이 높기 때문에) 필자가 얻을 수 있는 수는 작아질 것이다.

이처럼 필자가 얻은 답변은 무작위로 뽑힌 사람마다 다른 값을 얻을 수 있으므로 변수라고 부르는데, 이는 특정 확률(전체 생산된 컵 중 당첨 컵 비율)로 구매한 커피 컵이 처음 당첨되었을 때의 결괏값이므로 확률변수(Random Variable)라 부른다. 이 확률변수는 알파벳 대문자로 표현하며, 이 확률변수가 가질 실제 값을 문자로 바꿔 표현할 경우 소문자(x번째 구매한 커피)로 표기한다.

자, 다시 질문으로 돌아가 확률, 우도, 최대가능도의 개념을 이해해 보자.

만약 필자가 이벤트에 당첨될 확률(전체 생산된 컵 수 대비 당첨이라고 찍힌 컵 수의 비율)을 안다면, 이 확률로 처음 커피를 구매했을 때 이벤트에 당첨될 확률, 커피를 두 번째 구매했을 때 이벤트에 당첨될 확률 역시 계산할 수 있다. 이처럼 확률은 모든 발생 가능한 사건 중 특정 사건이 발생할 비율을 일컫는다.

필자는 안타깝게도 이벤트에 당첨될 확률을 알지 못한다. 전체 생산된 커피 컵의 수와 당첨이 찍힌 커피 컵의 수를 알아야 이 확률을 계산할 수 있는데, 필자가 얻은 것은 고작 10개의 데이터뿐이다. 따라서 주어진 데이터로 이벤트에 당첨될 확률부터 추정해야, 이 추정된 확률을 가지고 첫 번째 커피를 구매했을 때 당첨 될 확률 등을 계산할 수 있다. 이처럼 가능도는 주어진 데이터(관측 값)를 바탕으로, 해당 사건에서의 모수(당첨 컵 확률)를 추정하거나, 어떤 경우의 수(커피 두 잔째 구매했을 때 당첨될 확률)를 얻을 가능성을 찾는 것을 의미한다.

두 번째 커피를 구매했을 때 당첨될 가능도를 계산하려면, 생산된 당첨 컵의 확률부터 알아야 한다. 왜냐하면 앞서 언급했듯이 당첨 확률이 높고 낮음에 따라 필자가 얻을 답변(관측 값) 역시 달라지는 확률변수이기 때문이다. 따라서 필자는 관측한 10개 데이터를 통해 이런 값을 얻을 만한 가장 높은 가능성이 있는 당첨 확률을 추정해야 한다. 간단히 말해 최대 가능도 추정은 관측된 데이터에서 모수(당첨 확률)를 추정하는 것을 의미한다. 따라서 관측한 데이터가 있어야 한다.

필자가 10개 데이터를 얻었다는 의미는 특정 확률로 발생한 사건 결과(이벤트 당첨 확률을 바탕으로 커피를 구매해서 당첨이 되는 사건)를 10개 모았다는 뜻이다. 전체 생산된 컵을 찾아 당첨된 컵과 아닌 컵을 구분해 당첨 확률을 계산할 수 있지만 불가능하기 때문에 관측한 데이터를 바탕으로 당첨 확률을 추정한다. 다시 말해 통계란 실제(모수)를 추정하기 위해 관측한 데이터를 이해하는 과정이라 볼 수 있다.

<그림 3-5>를 통계와 확률이란 개념을 더해 확장해 본다면 <그림 3-7>로 표현할 수 있다. 실제 세계에서 연구하고자 하는 모집단 중 일부 표본을 구한다. 이 표본의 통계치를 계산해 표본에 어떤 속성이 있는지 이해하고 분석한다. 그리고 확률이론에서 통계치를 사용해 모수를 추정할 수 있는 모델을 만들어 실제 세계를 추정한다.

이 과정에서 통계는 크게 기술통계(Descriptive Statistics)와 추리/추론통계(Inferential Statistics)로 구분한다. 기술통계는 주어진 데이터를 분석해 어떤 특징이 있는지 그 속성을 설명하는 통계를 말하며, 추리통계는 모집단의 속성을 추정/추리하는 통계를 말한다. 기술통계의 예로 평균, 중앙값, 왜도, 첨도, 상관관계 등의 통계치가 있으며 추리통계는 표집분포, 중심극한정리, 가설검정 등의 개념이 사용된다. 이 책에서 기술통계와 추리통계 전반에 걸쳐 필히 알아야 할 사항을 소개한다.

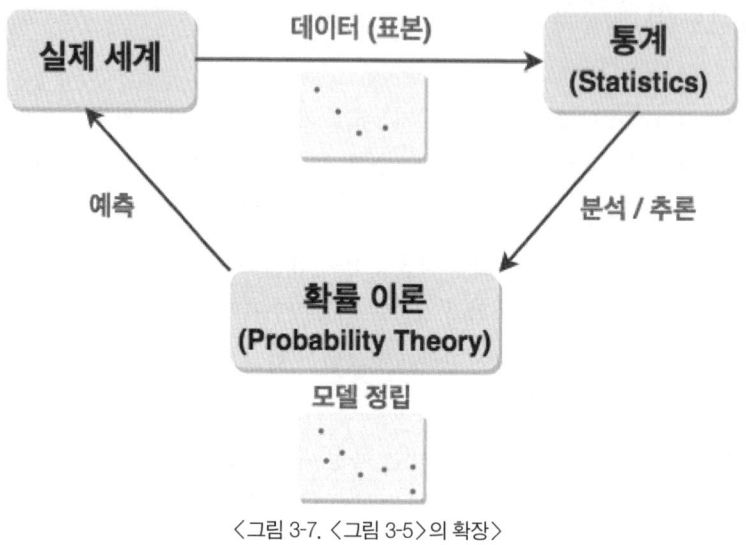

〈그림 3-7. 〈그림 3-5〉의 확장〉

3.2.4 통계 vs. 머신러닝 그리고 모수 vs. 비모수 차이는 무엇일까?

3.2.4.1 통계 vs. 머신러닝

몇 문장으로 통계와 머신러닝의 차이가 무엇인지 설명해 달라는 질문을 받으면 어디서 시작할지 난감하다. 두 학문이 발달된 배경 차이를 얘기해야 할까? 결국 같거나 비슷한 내용을 말하지만 용어를 다르게 사용하는 것 혹은 예측 모델을 만들 때 식을 다르게 표현한다는 점 등 여러 차이점을 중심으로 말할 수도 있지만, 때론 지나치게 단순화해서 잘못 전달하진 않을까와 같은 부담감도 든다. 예를 들어, 필자는 어디선가 두 학문의 차이가 "통계는 데이터 분석에 더 중점을 두는 학문이라면 머신러닝은 예측에 더 중점을 둔다"는 내용의 글을 본 적이 있다. 어느 분야에 "더 집중"하는 것이 "차이점"이라는 식의 흐름은 곧 "통계 = 데이터 분석", "머신러닝 = 예측"이라고 지나친 단순화로 이어질 수 있다.

미국 펜실베이니아 주 카네기 멜론 대학의 통계 및 데이터 과학(머신러닝) 교수인

Larry Wasserman은 2012년 그의 블로그[1]에서, 두 분야의 차이점이 무엇인가에 대한 질문에 이렇게 대답했다.

"The short answer is: None."

짧게 대답하면 두 분야에서 차이점은 없다는 것이다. 왜냐하면 두 분야 모두 "우리가 데이터로부터 무엇을 배울지"에 대해 중점을 두기 때문이다. 두 분야의 차이를 굳이 꼽아보자면, 통계는 변수 개수가 적을 때, 신뢰구간, 가설검정 등과 같은 추론에 더 집중한 반면, 머신러닝은 고차원, 즉 변수가 많을 때의 예측에 더 집중한다고 요약할 수 있지만, 이것 역시 지나치게 단순화해서 설명한 것이다라고 강조한다.

그는 2014년에 쓴 "Rise of the Machines"(PDF) 제목의 글에서도 두 분야 모두 "science of learning from data"라고 표현했다. 물론 두 학문이 발달하게 된 시대적 배경과 상황은 다르지만, 머신러닝은 통계학의 불확실성을 수치화하는 방법에 대해 추가적인 연구가 필요하며, 통계학은 머신러닝이 다루는 최신 이론이나 아이디어에 대한 추가적인 연구가 필요하다고 했다. 어떤 세부 항목이 있는지는 제목으로 검색하면 글을 쉽게 찾을 수 있다.

용어에 대한 차이는 간단하게 표로 정리할 수 있는데 업무를 하다 보면 두 분야의 용어를 섞어서 사용하는 경우가 많다.

---

[1] https://normaldeviate.wordpress.com/2012/06/12/statistics-versus-machine-learning-5-2/

설명	통계	머신러닝
데이터	샘플(Sample) 관측치(Observation) 행(Row) 혹은 열(Column)	인스턴스(Instance)
예측 대상, 변수 Y	종속변수(Dependent variable) 반응변수(Response variable)	라벨(Label) 타깃(Target)
변수 Y를 예측하기 위해 사용되는 다른 변수 X	독립변수(Independent Variable) 설명변수(Explanatory Variable) 예측변수(Predictor Variable)	피처/특징(Feature) 속성(Attribute) 입력(Input)
모델이 데이터를 학습하는 과정	모형적합(Model fitting)	학습(Learning)
학습 결과물 혹은 식	매개변수(Parameters)	가중치(Weights, 선형모델)
정답이 있는 데이터를 활용해서 데이터 학습	회귀(Regression) 분류(Classification)	지도학습(Supervised learning) - 지도학습의 예로 회귀, 분류 포함
정답이 없는 데이터를 비슷한 특징끼리 군집화	군집화(Clustering) 밀도추정(Density estimation)	비지도학습(Unsupervised learning) - 비지도학습의 예로 군집화, 밀도추정 포함

〈표 3-2. 통계 & 머신러닝 용어〉

두 클라이언트가 다음처럼 일을 요청한다면 어떻게 접근하면 좋을지 생각해 보자.

클라이언트 A

클라이언트 A는 100기가바이트(GB)가 넘는 데이터를 주면서 특정 값을 예측하는 통계 모델을 만들어 달라고 요청했다. 여러 변수 중 변수 P와 Q를 꼭 포함하고, 그 외 예측에 중요한 변수를 걸러낸 후, 이 변수가 예측 값에 어떤 영향을 미치는지 알고 싶어한다.

클라이언트 B

클라이언트 B는 용량이 작은 데이터를 가지고 있지만, 여러 예측 모델 알고리즘 중 정확도가 가장 높은 모델을 사용하길 원한다. 특히 최근에 많이 사용되는 머신러닝 알고리즘에 관심이 있다.

접근 방법을 생각하기 전, 특히 클라이언트 업무를 할 경우 클라이언트가 요구하는 사항이 잘못되었거나 불가능한 것일 수 있다는 점을 늘 기억해야 한다. 따라서 데이터 사이언티스트는 과학적으로 올바른 방법을 제시하면서 클라이언트의 요구사항을 어떻게 하면 최대한으로 충족시킬 수 있을지 고민해야 한다.

3.2.4.2 모수적 모델 vs. 비모수적 모델

클라이언트가 특정 알고리즘을 요구할 수 있지만, 그렇지 않다면 모델 세우는 과정을 통계 vs. 머신러닝 대신 모수적 모델(Parametric Model)을 사용할지, 비모수적 모델(Non-Parametric Model)를 사용할지 생각해 보자. 물론 대부분의 머신러닝 모델이 비모수적 모델이지만 모수적 모델을 가진 알고리즘이 있으며, 통계 모델에서도 비모수적 모델이 있기 때문이다. 통계학에서 <비모수적>이란 단어에 대한 공식적인 정의는 없지만, <모수적>이란 의미와 비교해서 모수적 모델과 비모수적 모델을 이해해 보자.

먼저 'Parametric(모수적/모수의)'란 단어를 보자. <그림 3-8> 왼쪽 그림은 모수적 상황을 말한다. 모집단이 특정 평균과 분산을 가진 정규분포(평균에 가까울수록 발생할 확률이 높은 반면, 평균에서 멀어질수록 그 확률이 작아지는 현상을 표현한 분포)를 가지고 있다고 가정한 후 모집단을 잘 대표할 표본을 추출했다(3.2.5 정규분포를 포함한 분포는 결국 OO이다 참고). 그렇다면 이 표본을 가지고 통계치를 계산하면 모집단의 모수 평균, 분산을 추정할 수 있다. 다른 예로, 만약 모집단이 프아송(Poisson) 분포를 가진다고 가정해 보자. 여기서 프아송 분포는 특정 시간 혹은 구간에서 발생하는 사건의 횟수를 나타내는 분포를 말한다. 이때 프아송 분포의 특징을 설명하는 모수는 평균 값인 람다(Lambda, λ)인데, 관측한 데이터에서 람다만 추정하면 모집단을 이해할 수 있다. 따라서 우리가 데이터를 얻었을 때 어떤 분포를 가진 모집단에서 온 것인지 가정하면 거기에 맞는 모수의 정의와 개수를 알 수 있다는 장점이 있다. 따라서 관측한 데이터에서 우리가 필요한 모수만 추정하면 된다. 이처럼 통계학에서 모수적이란 의미는 여러 상황을 고려해야 한다. 모집단의 분포가 무엇인지, 표본을 구할 때 모집단을 대표할 만한 표본인지, 그래서 통계치가 모수를 반영하는지, 모델을 세웠을 때 이 추정치로 모수를 잘 추론할 수 있는지 모든 과정이 연관되어 있다.

〈그림 3-8〉의 오른쪽 그림처럼 우리가 얻은 데이터가 어떤 분포에서 왔는지 알 수 없는 경우도 있다. 그렇다고 모수가 없다는 것이 아니라 모수는 있지만, 모수가 몇 개인지 그리고 모수마다 어떤 의미를 갖는지 정확히 알 수 없다는 뜻이다. 따라서 모집단이 어떤 분포를 따르는지 가정하기 힘들다. 우리는 결국 표본, 즉 데이터만 관측할 수 있는 상황인데 데이터 수에 따라 때론 모수 개수가 많아지기도 한다.

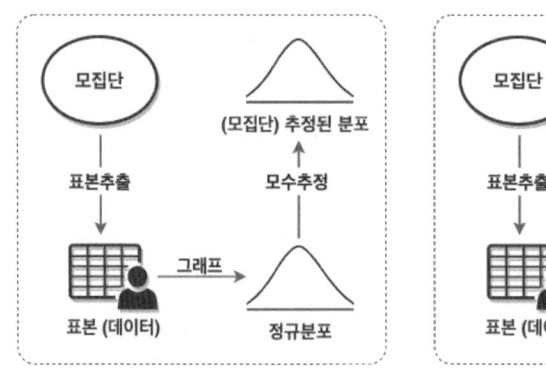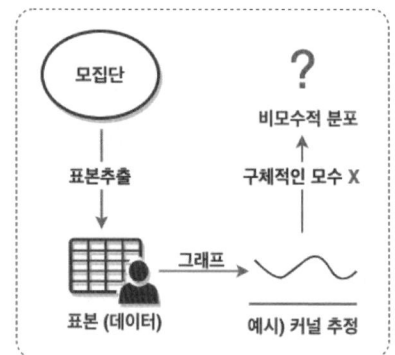

〈그림 3-8. 모수적, 비모수적 상황〉

이제 모수적 모델과 비모수적 모델을 살펴보자. 모수적 모델의 예로는 회귀 모델, 로지스틱 모델 등이 있는데 그중에서 〈그림 3-9〉의 왼쪽 그래프인 단순 선형 회귀 모델(Simple Linear Regression Model)은 반응변수 Y와 예측변수 X의 관계를 직선으로 표현할 수 있다. 모수적 모델을 $y_i = \beta_0 + \beta_1 x_i + e_i$라고 표현할 수 있는데, 여기서 모수는 고정된(Fixed) 어떤 값으로, 다만 우리가 이 진실의 값을 알 수 없을 뿐이다. 표본이 무작위로 추출되고, 표본마다 우리가 알 수 없는 오차가 있기 때문에 예측변수 X만으로 반응변수 Y를 완벽하게 예측할 수 없다. 우리가 알 수 없는 오류나 오차(Error)를 식에서 e_i로 표현한다. 이 모델을 사용하려면 오차마다 서로 영향을 주지 않으며, 오차 평균은 0이고 분산은 특정 상수를 갖는 정규분포를 따른다는 가정(Assumptions)이 필요하다. 이 가정이 만족되면 주어진 표본을 통해 계산 과정을 거쳐 모수 β_0은 $\hat{\beta}_0$으로 추정하고, 모수 β_1은 $\hat{\beta}_1$으로 추정한다. 즉, x_i라는 데이터가 관측되면 $\hat{\beta}_0 + \hat{\beta}_1 x_i$라는 식을 통해 $\hat{y}_i$ 값을 예측하기 충분하다는 뜻이다.

만약 가정 조건이 충족되지 않은 경우, 같은 데이터를 비모수적 모델 중 하나인 커널 추정(Kernel Estimation)을 사용해 <그림 3-9> 오른쪽 그림처럼 데이터를 기반으로 선으로 예측 모델을 세울 수 있다.[2] 예측 모델 식은 $y_i = f(x_i) + e_i$로 표현할 수 있는데, 여기서 함수 $f(x_i)$는 어떤 함수든 될 수 있으며, 문제는 우리가 구해야 할 모수를 모르기 때문에 함수 역시 정의하기 어렵다는 점이다. 단지 데이터만으로 이 함수가 어떤 모양인지 설명될 뿐이라서 많은 양의 학습 데이터가 필요하며, 관측한 데이터 크기에 따라 함수 표현 역시 복잡해질 수도 혹은 단순해질 수도 있다. 모수적 모델과 비교하면 모수적 모델은 관측한 x의 값이 상승할 때마다 y값이 얼마나 달라지는지 이해할 수 있지만, 비모수적 모델은 정해진 모수가 없기 때문에 해석이 쉽지 않다는 단점이 있다. 따라서 비모수적 모델을 흔히 <블랙박스>라고 표현하지만 다양한 방법으로 이 모델을 해석할 수 있다. 그 방법은 <4.2.3 모델 해석 능력>에서 소개한다.

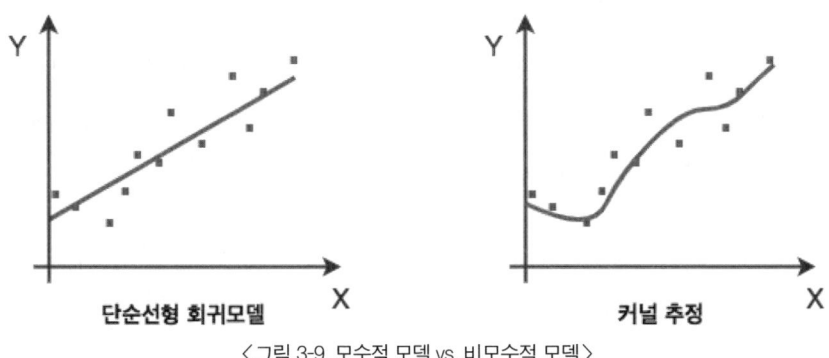

<그림 3-9. 모수적 모델 vs. 비모수적 모델>

---

[2] 커널은 저차원에서 선형 분리가 안되는 데이터를 고차원으로 연결시켜 주는 함수를 말하며 커널 함수를 통해 확률 밀도를 추정하거나, 커널회귀식을 세우는 데 사용된다.

	모수적 모델	비모수적 모델
모수	모수 개수가 정해져 있음 모수마다 의미가 성확함	모수 개수가 정해져 있지 않음 데이터에 따라 모수가 늘어날 수도 있음
가정	가정 충족 필요	최소한의 가정 혹은 가정이 필요 없음
종류	• 회귀 모델(Regression) • 로지스틱 모델(Logistic Regression) • 선형판별분석(Linear Discriminant Analysis) • 나이브 베이즈(Naive Bayes)	• 커널밀도추정(Kernel Density Estimation) • K-최근접이웃(k-Nearest Neighbors) • 의사결정나무(Decision Trees) • 랜덤 포레스트(Random Forest) • 서포트 벡터 머신(Support Vector Machine)

〈표 3-3. 모수적 모델과 비모수적 모델 차이〉

예측 모델을 만드는 작업에서 흔히 말하는 통계 모델, 머신러닝 모델 이렇게 구분하는 것보다 모수적 모델을 사용할지 아니면 비모수적 모델을 사용할지 구분해서 생각해 보는 습관이 중요하다. 그래야 가정 조건을 만족했는지, 해당 모델을 사용했을 때 어떤 장단점이 있는지 알 수 있기 때문이다.

〈클라이언트 A, 클라이언트 B〉에서 클라이언트 A의 요구사항 중 하나는 앞서 모수적 모델의 식에서 살펴본 절편 값이므로 모수적 모델을 사용해야 한다. 모수적 모델을 사용하려면 어떤 가정이 있는지, 만족되지 않으면 어떻게 데이터를 처리하면 좋을지 생각해야 한다. 반면 클라이언트 B의 업무는 모수적 모델과 비모수적 모델을 시도해 보면서 어떤 모델이 적합한지 알아보는 과정이 필요하다. 데이터가 적은 상태에서 비모수적 모델을 사용해도 괜찮은지, 차라리 모수적 모델을 사용하는 것이 더 낫지 않은지 확인해 보는 것도 필요하다.

클라이언트 A

클라이언트 A는 100기가바이트(GB)가 넘는 데이터를 주면서 특정 값을 예측하는 통계 모델을 만들어 달라고 요청했다. 여러 변수 중 변수 P와 Q를 꼭 포함하고, 그 외 예측에 중요한 변수를 걸러낸 후, 이 변수가 예측 값에 어떤 영향을 미치는지 알고 싶어 한다.

- 통계 모델이 모수적 모델인지 비모수적 모델인지를 확인
- 모수적 모델을 사용할 경우, 가정 조건 확인 필요함
- 필요한 변수를 사용함으로써 어떤 변수가 중요한지 설명 가능하지만, 큰 용량의 데이터에서 적합하지 않을 수 있음
- 비모수적 모델을 사용할 경우, 예측 모델 해석력이 떨어짐

클라이언트 B

클라이언트 B는 용량이 작은 데이터를 가지고 있지만, 여러 예측 모델 알고리즘 중 정확도가 가장 높은 모델을 사용하길 원한다. 특히 최근에 많이 사용되는 머신러닝 알고리즘에 관심이 있다.

- 데이터 용량이 작을 경우, 훈련 데이터로 적합한 모델을 학습하는 능력이 떨어질 수 있으므로 데이터를 더 구할 수 있는지 확인 필요
- 모수적 모델과 비모수적 모델을 사용해 예측 성능 분석 비교
- 정확도에 크게 차이가 없고 데이터가 크지 않다면 모수를 추정할 수 있어 해석 가능한 모수적 모델이 나올 수 있음

3.2.5 정규분포를 포함한 분포는 결국 OO이다

<그림 3-8>에서 가장 큰 차이점은 모집단의 분포를 우리가 알 수 있는지 혹은 가정하는지의 여부다. 그렇다면 여기서 말하는 <분포>란 무엇일까?

> *태산(太山)이 높다 하되 하늘 아래 뫼이로다*
> *오르고 또 오르면 못 오를리 없건마는*
> *사람이 제 아니 오르고 뫼만 높다 하더라*

조선 전기의 문장가인 봉래(蓬萊) 양사언(楊士彦, 1517~1584)의 시조다. 여기서 태산은 어떤 산일까? 봉우리만 뾰족한 산일까? 봉우리가 여러 개일까? 아니면 산맥이 거대하다는 의미일까? 태산이 어떻게 생겼는지 알고 싶다면, 태산이 한 눈에 보이는 곳에서 어떻게 산맥이 퍼져 있는지 보면 된다.

데이터 역시 마찬가지다. 예를 들어, <환자체중>이란 데이터가 있다고 가정해 보자. 이미 "환자"와 "체중"이란 단어로 이 데이터가 어떤 값을 가지는 데이터인지 어느 정도 짐작할 수 있다. 예를 들어, 평균이 1.8kg이고 3kg 이상 값을 가진 데이터가 없다면 미숙아의 몸무게를 나타낸 데이터일 수 있다. 그리고 만약 평균이 10kg이고 3kg 이하 혹은 20kg 이상 몸무게 값을 가진 데이터가 거의 없다면 소아과 환자 몸무게라고 추정할 수 있다.

이처럼 주어진 데이터가 어떤 데이터인지 이해하려면 여러 방법 중, 중심 값이 어느 위치에 있는지, 다른 값들이 퍼져 있는 모양이나 범위를 파악하면 된다. 쉽게 말해 이를 분포(Distribution)라 하는데 통계학에서 말하는 분포는 크게 두 가지로 기억하자.

3.2.5.1 분포는 결국 함수다

먼저 정의부터 살펴보면 다음과 같다. 어떤 실험/관찰에 있어서 예상 가능한 모든 결과의 집합을 표본 공간(Sample Space)이라 하는데, 분포는 이 표본 공간 범위와 관측된 데이터 간의 관계를 나타내는 함수다. 태산으로 비유해 보자면, 태산을 멀리서 바라보면 우리가 인지하기 힘들 수 있지만 산의 형태가 시작하고 끝나는 지점이 있을 것이다. 이 공간을 표본 공간이라 할 때, 이 공간에서 태산이란 산맥이 어떻게 나타나는지 표현한 식을 분포로 이해할 수 있다.

결국, 식으로 표현했기 때문에 "분포는 함수다"라고 말할 수 있다. 함수는 인풋(Input)과 식을 통해 나온 아웃풋(Output) 간의 대응(Mapping)을 말한다. 분포에서 말하는 함수는 인풋(데이터 혹은 변수의 특정 값)과, 이 인풋이 관측될 확률을 아웃풋으로 대응시키므로 이 분포를 확률분포(Probability Distribution)라고도 한다. 여기서 인풋 값을 셀 수 있는지에 따라 이산분포(Discrete Distribution)와 연속분포(Continuous Distribution)로 나눠지는데, 이에 따라 분포 종류도 다르다.

변수를 X라 할 때 특정 값을 x라 하자. 변수가 버스 승객 수, 방 개수, 책 오타 수와 같이 값을 셀 수 있는 경우(Counting), X를 분포로 표현했을 때 막대그래프처럼 보여진다. 이를 이산분포라 한다. 변수 X에서 x라는 값을 가질 때 확률은 $P(X=x)$라고 표현하는데, 이 확률은 확률질량함수(Probability Mass Function; PMF)라는 함수를 통해 계산할 수 있다. 특정 지역의 100개의 집에 대한 데이터가 있다. 만약 변수가 방의 개수라면 방이 2개일 때 확률, 방이 3개일 때 확률을 확률질량함수를 통해 계산할 수 있다.

그런데 이 x값이 몸무게나 키, 혈압처럼 측정을 통해 얻은 값인 경우, 이산변수 값과 다르게 셀 수 없다. 이렇게 측정한 값을 셀 수 없는 경우 연속성을 가진다고 말한다. 분포를 그리면 매끄럽게 표현되는데 이 함수를 확률밀도함수(Probability Density Function; PDF)라 한다. 두 함수 모두 $f(x)$로 소문자 f로 표현한다. 연속분포에서도 이산분포의 확률 계산처럼 특정 값을 가질 때 확률을 구할 수 있을까? 다시 말해, 환자체중이란 변수에서 몸무게가 67.246890…을 가질 확률을 계산할 수 있을까? 확률질량함수와 확률밀도함수는 특정 x값을 가질 확률을 계산할 수 있는 함수다. 확률 범위는 0부터 1까지이므로 두 함수에서 전체 면적 값은 1이 되어야 한다. 그리고 특정 값에서의 확률은 이 값에 상응하는 사각형 면적을 말한다. 승객 수, 방 개수, 오타 수처럼 이산분포는 x값을 셀 수 있기 때문에 x가 특정 값을 가질 때 범위(Range)는 1이지만, 연속성 변수의 특정 x값의 범위는 셀 수 없기 때문에 사각형 면적에서 x범위가 0이 되므로 확률 역시 0이 된다. 따라서 몸무게가 67.246890…을 가질 확률은 0이 된다. 이처럼 특정 값을 가질 확률이 0이므로 보통 연속분포의 확률을 계산할 때, 몸무게가 67에서 68처럼 특정 값이 아닌 범위로 확률을 계산한다.

	특정 값(x)일 때 확률 (pmf/pdf)	누적확률밀도함수 (cdf)
이산분포 베르누이(Bernoulli) 분포 이항(Binomial) 분포 초기하(Hypergeometric) 분포 프아송(Poisson) 분포	확률질량함수 (pmf) $p_X(x) = P(X = x)$	$F_X(x) = P(X \leq x) = \sum_{t \leq x} P(X = t)$
연속분포 정규(Normal) 분포 감마(Gamma) 분포 지수(Exponential) 분포 카이제곱(Chi-squared) 분포 베타(Beta) 분포 균일(Uniform) 분포	확률밀도함수 (pdf) $P(a \leq X \leq b) = \int_a^b f(x)\,dx$ $P(X = x) = 0$	$F_X(x) = \int_{-\infty}^{x} f_X(t)dt$

두 함수 모두, x가 특정 범위를 가질 때 확률 값은 누적확률밀도함수(Cumulative Density Function; CDF)로 계산할 수 있다. 변수 X가 특정 값 x 이하일 확률은 $P(X \leq x)$로 표기할 수 있는데 이때 함수는 $F(x)$로 표현한다.

여러 분포 중 가장 기본이면서 중요한 분포인 정규분포(Normal Distribution)를 알아보자. 정규분포는 좌우대칭의 종 모양(Bell Curve)으로 생긴 분포다. 분포는 함수라 했으니, 확률밀도함수부터 살펴보자.

$$f(x) = \frac{1}{\sigma\sqrt{2\pi}} e^{-\frac{1}{2}\left(\frac{x-\mu}{\sigma}\right)^2}$$

〈식 1.1〉

식이 복잡해 보일 수 있지만 최초 식은 지수함수(Exponential Curve), $f(x) = e^{-x^2}$에서 시작한다. 지수함수가 어떤 모양을 갖는지 파이썬에서 맷플롯라이브러리(Matplotlib)를 통해 그려 보았다. 먼저 변수 X에 대한 값 범위를 -3에서 3까지 0.05 간격으로 배열을 만든 후, 이 x값을 지수 식에 대입해 (x,y) 좌표를 시각화하였다. 좌우대칭인 종 모양의 그래프를 확인할 수 있다.

```
# 라이브러리 불러오기
import numpy as np
import math

# 그래프 관련 라이브러리
import matplotlib
import matplotlib.pyplot as plt
from matplotlib import rc

# matplotlib 폰트 설정 (Mac OS인 경우)
rc('font', family='AppleGothic')
plt.rcParams['axes.unicode_minus'] = False

# x값 범위: -3에서 3까지 0.05의 간격으로 배열 생성
```

```
x = np.array(np.arange(-3,3, 0.05))
# y값 범위: x값을 해당 y식에 대입
y = np.exp(-x**2)

# 그래프 만들기
plt.plot(x,y, color='green', linewidth=2)

# 제목 및 X축, Y축 이름 설정
plt.title("$y=e^{-x^2}$")
plt.xlabel('x')
plt.ylabel('y')

# 그래프 배경화면 설정
plt.grid(alpha=.4, linestyle='--')

# 그래프 표시
plt.show()
```

〈그림 3-10. 지수함수 그래프〉

이제 이 그래프를 기준으로 $\frac{1}{\sqrt{2\pi}}$, 평균(μ), 표준편차(σ)를 추가한 것이 앞서 본 정규분포 식이다. $\mu=0$, $\sigma=1$을 가질 때 식을 표준정규분포라 한다.

$$f(x) = \frac{1}{\sqrt{2\pi}} e^{-\frac{1}{2}x^2}$$

〈식 1.2〉

확률 값은 0에서 1까지 범위를 가져야 하므로, x값의 전체 범위 $(-\infty, \infty)$에서 확률분포 식을 적분하면 1의 값을 가진다. 이것이 누적확률밀도함수(cdf)의 정의인데, $\int_{-\infty}^{\infty} f(x)dx = 1$을 만들기 위해 최초식인 $f(x) = e^{-x^2}$에서 〈식 1.2〉로 변형이 이뤄진 것뿐이다. 이 식도 파이썬으로 표현하면 〈그림 3-11〉로 표현할 수 있는데, 최초 식인 지수함수와 비교했을 때 옆으로 퍼져 있는 정도가 달라졌을 뿐, 좌우 대칭의 종 모양은 그대로다.

```
# x값 범위: -3에서 3까지 0.05의 간격으로 배열 생성
x = np.array(np.arange(-3,3, 0.05))

# 최초식
y = np.exp(-x**2)
# y값 범위: x값을 해당 표준정규분포식에 대입
y_std_normal = 1/(math.sqrt(2*math.pi))*np.exp(-(1/2.)*x**2)

# 그래프 만들기
plt.plot(x,y, label='최초식', color='green', linewidth=2)
plt.plot(x,y_std_normal, label="표준정규분포", color="blue",
linewidth=2, linestyle='--')

# 제목 및 X축, Y축 이름 설정
plt.title("최초식 vs. 표준정규분포")
plt.xlabel('x')
plt.ylabel('y')

# legend
plt.legend()

# 그래프 배경화면 설정
plt.grid(alpha=.4, linestyle='--')

# 그래프 표시
plt.show()
```

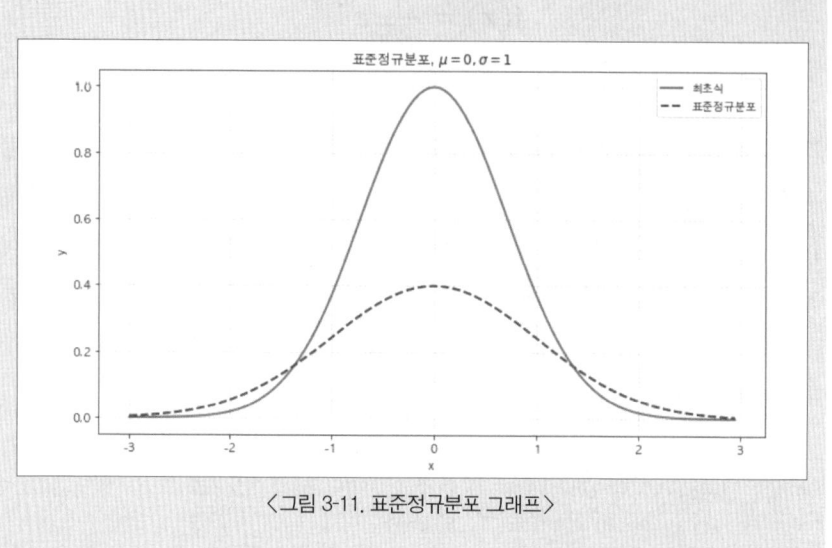

〈그림 3-11. 표준정규분포 그래프〉

μ, σ가 들어 있는 정규분포 〈식 1.1〉에서 이 모수를 다르게 설정해 〈그림 3-12〉 그래프를 그려 보았다. 평균에 따라 중심이 좌우로 움직이며 표준편차가 증가할수록 그래프 높이가 낮아지는데, 값에 따라 퍼져 있는 정도의 전체 면적이 1이 되도록 조절된다. 이런 정규분포를 띄는 데이터로는 대학수학능력시험 점수 분포, IQ 분포, 키/몸무게 분포 등이 있는데, 모집단이 정규분포를 가질 경우 모수인 μ, σ 값으로 다양한 좌우대칭 종 모양의 분포를 표현한다. 이때 중요한 점은 이 모든 분포 면적은 항상 1이 되어야 하므로 〈식 1.1〉이 만들어진 것이다.

```
## x값 범위: -3에서 3까지 0.05의 간격으로 배열 생성
x = np.array(np.arange(-6,6, 0.05))
# mu=0, sigma = 1 (표준정규분포)
y = 1/(math.sqrt(2*math.pi))*np.exp(-(1/2.)*x**2)
# mu=2, sigma = 1
y_mu = 1/(math.sqrt(2*math.pi))*np.exp(-(1/2.)*(x-2)**2)
# mu=0, sigma = 2
y_sigma = 1/(2*math.sqrt(2*math.pi))*np.exp(-(1/2.)*(x/2.)**2)
```

```python
# 두 개 그래프 그리기
fig, (ax1, ax2) = plt.subplots(1, 2)

ax1.plot(x,y, label="$\mu$=0, $\sigma$=1", color="blue", 
linewidth=2, linestyle='--')
ax1.plot(x,y_mu, label="$\mu$=2, $\sigma$=1", color="gray", 
linewidth=2)
ax1.title.set_text("$\mu$값에 따른 정규분포")
ax1.grid(alpha=.4, linestyle='--') # 그래프 배경화면 설정
ax1.legend() # 범례 넣기

ax2.plot(x,y, label="$\mu$=0, $\sigma$=1", color="blue", 
linewidth=2, linestyle='--')
ax2.plot(x,y_sigma, label="$\mu$=0, $\sigma$=2", color="gray", 
linewidth=2)
ax2.title.set_text("$\sigma$값에 따른 정규분포")

ax2.grid(alpha=.4, linestyle='--') # 그래프 배경화면 설정
ax2.legend() # 범례 넣기

# 그래프 표시
plt.show()
```

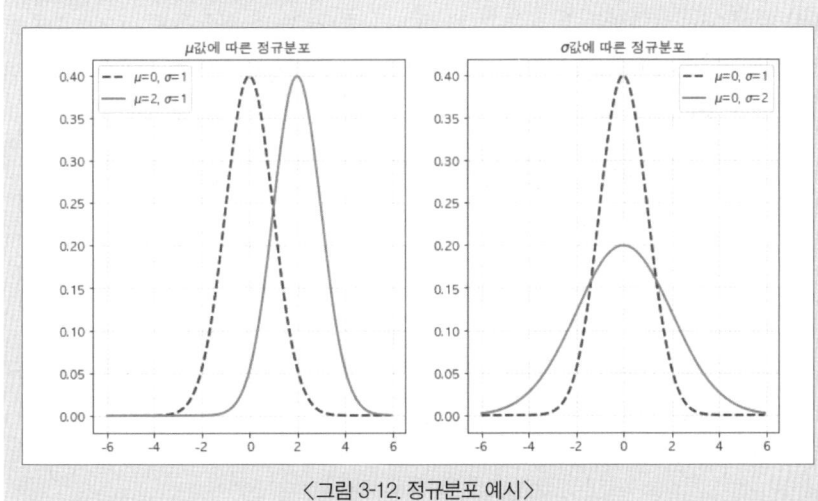

〈그림 3-12. 정규분포 예시〉

분포는 데이터에서 특정 값을 가질 확률을 나타내는 함수이며 모집단의 상황이나 값에 따라 여러 종류의 분포가 있다는 것을 살펴봤다. 분포를 통해 어떻게 확률로 계산하는지 알아보면서 분포에서 중요한 점 한 가지를 더 소개한다.

3.2.5.2 분포는 모델(모형)이다

표준정규분포를 계속 살펴보자. 이번엔 stats라는 파이썬 라이브러리를 이용해 표준정규분포 그래프를 그린 뒤, fill_between()으로 평균 0에서 표준편차가 1배씩 커질 때마다 그래프 면적을 코드 안에서 다르게 표시하였다. 면적은 확률 값이므로, X값 전체 범위에 걸쳐 면적은 1이다.

평균을 중심으로 표준편차가 1배, 2배, 3배 범위에 있을 때 확률(면적)을 계산해 보자. 앞서 범위는 누적확률밀도함수(CDF)로 계산할 수 있는데, 파이썬에 scipy.stats.norm(0, 1).cdf(1)를 사용한다. 여기서 .norm(0, 1)은 표준정규분포를 뜻하고, .cdf(1)은 x는 1 이하의 모든 수를 의미한다. 우린 (-1, 1) 범위 확률을 계산하므로, scipy.stats.norm(0, 1).cdf(1)값에서 scipy.stats.norm(0, 1).cdf(-1)을 빼 준다. 이때 확률 값이 0.68로 나왔는데, 이는 전체 데이터 중 68.3%가 평균을 중심으로 1배 표준편차만큼 멀어진 범위 안의 확률을 뜻한다. 평균을 중심으로 표준편차 2배 범위에는 전체 데이터 중 95.4%가 포함되며, 평균을 중심으로 표준편차 3배 범위에는 전체 데이터의 99.7%가 이 범위에 포함된다.

```python
import scipy.stats
from scipy import stats
plt.style.use('ggplot') # plot 스타일 설정

x = np.linspace(-3.2, 3.2, 1000) # [-3.2 3.2] 범위에서 개수가 1000개
가 되도록 값 설정
iq = stats.norm(0, 1) # 평균:0, 표준편차:1인 pdf

# 그래프 그리기
plt.plot(x, iq.pdf(x), 'gray', lw=2)

# 그래프에 mu, sigma 글자 추가
plt.text(-3.2, -0.02, "$\mu - 3\sigma$", size=22)
plt.text(-2.2, -0.02, "$\mu - 2\sigma$", size=22)
plt.text(-1.2, -0.02, "$\mu - \sigma$", size=22)
plt.text(0, -0.02, "$\mu$", size=22)
plt.text(0.8, -0.02, "$\mu + \sigma$", size=22)
plt.text(1.8, -0.02, "$\mu + 2\sigma$", size=22)
plt.text(2.8, -0.02, "$\mu + 3\sigma$", size=22)

# 표준편차에 따른 확률값 계산: 예시) Prob(X<1) - Prob(X<-1)
std_1 = round(scipy.stats.norm(0, 1).cdf(1) -
              scipy.stats.norm(0, 1).cdf(-1), 3) # Prb(X<1) - Prob(X<-1)
std_2 = round(scipy.stats.norm(0, 1).cdf(2) -
              scipy.stats.norm(0, 1).cdf(-2), 3) # Prb(X<2) - Prob(X<-2)
std_3 = round(scipy.stats.norm(0, 1).cdf(3) -
              scipy.stats.norm(0, 1).cdf(-3), 3) # Prb(X<3) - Prob(X<-3)

# 그래프에 계산된 확률 텍스트 추가
plt.text(-0.2, 0.25, std_1, size=22)
plt.text(-0.2, 0.06, std_2, size=22)
plt.text(-0.2, 0.01, std_3, size=22)

# 화살표 추가
# scipy.stats.norm(0, 1).pdf(-1): x가 -1일 때 표준정규분포를 가진 y값
plt.annotate("",
             xy=(-1, scipy.stats.norm(0, 1).pdf(-1)),
             xytext=(1, scipy.stats.norm(0, 1).pdf(1)),
```

```
                arrowprops=dict(arrowstyle="<->",
                                connectionstyle="arc3",
                                color='green',
                                lw=3))
plt.annotate("",
             xy=(-2, scipy.stats.norm(0, 1).pdf(-2)),
             xytext=(2, scipy.stats.norm(0, 1).pdf(2)),
             arrowprops=dict(arrowstyle="<->",
                                connectionstyle="arc3",
                                color='blue',
                                lw=3))
plt.annotate("",
             xy=(-3, scipy.stats.norm(0, 1).pdf(-3)),
             xytext=(3, scipy.stats.norm(0, 1).pdf(3)),
             arrowprops=dict(arrowstyle="<->",
                                connectionstyle="arc3",
                                color='red',
                                lw=3))

# 그래프 색 지정
colors = ['red', 'blue', 'green']
colors = colors + list(reversed(colors))

# 조건에 따라 다른 색으로 지정
mean, std = 0, 1
for i, color in zip(range(-3, 3), colors):
    # -3 빨간색, -2 파란색, -1 초록색, 0 초록색, 1 파란색, 2 빨간색
    low = mean + i * std
    high = mean + (i + 1) * std
    px = x[np.logical_and(x >= low, x <= high)]
    plt.fill_between(
        px,
        iq.pdf(px),
        color=color,
        alpha=0.4, # 투명도
        linewidth=0 # 선 두께
    )
```

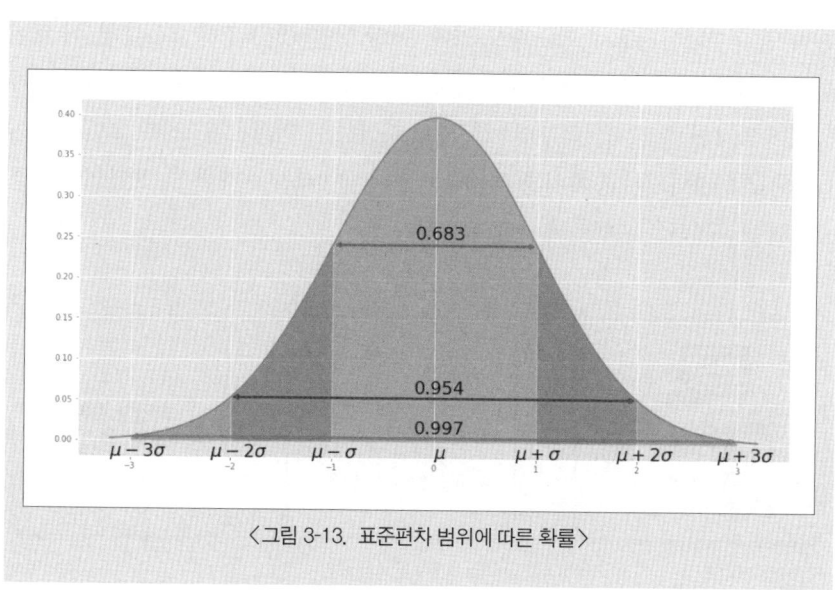

〈그림 3-13. 표준편차 범위에 따른 확률〉

특정 나라 인구의 지능지수(IQ) 표본이 있다고 생각해 보자. 지능지수는 정규분포를 갖기 때문에 표본 역시 정규분포를 가진다. 정규분포 〈식 1.1〉에서 모수는 평균과 표준편차이므로, 통계치 역시 표준과 표준편차를 계산해 모수를 추정한다. 만약 평균이 100이고, 표준편차가 15라고 가정해 보자. 평균을 기준으로 표준편차만큼 1배 멀어지면 (85, 115) 범위가 된다. 인구의 68.3%는 이 범위 안에서 IQ를 가진다고 모집단(인구)을 추정할 수 있다. 만약 평균에서 표준편차의 3배(15×3=45)만큼 멀어진 값은 145 이상, 55 이하가 되는데, 모집단에서 이런 사람이 있을 확률은 0.3% 정도라고 추정할 수 있다. 이렇게 IQ 값에 따른 확률을 계산할 수 있는 이유는 여러 분포 중, 정규분포를 모집단을 설명(추론)하는 모델로 가정했기 때문이다. 따라서 정규분포를 구성하는 모수인 평균과 분산만 추정하면 되므로 표본에서 평균과 표준편차를 계산한 것이다.

만약 모집단이 어떤 분포를 갖는지 모를 때 어떻게 확률을 계산할 수 있을까? 〈그림 3-14〉처럼 새로운 데이터를 받았다고 생각해 보자. 이 데이터는 어떤 모집단에서 뽑혀진 표본이다. 이 데이터가 어떤 데이터인지 알 수 있다면 다행이지만, 때론 어떤 데이터인지조차 모를 수도 있다. 어떤 데이터인지조차 모른다면, 이 데이터가 모집단을 잘 반영했는지 여부 역시 알 수 없다. 이런 상황에서 데이터가 미가공되어 있다면 우선 데이터부터 깨끗하게 정리하는 작업이 필요하다. 그 후, 데이터를 시각화한다거나 통계치를 계산해 보면서 데이터를 이해한 후, 표본의 분포를 모집단을 추정하는 모델로써 사용하게 된다.

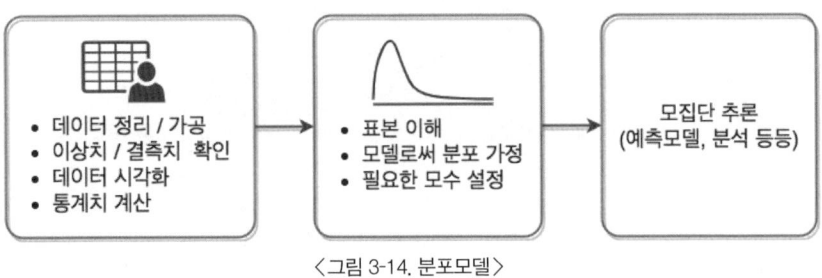

〈그림 3-14. 분포모델〉

정규분포를 안다는 의미는 정규분포를 구성하는 평균과 분산이란 모수를 알고 있어야 한다는 것을 의미하듯이, 모집단을 반영하는 모델로써 분포를 설정하면, 이 분포를 구성하는 모수를 파악하면 된다는 뜻이다. 통계치를 통해 어떤 모수를 구해야 할지 알았으므로 모수를 추정할 수 있게 된다. 따라서 분포는 모집단을 이해하는 모델(혹은 모형)로써 중요한 역할을 하며, 여기서 소개하진 않지만 통계학에서 여러 분포를 제시하고 설명하는 이유이기도 하다. 다만, 이 모델로 사용된 분포는 실제 모집단과 다를 수 있고, 때로는 실제 모집단이 그 어떤 분포에도 속하지 않을 수 있다. 이 점을 기억하면서 이제 분포를 구성하는 두 가지를 살펴보자.

3.2.6 분포는 무엇으로 결정될까?

데이터를 분포로 표현하는 방법은, 우선 데이터를 특정 구간으로 나눠 구간마다 데이터 빈도를 나타내는 도수분포표(Frequency Table)를 만들고, 이 표를 히스토그램(Histogram)이라는 막대그래프로 시각화하는 것이다. 물론 프로그래밍 언어를 사용하면 이런 과정 없이 원하는 그래프를 바로 얻을 수 있지만, 도수분포표부터 데이터를 시각화하는 과정을 한번 살펴보자.

표준정규분포를 따르는 데이터를 만든 후 막대그래프를 그려보자. 데이터를 만드는 데에 필요한 라이브러리를 부른 후, 임의로 평균 0과 분산 1을 가진 표준정규분포 배열을 만든다. 100개 값은 array_normal이란 이름의 배열로 저장한 후, print()를 이용해 어떤 값을 갖는지 살펴보자.

```
# 라이브러리 불러오기
import numpy as np
import pandas as pd
import random

# 랜덤 시드 설정
np.random.seed(21)

# 표준정규분포를 띤 100개 무작위 배열 만들기
N=100
mu, sigma=0, 1
array_normal = np.random.normal(mu, sigma, N)

# array_normal 모습
print(array_normal)
```

```
[-0.05196425 -0.11119605  1.0417968  -1.25673929  0.74538768 -1.71105376
 -0.20586438 -0.23457129  1.12814404 -0.01262595 -0.61320029  1.3736885
  1.61099198 -0.68922827  0.69192371 -0.4481156   0.16234247  0.25722913
 -1.27545586  0.06400443 -1.06185662 -0.98936839 -0.45772323 -1.98418161
 -1.47644212  0.23180296  0.64415927  0.8521227  -0.46401872  0.6971766
  1.56788218  1.17855621 -1.38395687 -1.7473338   0.40272379  1.2444828
 -0.02383635  0.95256771  0.24496394  0.22409714  0.2966812   0.22075339
 -0.42330083  1.84561511  0.92011457 -0.55791623 -0.28522504 -1.04126664
  0.48036943 -1.4273776  -0.33326642  0.74730849  0.56022963  0.57370894
 -1.18088052  0.76465008 -0.13438498  1.32463768 -0.27642765  1.67955097
  0.41516187  0.7476816  -0.39253041 -0.40632407 -0.38584597  1.00090218
 -0.44768243 -0.11608402  1.16901462  0.51561395 -0.25786723  0.28504581
 -1.40459035 -1.50908235  0.43430789  2.7550033   2.01079281  2.51989837
  0.57043758 -0.52651551  1.06822315 -1.19454337 -2.85968799  0.42420703
  1.03361263  0.70520358  1.55026502  0.76541945  0.34630878 -1.05381731
 -0.12948877 -1.18143446 -0.36883019  1.90273993  0.21020722  0.37670281
 -0.6939358   2.60281328 -1.98327783 -0.92686366]
```

〈그림 3-15. 표준정규분포를 배열 생성〉

이 배열로 도수분포표를 만들기 위해, 우선 〈그림 3-15〉에서 array_normal이란 배열을 df_normal이라는 데이터프레임으로 만들고 이 열 이름을 〈정규분포〉라 하였다. 도수분포를 파악하려면 구간을 설정할 수 있는 함수 중 pd.cut()을 사용한다. 6개 도수분포구간(bin)으로 설정하기 위해 함수 옵션으로 bins란 항목에 [-3, -2, -1, 0, 1, 2, 3] 리스트 값을 지정했다. 그리고 .value_counts()로 각 구간에 포함된 데이터 개수를 센다. 열 이름을 구분할 수 있도록 .add_prefix('도수_')로 설정해 데이터 개수의 열 이름을 "도수_정규분포"라 바꿨다.

```
# array_normal을 데이터프레임으로 변환
df_normal = pd.DataFrame(array_normal).rename(columns={0:'정규분
포'})

# 도수 분포표
df_freq_table = df_normal.apply(lambda x: pd.cut(x,
            bins=[-3,-2,-1, 0, 1, 2, 3]).value_counts()).add_
prefix('도수_')
df_freq_table
```

	도수_정규분포
(0, 1]	33
(-1, 0]	29
(-2, -1]	17
(1, 2]	16
(2, 3]	4
(-3, -2]	1

〈그림 3-16. 표준정규분포 배열 생성〉

도수분포표를 보니 (0, 1]구간 (0 불포함, 1 포함)에 데이터가 많이 분포하고 (-3, -2]구간 (-3 불포함, -2 포함)에는 한 개의 데이터가 있다. 이제 이 표를 막대그래프로 표현해 보자. 데이터를 시각화할 수 있는 라이브러리 중 이번엔 마우스에 따라 반응하는 반응형 그래프인 plotly라는 라이브러리를 사용해 보자. 주피터 노트북 창에 **!pip3 install plotly 라이브러리 이름**을 입력하면 자동으로 설치[3]된다.

막대그래프를 그리기 위해, 막대의 구간을 알아야 하고, 막대마다 도수를 알아야 한다. 앞서 pd.cut()으로 구간별 데이터 개수를 살펴보았지만 이번엔 np.histogram()을 사용해 보자. 구간(bins)의 경계 값을 설정하면 이 구간별 도수를 리스트로 반환한다. bins과 counts라는 두 개의 리스트를 이용해, X축 bins과, Y축 counts로 막대그래프를 그려 보자. 이때, 막대그래프 디자인 및 도수 값 표시는 .update_traces()로, 그래프 레이아웃은 .update_layout()을 사용하면 된다.

---

[3] https://plotly.com/python/statistical-charts/

```python
# 그래프에 필요한 라이브러리 불러오기
# 라이브러리 설치: !pip3 install 라이브러리이름
import plotly.express as px
import plotly.graph_objects as go

# 구간(bin) 만들기
bins = [-3, -2, -1, 0, 1, 2, 3]
counts, bins = np.histogram(df_normal["정규분포"], bins=bins)

print('구간:', bins)
print('구간별 빈도', counts)

# plotly를 사용한 그래프 그리기
fig = go.Figure(go.Bar(x=bins, y=counts))

# 그래프에 빈도 수치 입력
fig.data[0].text = counts
fig.update_traces(textposition='outside', # 구간별 빈도 수 표시
                  textfont_size=12, # 글자 크기 설정
                  marker_color='blue', # 막대그래프 색
                  marker_line_color='white', # 막대그래프 테두리 색
                  marker_line_width=2, # 막대그래프 테두리 두께
                  opacity=0.7) # 투명도 설정

fig.update_layout(title_text="막대그래프", # 제목 설정
                  title_font_size=15, # 제목 글자 크기 설정
                  bargap=0) # 막대그래프끼리 공간(gap) 설정

fig.update_xaxes(title_text='표준정규분포 값') # X축 이름 설정
fig.update_yaxes(title_text='빈도 (counts)') # Y축 이름 설정

fig.show()
```

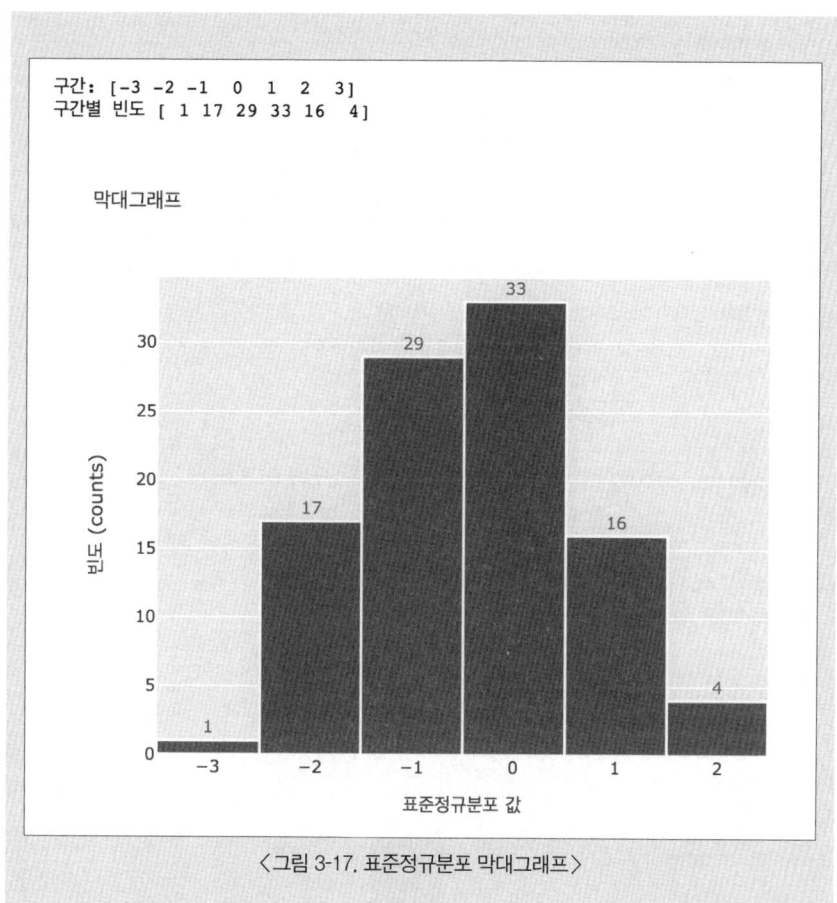

〈그림 3-17. 표준정규분포 막대그래프〉

막대그래프는 도수분포구간 개수에 따라 그래프 모양이 바뀔 수 있다. 그래프 중 distplot을 이용하면 막대그래프(히스토그램), 밀도 그래프, 러그 그래프까지 함께 시각화할 수 있어서 분포 모습을 조금 더 명확하게 파악할 수 있다. 여기서 러그 그래프란 X축 범위에 해당하는 값을 세로형 막대기(Tick)로 작게 표시하는 것을 말하는데, .create_displot() 함수에서 show_rug=False로 설정하면 러그 그래프는 표시되지 않는다. 예시에는 러그 그래프를 표시하지 않고 막대그래프와 밀도 그래프만 그려 보았다. 표준정규분포를 갖는 데이터를 임의로 만들었기 때문에 이 데이터를 시각화하면 평균 0을 기준으로 좌우대칭의 종 모양의 그래프를 얻어야 할 것이다.

```
import plotly.figure_factory as ff

# 히스토그램과 밀도 그래프 함께 그리기
fig = ff.create_distplot([array_normal],
                         ['표본정규분포'], # 이름 설정
                         show_rug=False) # 러그 지우기 (True인 경우 데이터 위치 표시)

fig.update_traces(marker_color='blue',
                  marker_line_color='white',
                  marker_line_width=2,
                  opacity=0.7)

fig.update_layout(title_text="히스토그램 & 밀도(density) 그래프",
                  title_font_size=15)

fig.update_xaxes(title_text='표준정규분포 값')
fig.update_yaxes(title_text='밀도 (density)')

fig.show()
```

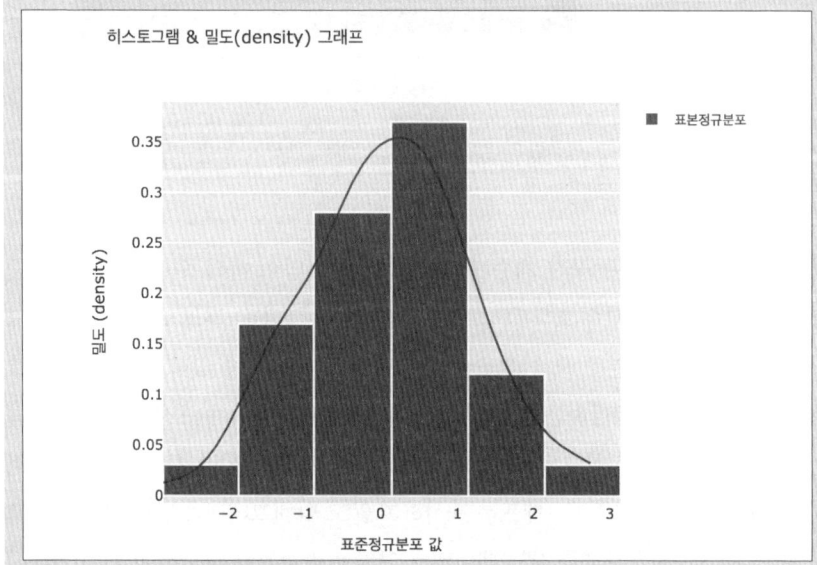

〈그림 3-18. 표준정규분포 히스토그램 & 밀도 그래프〉

이번엔 <그림 3-12>처럼 평균과 표준편차가 다른 정규분포를 띈 데이터 두 개를 임의로 만들어 분포를 그려 보았다. 첫 번째 데이터는 평균 0과 표준편차 1을 가지며, 두 번째 데이터는 평균 10과 표준편차 3을 가진다. 밀도 그래프를 보면 평균과 표준편차에 의해 분포의 위치와 퍼져 있는 정도가 다름을 확인할 수 있다.

```python
# 랜덤 시드 설정
np.random.seed(21)

# 평균과 분산이 다른 정규분포 두 개 생성
N=100
mu1, sigma1=0, 1
mu2, sigma2=10, 3
array_normal_1 = np.random.normal(mu1, sigma1, N)
array_normal_2 = np.random.normal(mu2, sigma2, N)

# 그래프 그리기
fig = ff.create_distplot([array_normal_1, array_normal_2],
                         ['정규분포(0,1)', '정규분포(10,3)'],
                         show_rug=False)

fig.update_layout(title_text="평균&분산 값이 다른 두 개의 정규분포",
                  title_font_size=15)
fig.show()
```

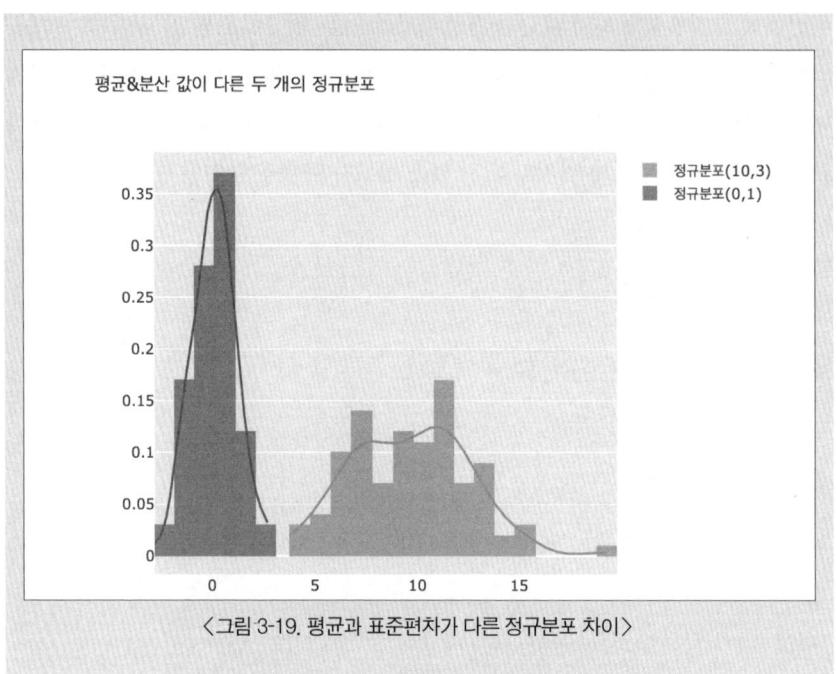

〈그림 3-19. 평균과 표준편차가 다른 정규분포 차이〉

분포를 태산이라 생각한다면, 태산 위치와 태산의 형태가 어떻게 퍼져 있는가로 태산을 알 수 있는 것처럼, 분포는 크게 두 가지 기준으로 결정된다. 첫 번째 기준은 데이터의 중심에 따른 위치, 중심경향(Measure of Central Tendency)이고, 두 번째 기준은 데이터가 퍼져 있는 정도, 즉 산포도(Measure of Dispersion)다. 그런데 데이터 분포를 파악하려면 매번 이렇게 그래프를 그려야 할까? 때론 데이터를 시각화하는 것보다 통계치를 살펴봄으로써 빠르게 데이터를 살펴본 뒤, 중요한 정보를 담고 있는 데이터나 혹은 문제가 있는 것으로 의심되는 데이터를 선별해 시각화하는 방법을 추천한다. 따라서 시각화하는 방법을 잘 알아야 할 뿐 아니라 통계치에 대한 이해 역시 필요하다.

데이터를 항상 시각화할 수 없는 이유

분석 및 예측 모델을 만들 때 데이터에 대한 이해가 필요하다. 그 방법으로 데이터의 시각화를 알아봤지만 그렇다고 매번 데이터를 시각화하기엔 여러 제약이 있다. 우선 미가공된 데이터인 경우 가공 과정을 거쳐야 정확한 그래프를 얻을 수 있다. 그런데 이 가공 과정이 오래 걸리는 경우도 많다. 게다가 데이터의 열(피처, 변수) 개수가 몇백 개 이상이 되면 모든 열을 시각화하기엔 효율적이지 않다. 혹은 행의 개수가 많은 경우 모든 값을 그래프로 표현하기에 메모리 제한과 같은 제약이 발생하므로 데이터 일부만 시각화해 보는 것을 추천한다.

3.2.7 중심경향값을 계산하는 대표적인 세 가지는 무엇일까?

이번엔 데이터를 시각화해서 분포를 이해하는 방법이 아닌 통계치로 이해해 보자. 앞으로 살펴볼 표본 데이터 예제인 df_mt(mt; mountain의 줄임말)를 태산(太山)이라 생각하면서, 이 데이터를 어떤 방법으로 이해할 수 있는지 알아보고 마지막엔 이 데이터가 실제로 어떻게 만들어졌는지 살펴보도록 하겠다.

<그림 3-20>에서 df_mt는 1000개의 행과 5개의 열로 된 데이터프레임이다. ID열을 제외한 나머지 col_A부터 col_D는 열 이름만으로 어떤 정보가 담겨 있는지 알 수 없는 상태다. 다행히 결측치는 없으며 값은 모두 정수(int64)다.

```
print('데이터 사이즈', df_mt.shape)
df_mt.info()
```

```
데이터 사이즈 (1000, 5)
<class 'pandas.core.frame.DataFrame'>
RangeIndex: 1000 entries, 0 to 999
Data columns (total 5 columns):
 #   Column  Non-Null Count  Dtype
---  ------  --------------  -----
 0   ID      1000 non-null   int64
 1   col_A   1000 non-null   int64
 2   col_B   1000 non-null   int64
 3   col_C   1000 non-null   int64
 4   col_D   1000 non-null   int64
dtypes: int64(5)
memory usage: 39.2 KB
```

〈그림 3-20. df_mt 데이터 크기 및 기본 정보〉

우선 .head()와 .tail()을 통해 처음 5행과 마지막 5행을 보자. 괄호 안에 숫자를 입력하면, 그 숫자만큼 행을 볼 수 있다. 기본값은 5로 되어 있으므로 5행을 볼 수 있다. ID마다 col_A부터 col_D까지 어떤 수치를 가진 데이터로 짐작할 수 있다.

```
df_display([df_mt.head(), df_mt.tail()], ['처음 5행', '마지막 5행'])
```

처음 5행

	ID	col_A	col_B	col_C	col_D
0	1320	59	67	63	57
1	1339	59	60	67	56
2	1803	65	63	49	64
3	1287	53	53	64	52
4	1637	63	63	57	50

마지막 5행

	ID	col_A	col_B	col_C	col_D
995	1560	65	64	60	77
996	1402	57	68	48	86
997	1647	51	61	56	77
998	1851	56	65	57	97
999	1838	60	62	39	80

〈그림 3-21. df_mt의 처음 및 마지막 5행〉

어떤 통계치를 보는 게 효과적일까? 태산을 한눈에 보는 것처럼 이해하려면, 어느 위치가 높은지, 그리고 산봉우리에서 산이 어떻게 뻗어 나가는지 알면 되지 않을까? 데이터에서 어떤 값을 중심으로 몰리는 경향을 중심경향(Central Tendency)이라 하고 그 한 점(point)을 중심경향값이라 한다. 평균, 중앙값, 최빈값, 기하평균, 중앙범위, 가중평균 등 여러 가지가 있지만 주로 사용되는 평균, 중앙값, 최빈값을 소개한다.

3.2.7.1 평균(Mean)

평균은 전체 사례의 값을 더한 후, 총 사례 수로 나눈 값을 말한다. 이것을 수식으로 표현한다면 μ와 $\bar{x}$ 중 어떤 수식을 사용해야 할까? 앞서 주어진 데이터를 표본 데이터라 했기 때문에 $\bar{x}$로 표현해야 한다.

$$\bar{x} = \frac{x_1 + x_2 + \cdots + x_n}{n}$$

파이썬에서 데이터프레임의 평균 계산은 .mean()을 사용한다. Axis 항목을 통해 열을 기준(기본값)으로 할지, 행을 기준(axis=1)으로 할지 정할 수 있다. 그리고 결측치를 제외하고 계산할 수 있으며 데이터프레임에 인덱스가 여러 개인 경우, 특정 인덱스를 지정할 수 있다.

DataFrame.mean(axis=None, skipna=None, level=None, numeric_only=None, **kwargs)

ID를 제외한 나머지 열 평균을 계산하려면 우선 list_cols 라는 리스트 안에 계산하고 싶은 열을 선택한 후, df_mt[list_cols]라고 지정하면 된다. 배열 형태의 결괏값을 데이터프레임으로 변환하고, 열 이름을 <평균값>이라 했다.

col_D를 제외한 나머지 열의 평균 값은 비슷하다. 특히 col_A와 col_C의 경우 평균 차이가 0.28밖에 나지 않는데, 단지 평균이 비슷할 뿐, 같은 데이터라 짐작하기엔 아직 이르다. 왜냐하면 평균은 모든 데이터의 값이 계산에 포함되었기 때문에, 데이터 전체 중 한두 개 값이 바뀌더라도 평균이 달라지기 때문이다.

```
# 계산하고 싶은 열 지정
list_cols = ['col_A', 'col_B', 'col_C', 'col_D']

# 평균을 데이터프레임으로 표현
df_mt_mean = pd.DataFrame(df_mt[list_cols].mean(), columns=['평균값'])
df_mt_mean
```

	평균값
col_A	59.29
col_B	61.25
col_C	59.51
col_D	67.69

〈그림 3-22. df_mt 열별 평균〉

특정 값이 바뀌면 평균값이 바뀐다는 의미를 조금 더 생각해 보자. 만약 어떤 값이 중심으로부터 정말 먼 값(이상치)이라면 어떻게 될까? 다음 10명의 몸무게 표를 살펴보자. 평균값을 계산해 보니 69.8kg이 나온다. 하지만 ID 1번부터 8번까지의 몸무게 범위는 52kg에서 64kg인데, 평균은 69.6kg이므로 평균값으로 데이터를 이해하기엔 평균값이 이상치로 치우쳤다.

ID	1	2	3	4	5	6	7	8	9	10
몸무게(kg)	62	57	52	56	62	58	64	62	98	125

이런 평균의 단점을 보완해 주는 값이 바로 중앙값이다.

3.2.7.2 중앙값(Median)

중앙값은 가장 작은 수부터 가장 큰 수까지 크기로 배열했을 때, 중앙에 위치하는 값을 말한다. 평균과 다르게 공식적인 수식은 없지만 m, M, $\mu_{1/2}$, $\tilde{x}$ (틸데, Tilde) 등 다양하게 표현하며, 중앙값을 제50백분위수(Percentile)라고도 한다. 여기서 백분위수는 데이터를 크기 순서로 정렬해 100등분한 값을 말하는데, 100등분 중 50번째 등분, 즉 가운데에 위치하기 때문이다. 혹은 사분위수(Quantile, Q로 표기)로 표현할 수도 있는데 여기서 사분위수는 데이터를 크기 순서로 배열해 4등분한 값이다. 제1사분위수는 Q1로 25번째 백분위수를 말하며, 제2사분위수는 Q2로 50번째 백분위수이므로 중앙값을 Q2 라 한다.

10명의 몸무게를 다시 크기로 배열하면 다음과 같다. 전체 데이터가 짝수 개이므로 중앙에 오는 수는 5번째와 6번째이므로 이 두 값을 더해 2로 나눠준 값이 중앙값이 된다. 이 경우 62kg인데, 평균(68.6kg)보다 중앙값이 이 10명의 몸무게 중심을 더 잘 표현한다고 볼 수 있다.

순서	1	2	3	4	**5**	**6**	7	8	9	10
ID	3	4	2	6	1	5	8	7	9	10
몸무게(kg)	52	56	57	58	**62**	**62**	62	64	98	125

데이터의 행(관측치)이 많아질수록 오류가 많아지거나, 혹은 극소수 상황까지 포함될 경우가 생기므로 데이터에 이상치가 들어 있을 수 있다. 이때, 중심을 파악하면 이상치가 있더라도 평균보다 중앙값이 데이터 중심을 잘 표현하므로 중앙값을 사용한다.

파이썬에서 .median()으로 중앙값을 계산할 수 있는데 평균과 같은 항목을 가진다.

DataFrame.median(axis=None, skipna=None, level=None, numeric_only=None, **kwargs)

이번엔 df_mt의 중앙값을 보자. col_D를 제외한 나머지 세 개의 열에서 평균뿐 아니라 중앙값 역시 비슷하다. 그렇다면 이 세 개의 열을 구분할 만한 다른 방법이 없을까? 그리고 col_D는 중앙값이 평균보다 줄어들었는데, 앞서 살펴본 10명의 몸무게 데이터처럼 col_D에 이상치가 있었던 걸까? 사실 이렇게 짐작만 할 뿐 단정하기엔 이르다.

```
# 중앙값을 데이터프레임으로 표현
df_mt_median = pd.DataFrame(df_mt[list_cols].median(), columns=
['중앙값'])
df_mt_median
```

	중앙값
col_A	59.0
col_B	61.0
col_C	60.0
col_D	64.0

〈그림 3-23. df_mt 중앙값〉

마지막으로 최빈값을 알아보자.

3.2.7.3 최빈값(Mode)

데이터에서 가장 자주 나오는 값을 말하며 공식적인 수식은 따로 없다. 최빈값 개수에 따라 <그림 3-24>처럼 분포가 다르게 나타난다. 만약 최빈값이 하나만 있다면 봉이 하나인 단봉분포(Unimodal Distribution)를 띄고, 최빈값이 여러 개 있을 때, 봉이 두 개인 경우 이봉분포(Bimodal Distribution), 3개 이상인 경우는 다봉분포(Multimodal Distribution) 모습을 띈다.

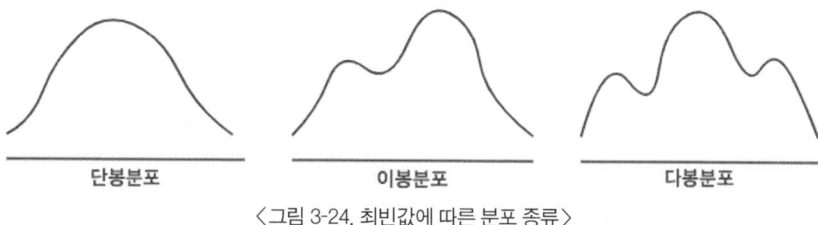

〈그림 3-24. 최빈값에 따른 분포 종류〉

10명의 몸무게 예시에서 62kg이 세 번으로 가장 많이 나왔기 때문에 최빈값은 62가 된다.

ID	1	2	3	4	5	6	7	8	9	10
몸무게(kg)	62	57	52	56	62	58	64	62	98	125

평균과 중앙값은 수치형 데이터에서만 계산 가능하지만, 정성적(범주형) 데이터에도 활용할 수 있는 통계치가 바로 최빈값이다. 예로, 교양 수업을 등록한 학생 데이터에서 학년이나 전공의 최빈값을 보면 어느 전공의 몇 학년 학생이 이 수업을 많이 등록했는지를 파악할 수 있다. 하지만 모든 데이터에서 최빈값이 있는 것은 아니다. 특히 수치형 데이터인 경우 각 데이터가 소수점 여러 자리인 실수라서 같은 값이 존재하지 않을 수 있고, 혹은 범주형 데이터라 할지라도 각 값이 유일할 경우 최빈값이 없을 수 있다.

만약 10명의 몸무게가 다음과 같다면 어떨까? 최빈값의 개수는 하나이고, 그 값은 125kg이다. 여기서 평균값은 72kg이고 중앙값은 61.5kg(61과 62의 가운데 값)이다. 범주형 데이터에서 최빈값으로 어떤 범주에 많은 데이터가 들어가 있는지 파악할 수 있지만, 수치형 데이터에서 최빈값은 말 그대로 자주 나온 값을 말할 뿐 이 값이 중심을 의미하진 않는다. 따라서 연속성 데이터보다 이산 데이터나 혹은 정성적 데이터에서 주로 최빈값을 사용한다.

ID	1	2	3	4	5	6	7	8	9	10
몸무게(kg)	61	57	52	56	62	58	64	63	125	125

파이썬에서는 .mode()를 통해 확인할 수 있으며, 최빈값이 여러 개 나올 수 있기 때문에 그 결괏값은 배열이 아닌 데이터프레임 형식이다. 결측치가 가장 많은 경우, 결측치가 최빈값이 될 수 있으므로 결측치 포함 여부를 선택할 수 있다.

DataFrame.mode(axis=0, numeric_only=False, dropna=True)

df_mt의 최빈값을 보자. 연속성 데이터에서의 <그림 3-25>와 같은 최빈값은 참고만 할 뿐 중요한 정보를 유추하기 힘들다.

```
# 최빈값 확인
df_mt[list_cols].mode()
```

	col_A	col_B	col_C	col_D
0	62	62	60	58

<그림 3-25. df_mt 최빈값>

상황별로 어떤 중심경향값에 더 주목해야 하는지 살펴보았다. 이제 df_mt의 데이터를 이해할 수 있을까? 〈그림 3-26〉의 중심경향값을 비교해 보니 열마다 위치 정도만 파악할 수 있을 뿐 col_A, col_B, col_C의 중심경향값은 매우 비슷해서 사실상 서로 어떻게 다른지 파악할 수 없었다.

```
# 중심경향값을 데이터프레임으로 표현
df_mt_mean = pd.DataFrame(df_mt[cols].mean(), columns=['평균값'])
df_mt_median = pd.DataFrame(df_mt[cols].median(), columns=['중앙값'])
# 최빈값 결과 데이터프레임에서 .T (Transpose)로 행과 열을 바꾼 후, 인덱스 0을 최빈값으로 바꿈
df_mt_mode = df_mt[cols].mode().T.rename(columns={0:'최빈값'})

# 중심경향값 확인
df_display([df_mt_mean, df_mt_median, df_mt_mode],
           ['평균', '중앙값', '최빈값'])
```

평균		중앙값		최빈값	
	평균값		중앙값		최빈값
col_A	59.29	col_A	59.00	col_A	62
col_B	61.25	col_B	61.00	col_B	62
col_C	59.51	col_C	60.00	col_C	60
col_D	67.69	col_D	64.00	col_D	58

〈그림 3-26. df_mt 중심경향값 비교〉

여기서 두 가지 질문을 할 수 있다. 만약 중심경향값 세 개가 서로 달랐다면 분포를 이해하기 더 쉬웠을까? 중심경향값이 비슷하니 세 열이 비슷한 정보라고 판단해도 되는 걸까? 이 질문의 답변을 하나씩 찾아보자.

3.2.8 중심경향을 제외한 분포 파악에 필요한 통계치는 무엇일까?

<3.2.6 분포는 무엇으로 결정될까?>에서 정규분포를 가진 데이터를 임의로 만들어 히스토그램과 밀도 그래프를 살펴보니 평균을 중심으로 좌우대칭의 종 모양(Bell-Shaped)이었다. 정규분포를 가진 모집단도 많지만 그렇지 않은 경우도 있다. 예를 들어, 특정 나라 인구 IQ지수는 정규분포를 가질 수 있지만, 만약 모집단이 나라 인구가 아니라 멘사 회원이거나 지적장애 학생이라면 분포가 어느 한쪽으로 치우칠 수 있다. 이처럼 어느 한쪽으로 치우쳐 있는 분포를 편포(Skewed Distribution)라 하는데, 중심경향값으로 편포를 확인하는 법을 살펴보자.

3.2.8.1 정규분포: 평균 = 중앙값 = 최빈값

단봉분포일 때, 평균, 중앙값 그리고 최빈값이 거의 비슷하거나 값이 같을 때, <그림 3-27>처럼 분포는 좌우대칭의 정규분포를 가진다.

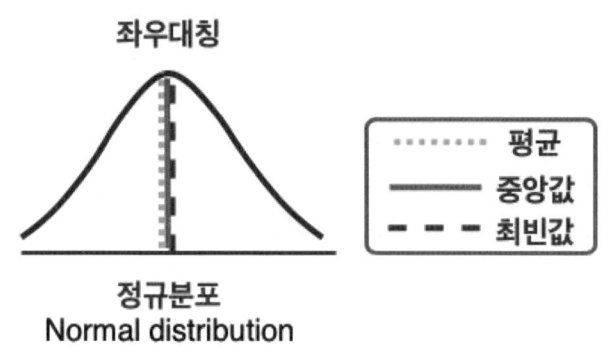

<그림 3-27. 정규분포>

하지만 중심경향값의 차이에 따라 비대칭 분포를 띄기도 한다. 세 가지 중심경향값 중 계산 과정에서 모든 데이터가 포함되는 값은 평균인데, 특히 평균이 어느 위치에 있냐에 따라 비대칭 위치가 달라지는 점에 유의하면서 다음을 살펴보자.

3.2.8.2 양의 비대칭: 최빈값 < 중앙값 < 평균

분포에서 가늘고 긴 꼬리 부분이 오른쪽에 있는 경우 양의 비대칭도를 가진다고 말하며, 이런 분포를 정적편포(Positively Skewed Distribution)라 한다. 양의 비대칭을 가진 데이터 예로 소득 분포나 집값 분포를 들 수 있다. 데이터 값이 커질수록 여기에 해당하는 데이터 개수는 급격히 줄어들지만 이 값이 중앙값보다 크기 때문에 평균이 중앙값보다 크다. 이처럼 평균이 중앙값보다 큰 경우 양의 비대칭을 가진다.

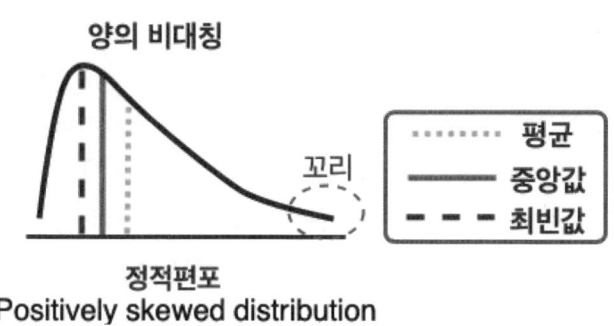

〈그림 3-28. 양의 비대칭〉

3.2.8.3 음의 비대칭: 평균 < 중앙값 < 최빈값

음의 비대칭은 '꼬리'가 왼쪽에 있는 경우를 말한다. 이 분포를 부적편포(Negatively Skewed Distribution)라 한다. 시험이 쉬웠을 때 성적 분포나, 혹은 사망 나이 분포와 같은 경우 최대값에 대한 한계가 있고 대부분의 값이 한계값에 가까이 치중된다. 하지만 데이터 값이 작을수록 여기에 해당하는 데이터 개수 역시 작지만, 평균은 이런 데이터까지 계산에 포함하므로 중심경향값 중 가장 작은 값을 갖는다.

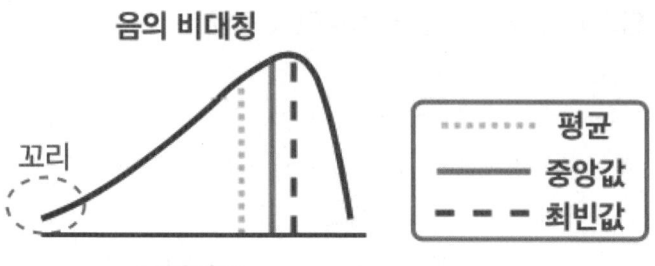

〈그림 3-29. 음의 비대칭〉

비대칭 분포를 살펴보니 비대칭에 따른 데이터 범위 역시 중요하다는 것을 알게 됐다. df_mt에서 범위를 살펴보면 어떨까? 파이썬에서 .max(), .min()으로 최댓값과 최솟값을 계산할 수 있다. 혹은 .describe()를 이용하면 데이터 개수, 평균, 표준편차, 최솟값, Q1, Q2, Q3 그리고 최댓값을 한 번에 구할 수 있다. 〈그림 3-30〉에서 col_C의 최솟값이 제일 작고, col_B의 최댓값이 제일 크다. 앞서 평균, 중앙값, 최빈값을 비교했을 때 col_A, col_B, col_C가 비슷하므로 범위만 다른 정규분포를 가진 데이터일까?

데이터 시각화를 하더라도 사실 대칭인지 비대칭인지 뚜렷하게 구분하기 힘들 때도 있다. 그렇다고 중심경향값으로 분포를 결정해도 괜찮을까? 비대칭을 정의하거나 분포의 특징을 설명할 수 있는 다른 통계치가 필요하다.

```
# 특정 열의 기술통계 구하기
cols = ['col_A', 'col_B', 'col_C', 'col_D']
df_mt[cols].describe()
```

	col_A	col_B	col_C	col_D
count	1000.00	1000.00	1000.00	1000.00
mean	59.29	61.25	59.51	67.69
std	4.99	6.81	7.72	11.30
min	40.00	46.00	-2.00	41.00
25%	56.00	57.00	57.00	58.00
50%	59.00	61.00	60.00	64.00
75%	63.00	64.00	64.00	78.00
max	75.00	118.00	77.00	97.00

〈그림 3-30. dt_mt의 통계치〉

비대칭의 데이터에서 확인해야 할 것은 무엇일까?

1. 데이터의 범위가 타당한지 생각해 보자.

소득분포나 집값 분포는 양의 비대칭을 가진다. 따라서 음의 수를 가진 소득이나 집값은 잘못된 데이터일 가능성이 높다. 최댓값은 중앙값과 평균값과 얼마나 차이나는지 확인하는 습관을 갖자. 음의 비대칭을 가진 경우도 마찬가지다. 특정 값 이상의 데이터가 관측된다면 잘못된 데이터가 아닌지 의심해 봐야 하며 최솟값, 최댓값으로 범위가 타당한지 생각해야 한다. 비대칭 데이터를 이용해 분석이나 예측 모델을 만들 경우 평균보다 중앙값에 더 비중을 둔다.

2. 비대칭 데이터를 그대로 사용해도 될까?

통계 모델 중 데이터의 정규성이란 가정이 있다면 데이터를 변환해야 하는 상황이 생기기도 한다. 하지만 데이터 변환이 정말 필요한지, 어떤 변환 방법을 사용하면 좋은지, 변환된 값은 원래 값과 어떻게 대조할 수 있는지 등을 생각해 봐야 한다. 이 내용은 <3.2.12 꼭 분포를 바꿔야 할까? 로그 변환, 파워 변환에서 손실과 이익을 따져 보기>에서 다룬다.

3.2.9 적률로 이해하는 분포 특징 4가지

중심경향값을 비교하면서 비대칭을 확인하는 것은 한계가 있다. 특히 수치만으로 "평균이 중앙값보다 크니 양의 비대칭이다"라고 단정 짓는 것은 위험하다. 한두 개의 이상치 때문에 평균이 중앙값보다 큰 상황일 수도 있기 때문에 단순히 두 값을 비교하는 것만으로 비대칭 정도를 정확히 파악할 수 없다. 게다가 변수마다 평균과 중앙값이 다를 텐데, 어느 변수가 비대칭이 더 심한지를 알고 싶다면 단순히 평균과 중앙값의 차이로는 비교할 수 없다. 따라서 분포의 평균, 중앙값, 최빈값 이외에도 분포를 설명할 수 있는 다른 지표가 필요하다. 그중에서 적률(모멘트, Moment)을 소개한다. 적률은 첫 번째 적률, 두 번째 적률 등 순서가 있는데 k번째 적률이란 변수 X에 k제곱을 한 확률변수의 기댓값을 말한다. 적률에는 원적률(Raw Moment)과 중심적률(Central Moment)이 있다. 표본에서 k번째 중심적률은 다음 식처럼 표현하며, $\bar{x}$ 대신 다른 값이 대입되면 원적률이라 한다.

$$m_k = \frac{\Sigma(x_i - \bar{x})^k}{n}$$

중심적률에서 변수 X의 표본평균($\bar{x}$)이 0이라면 1차 적률부터 4차 적률까지의 식은 다음과 같다.

적률	수식	의미
첫 번째 적률 (k=1)	$m_1 = \frac{x_1^1 + x_2^1 + \cdots + x_n^1}{n}$	평균
두 번째 적률 (k=2)	$m_2 = \frac{x_1^2 + x_2^2 + \cdots + x_n^2}{n}$	분산
세 번째 적률 (k=3)	$m_3 = \frac{x_1^3 + x_2^3 + \cdots + x_n^3}{n}$	왜도(Skewness) 비대칭의 정도
네 번째 적률 (k=4)	$m_4 = \frac{x_1^4 + x_2^4 + \cdots + x_n^4}{n}$	첨도(Kurtosis) 이상치 정도

〈표 3-4. 적률 의미〉

세 번째 적률 식을 보면 각 x값에 세제곱을 한 뒤 데이터 개수만큼 나눠주었다. 평균이 0이므로($\bar{x}=0$) 어떤 x는 0 이하일 테고, 어떤 x는 0 이상이다. 이때 세제곱을 하면 x값마다 음수와 양수가 유지되는데, 모두 더한 값은 결국 0을 기준으로 음수와 양수 어느 쪽에 더 중심에서 멀리 떨어진 값이 있는지가 결정될 것이다. 즉, 왜도 값이 음수면 0을 중심으로 음수인 x값으로 왼쪽이 긴 꼬리를 가진 비대칭 분포를 가진다. 따라서 왜도에 따라 다음처럼 비대칭 정도를 판단한다.

- -1 이하, 1 이상 : 비대칭
- (-1, -½) 혹은 (½, 1) : 약간 비대칭
- (-½, ½) : 대칭

주의해야 할 점은 표본에서 구한 왜도는 분포에 대한 특징으로 이해해야 한다는 점이다. 표본은 모집단에서 한번 무작위로 추출된 것이므로, 표본 분포의 비대칭이 곧 모집단 분포의 비대칭이라고 결론 내릴 수 없다. 표본으로 모집단의 비대칭을 확인하려면 다른 검정(Test Statistics)이 필요하다. 또한 데이터 수가 적을수록 각 값의 영향력이 커지기 때문에 표본 개수가 적은 경우, 계산된 왜도는 참고만 해야 한다.

네 번째 적률을 첨도(尖度)라 하는데, 분포 중심값의 뾰족한 정도라고 정의한 곳이 많다. 하지만 Peter Westfall, Kurtosis as Peakedness4, 2014[4] 논문에서 정의와 반대되는 분포 사례를 제시하면서, 첨도는 분포 중심에서 뾰족한 정도가 아니라 분포의 꼬리에 집중해야 한다고 했다. 수식에서도 첨도가 클수록 x값이 중심에 몰려 있어서라기보다, 이상치의 네제곱으로 인해 값이 커진 걸로 해석하는 것이 더 합리적이며, 중심의 뾰족함이라는 정의는 잘못되었다는 의견이 모아지는 추세다.

표준정규분포의 첨도는 3이며 이를 기준으로 첨도 값이 3보다 크면 분포 꼬리가

---

[4] Westfall, Peter H. "Kurtosis as Peakedness, 1905 - 2014. R.I.P." The American statistician vol. 68,3 (2014): 191-195. doi:10.1080/00031305.2014.917055

표준정규분포보다 더 두껍고 긴 것으로 해석할 수 있다. 왜냐하면 분포 면적은 확률이므로 전체 면적은 1이어야 하는데, 꼬리 면적이 커져서 분포 중심부의 높이가 낮아지게 된다. 따라서 표준정규분포의 중심보다 더 평평해졌다고 이해할 수 있다. 반면 3 이하인 경우, 표준정규분포보다 꼬리가 짧아 대부분의 값이 일정 범위(중심)에 몰려 있다고 이해할 수 있다.

- 3: 표준정규분포의 첨도
- 3 이상: 표준정규분포보다 꼬리가 두껍고 더 길다
- 3 이하: 표준정규분포보다 꼬리가 더 짧다.

이제 분포 특징을 나타내는 적률도 살펴보았으니 df_mt의 왜도와 첨도를 계산해 보자. 그 전에 질문을 다시 해보면 <그림 3_30>.describe()에서에서, col_A, col_B, col_C에서 평균, 중앙값, 최빈값이 비슷하게 나왔기 때문에 세 변수가 비슷한 정규분포의 모습이라 볼 수 있을까?

SciPy는 각종 수치를 계산할 수 있는 패키지 모음(라이브러리)이며, 통계 계산은 서브(Sub) 패키지인 scipy.stats를 이용해 왜도와 첨도를 계산해 볼 수 있다. for loop라는 반복문으로 열 4개의 왜도와 첨도를 차례대로 계산해서 그 값을 list_skewness와 list_kurtosis에 추가(Append)한다. 값을 더 쉽게 비교하기 위해 데이터프레임으로 바꿔서 출력했다. 결괏값을 보면서 df_mt의 열마다 분포가 어떤지 생각해 보자.

```
from scipy.stats import skew, kurtosis

cols = ['col_A', 'col_B', 'col_C', 'col_D']
list_skewness = [] # list_skewness에 왜도 추가(append)할 예정
list_kurtosis = [] # list_kurtosis에 왜도 추가(append)할 예정

for col in cols:
    list_skewness.append(round(skew(df_mt[col]),2)) # 왜도 계산
```

```
    list_kurtosis.append(round(kurtosis(df_mt[col],
fisher=False),2)) # 첨도 계산

# 리스트를 데이터프레임으로 변환
df_mt_moments = pd.DataFrame({'열이름':cols,
                              '왜도': list_skewness,
                              '첨도': list_kurtosis})

# df_mt_moments 출력
df_mt_moments
```

	열이름	왜도	첨도
0	col_A	0.02	3.17
1	col_B	1.51	9.71
2	col_C	-2.26	14.13
3	col_D	0.31	1.85

〈그림 3-31. df_mt 왜도 및 첨도〉

col_A와 col_D의 왜도는 0.5 안에 들어있어서 대칭을 가진 분포임을 알 수 있다. 특히 col_A는 왜도에서 대칭을 가진 분포인 것을 알았는데, 첨도 역시 3과 가까운 값을 가지므로 정규분포라는 것을 짐작할 수 있다.

col_B의 왜도는 1보다 큰 값을 가지기 때문에 양의 비대칭을 가진 분포이며, col_C는 -1 이하이므로 음의 비대칭을 가진 분포라는 것을 알 수 있었다. 앞서 평균과 중앙값을 비교하는 것보다 훨씬 정확하게 비대칭 정도를 판단할 수 있다. col_B와 col_C의 첨도 값은 큰데, 그렇다면 이상치를 가진 분포일 것이다. 다만, col_B는 왜도가 양수라서 이상치가 중심보다 오른쪽에 더 치중되어 있고, col_C는 왜도가 음수라서 이상치가 중심보다 왼쪽에 더 있을 것이다. col_C의 첨도가 가장 큰 것으로 미루어 보아 이상치는 다른 열보다 많이 있거나 혹은 중심으로부터 꽤 멀어진 값을 가지고 있다는 것을 짐작할 수 있다. 마지막으로 col_D의 첨도는 3 이하로 값 대부분이 중심에 몰려 있다는 것을 짐작할 수 있다.

이제 데이터를 시각화해서 우리가 통계치로 짐작한 df_mt의 분포가 실제 그래프와 맞는지 비교해 보자. 먼저 plotly 라이브러리를 불러온 뒤, 박스 플롯(Box plot, 상자 그림)부터 데이터를 그려 보자. 박스 플롯은 통계량을 바탕으로 분포를 파악할 수 있는 그래프로, 5가지 요약 수치(최솟값, Q1, Q2, Q3 그리고 최댓값)뿐 아니라 이상치까지 확인할 수 있다. 책에서는 5가지 요약 수치가 나와 있지 않지만 실제 코드를 이용하면 마우스를 그래프에 가져갔을 때 수치가 나타나는 반응형 그래프를 얻을 수 있다.

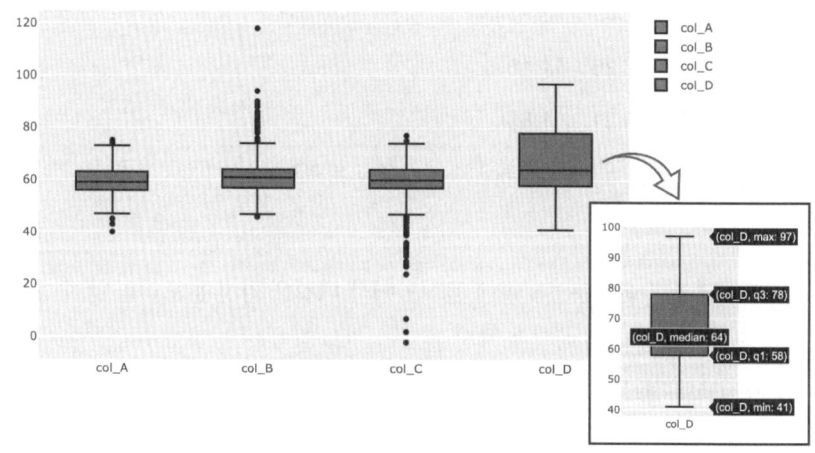

〈그림 3-32. df_mt 박스 플롯〉

```
import plotly.graph_objects as go

fig = go.Figure()
for col in ['col_A', 'col_B', 'col_C', 'col_D']:
    fig.add_trace(go.Box(y=df_mt[col].values, name=df_mt[col].name))

fig.show()
```

박스 플롯을 보니 왜도와 첨도를 통해 분포를 짐작했던 것처럼 col_B는 중심에서 오른쪽(위)으로, col_C는 중심에서 왼쪽(아래)으로 이상치가 있는 비대칭 분포를 가진 데이터라는 것을 확인할 수 있다. 또한 col_A와 col_D를 비교하면 col_A의 꼬리쪽 데이터(박스 플롯에서 박스를 제외한 선 부분)가 col_D보다 작다는 것도 확인할 수 있다.

박스 플롯을 통해 df_mt를 시각화했지만, 하나의 그래프만으로 데이터를 완벽하게 이해할 수 없다. 특히 여러 개의 변수를 비교하는 경우, 여러 종류의 그래프를 그려 가며 이해하는 과정이 필요하다. df_mt가 태산이라면 이번엔 태산을 직접 보면 어떨까? 통계치를 보여주는 그래프가 아닌 직접적인 값을 이용해 분포만 나타낸 히스토그램으로 우리가 생각한 분포가 맞는지 확인해 보자.

이번에도 plotly에서 4개 부분그래프(서브그래프, Subgraph)에 각 열의 히스토그램을 그려 보자. 먼저 fig에 열마다 그래프를 어디에 그릴지 행과 열로 위치를 지정한다. 여기서 1개의 열과 4개의 행을 지정해 행마다 col_A부터 col_D까지 히스토그램을 그릴 예정이다. 그리고 열마다 범위가 비슷해서, shared_xaxes에서 부분그래프의 X축이 동일하도록 설정한다.

〈그림 3-33〉 히스토그램을 보면서 어떤 생각이 드는가? col_A, col_B, col_C는 우리가 통계치로 짐작한 분포이지만, col_D는 최빈값이 두 개인 이봉분포로 통계치에서 미처 확인하지 못했던 부분이다.

```
import plotly.graph_objects as go
from plotly.subplots import make_subplots

# 4개의 서브그래프(subgraph)를 한 행에 하나씩 그릴 예정
fig = make_subplots(rows=4, cols=1, # 총 그리게 될 행과 열 지정
                    vertical_spacing=0.009, # 그래프 행마다 간격
                    shared_xaxes=True) # 서브그래프 X축 값 동일하게 적용

fig.add_trace(go.Histogram(x=col_A,
```

```
                            name='col_A',
                            nbinsx=50), row=1, col=1) # 첫 번째 행: col_A

fig.add_trace(go.Histogram(x=col_B,
                            name='col_B',
                            nbinsx=50), row=2, col=1) # 두 번째 행: col_B

fig.add_trace(go.Histogram(x=col_C,
                            name='col_C',
                            nbinsx=50), row=3, col=1) # 세 번째 행: col_C

fig.add_trace(go.Histogram(x=col_D,
                            name='col_D',
                            nbinsx=50), row=4, col=1) # 네 번째 행: col_D

fig.update_layout(height=800, width=800, # 그래프 크기 설정
                  title_text="dt_mt 히스토그램")

fig.show()
```

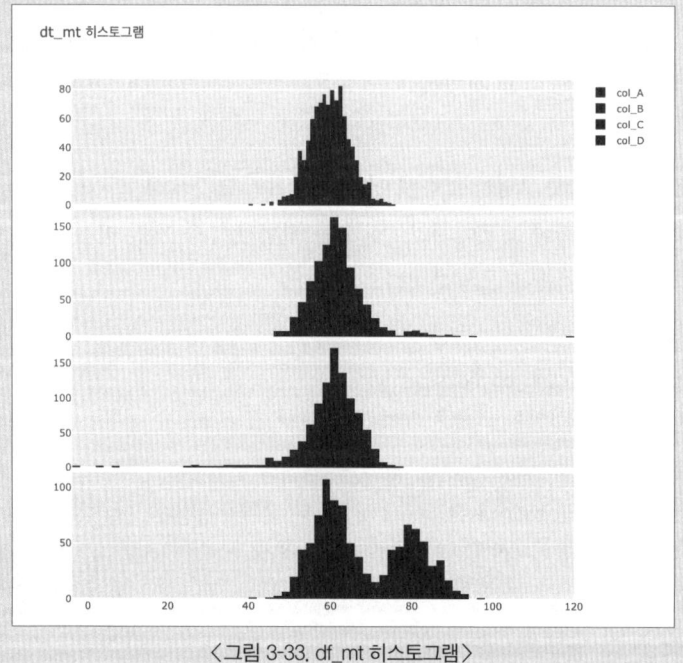

〈그림 3-33. df_mt 히스토그램〉

처음부터 히스토그램을 보면 바로 이해할 것을, 통계치를 확인하며 길을 돌아온 느낌이 든다면 다음을 살펴보자.

1. 처음부터 박스 플롯이나 히스토그램으로 확인하면 될 것을 꼭 통계치까지 계산할 필요가 있었을까?

상황마다 다르다. 통계치로 데이터를 이해하는 게 더 나을 수 있고, 분포를 통해 데이터를 이해하는 게 더 나을 때도 있다. 분명한 점은 통계치와 데이터 시각화 등 다양한 방법을 사용할수록 데이터를 더 정확하게 이해할 수 있다는 것이다. 그렇다면 통계치로만 데이터를 이해할 수 있는 상황은 어떤 게 있을까? 데이터를 누가 이해할 필요가 있는지, 어떤 과정에서 이해해야 하는지에 따라 나눠서 생각할 수 있다.

본인 스스로 데이터를 빨리 파악해야 할 경우 통계치를 사용하는 것이 더 나을 수 있다. 앞서 설명했지만, 데이터를 시각화하기 힘든 경우, 예를 들어 미가공된 데이터거나 시각화해야 할 열이 많거나 혹은 데이터 개수가 많을 때 통계치를 계산하면 전체 데이터를 시각화하는 것보다 더 효율적으로 데이터를 이해할 수 있다.

만약 데이터 분석과정이 아닌, 데이터 파이프라인 과정에서 데이터를 이해해야 하는 상황이 생긴다면, 데이터 시각화 작업은 불가능하다. 예를 들어, 어떤 값을 예측하는 모델을 포함한 데이터 파이프라인을 만들었다고 가정해 보자. 이 예측 모델에 사용되는 데이터가 주기적으로 들어온다면 통계치를 기준으로 기존 데이터와 새로운 데이터 간에 분포 차이가 있는지 확인할 수 있다.

2. 비모수모델을 사용하면 비대칭 분포, 이상치 등 데이터에 대한 제약이 없는데 이런 데이터도 분포를 파악해야 할까?

틀린 말은 아니다. 비모수모델을 사용할 경우, 데이터에 이상치가 있더라도 큰 문제는 없다. 하지만 예측 모델을 세우는 과정에서 자신이 다루는 데이터를 이해하고 예측 모델을 사용하는 것과 그렇지 않은 경우는 정말 다르다. 통계치를 확인하고, 데이터를 시각화하는 작업은 내가 다루는 데이터가 올바른지 재확인하는 작업이기도 하다. 왜 이상치가 있는지, 왜 비대칭인지, 왜 분산이 큰지, 데이터 범위가 왜 이렇지 끊임없이 질문하고 데이터에 문제가 있는건 아닌지 늘 생각해 봐야 한다. 왜냐하면 우리가 다루는 데이터는 완벽한 데이터가 아니기 때문이다. 이 완벽하지 않다는 불확실성(Uncertainty)을 수치화하고 확실성(Certainty 혹은 Accurate)으로 바꿔주는 일 역시 데이터 사이언티스트가 해야 할 일이다. 이 부분에 대한 자세한 내용은 4장 불확실성에서 소개한다.

또 다른 예로, 데이터 용량이 커질수록 여러 문제점이 생기는데, 그중 하나는 비슷한 값을 가진 데이터가 중복되어 나타날 수 있다는 점이다. 데이디 얼의 개수를 사원(Dimension)이라고 표현하는데, 비슷한 값의 열이 많이 있는 경우 차원의 저주(Curse of Dimensionality)라는 문제가 생긴다. 이를 피하거나 극복하기 위해 비슷한 데이터가 있는지 통계치나 데이터 시각화를 통해 확인하는 작업이 필요하다. 차원의 저주에 대한 이야기는 <3.2.19 차원의 저주란 무엇일까>에서 설명한다.

마지막으로 df_mt데이터가 어떻게 임의적으로 만들어졌는지에 대해 설명하겠다. col_A는 평균 60과 표준편차 5를 가진 정규분포를 띈 데이터에서 임의적으로 1,000개를 추출했다. col_B와 col_C의 경우 양의 비대칭, 음의 비대칭을 만든 예이다. col_B는 col_A에서 사용된 정규분포에서 이번엔 800개 데이터를 추출하고, 남은 200개는 한쪽 꼬리를 길게 가질 수 있도록 지수분포(Exponential Distribution)에서 추출한 데이터를 합하여 총 1,000개의 데이터를 임의적으로 만들었다. col_C는 col_B와 동일한 방법으로 무작위 추출을 다시 한 뒤, (np.mean(col_C) - col_C) + mu1 계산으로 각 값을 회전시킨 뒤, 다른 열과 비슷한 평균값을 갖게 하기 위해 col_A에 사용된 평균만큼 수평이동을 했다. col_D는 이봉분포를 표현하기 위해 두 개의 정규분포를 합쳤다. 첫 번째 정규분포는 col_A에서 사용된 정규분포에서 600개 데이터를 추출하였고 남은 400개 데이터는 평균 80, 표준편차 5를 가진 정규분포에서 추출했다.

```
# 임의 숫자 시드 설정
random.seed(20)
np.random.seed(21)

N1=1000
N2=600
N3=400

mu1, sigma1=60, 5
mu2, sigma2=80, 5
```

```python
beta_positive = 10

# col_A: 정규분포(mu1, sigma1, N1)
col_A = np.random.normal(mu1, sigma1, N1)

# col_B: 정규분포(mu1, sigma1, N1) + Exponential(beta_positive)
X1 = np.random.normal(mu1, sigma1, int(N1*0.8))
X2 = np.random.exponential(beta_positive, int(N1*0.2)) + mu1
col_B = np.concatenate([X1, X2])

# col_C 만들기: col_B에서 flip over
X3 = np.random.normal(mu1, sigma1, int(N1*0.8))
X4 = np.random.exponential(beta_positive, int(N1*0.2)) + mu1
col_C = np.concatenate([X3, X4])
col_C = (np.mean(col_C) - col_C) + mu1

# col_D 만들기: Bimodal
X5 = np.random.normal(mu1, sigma1, N2)
X6 = np.random.normal(mu2, sigma2, N3)
col_D = np.concatenate([X5, X6])

# ID
user_id = np.random.randint(1000, 1999, N1)

df_mt = pd.DataFrame({'ID' : user_id,
                      'col_A': col_A.astype('int64'),
                      'col_B': col_B.astype('int64'),
                      'col_C': col_C.astype('int64'),
                      'col_D': col_D.astype('int64')
                      })
```

이봉분포/다봉분포, 어떻게 해야 할까?

이봉/다봉분포는 모집단에서 표본을 추출하는 실험 설계가 잘못됐거나, 데이터를 취합하는 과정에서 문제가 생기는 등의 이유로 두 개 이상의 모집단이 합쳐졌을 때 발생한다. 각 열(피처)은 하나의 모집단에서 온 데이터여야 하는데, 이봉/다봉분포인 경우 분석으로 여러 모집단을 제대로 이해할 수 없으므로 유효한 분석을 할 수 없다.

문제는 어떤 절대적인 통계치나 정의를 이용해 주어진 열이 단봉분포인지 아닌지 구분할 방법은 없다는 것이다. 다만, 히스토그램으로 데이터를 시각화해서 뾰족한 부분(Peak)이 여러 개 있는지, 혹은 파도 모양의 패턴인지를 통해 이봉/다봉분포로 짐작할 수 있다. 왜냐하면 하나의 모집단에서 추출한 표본이라 할지라도 관측치가 적은 경우 파도 모양의 패턴이 충분히 나타날 수 있기 때문이다.

따라서 데이터를 다양한 각도로 분석해서 이봉/다봉분포인지 아닌지를 판단해야 한다. 예를 들어 피크 값이 얼마나 떨어져 있는지, 혹은 다른 범주형 열이 있으면 이봉/다봉분포로 의심되는 데이터가 이러한 범주형 열과 관련이 있는지, 데이터 취합 과정에서 여러 모집단이 포함될 가능성이 있었는지 등을 알아봐야 한다. 이런 과정으로 겹쳐진 데이터에서 어떤 경계값(Threshold)을 이용해 단봉분포로 분리할 수 있는지를 계획해야 한다.

3.2.10 피처 스케일링 할 것인가, 말 것인가?
지도학습 사용 목적으로 판단하기

필요한 데이터를 불러온 후, 데이터 크기도 확인하고 어떤 열(변수, 피처)이 있는지도 확인했다. 각 열은 어떤 의미를 갖고, 어떤 데이터 타입을 가져야 하는지, 어떤 값을 가지는지 확인하면서, 잘못 입력된 값은 지우기도 했다. 앞서 살펴본 것처럼 통계치로 데이터 분포도 파악했는데, 좌우대칭의 종 모양의 정규분포를 따른 열도 있었고, 비대칭 열도 있었다. 특별히 어떤 조치를 취하지 않았지만 이상치와 결측치가 있는 열도 파악했다.

여기까지 과정을 불과 몇 줄 글로 풀다 보니 간단한 것처럼 보일 수 있지만 사실 그렇지 않다. 데이터 행이 많으면 무작위로 추출해서 데이터를 이해하기도 하고, 열

이 많은 경우 필요한 열만 추려서 확인하기도 하지만 전체 데이터를 살펴보는 데 상당한 시간이 걸린다. 혹은 데이터에 대한 배경지식이 부족한 경우, 이를 이해하는 시간도 필요하다. 특히 데이터를 가공하는 과정 중 다른 조직과 협업(조언)이 필요하면 시간이 더 오래 걸리기도 한다. 하지만 시간의 문제이며, 이 과정을 거쳐 데이터를 원하는 수준까지 가공했다면, 이제 본격적인 업무를 할 차례다.

신용카드를 새로 만들기 위해 집을 나섰다. 은행 지점은 전국 곳곳에 있는데, 과연 어느 지점으로 갈까? 비행기를 타고 다른 지역으로 이동한 후, 그 지역 은행 지점에서 신용카드를 발급받는 사람은 몇이나 될까? 목적 달성 측면에서 봤을 때, 많은 비용이 들고 불필요한 시간이 걸렸을 뿐, 결국 신용카드는 만들었다. 다른 지역까지 이동했는데 은행도 들리지 않고 다시 집에 돌아오면 목적조차 달성하지 못한다. 대부분 사람은 단순히 은행에 가야 한다는 이유로 비행기까지 타진 않을 것이다. 일반적으로 지도를 확인해서 집에서 가장 가까운 지점을 찾고 이동 시간과 비용에 맞는 이동 수단을 선택한다. 차로 10분 거리라고 한다면, 걷기엔 오랜 시간이 걸리고 택시를 이용하기엔 비용이 많이 들어서 버스로 이동했다고 가정하자. 그런데 마침 은행 지점 옆에 백화점이 있어서 물건만 사고 집에 왔다면 다시 은행에 가야 해서 목적 달성에 실패했고, 설령 은행에 도착하여 상담을 받았더라도 신용카드 발급 대신 보험 상품을 들고 왔다면 역시 목적 달성에 실패한 셈이다.

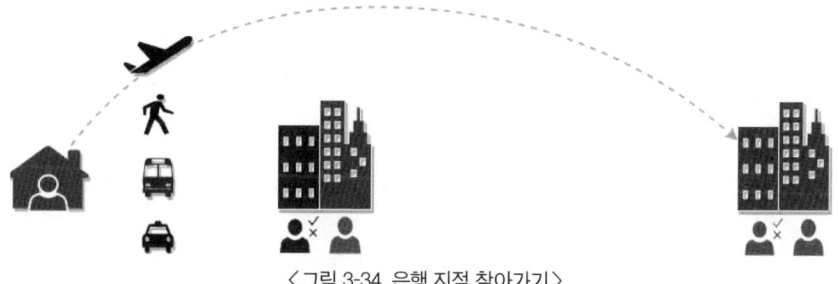

〈그림 3-34. 은행 지점 찾아가기〉

너무나 당연한 얘기라 황당할 수 있지만, 사실 이 상황은 업무와 크게 다르지 않다. 데이터 중 필요한 열에 대해 기본적인 이해를 하고, 분포까지 확인했다면 이제 본격적인 업무를 할 수 있는 시작 단계에 들어섰다. 마치 <그림 3-34>처럼 이제 집을 막 나오게 된 셈이다. 그렇다면 마치 지도를 꺼내 가까운 은행 지점을 찾아 서리에 맞는 이동 수단을 생각하듯, 이 데이터를 가지고 목적에 맞게 어떻게 데이터를 처리하면 좋을지 결정해야 한다. 목적에 맞는 갈림길은 무엇이 있는지 그 방법을 알아보자.

<그림 3-35>와 <그림 3-36>에서 데이터 사이언티스트가 갖고 있는 데이터부터 보자. X_1부터 X_n은 입력 데이터 혹은 예측변수(Predictor Variable)라 한다. 이 예측변수에서 특징(Feature)을 뽑기 때문에 간단히 피처(Feature)라 부르기도 한다. 또한 이 데이터에 Y라는 출력 데이터도 있는데, 레이블(Label), 혹은 타깃(Target)이라 부른다. "예측 모델을 만든다"는 뜻은 보통 입력 데이터를 가지고 출력 데이터를 예측하기 위해 알고리즘을 만드는 것을 말하며 이미 우리가 Y라는 정답을 알고 있기 때문에, 기계(Machine)에 정답을 알려주고 학습(Learning)을 시키므로 지도학습(Supervised Learning)이라 한다. 만약 Y라는 값 없이, 알고리즘을 통해 비슷한 Y값으로 군집(Group)화 하면 비지도 학습(Unsupervised Learning)이라 한다.

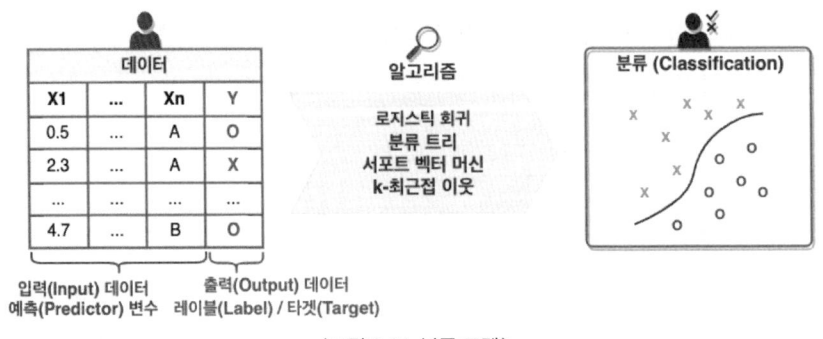

<그림 3-35. 분류 모델>

어떤 것을 예측하느냐에 따라 <그림 3-35>의 분류 모델과 <그림 3-36>의 회귀 모델로 나눌 수 있다. <그림 3-35>는 주어진 입력 데이터에 따라 출력 데이터가 O와 X로 나뉘는데, 이처럼 Y값이 두 개의 그룹으로 되어 있는 경우 이진 분류(Binary Classification)라 하고, 두 개 이상의 그룹이 있으면 다중 분류(Multiclass

Classification)라 한다. 앞서 은행 업무 예시에서 은행 업무를 보기 위해 이동 수단을 결정했듯이 <분류>라는 업무를 수행하려면 로지스틱 회귀, 분류 트리, 서포트 벡터 머신, k-최근접 이웃과 같은 분류 알고리즘을 선택해야 한다.

로지스틱 회귀(Logistic Regression): 일반화 선형 모형(Generalized Linear Model)에 속하는 모형으로, 데이터가 어떤 범주에 속할지 시그모이드(Sigmoid) 함수를 사용해 확률을 계산하고, 이 확률은 주어진 임계값에 따라 범주로 분류

분류 트리: 의사 결정 규칙(Decision Tree)으로 데이터를 소집단으로 분류하는 알고리즘(3.2.10.1 데이터 값 그대로 사용: 규칙을 이용한 알고리즘 참고)

서포트 벡터 머신(Support Vector Machine): 데이터 분류 목적으로, 데이터가 분류된 각 범주에서 최대한 멀리 떨어져 있는 비선형 결정 경계(Decision Boundary)를 정의하는 모델

k-최근접 이웃: 데이터 간의 거리를 이용해 k개의 근접한 이웃으로 데이터를 분류(3.2.10.2 데이터 값을 변환 참고)

반면, <그림 3-36>은 주어진 입력 데이터에 따라 출력 데이터가 범주형이 아닌 수치형으로 되어 있다. 이 경우 회귀 모델(Numeric Regression)을 세우는데 이때 사용할 수 있는 알고리즘으로는 선형 회귀, 회귀 트리, 서포트 벡터 회귀 등이 있다.

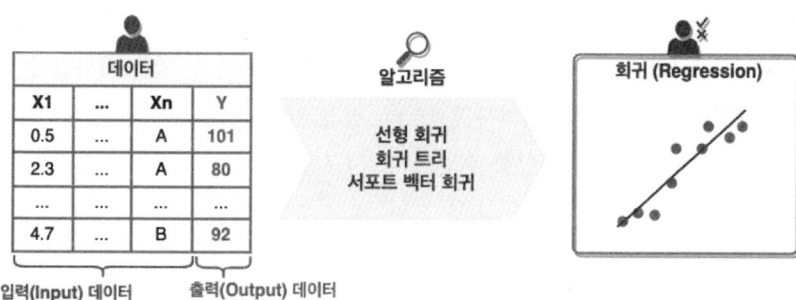

〈그림 3-36. 회귀 모델〉

- **선형 회귀(Linear Regression)**: 종속변수 Y에 한 개 이상의 독립변수 X와의 선형 상관관계를 찾는 통계 모형
- **회귀 트리(Regression Tree)**: 의사 결정 규칙(Decision Tree)으로 데이터를 예측하는 알고리즘
- **서포트 벡터 회귀(Support Vector Regression)**: 서포트 벡터 머신 알고리즘이 종속변수 Y가 연속형인 경우 사용되었을 때를 말함

앞서 통계치와 그래프를 통해 분포를 확인한 것은 수치형 데이터를 이해하는 작업이었다. 정규분포를 띈 데이터도 있을 것이고 비대칭 분포를 가진 데이터도 있었다. 그런데 예측 모델을 만드는 목적을 달성하려면 이 수치형 데이터를 그대로 사용해도 될까? 아니면 어떤 계산을 통해 수치형 데이터를 다르게 바꿔야 할까? 바로 여기서 갈림길을 잘 선택해야 한다. 다시 말해, 모델 목적에 맞는 알고리즘을 잘 선택해야 하고, 알고리즘마다 어떤 데이터가 필요한지 그 상황을 잘 이해해야 한다. 크게 세 가지 갈림길을 소개해 보겠다.

3.2.10.1 데이터 값 그대로 사용: 규칙(Rule)을 이용한 알고리즘

<그림 3-35>와 <그림 3-36>에서 분류나 회귀 모델을 만들기 위해 트리 기반 알고리즘을 사용하면 데이터에 이상치가 있거나 비대칭 분포라도 주어진 데이터 값 그대로 사용 가능하다. 트리 기반 알고리즘의 기본이라 할 수 있는 의사결정나무를 살펴보자. 의사결정나무(의사결정트리, 결정트리라고도 부름)는 스무고개 하듯이 <예/아니오>라고 대답할 수 있는 질문(규칙)을 이어 가며 데이터를 구분해 타깃을 학습한다.

<그림 3-37>에서 X_1과 X_2의 인풋 데이터로 O와 X를 분류하고자 한다. 여기서 인풋 데이터는 X_1과 X_2이다. X_1이 5를 기준으로 Yes와 No, 이렇게 두 그룹으로 나누는데, 5 미만일 경우(Yes) 여기서 다시 X_2가 2를 기준으로 값이 2 미만인 경우, 출

력 데이터는 O로 분류된다. 반면 X_2 값이 2 이상일 때 출력 데이터는 X로 분류된다.

여기서 첫 번째 분류 기준($X_1 < 5$)을 뿌리 마디(Root Node)라 부르고, 중간 질문을 중간 마디(Intermediate Node), 그리고 맨 마지막 O와 X로 출력 데이터가 나온 것을 끝 마디(Terminal Node, 혹은 Leaf Node)라고 한다. 이 전체적인 모양이 나무를 뒤집어 놓은 모습과 비슷해서 의사결정나무라고 부른다. 의사결정나무처럼 알고리즘이 인풋 데이터의 범위를 둘로 나누고, 이렇게 나뉜 범위를 다시 둘로 나누는 방법을 사용할 경우, 이상치나 분포를 바꾸는 노력보다 주어진 알고리즘의 한계점이나 단점을 보강하는 작업(하이퍼 파리미터 튜닝, Hyperparameter Tuning; 알고리즘 구현 과정에서 사용자가 임의로 설정하는 값)이나 파생된 알고리즘을 시도해 보는 것이 더 효과적이다.

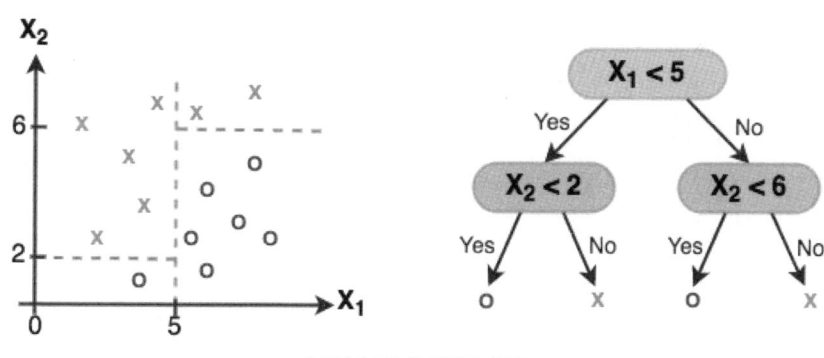

〈그림 3-37. 의사결정나무〉

3.2.10.2 데이터 값을 변환(Feature Scaling)

주어진 데이터 범위를 계산을 통해 새롭게 바꾸는 경우다. 데이터 열마다 단위가 다를 경우, 이 단위에 해당하는 범위 역시 다르다. 예를 들어, 특정 지역 주거 데이터가 있다. 집 면적(제곱미터), 방 개수, 집 가격, 주거 형태(아파트인지 단독주택인지)와 같은 열이 있다고 생각해 보자. 만약 예측하고 싶은 타깃이 주거 형태라면 분류 모델을, 집 가격이라면 회귀 모델을 사용해야 한다. 두 모델에서 사용되는 피처로 집 면적과 방 개수를 사용했을 때, 데이터 범위를 보면 상당한 차이가 있다. 대부분 방의 개수는 5개 이하로 방이 10개가 넘는 집은 거의 없을 것이다. 반면 집 면적은 방의 개수 범위보다 큰 범위를 갖는다. 각 열이 가진 정의에 따라 범위가 다른 것뿐인데, 특정 알고리즘은 큰 범위를 가진 데이터에 가중치를 두기도 하고, 어떤 알고리즘은 학습 과정의 효율성에 영향을 미치기도 한다.

❶ 거리(Distance)를 이용한 알고리즘

〈그림 3-35〉 분류 모델에 사용되는 알고리즘 중 데이터 간의 거리를 이용한 알고리즘이 있다. k개의 근접한 이웃으로 데이터를 분류하는 k-NN(k-Nearest Neighbour) 알고리즘과, 분류를 위해 기준선을 정의하는 서포트 벡터 머신(Support Vector Machine; SVM) 알고리즘이 그 예다. 지도학습 모델뿐 아니라, 비지도학습 알고리즘에도 데이터를 K개 클러스터(Cluster, 혹은 그룹)로 비슷한 값끼리 군집하는 K-means 알고리즘 역시 거리를 이용한다. 여기서 올바른 〈분류/군집〉이란 결국 그룹 안의 데이터끼리 비슷한 점(유사성, Similarity)이 있어야 하고, 그룹과 그룹 간에는 서로 다른 점이 있어야 한다. 여기서 유사성은 일종의 데이터 간의 거리로 계산할 수 있는데, 데이터 간의 거리가 가깝다면 유사성이 높고, 데이터 간의 거리가 멀다면 비슷하지 않다고 해석할 수 있다.

〈그림 3-38〉 k-NN 알고리즘이 새로운 데이터 ★를 어떻게 O 혹은 X로 분류하는지 살펴보자. 여기서 k는 주어진 ★와 가장 가까운 거리에 있는 이웃(데이터)의 개수를 의미한다. k가 3인 경우, ★와 가장 가까운 거리에 있는 데이터 3개를 찾고, 이 3개 이웃의 분류가 어떻게 되었는지 살펴본다. O가 2개, X가 1개로 ★는 O로 분류한다. 만약 k를 7개로 설정하면 ★와 가장 가까운 거리에 있는 데이터 7개를 찾는데, 이때 O가 3개, X는 4개 있으므로 ★는 X로 분류한다.

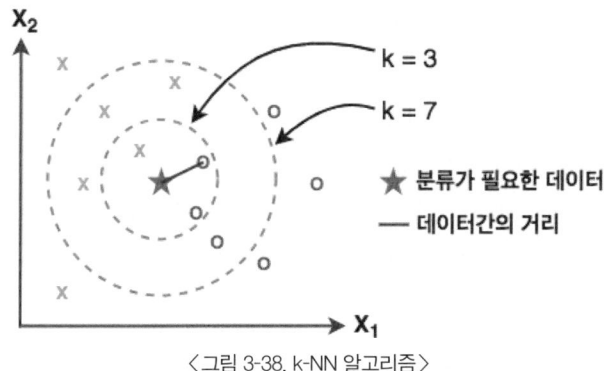

〈그림 3-38. k-NN 알고리즘〉

두 데이터 간의 거리를 계산하는 방법에는 유클리드(Euclidean) 거리, 맨해튼(Manhattan) 거리, 민코스키(Minkowski) 거리 등이 있는데, 주로 사용되는 유클리드 거리를 이용해 데이터의 범위가 왜 중요한지 보자. 〈그림 3-39〉는 변수 X_1과 변수 X_2라는 2차원에서 두 점 사이의 거리 계산을 나타낸다. 만약 2차원에서 n차원으로 변수 개수가 많아지면 차원마다 차이를 제곱해서 더한 값의 제곱근이 n차원에서 두 점 사이의 거리를 나타낸다.

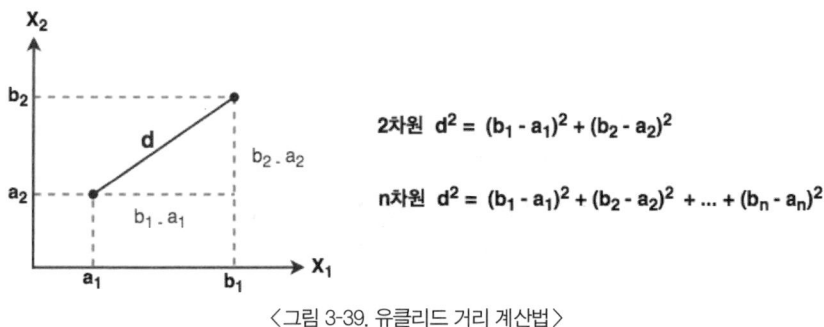

〈그림 3-39. 유클리드 거리 계산법〉

k값을 어떻게 설정하냐에 따라 ★의 분류가 달라질 수 있지만, ★와 데이터 간의 거리를 올바르게 구해야 k값에 따른 분류 역시 확인해 볼 수 있을 것이다. 여기서 거리를 올바르게 계산한다는 의미는 특정 데이터에 편향(치중, Bias)되면 안 된다는 뜻이며 거리 계산을 할 때 사용되는 변수의 범위가 서로 다르면, 큰 값을 가진 변수

를 기준으로 데이터가 편향되어 올바른 계산을 할 수 없다.

❷ 경사하강법을 이용한 알고리즘

머신러닝으로 경사하강법(Gradient Descent)을 이용한 선형 회귀나 로지스틱 회귀를 사용할때 역시 데이터 범위를 확인해야 한다. 경사하강법은 말 그대로 경사가 낮은 쪽으로 내려온다는 의미인데, 마치 산의 높은 곳에서 낮은 곳으로 내려오는 방법이라 비유할 수 있다.

<그림 3-40>과 같은 경사진 산에서 구슬을 굴려 본다고 생각하자. 출발점 1에서 구슬이 경사를 따라 내려간다면 도착점 A에 도착할 것이며, 출발점 3에서 내려가면 도착점 C에 도착한 후 더 이상 구슬이 내려갈 곳은 없을 것이다. 만약 출발점 2에서 출발하면 최초 방향에 따라 도착점 B나 혹은 C에 도착한다. 도착한다는 의미는 구슬이 더 이상 움직이지 않는다는 뜻인데, 그것은 현재 위치가 다른 곳보다 경사가 낮은 오목한 위치에 도달할 경우를 말한다.

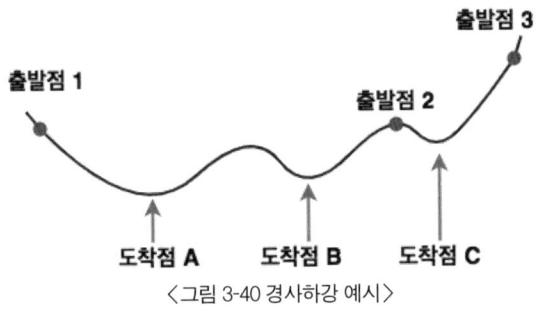

<그림 3-40 경사하강 예시>

이것이 경사하강법의 핵심이라면 다음과 같은 질문을 던질 수 있다.

1. 왜 내려올까?
2. 어떻게 내려올까?
3. 빨리 내려올 수 없을까?
4. 내려온 지점이 최종 도착지일까(혹은 더 낮은 곳은 없을까)?

하나씩 생각해 보면서 경사하강법을 이용한 단순 선형 회귀를 이해해 보자. 단순 선형 회귀 모델은 다음처럼 표현할 수 있다.

$$h_\theta(x) = \theta_0 + \theta_1 x_1$$

여기서 $h_\theta(x)$는 X라는 변수의 값인 x가 주어졌을 때 θ라는 회귀 계수로 이뤄진 식을 통해 나온 값으로 우리가 예측하고자 하는 y(출력 데이터, 타깃)값이다. 머신러닝에서 이 식을 가설(Hypothesis)이라 불러서 여기서 h는 Hypothesis를 의미한다. θ_0은 y절편 혹은 편향(Bias; 절편 값만큼 치우침을 의미)을 말하고, θ_1는 X의 기울기(혹은 Scale Factor)를 의미한다. 회귀 계수 값 θ_i를 가중치(Weights)라 부른다.

주어진 데이터를 통해 이 θ_i값을 구하는 것이 우리의 최종 목표다. 따라서 〈그림 3-41〉처럼 회색 선과 검정색 선 중에서 X와 H의 관계를 잘 설명할 수 있는 하나의 선을 구해야 한다. 만약 피처가 n개 있다면 $h_\theta x = \theta_0 + \theta_1 x_1 + \theta_2 x_2 + \cdots + \theta_n x_n$이 우리가 구하려는 최종 식이다.

회색 선 그리고 검정색 선, 그 외에도 무수히 많은 선을 그릴 수 있다. 여러 선 중에서 X와 H의 관계를 잘 설명할 수 있는 선은 〈그림 3-41〉 오른쪽과 같이 실제 데이터(점)와 예측값(회색 선 vs. 검정색 선)의 오차 합이 가장 적은 선이다.

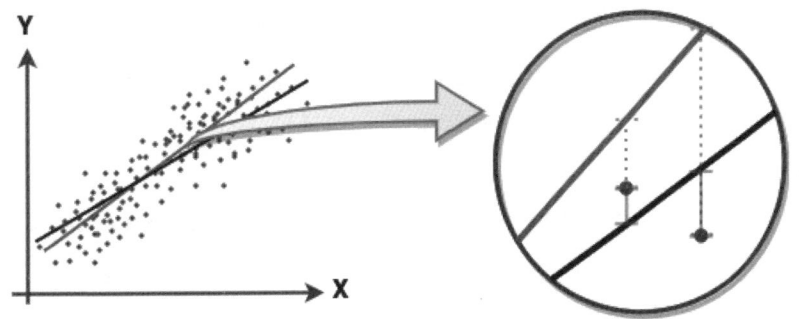

〈그림 3-41. 회색 선과 검정색 선의 오차(컬러 이미지의 경우 파란색 선과 검정색 선)〉

'오차 = 실제값 - 예측값'으로 표현할 수 있는데, 이 오차가 양수일 수도 음수일 수도 있으므로 오차합이 0이 되는 것을 방지하기 위해 제곱한 뒤, 데이터 개수만큼 나누면 평균제곱오차(Mean Squared Error; MSE)가 된다. 이 평균제곱오차에 대한 식을 비용함수(Cost Function) 혹은 손실함수(Loss Function)라고 부른다. 이 비용함수를 최소화하는 선을 찾는 과정을 거치면서, 결국 평균제곱오차값이 제일 작은 값을 갖는 선이 바로 우리가 찾는 선이다.

$$\text{cost} = \frac{1}{n}\Sigma_{i=1}^{n}\left[y^{(i)} - h\left(x^{(i)}\right)\right]^2$$

더 단순하게 $h_\theta(x)$ 식에서 절편(θ_0) 없이 기울기 값만 있어서 비용(Cost)을 $h_\theta(x) = \theta x_1$이라 할 때 우리가 구하고자 하는 값은 θ라 가정해 보자. 앞서 <그림 3-40>에서 경사진 산에서 구슬을 굴리는 이유는 우리 목적이 cost가 제일 작을 때의 값을 구하는 것이기 때문이다. 그 방법을 살펴보자.

<그림 3-42>를 보면 우리는 경사에 따라 가장 오목한 곳에 구슬이 도착하겠지라고 직관적으로 이해하지만, 프로그래밍 언어로 구현하려면 더 이상 움직이지 않는 것을 도착이라 정의해 움직이지 않을 조건을 정해야 한다. 구슬의 위치가 바뀔 때마다 한 번의 스텝(Step)이라 생각한다면, 출발점에서 도착점까지 이 스텝을 반복(Iteration)하는 작업이 필요하다. 이때 출발점은 무작위로 혹은 특정 θ값으로 구슬 위치를 지정한다. 그 후 스텝마다 Cost가 현재 스텝보다 작은 곳으로 가기 위해 θ값이 오른쪽으로 가야 할지, 왼쪽으로 가야 할지의 방향과, 방향에 따라 얼마나 움직여야 할지 간격을 알아야 할 것이다.

이동 방향은 θ의 기울기로 알 수 있는데, θ 위치에서 미분한 값(기울기)이 0보다 크면 θ값이 왼쪽으로 이동하고, 미분한 값이 0보다 작으면 θ값이 오른쪽으로 이동한다.

이동 간격은 기울기 값과 학습률(Learning Rate)의 곱으로 이뤄진다. 이 학습률은 얼마나 큰 보폭으로 움직일지 정하는 상수로 학습률이 작으면 이동 간격이 작아서 최종 도착점까지 이동하는 반복 작업이 길어지고, 너무 높으면 오히려 엉뚱한 방향으로 가기도 한다.

이 스텝을 여러 번 반복해서 θ값이 더 이상 변화가 없을 때(이동 간격이 0일 때 즉, 기울기 값이 0일 때)가 Cost가 가장 작은 값으로 최종 구하고자 하는 θ값이며, 수렴(Converge)한다고 표현한다.

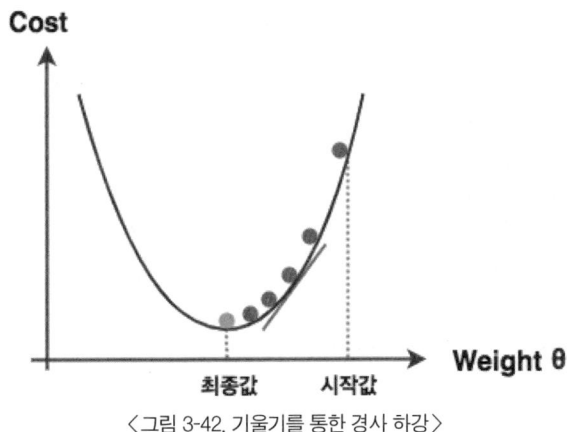

〈그림 3-42. 기울기를 통한 경사 하강〉

경사하강법을 간략하게 살펴보았다. 첫 질문으로 돌아가서 경사하강법을 이용한 알고리즘을 사용할 경우 왜 각 피처의 범위를 맞춰야 할까? 데이터 스케일링 첫 부분, 특정 지역 주거 데이터 예시에서 집값(Y)을 구하는 모델을 세울 때, 면적 피처(X_1)와 방의 수 피처(X_2)를 사용하면 다음 식에서 두 개의 가중치를 구해야 한다. 먼저 간단한 예시를 위해 절편값 $θ_0$ 없이 피처에 대한 가중치만 생각해 보자.

$$y = θ_1 x_1 + θ_2 x_2$$

경사하강법을 이용하면, $θ_1$, $θ_2$ 가중치의 값을 계속 바꾸면서 Cost가 제일 낮은 곳으로 이동하는데 이를 〈그림 3-43〉처럼 등고선 그래프로 표현할 수 있다. 동그란 선이 Cost이고 원 안쪽으로 갈수록 낮은 Cost를 갖는다. 만약 피처 범위가 다르면 타원형으로 등고선이 일그러진 반면, 피처의 범위가 비슷하면 그림 아래처럼 구형의 모습을 가진다. 증명은 생략하지만, 경사하강법에서의 이동 방향은 이 등고선 윤곽과 직각 방향으로 학습률을 반영해 이동한다. 따라서 타원형의 등고선일수록 지그재그식으로 이동하는 반면 등고선이 구형일 경우 이동 방향이 낮은 Cost로 바로 향한다. 따라서 피처의 스케일의 차이가 심할수록, Cost가 최소의 값을 가질 때까지 (가중치가 수렴하기까지) 더 많은 이동이 필요하기 때문에 시간이 오래 걸린다.

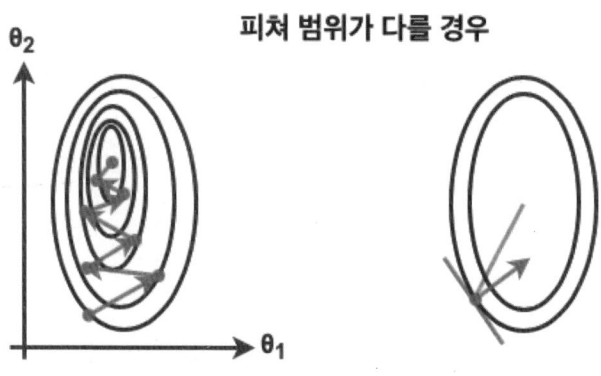

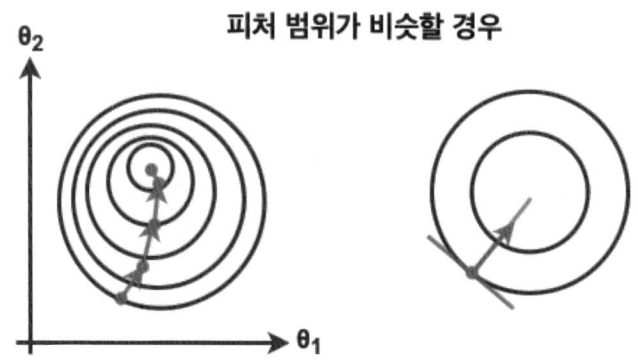

〈그림 3-43. 피처 범위가 다를 때 경사 하강 예시〉

문제는 경사하강법을 통해 cost가 최소인 지점으로 도착했다고 해서 이 지점이 최종 도착지(Global Minimum)가 아닐 수도 있다는 점이다. 〈그림 3-44〉에서 Saddle Point(새들 포인트, 안정점)는 최솟점은 아니지만 기울기가 0인 구간으로 마치 평지와 비슷한 구간을 말하는데, 이 경우 더 이상 구슬이 굴러가지 않기 때문에 최종 목적지인 Global Minimum으로 도착할 수 없게 된다. 이를 극복하는 방법으로 Perturbed Gradient Descent, Stochastic Gradient Descent 등이 있다.

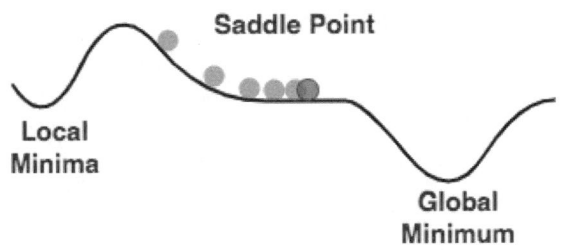

〈그림 3-44. 경사하강의 문제점〉

수치형 데이터가 주어졌을 때, 스케일링 작업을 할 것인지 말 것인지, 해야 한다면 왜 해야 하는지를 살펴보았다. 여기서 소개한 경사하강법은 최적화(Optimization; 문제에 대상이 되는 함수를 목적함수라 하는데 이 목적함수를 최대화 혹은 최소화하기 위해 함수 가중치 조합을 찾는 과정) 방법 중 하나로 이밖에도 계산 속도를 빠르게 하기 위해, 탐색 경로의 효율성을 높이기 위해, 효과적인 학습률을 선택하기 위한 목적 등으로 확률적 경사하강법(Stochastic Gradient Descent), 미니배치 확률적 경사하강법(Mini-batch gradient descent), 모멘텀법(Momentum), AdaGrad(Adaptive Gradient) 등 여러 방법을 사용할 수 있다. 다음은 피처 스케일링을 할 경우, 그 종류와 주의점을 소개한다.

3.2.11 피처 스케일링 방법 중 선택 기준이 있을까?

피처 스케일링에는 여러 종류가 있는데 크게 정규화(Normalization)와 표준화(Standardization) 작업으로 나눌 수 있다. 만약 용어가 헷갈린다면 아래 표처럼 피처 범위를 이동하는 작업인지 분산을 표준화하는 작업인지 최종 목적을 생각하면 된다.

	1. 범위 변환	2. 표준화
목적	피처 범위를 [0, 1] 혹은 특정 범위 [a, b]로 변환	평균 0, 표준편차 1이 되도록 변환 2개 이상 피처에서 단위가 다를 때 표준화를 통해 같은 기준으로 비교 가능
표현 & 용어	정규화(Normalization)	표준화(Standardization) 표준화를 Unit Variance라고 표현.
파이썬 패키지	MinMaxScaler: 최댓/최솟값 MaxAbsScaler: 최대절댓값	StandardScaler: 평균, 표준편차 사용 RobustScaler: 중앙값, IQR 사용
주요사항	- 분포가 바뀌지 않음 - 이상치에 민감 - 변환 후 표준편차가 줄어들 수 있음	- 기존 변수가 정규분포를 가질 때 더 적합 - 평균 0, 표준편차 1을 가진다고 해서 분포 자체가 표준 정규분포가 되지는 않음

파이썬을 통해 스케일러 종류를 살펴보자. 먼저 필요한 패키지부터 불러야 하는데, 파이썬 Scikit-Learn 패키지 중 전처리(Processing) 서브패키지에서 스케일러(Scaler)를 사용한다.

```
import numpy as np
import pandas as pd
pd.set_option("display.precision", 3) # 소수점 자리 셋째 자리 표현

# 그래프 라이브러리
import matplotlib
import matplotlib.pyplot as plt
```

```python
import seaborn as sns
from matplotlib import rc
matplotlib.style.use('ggplot')

# 왜도 첨도 계산을 위한 패키지
from scipy.stats import skew, kurtosis

# 데이터 전처리에 필요한 패키지 불러오기
from sklearn.preprocessing import StandardScaler, MinMaxScaler,
MaxAbsScaler, RobustScaler
```

원래 값과 변환한 값을 비교하기 위해 필요한 함수부터 만들어 보자. get_info() 함수는 데이터프레임에 피처 리스트를 지정하면 각 피처의 통계치를 계산해 데이터 프레임으로 반환한다. 이 함수는 get_comparisons() 함수에 포함됐는데, 데이터를 시각화하기 전 데이터 요약 테이블을 먼저 보여 주도록 설정했다. 이때 데이터프레임이 잘 보일 수 있도록 df_display() 함수를 사용했다.

```python
# 함수 1: 데이터 요약 테이블 구현
def get_info(df, col_list):
    # 통계치를 저장할 빈 리스트 설정
    list_mean = []
    list_median = []
    list_std = []
    list_min = []
    list_max = []
    list_skewness = []
    list_kurtosis = []

    for col in col_list:
        list_mean.append(round(df[col].mean(),2)) # 평균
        list_median.append(round(df[col].median(),2)) # 중앙값
        list_std.append(round(df[col].std(),2)) # 표준편차
        list_min.append(round(df[col].min(),2)) # 최솟값
        list_max.append(round(df[col].max(),2)) # 최댓값
        list_skewness.append(round(skew(df[col]),2)) # 왜도
```

```python
        list_kurtosis.append(round(kurtosis(df[col],
fisher=False),2)) # 첨도

    # 리스트를 데이터프레임으로 변환
    df_info = pd.DataFrame({'열이름': col_list,
                            '표준편차': list_std,
                            '평균': list_mean,
                            '중앙값' : list_median,
                            '최솟값': list_min,
                            '최댓값': list_max,
                            '왜도': list_skewness,
                            '첨도': list_kurtosis}).set_index('열이름').T
    return df_info

# 함수 2 : 데이터프레임 구현
from IPython.core.display import display, HTML
def df_display(dfs:list, captions:list):
    """ 데이터프레임을 나란히 보여줌
        dfs: 데이터프레임 리스트
        captions: 각 데이터 테이블의 설명
    """
    output = ""
    combined = dict(zip(captions, dfs))
    for caption, df in combined.items():
        output += df.style.set_table_attributes("style='display:inline'").set_caption(caption)._repr_html_()
        output += "\xa0\xa0\xa0\xa0\xa0\xa0\xa0\xa0\xa0\xa0\xa0\xa0\xa0\xa0\xa0\xa0"
    display(HTML(output))

# 함수 3. 데이터 요약 테이블과 스케일링 전&후 그래프 구현
def get_comparisons(df, cols_org, cols_scaled, text):

    # 데이터 요약 테이블
    df_summary = get_info(df, cols_org + cols_scaled)
    df_display([df[cols_org + cols_scaled].head(8), df_summary],
               ["스케일링 전&후 첫 8행", "스케일링 전&후 데이터 요약"])
```

```
    # matplotlib 폰트 설정 (Mac OS인 경우) 및 유니코드 에러 고치기
    rc('font', family='AppleGothic')
    plt.rcParams['axes.unicode_minus'] = False

    plt.rc('figure', figsize=[10,5]) # 그래프 사이즈 설정
    fig, (ax1, ax2) = plt.subplots(ncols=2) # 그래프 개수 설정
    fig.subplots_adjust(wspace=0.3) # 두 그래프 간격

    # 첫 번째 그래프
    ax1.set_title('스케일링 전', fontweight='bold')
    sns.kdeplot(df[cols_org[0]], ax=ax1, color="blue", label=cols_org[0])
    sns.kdeplot(df[cols_org[1]], ax=ax1, color="green", label=cols_org[1])
    ax1.set_xlabel('') # x-axis 제목 숨김
    ax1.legend() # 범주 보이기

    # 두 번째 그래프
    ax2.set_title('스케일링 후: {}'.format(text), fontweight='bold')
    sns.kdeplot(df[cols_scaled[0]], color="blue", label=cols_scaled[0], ax=ax2)
    sns.kdeplot(df[cols_scaled[1]], color="green", label=cols_scaled[1], ax=ax2)
    ax2.legend()
    ax2.set_xlabel('')

    return plt.show()
```

df라는 이름으로 4개의 피처(열)를 가진 임의 데이터부터 만들어 보자. 피처 nm1은 평균 50, 표준편차 4를 가진 정규분포에서, 피처 nm2는 평균 -1, 표준편차 0.5를 가진 정규분포에서 임의 데이터를 뽑았다. nm_out은 이상치가 있는 정규분포를 띤 피처고 sk_r은 오른쪽 비대칭 데이터를 표현하기 위해 지수분포를 사용했다.

```python
np.random.seed(100)  # 임의 숫자 시드 생성
size = 5000

# 임의 데이터 생성
df = pd.DataFrame({
    'nm1': np.random.normal(50, 4, size),  # 평균 50, 표준편차 4를 띈 정규분포
    'nm2': np.random.normal(-1, 0.5, size),  # 평균 -1, 표준편차 0.5를 띈 정규분포
    # nm_out은 평균 30, 표준편차 5를 띈 정규분포 4,900개 데이터 & 평균 70, 표준편차 1을 띈 100개 이상치 데이터
    'nm_out': np.concatenate([np.random.normal(30, 5, size-100), np.random.normal(70, 1, 100)]),
    'sk_r': np.random.exponential(10, size),  # 오른쪽 비대칭을 띈 지수분포
})

get_info(df, df.columns.tolist())
```

열이름	nm1	nm2	nm_out	sk_r
표준편차	4.07	0.50	7.50	10.14
평균	50.03	-1.00	30.86	10.06
중앙값	50.04	-1.01	30.15	6.82
최솟값	37.16	-2.65	13.88	0.01
최댓값	65.43	0.73	72.65	78.06
왜도	0.07	-0.04	2.74	1.93
첨도	3.07	2.86	15.69	8.01

〈그림 3-45. df의 피처별 통계치〉

여러 종류의 스케일러를 통해 df의 피처마다 통계치가 어떻게 바뀌는지 살펴보자.

3.2.11.1 StandardScaler : 평균 0, 표준편차 1로 표준화

피처 평균이 0, 표준편차가 1을 갖도록 데이터 값을 다음 식을 사용해 변환한다. 표준편차 값이 1일 때 단위 분산(Unit Variance)이라 한다. 거리를 이용한 알고리즘이나 경사하강법을 사용하는 알고리즘을 사용할 때뿐 아니라, 단위가 다른 피처의 값을 비교할 경우, 단위를 맞춰 줌으로써 값을 비교할 수 있다.

$$\frac{x_i - mean(x)}{std(x)}$$

〈그림 3-46〉에서 피처 nm1 첫 번째 행(인덱스 0번)의 값은 43이고 피처 nm2 첫 번째 행의 값은 -1.72다. 두 개의 값 크기를 비교하고 싶지만, 평균과 표준편차가 다른 값을 가진 정규분포에서 온 값이므로 섣불리 비교할 수 없다. 하지만 StandardScaler로 표준화하면 -1.728과 -1.447로 변환되어 단위가 맞춰짐으로써 두 개의 값을 비교할 수 있다. 스케일링 전후의 밀도 그래프를 비교해 보면 서로 다른 정규분포가 표준정규분포로 되었음을 확인할 수 있다.

```
std_scaler = StandardScaler()
cols_org = ["nm1", "nm2"] # 바꾸고자 하는 피처 리스트
cols_std = ["nm1_std", "nm2_std2"] # 스케일링된 피처 리스트

# nm1과 nm2를 StandardScaler를 통해 스케일링하여 df에 nm1_std, nm2_std2로 
저장
df[cols_std] = pd.DataFrame(std_scaler.fit_transform(df[cols_org].
values),
                                            columns=cols_std,
                                            index=df.index)

get_comparisons(df, cols_org, cols_std, 'StandardScaler')
```

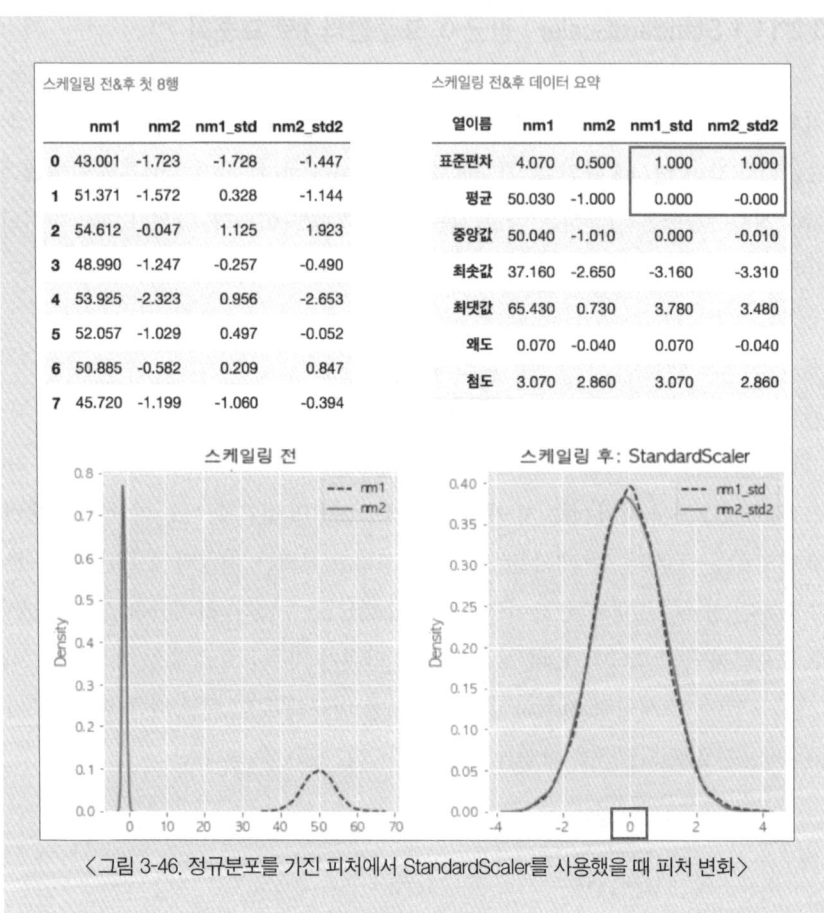

〈그림 3-46. 정규분포를 가진 피처에서 StandardScaler를 사용했을 때 피처 변화〉

주의해야 할 점은 여기서 표준화 작업이 곧 피처를 표준정규분포로 바꿔 주지는 않는다는 점이다. 앞서 nm1과 nm2는 정규분포에서 데이터가 추출되었기 때문에 왜도와 첨도를 보면 정규분포를 가진다는 것을 알 수 있다. 정규분포에서 표준화를 했을 때 표준정규분포를 따르지만 정규분포가 아닌 데이터는 표준화를 해도 원래 분포를 그대로 가지고 있다. 이상치가 있는 피처 nm_out과 오른쪽 비대칭인 피처 sk_r에도 위와 같은 방법으로 표준화를 해 보았다. 평균과 표준편차는 0과 1로 값이 바뀌었지만 왜도와 첨도 값은 원래 피처의 값과 같음을 알 수 있다.

```python
cols_org = ["nm_out", "sk_r"] # 바꾸고자 하는 피처 리스트
cols_std = ["nm_out_std", "sk_r_std"] # 스케일링된 피처 리스트
df[cols_std] = pd.DataFrame(std_scaler.fit_transform(df[cols_org].values),
                            columns=cols_std,
                            index=df.index)

get_comparisons(df, cols_org, cols_std, 'StandardScaler')
```

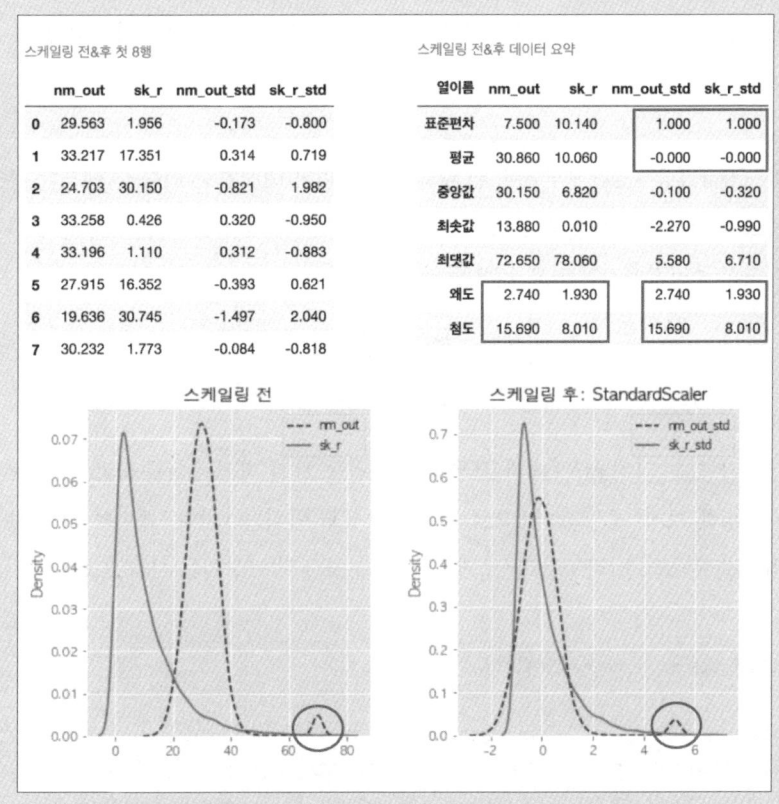

〈그림 3-47. 이상치 및 비대칭을 가진 피처에서 StandardScaler를 사용했을 때 변화〉

3.2.11.2 RobustScaler : 중앙값, IQR로 표준화

로버스트(Robust)는 '건강한', '강력한'이란 뜻으로 통계학에서 여러 상황 중 이상치에 크게 영향받지 않은 통계치를 말하기도 한다. 평균은 피처의 모든 값이 계산에 포함되어서 이상치에 따라 평균이 크게 달라져 로버스트한 통계치라 볼 수 없다. 하지만 데이터 중간 값이나, 사분위 범위(Interquartile Range; IQR; Q3-Q1; Q는 quantile의 약자)는 이상치에 크게 영향받지 않으므로 로버스트하다고 말할 수 있다.

따라서 StandardScaler에서 사용된 평균과 표준편차 대신 RobustScaler에서는 중앙값(Q2)과 사분위 범위를 사용하여 다음 식을 통해 데이터 값을 변환한다. 변환된 데이터의 중앙값은 0이 되고, IQR 범위는 1이 된다.

$$\frac{x_i - Q_2}{Q_3 - Q_1}$$

이상치가 있는 피처 nm_out과 오른쪽 비대칭을 가진 피처 sk_r를 RobustScaler로 스케일링해 보자. 중앙값이 0으로 맞춰졌고 IQR 범위는 1이다. 왜도와 첨도 값을 살펴보자. 분포가 달라졌을까? 스케일링 후 분포에서 이상치는 사라졌을까?

```
robust_scaler = RobustScaler()

cols_org = ["nm_out", "sk_r"] # 바꾸고자 하는 피처 리스트
cols_robust = ["nm_out_robust", "sk_r_robust"] # 스케일링된 피처 리스트
df[cols_robust] = pd.DataFrame(robust_scaler.fit_transform(df[cols_org].
values), columns=cols_robust, index=df.index)

# 두 리스트를 묶어서(zip) IQR 계산
for col_org, col_scaled in zip(cols_org, cols_robust):
    Q3_org, Q1_org = np.percentile(df[col_org], [75 ,25])
    IQR_org = Q3_org - Q1_org
```

```
    Q3_scaled, Q1_scaled = np.percentile(df[col_scaled], [75 ,25])
    IQR_scaled = Q3_scaled - Q1_scaled

    print('IQR {}: {} vs {}'.format(col_org, round(IQR_org,2), round(IQR_
scaled,2)))

get_comparisons(df, cols_org, cols_robust, 'RobustScaler')
```

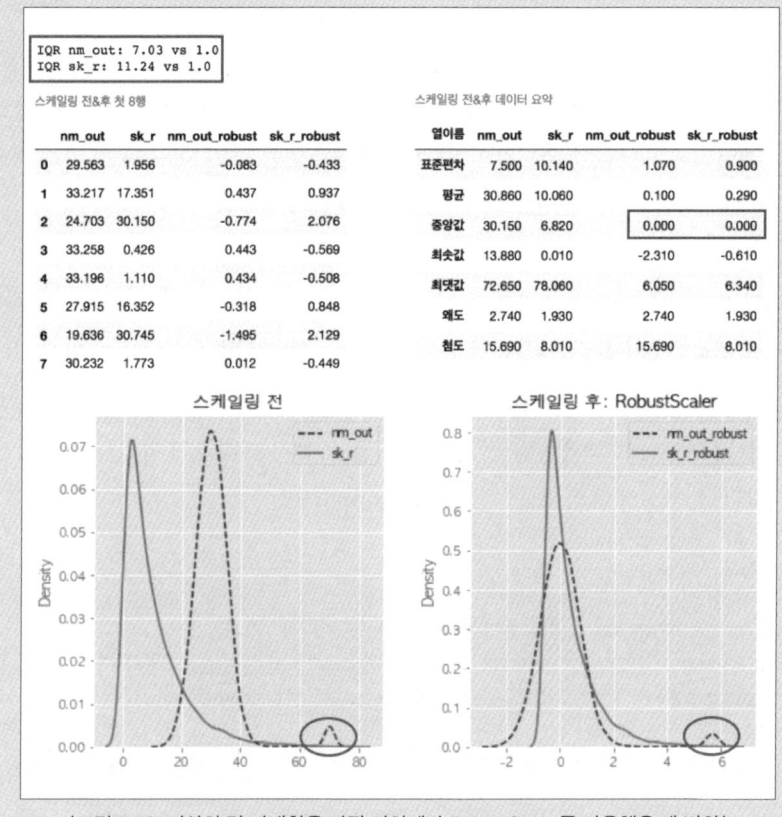

〈그림 3-48. 이상치 및 비대칭을 가진 피처에서 RobustScaler를 사용했을 때 변화〉

이상치에 크게 영향받지 않은 통계치로 피처 스케일링을 한다고 해서, 이상치가 없어지거나 비대칭도가 줄어드는 것은 아니다. 이번엔 정규화로 데이터를 변환해 보자.

3.2.11.3 MinMaxScaler : 최댓/최솟값으로 범위 변환

MinMaxScaler는 변환된 피처의 최솟값이 0, 최댓값이 1이 되도록 다음 식을 이용해 데이터를 변환한다.

$$\frac{x_i - X_{min}}{X_{max} - X_{min}}$$

x_i값 중 최솟값일 때 $x_i - X_{min}$를 하면 분자는 0이 되어 위 식 값은 0이 되고, x_i값 중 최댓값인 경우 분모와 분자가 같게 되므로 위 식 값이 1이 된다. 앞서 살펴보았던 스케일러는 최솟값과 최댓값의 범위의 제한이 없는 반면 MinMax는 피처 범위를 0과 1로, 혹은 특정 값으로 제한할 수 있는 장점이 있다.

MinMaxScaler를 이용해 스케일링된 피처 nm_out과 피처 sk_r를 살펴보면 최솟값과 최댓값이 0과 1로 범위가 정해졌지만 왜도, 첨도, 이상치 여부는 원래 값과 같음을 알 수 있다. 데이터에 이상치가 있으면 이상치 값이 최솟값 혹은 최댓값으로 설정되기 때문에 스케일링 전 정리해야 할 이상치는 없는지 확인하는 것이 바람직하다.

```
minmax_scaler = MinMaxScaler()
cols_org = ["nm_out", "sk_r"] # 바꾸고자 하는 피처 리스트
cols_minmax = ["nm_out_minmax", "sk_r_minmax"] # 스케일링된 피처 리스트
df[cols_minmax] = pd.DataFrame(minmax_scaler.fit_transform(df[cols_org].
values),
                                            columns=cols_minmax,
                                            index=df.index)

get_comparisons(df, cols_org, cols_minmax, 'MinMaxScaler')
```

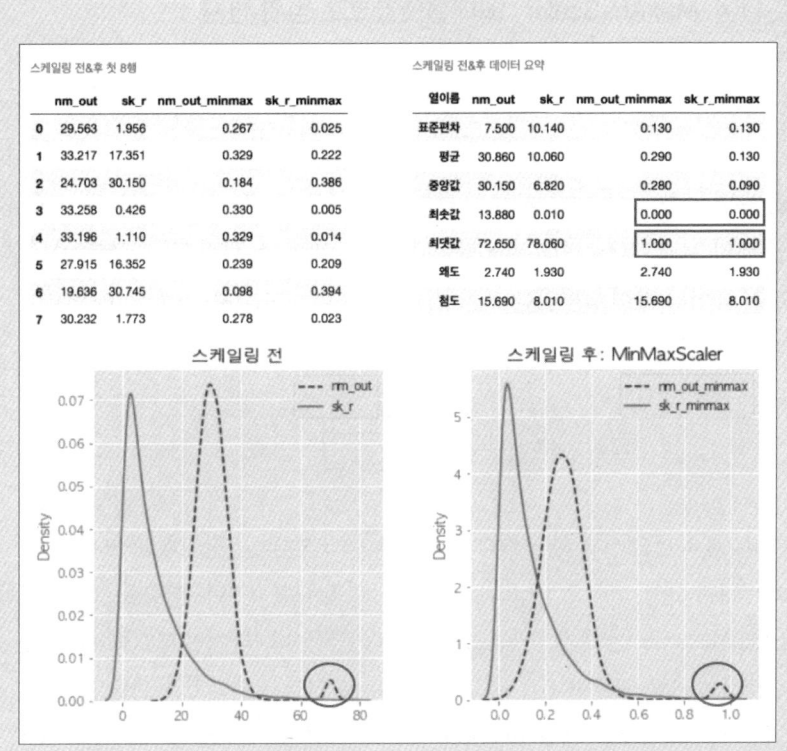

〈그림 3-49. 이상치 및 비대칭을 가진 피처에서 MinMaxScaler를 사용했을 때 변화〉

3.2.11.4 MaxAbsScaler : 최대절댓값으로 범위 변환

MaxAbsScaler는 피처 값을 최대절댓값으로 나누면 스케일링된 피처 범위가 -1에서 1 사이로 설정된다. 피처 값이 양수인 경우 MinMaxScaler와 유사하지만 다음 식을 보면 다른 점이 있다. 피처 각 값(x_i)에 최솟값을 빼지 않는다. 분자 x_i에 다른 값을 빼지 않고 그대로 있으면 x_i값이 0일 경우 피처 스케일링한 후에도 0이 된다. 따라서 데이터 값이 0인 값은 피처 스케일링 이후에도 0을 그대로 유지하고 있단 뜻이다.

$$\frac{x_i}{abs(X_{max})}$$

다음 ex_sparse 예시로 MinMaxScaler와 MaxAbsScaler의 차이점을 살펴보자. ex_sparse 피처 값을 보면 9, 1, -10을 제외한 나머지 값은 0이다. 최솟값 -10과 최댓값 9는 MinMaxScaler를 통해 0과 1로 범위가 변환되었다. 하지만 MaxAbsScaler는 최대절댓값이 -10이므로, -10은 -1(-10abs(-10))로 되었고 원래 0인 값들은 그대로 유지되었다. 이렇게 피처에 0이 많으면 희소 데이터(Sparse Data)라 하는데 스케일링한 후에도 이 희소성을 유지할 수 있는 장점이 있다.

```
# sparse 데이터
ex_sparse = np.array([9, 0, 0, 0, 0, 0, 0, 0, 1, -10])
df_sparse = pd.DataFrame({'org': ex_sparse})

# MinMaxScaler 사용했을 때
minmax_scaler = MinMaxScaler()
df_sparse["minmax"] = pd.DataFrame(minmax_scaler.fit_transform(df_sparse[["org"]].values),
                        columns=[«minmax»],
                        index=df_sparse.index)

# MaxAbsScaler 사용했을 때
maxabs_scaler = MaxAbsScaler()
```

```
df_sparse[["maxabs"]] = pd.DataFrame(maxabs_scaler.fit_
transform(df_sparse[["org"]].values),
                    columns=[«maxabs»],
                    index=df_sparse.index)
round(df_sparse,2)
```

	org	minmax	maxabs
0	9	1.00	0.9
1	0	0.53	0.0
2	0	0.53	0.0
3	0	0.53	0.0
4	0	0.53	0.0
5	0	0.53	0.0
6	0	0.53	0.0
7	0	0.53	0.0
8	1	0.58	0.1
9	-10	0.00	-1.0

〈그림 3-50. MinMaxScaler와 MaxAbsScaler 차이〉

이밖에도 다른 스케일러가 있으며, 때론 스케일링 함수를 직접 만들 수 있다. 피처 특성이나 상황에 맞는 스케일러를 사용하는 것이 중요한데, 이 작업에서 기억해야 할 몇 가지를 정리해 본다.

❶ **스케일링은 분포를 바꾸는 작업이 아니다.**
앞서 살펴 보았듯이 왜도, 첨도나 밀도분포를 비교해 보면 스케일링 전과 후의 값이 비슷했다. 피처 스케일링은 데이터 내에서 특정 상수(constant)를 더하거나 빼고 나누는 작업이므로 단순히 데이터 범위를 바꾸는 것일 뿐, 피처 자체의 분포를

바꾸지 않는다. 다만 평균과 표준편차 값이 각각 0과 1이 아닌 정규분포인 경우, StandardScaler를 사용했을 때 표준정규분포, 즉 정규분포 중 표준이 되는 정규분포로 변환된 것뿐이다. 피처 분포를 바꾸는 방법은 다음 장에서 소개한다.

❷ 스케일링은 이상치를 제거하는 작업이 아니다.
앞서 이상치가 있는 피처의 스케일링 작업으로 이상치 문제를 해결한 경우는 없었다. 이상치를 해결하는 작업은 피처 스케일링과 다른 별도의 작업이다. 이상치가 있는 상태에서 StandardScaler, MinMaxScaler, MaxAbsScaler를 사용하면 이상치가 계산에 반영되기 때문에 이상치를 확인하고 이를 제거하는 작업이 선행되어야 한다. RobustScaler의 경우 이상치에 영향이 덜 가는 중앙값과 사분위 간의 범위를 사용한 앞의 예제에서도 피처 스케일링한 후에도 이상치는 그대로 있는 것을 확인할 수 있다.

❸ 꼭 필요한 작업인지, 어느 피처에 어떤 스케일러를 사용하는 게 좋은지 생각해 보자.
앞서 살펴보았듯이 피처 스케일링이 꼭 필요한 경우가 아니라면, 이 작업은 예측 모델을 세우는 과정에서 필수 작업은 아니다. 예를 들어, 전체 피처 중 일부 피처를 이용해 k-최근접 이웃(k-NN)이나 주성분 분석(Principal Component Analysis; 3.2.20 저주를 풀어줄 PCA란? 참고)을 할 경우 이 작업에 해당하는 피처만 스케일링 작업해도 된다. 따라서 전체 피처를 같은 스케일러로 작업할 필요는 없으며, 피처 특성마다 다른 스케일러를 이용할 수 있다. 그렇기 때문에 어떤 스케일러가 가장 좋다고 말할 수 없으며, 어떤 피처에 어떤 스케일러를 사용하면 예측모델 성능이 좋아지는지 추가로 실험할 수 있는 부분이기도 하다.

❹ 스케일링 함수는 정확하게 사용하자.
앞서 예시에서는 .fit_transform()을 사용했지만, 사실 .fit() 함수와 .transform() 함수가 따로 있다. .fit()은 스케일러가 사용하는 변수 정보를 설정한다. 예를 들어, StandardScaler를 사용할 때, .fit()을 통해 스케일링할 피처의 평균과 표준편차가

저장된다. 그리고 .transform()으로 .fit()에 설정된 값을 바탕으로 피처를 변환한다. .fit_transform()은 이 두 가지 기능이 합쳐졌는데, 그렇다면 굳이 따로 사용해야 하는 상황은 언제일까? 훈련 데이터와 테스트 데이터로 예측 모델을 세울 때 주의해야 할 점으로 모델이 학습하는 과정에서 어떤 형태로든 테스트 데이터가 포함되면 안 된다. 따라서 피처 스케일링 작업 역시 데이터 전체가 아닌 오직 훈련 데이터에서 스케일러에 사용되는 변수를 설정, .fit()해야 한다. 그리고 이 정보를 바탕으로 테스트 데이터는 .transform()만 사용해 스케일링한다.

❺ 스케일러를 저장하는 습관을 갖자.

.fit()으로 설정된 값은 피클(Pickle) 파일로 저장할 수 있다. 상황에 맞게 이 정보를 저장하기도 한다. 예를 들어, 앞서 훈련 데이터에서 .fit()으로 설정된 정보는 피클 파일에 저장한 뒤, 차후 테스트 데이터를 사용할 땐 이 피클 파일을 불러온 후 .transform()을 사용할 수 있다.

스케일러를 저장하면 차후 스케일링된 피처의 원래 값으로 복원할 때도 유용하다. 스케일링을 하면 값에 대한 해석 능력이 떨어질 수밖에 없다. 예를 들어, 피처의 단위가 거리 단위인 킬로미터(km)였는데 스케일링한 후 값이 0과 1 사이의 값이라면 직관적으로 이 값을 이해하기 쉽지 않을 것이다. 가끔 스케일링된 값을 다시 원래의값으로 변환(복원)해 스케일링된 값과 원래의 값을 비교해야 할 때도 있다. 데이터가 크거나, 전처리 작업이 길어지거나 상황이 복잡할수록 스케일러를 저장해 필요할 때마다 불러서 사용하는 것도 유용하다.

다음 파이썬 예시는, 앞서 사용했던 MaxAbsScaler를 피클 파일로 저장한 후, 다시 maxabs_scaler_loaded라는 이름으로 .fit()된 정보를 읽었다. 그리고 maxabs_scaler_loaded의 .inverse_transform() 함수를 적용하여 df_sparse의 maxabs 피처의 값으로 복원해 보았다.

```
# 스케일러 저장
import pickle
scalerfile = 'maxabs_scaler.pkl' # 파일 이름 설정
pickle.dump(maxabs_scaler, open(scalerfile, 'wb')) # 피클 파일로 저
장하기

# 스케일러 불러오기
maxabs_scaler_loaded = pickle.load(open(scalerfile, 'rb'))

# 저장된 스케일러로 스케일된 값을 원래의 값으로 복원하기
df_sparse["maxabs_back"] = pd.DataFrame(maxabs_scaler_loaded.
inverse_transform(df_sparse[["maxabs"]].values) ,
                      columns=[«maxabs_back»],
                      index=df_sparse.index)

df_sparse
```

	org	minmax	maxabs	maxabs_back
0	9	1.000	0.9	9.0
1	0	0.526	0.0	0.0
2	0	0.526	0.0	0.0
3	0	0.526	0.0	0.0
4	0	0.526	0.0	0.0
5	0	0.526	0.0	0.0
6	0	0.526	0.0	0.0
7	0	0.526	0.0	0.0
8	1	0.579	0.1	1.0
9	-10	0.000	-1.0	-10.0

〈그림 3-51. 변환된 값을 원래 값으로 복원〉

3.2.12 꼭 분포를 바꿔야 할까?
로그 변환, 파워 변환에서 손실과 이익을 따져 보기

피처에 특정 상수를 더하고 빼고 나누는 방법은 데이터 범위를 바꿀 뿐 분포를 바꾸지 않는다. 그런데 피처에 로그를 취하거나, 제곱하거나, 제곱근을 계산한다고 가정해 보자. 피처 값에 1 이상의 수를 제곱하면 각 값이 점점 커져서 분포의 꼬리 부분이 점점 늘어나고, 반대로 1 이하의 소수를 제곱하면 값이 줄어들면서 꼬리 부분 역시 줄어들 것이다. 이처럼 어떤 수를 제곱하느냐에 따라 분포가 바뀌는데 이 작업을 파워 변환(Power Transformation) 혹은 거듭곱 변환이라 한다.

정규분포가 아닌 피처를 정규분포로 바꾸는 대표적인 방법으로 박스-콕스 변환(Box-Cox Transformation)이 있다. 이때 피처 값은 양수이어야 한다. 만약 피처에 음수가 있으면 모든 값이 양수가 되도록 모든 값에 특정 상수를 더해 준다거나, 혹은 박스-콕스 변환 대신 조금 더 복잡한 식인 여-존슨 변환(Yeo-Johnson Transformation)을 사용한다.

박스-콕스 변환의 핵심은 변환된 피처가 정규분포를 갖기 위해 어떤 값으로 거듭제곱하면 좋을지 이 값을 추정하는데, 이때 이 추정된 매개변수를 람다(λ)라 부른다. 피처를 Y라 했을 때, 추정된 람다가 0이면 각 값에 자연로그($\ln y_i$)를 취하고 그렇지 않으면 $\frac{y_i^\lambda - 1}{\lambda}$으로 변환한다. 앞서 파이썬의 피처 스케일링에서 살펴보았듯이 .fit()에서 람다 값을 구해서 이 정보를 설정하고 .transform()을 통해 람다 값을 기준으로 데이터를 변환한다. 또한 .lambdas_로 람다 값을 확인할 수 있다.

앞서 사용했던 피처 nm_out, sk_r를 박스-콕스 변환을 통해 값을 변환해 보자. <그림 3-52> 밀도 그래프를 보면 비대칭이 많이 개선되었음을 알 수 있다. 정규분포로 바꾼 이 두 피처 평균은 0, 표준편차는 1이 되었으며 왜도와 첨도 역시 정규분포가 갖는 값과 비슷해졌다. 하지만 nm_out_bc는 정규분포가 갖는 왜도 0, 첨도 3의 값 보다 차이가 나는 것을 알 수 있는데 밀도 그래프를 확인하면서 이상치가 있는지, 혹시 기존 피처가 이봉분포를 가진 것은 아닌지 확인하는 작업이 필요하겠다.

```
pt = preprocessing.PowerTransformer(method='box-cox')

cols_org = ["nm_out", "sk_r"] # 바꾸고자 하는 피처 리스트
cols_bc = ["nm_out_bc", "sk_r_bc"] # 스케일링된 피처 리스트

df[cols_bc] = pd.DataFrame(pt.fit_transform(df[cols_org].values),
                           columns=cols_bc,
                           index=df.index)
get_comparisons(df, cols_org, cols_bc, 'Box-Cox')
```

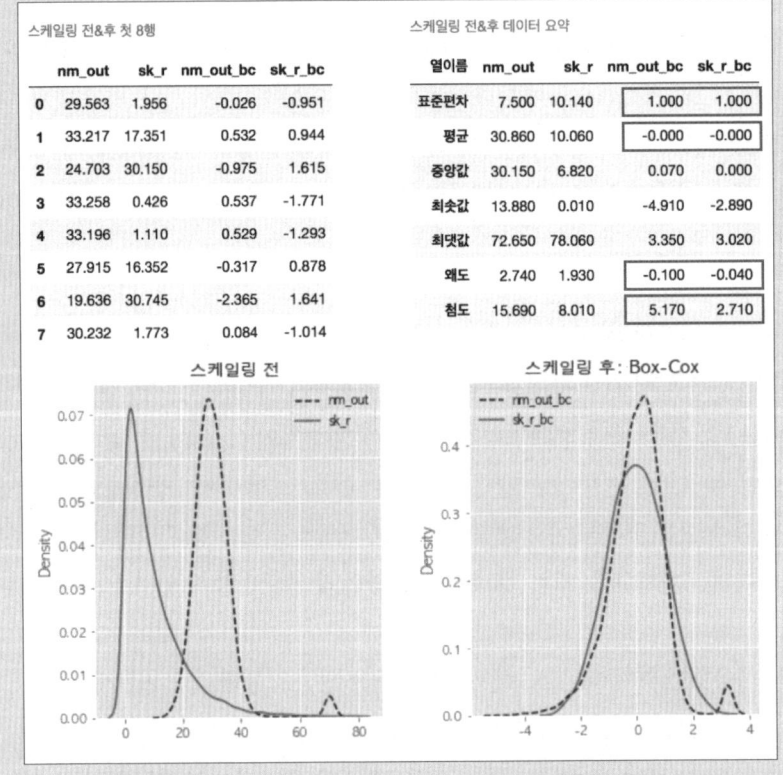

〈그림 3-52. 이상치 및 비대칭을 가진 피처에서 박스-콕스 변환을 사용했을 때 변화〉

피처를 정규분포로 바꾸는 방법을 알아보았는데, 분포를 바꾸는 작업을 할 때 왜 해야 하는지, 꼭 필요한지 거듭 생각해야 한다. 어떤 선택을 하면 이익과 손실이 발생하는데, 이익이 손실보다 커야 올바른 선택이라 할 수 있다. 비대칭이 있는 분포를 로그 변환한다면, 더 나아가 거듭곱 변환을 한다면 이익이 클까? 손실이 클까? 이 선택에 따른 이익과 손실을 일반화할 수 없지만 생각해 봐야 할 점을 소개해 본다.

먼저 이 두 변환부터 비교해 보자. 큰 값으로 인해 오른쪽 비대칭이 심한 분포에 로그 변환을 하면 정규분포가 된다고 오해하는 경우가 있다. 박스콕스 변환에서 추정된 람다 값이 0인 경우 로그 변환을 하면 정규분포로 변환되는 것은 맞다. 하지만 모든 로그 변환이 정규분포로 바뀌는 것은 아니다.

피처 sk_r에 로그 변환을 한 후, 왜도, 첨도, 밀도 그래프를 보자. 물론 오른쪽 비대칭도가 많이 완화되어 정규분포와 비슷한 종 모양의 분포로 바뀌었지만 박스콕스 변환을 통한 sk_r_bc의 왜도, 첨도 값과 차이가 있음을 알 수 있다. 로그 변환은 거듭곱 변환 중 하나의 방법이며 피처가 가진 비대칭을 줄여주기 때문에 정규분포가 가진 종 모양의 분포로 보여질 뿐, 정확하게 정규분포로 바꾸진 않는다.

```
df["sk_r_ln"] = np.log(df["sk_r"]) # sk_r에 로그 변환
sk_r_cols = ["sk_r", "sk_r_ln", "sk_r_bc"] # 비교할 피처 리스트 설정

# 밀도 그래프로 기존 피처, 로그 변환, 거듭곱 변환했을 때 분포 확인하기
plots = sns.kdeplot(data=df[sk_r_cols], linewidth=3)
# 선 스타일[점선(Dotted), 실선(Solid), 파선(Dashed)]
line_styles = [':', '-', '--']

# 선 스타일에 맞게 그래프 라인 설정
handles = plots.legend_.legendHandles[::-1]
for line, ls, handle in zip(plots.lines, line_styles, handles):
    line.set_linestyle(ls)
    handle.set_ls(ls)

# 변환된 피처 통계치 확인
```

```
df_display([df[sk_r_cols].head(8),
            get_info(df, sk_r_cols)],
           ["첫 8행", "변환 전&후 데이터 요약"])
```

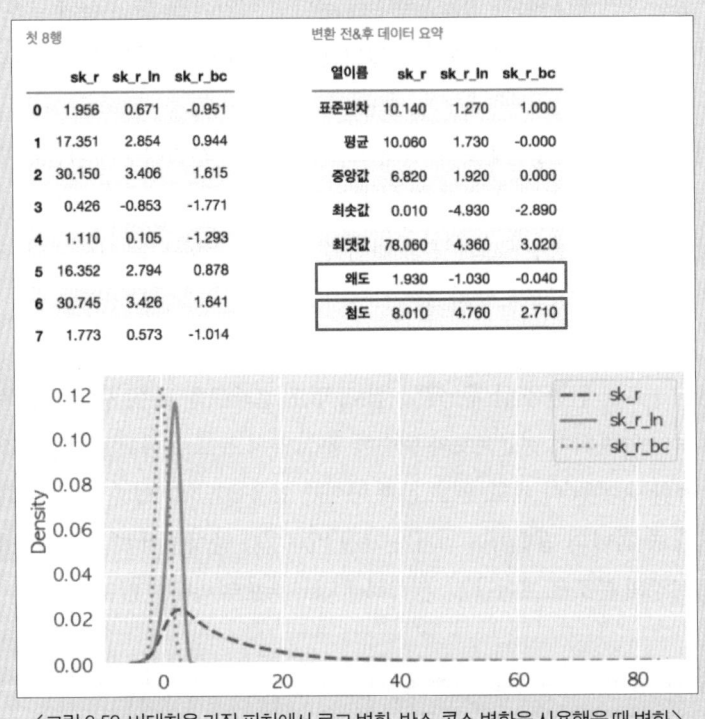

〈그림 3-53. 비대칭을 가진 피처에서 로그 변환, 박스-콕스 변환을 사용했을 때 변화〉

ANOVA나 t-test와 같은 통계 기법으로 분석하거나 모델을 세우는 과정에서 데이터가 정규 분포를 가져야 한다는 조건이 있다면 정규성 검증도 하고, 필요하면 정규 분포로 바꿔 주기도 한다. 또한 데이터 중 시간 간격으로 배치된 시계열(Time Series)일 경우, 시간에 비례하여 데이터 값이 증가하거나 감소하는 변동이 있을 때 분산을 안정화(Variance Stabilization)하기 위해 변환을 사용한다. 하지만 정규 분포를 가져야 한다고 해서 처음부터 박스-콕스 변환을 사용하는 것은 아니다. 왜 정규분포를 따르지 않는지, 혹시 이상치가 있는 것은 아닌지, 이봉/다중분포여서 그런 것은 아닌지, 혹은 데이터 특성 자체가 비대칭을 가질 수밖에 없는 데이터인지 그 이유부터 찾아야 할 것이다. 때론 정규성 가정이 필요 없는 통계 기법을 사용하는 것도 하나의 방법이다.

정규분포를 가져야 한다는 조건이 있다면 정규 분포로 바꾸면 될 것을, 왜 데이터가 정규분포를 따르지 않는지 확인 작업을 해야 하고 혹은 다른 대안까지 알아보며 길을 돌아가야 하는 걸까? 라는 의문을 가질 수 있다. 그렇다면 다음 예를 보자.

다음 세 개의 식이 있는데, 하나는 반응변수()에 아무런 변환을 하지 않은 기본식, 두 번째는 로그 변환을 한 식, 마지막으로 박스-콕스 변환을 한 식이다. 각 식이 모델이 유효하기 위한 가정 조건을 만족하고, 예측 성능에서 큰 차이가 없다면 셋 중 어느 식이 좋은 식일까?

$$y_i = 0.05x_i + 10 \ldots \text{(기본식)}$$

$$\ln(y_i) = 0.05x_i + 10 \ldots \text{(로그 변환 식)}$$

$$\frac{y_i^{0.25}-1}{0.25} = 0.05x_i + 10 \ldots \text{(박스-콕스 변환 식)}$$

예측 모델을 만드는 작업은 설명변수() 값이 주어졌을 때 식을 통해 반응변수 값을 얻는 것 자체도 중요하지만, 식을 통해 설명변수와 반응변수의 관계를 이해하고 해석하는 것 역시 중요하다. 다시 세 가지 식을 이해해 보자.

기본 식에서 x가 1만큼 증가하면 y는 설명변수의 계수인 0.05만큼 증가한다. 별도의 계산 과정 없이 반응변수와 설명변수의 관계를 바로 이해할 수 있다. 이번엔 반응변수에 로그 변환을 했을 경우를 생각해 보자. x값이 1만큼 증가하면 y는 얼마나 증가할까? (x_1, y_1)과 (x_2, y_2)의 값으로 다음의 식을 통해 설명변수와 반응변수의 관계를 이해할 수 있다.

$$\ln(y_2) - \ln(y_1) = (0.05x_2 + 10) - (0.05x_1 + 10)$$

$$\ln(y_2) - \ln(y_1) = 0.05x_2 - 0.05x_1$$

$$\ln\left(\frac{y_2}{y_1}\right) = 0.05(x_2 - x_1)$$

$$\frac{y_2}{y_1} = e^{0.05(x_2 - x_1)}$$

위 식에서 x_2와 x_1의 차이가 1이라면 $\frac{y_2}{y_1}$ 값은 약 1.05 ($e^{0.05}$)가 된다. 따라서 $\frac{y_2}{y_1}$ 값이 1.05라 했을 때, y_1에서 y_2로의 변화율을 의미한다. 따라서 설명변수가 1만큼 증가하면 반응변수는 5%만큼 증가했다고 해석할 수 있다.

만약 반응변수에 박스-콕스 변환을 하면 다음과 같은 식을 유도할 수 있다. 하지만 설명변수가 1만큼 증가했을 때, 반응변수의 관계를 설명하는 것이 쉽지 않다. 설령 설명을 할 수 있다 하더라도 그 설명이 어렵거나 직관적이지 않다면 박스-콕스 변환을 사용했을 때 얻는 이익보다 손실이 더 크지 않을까?

$$\frac{y_2^{0.25} - 1}{0.25} - \frac{y_1^{0.25} - 1}{0.25} = 0.05(x_2 - x_1)$$

$$\frac{y_2^{0.25} - y_1^{0.25}}{0.25} = 0.05$$

만약 반응변수가 비대칭을 가져서 설명변수와 반응변수 간의 선형 관계를 파악하기 힘들다고 해보자. 만약 이상치로 인한 비대칭이 문제였다면, 무작정 로그 변환을 하는 것보다 이상치를 해결한 뒤 주어진 변수를 그대로 사용했을 때 모델을 해석하기 쉬울 것이다.

물론 변수 중, 연봉 및 집 가격처럼 값이 0 이상이고 오른쪽 비대칭이 심한 데이터가 있다. 이럴 경우 거듭 곱 변환 중 로그 변환을 주로 사용한다. 이 변수가 정규 분포가 아니기 때문에 로그 변환을 사용한다고 이해하는 것이 잘못된 것은 아니지만, 로그 변환을 사용함으로써 우리가 잃는 손실과 이익의 실체를 이해하는 것도 중요하다.

로그 변환을 하면 변수 그대로 사용했을 때보다 직관적으로 이해하기 힘든 경우도 있지만, 때론 로그 특성을 이용해 해석하기 쉬운 경우도 있다. 예를 들어 x_1에서 1만큼 차이를 x_2라 했을 때 이에 해당하는 값이 y_1에서 y_2로 증가한다고 생각해 보자. 변수 그대로 사용했을 때의 y값 차이와 로그 변환 후 y값의 차이는 다음처럼 표현할 수 있다.

$$y_2 - y_1$$
$$\ln y_2 - \ln y_1$$

y값을 연봉이라고 생각했을 때, 연봉 상승폭이 2%라고 가정해 보자. A가 작년 연봉이 1백만 원이라면 올해 연봉은 1백 2만 원이다. B가 작년 연봉이 1억이었다면 올해 연봉은 1억 2백만 원이다. 이 연봉 차이를 y_2-y_1로 표현해 본다면 다음과 같다.

A 연봉 차이: $y_2 - y_1$ = 1,020,000 - 1,000,000 = 20,000
B 연봉 차이: $y_2 - y_1$ = 102,000,000 - 100,000,000 = 2,000,000

같은 2% 연봉 상승폭이지만 A 연봉 차이 2만 원과 B 연봉 차이 2백만 원은 차이가 있다. 그래서 2만 원과 2백만 원의 차이만 보았을 때 역으로 연봉 상승률이 어떤지 이해하기 쉽지 않다.

이번엔 이 변수에 로그 변환을 했다고 생각해 보자. 그렇다면 연봉 차이는 $\ln y_2 - \ln y_1$로 표현할 수 있는데,

A 연봉 차이: $\ln y_2 - \ln y_1 = \ln\left(\frac{1,020,000}{1,000,000}\right) = \ln 1.02$
B 연봉 차이: $\ln y_2 - \ln y_1 = \ln\left(\frac{102,000,000}{100,000,000}\right) = \ln 1.02$

A와 B 모두 동일한 값을 갖는다. $\frac{y_2}{y_1}$는 변화율을 말하므로 A와 B 모두 2% 연봉 상승을 가졌다고 바로 이해할 수 있다. 따라서 변수에 따라 로그 변환이 오히려 해석하는 데 도움이 되기도 한다.

또 다른 이익으로 비대칭의 스케일을 줄일 수 있다는 점도 꼽을 수 있다. 변수 값 100,000,000과 100,000을 비교해 보자. 두 값의 차이 100,000,000 - 100,000 = 99,900,000을 로그 변환했을 때 차이는 $ln(100,000,000) - ln(100,000) = 8-5=3$이다. 스케일(규모)을 줄여줌으로써 변수 간의 관계를 파악하는 데 유용하거나 계산도 더 쉬워진다.

이제까지 피처 스케일링과 파워 변환을 알아보았다. 데이터 특성 및 사용 목적이 다르기 때문에 변수의 범위를 바꿔야 하거나 분포를 바꾸는 작업을 할 때마다, 손실과 이익을 따져 보고 이익이 더 큰 쪽을 선택해야 한다.

3.2.13 중심극한정리에서 시작하는 추리통계

<3.2.3 확률, 가능도, 최대 가능도 추정, 통계 차이는?>에서 기술통계와 추리통계의 차이를 살펴봤다. 기술통계로 데이터를 이해하는 것도 중요하지만, 추리통계로 모집단의 특성을 이끌어 내는 것 역시 중요하다. 하지만 통계치나 추정치로 모집단의 속성을 유추(추론)하기 때문에 판정의 오류와 같은 불확실성이 있을 수밖에 없다. 불확실성을 줄이는 방법은 얼마나 불확실한지 수치화해 보는 것이다.

추리통계에서 가장 중심이라 볼 수 있는 중심극한정리(Central Limit Theorem), 가설검정(Hypothesis Testing)을 살펴보자.

3.2.13.1 모집단분포, 표본분포, 표집분포

연구 대상이 되는 모집단에서 모수를 가지고 확률분포로 표현한 것을 모집단분포(Population Distribution)라 한다. 만약 모집단이 정규분포를 띈다면 평균(μ)과 표준편차(σ)를 통해 확률분포로 표현할 수 있다. 문제는 모집단의 방대함 혹은 역동성 때문에 모수를 구하는 게 쉽지 않다는 점이다. 게다가 어떤 형태의 분포인지, 종 모양의 정규분포인지, 비대칭을 가진 분포인지조차 알기 힘든 경우도 있다.

모집단의 속성을 알기 위해 이 모집단을 잘 대표할 수 있는 표본을 무작위로 추출한다. 표본에서 구한 통계치를 확률분포로 표현한 것을 표본분포(Sample Distribution)라 한다. 문제는 표본을 얻을 때마다 모집단의 대상이 무작위로 추출되므로 통계치 역시 매번 다른 값을 갖는다는 점이다. 게다가 같은 모집단에서 추출한 표본이라 할지라도 표본 크기에 따라 표본분포가 달라질 수 있다.

우리가 얻은 통계치가 모수와 충분히 가깝다고 어떻게 증명할 수 있을까? 표본에 따라 통계치가 달라지고, 게다가 모수치 역시 우리가 알지 못하는데 어떤 근거로 통계치로 모수치를 추론할 수 있다는 뜻일까?

이 과정을 검증하기 위해 우린 분포 하나가 더 필요하다. 바로 표집분포(Sampling Distribution)다. 표집분포는 앞서 모집단분포나 표본분포와 다르게 어떤 구체적인 대상에서 얻는 수치로 인해 그려지는 분포가 아니라, 이론을 뒷받침하기 위해 만들어진 가상분포라 볼 수 있다. 이 표집분포는 〈그림 3-54〉와 같은 과정을 통해 만들어진다.

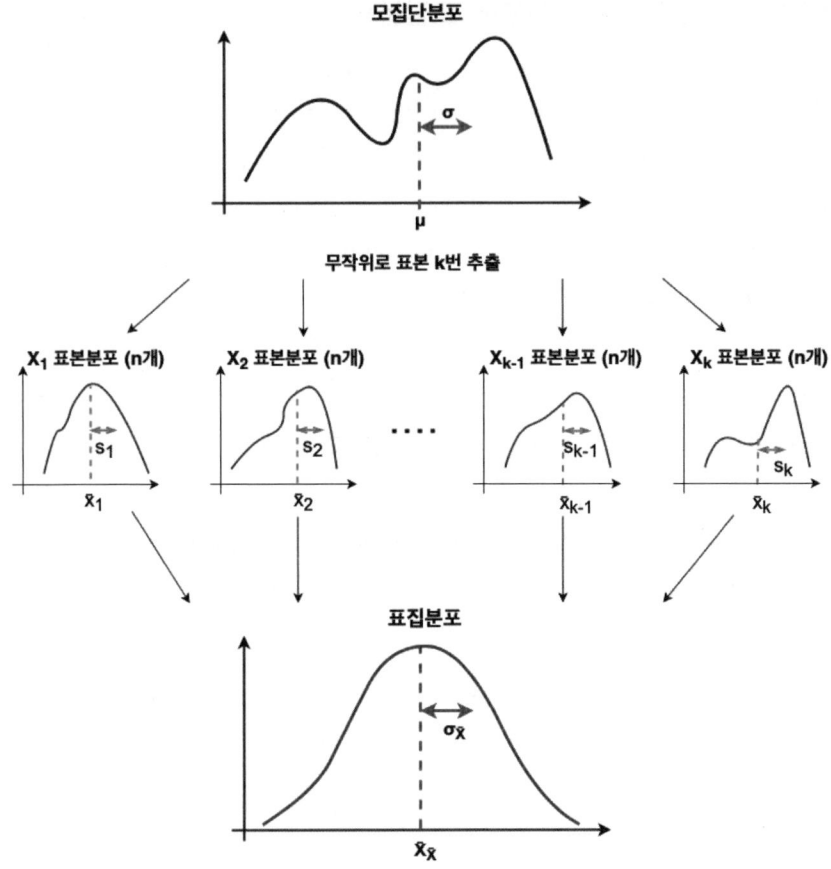

〈그림 3-54. 모집단분포에서 표본분포, 표집분포까지 과정〉

모집단에서 n개로 구성된 첫 번째 표본을 추출한다. 이 표본을 X_1이라 한다면 X_1의 평균($\bar{X}_1$)과 표준편차(s_1)를 계산할 수 있다. 다시 n개로 구성된 두 번째 표본을 추출한다. 이 표본을 X_2라 하고 이때 평균 ($\bar{X}_2$)과 표준편차 (s_2)를 계산한다. 이 작업을 k번까지 반복하면 k개의 평균과 표준편차 값을 얻을 수 있다.

$$k \text{ 개의 평균: } \bar{X}_1, \bar{X}_2, \bar{X}_3, \dots, \bar{X}_{k-1}, \bar{X}_k$$

$$k \text{ 개의 표준편차: } s_1, s_2, s_3, \dots, s_{k-1}, s_k$$

표집분포는 k개의 표본분포의 평균으로 그린 분포를 말한다. 따라서 표집분포의 평균이 k개의 표본 평균들의 평균이므로 $\bar{X}_{\bar{X}}$로 표기했다. 만약 표집이 매번 잘되었다면, 각 표본의 평균 값($\bar{X}_k$)은 모집단의 평균과 비슷하겠지만, 표집이 잘못되었다면 이 차이는 심해질 것이다.

이렇게 각 표본의 평균과 모집단의 평균의 차이를 표집오차(Sampling Error)라 한다. 이 표집오차는 $e_k = \bar{X}_k - \mu$와 같이 표현할 수 있으며, 표집오차 역시 e_1, e_2, e_3, ..., e_{k-1}, e_k로 k개를 가진다.

표집오차가 작을 때를 생각해 보자. 표집오차가 작다는 것은 각 표본의 평균 $\bar{X}_1$, $\bar{X}_2$, $\bar{X}_3$, ..., $\bar{X}_{k-1}$, $\bar{X}_k$이 모집단의 평균값과 비슷하다는 뜻이다. 그래서 표집분포를 그리면, 각 표본 평균값이 $\bar{X}_{\bar{X}}$ 가까이 있기 때문에 <그림 3-55> 왼쪽 그림처럼 표준편차가 작은 분포 모습이 된다. 반면, 표집오차가 크다는 것은 각 표본의 평균이 모집단의 평균과 차이가 있다는 뜻이다. 따라서 표집분포를 그렸을 때, 각 표본의 평균이 표집분포의 평균과 멀어질 수 있어서 오른쪽 그림처럼 표준편차가 큰 분포를 갖게 된다.

어떻게 하면 이 표집오차를 줄일 수 있을까? 바로 표본의 사이즈에 달려 있다. 모집단의 크기가 N이라 한다면, 이 모집단에서 무작위로 10개를 추출해 표본 하나를 얻는 것과, 1,000개를 추출해 표본 하나를 얻는 것은 평균의 차이가 있다. 큰 수 법칙(Law of Large Number)에 따라 이 표본 크기가 N에 가까워질수록 모집단의 평균과 가까워지기 때문이다. 따라서 표본 사이즈가 클수록 표본오차가 줄어들어 표집분포 역시 <그림 3-55> 왼쪽 그림과 같은 분포를 갖게 된다.

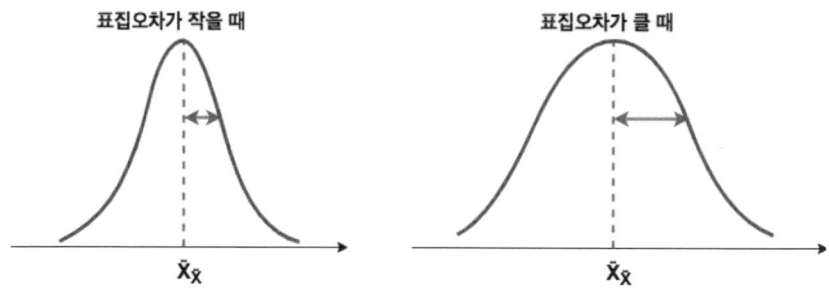

〈그림 3-55. 표집오차에 따른 분포 형태〉

따라서 표집분포의 표준편차는 표집오차에 따라 달라지기 때문에 표준편차라 부르지 않고 표준오차(Standard Error; SE)라 부른다. 표본에서 표준편차는 표본의 값이 평균에서 어떻게 흩어져 있는지 계산한 것이라면, 표준오차는 각 표본의 평균들과 모집단의 평균의 차이를 나타내기 때문에 이를 구분하기 위해 용어를 다르게 부른다. 따라서 통계학에서 표준오차를 사용하는 경우 표집분포를 말하며, 모집단 분포나 표본분포는 동일하게 표준편차라 사용하지만 모집단을 말할 땐 그리스 문자(σ)로, 표본분포는 알파벳(s)으로 구분한다.

3.2.13.2 중심극한정리(Central Limit Theorem)

중심극한정리란 앞서 설명한 모집단분포, 표본분포, 표집분포를 이해했다면 정말 간단한 이론이다. 각 표본이 서로 관련 없이 독립적이고 동일한 모집단분포에서 추출되면(독립동일분포, Independent and Identically Distributed; IID) 다음 사항을 만족한다.

표집분포 평균($\bar{X}_{\bar{X}}$) = 모집단의 평균 (μ)
표집분포 표준오차($\sigma_{\bar{X}}$) = 모집단의 표준편차를 표본크기의 제곱근으로 나눈 값 ($\frac{\sigma}{\sqrt{n}}$)
표본 크기(n)가 30 보다 크면, 모집단 분포와 상관없이 정규분포가 됨

중심극한정리를 통해 표집분포의 평균을, 표준오차를 통해 모집단을 추론할 수 있다.

다음 상황을 생각해 보자.

1. 표본 크기가 작다면?
2. 표본을 여러 번 수집하는 게 불가능하다면?
3. 표본을 수집하는 과정에서 시간이 걸리고 많은 비용이 들어간다면?
4. 중심극한정리의 가정 조건(IID)을 만족하지 못한 상황이라면?
5. 평균이 아니라 중앙값과 같은 다른 통계치에 대해 추론하고 싶다면?

업계마다 다르겠지만 실무자로서 모집단을 대상으로 여러 개의 표본을 얻는다는 것은 쉽지 않다. 표본 데이터 하나만으로 앞서 제시한 한계점을 극복할 수 없을까? 다시 말해, 중심극한정리에서 소개한 표집분포가 아닌 다른 방법으로 모집단을 추론할 수 있는 표집분포를 얻을 수 없을까? 그 대안 중 하나인 부트스트랩 분포를 소개한다.

3.2.13.3 부트스트랩 분포(Bootstrap Distribution)

부트스트랩은 표본에서 다시 표본을 뽑기 때문에 표본 재추출법(Resampling Method) 이라 부른다. 이 방법은 주어진 표본에서 무작위로 표본을 추출하는데, 표본의 아이템 은 중복추출이 가능하다. 표본과 비슷한 특성을 갖는 여러 개의 표본을 만들기 때문에 머신러닝에서 훈련 데이터(Training Data)를 늘리는 방법으로 사용하기도 한다.

〈그림 3-56〉에서 첫 번째 그림은 모집단에서 k개의 표본을 무작위로 추출해 각 평균값으로 표집분포를 만든 것을 보여 준다. 반면 아래의 그림은 부트스트랩 표집 분포가 어떻게 만들어졌는지를 보여 준다.

주어진 하나의 표본에서 다시 부트스트랩 표본을 추출하여 우리가 알고 싶은 통계 치를 계산한다. 이를 k번 반복해서 얻은 k개의 통계치로 부트스트랩 표집분포를 만든다. 이 표집분포의 표준오차를 통해 가설검증을 하거나 신뢰구간을 구할 수 있다. 이 과정에서 부트스트랩 표본 크기와 반복 횟수 k에 따라 성능에 차이가 있을 수 있다.

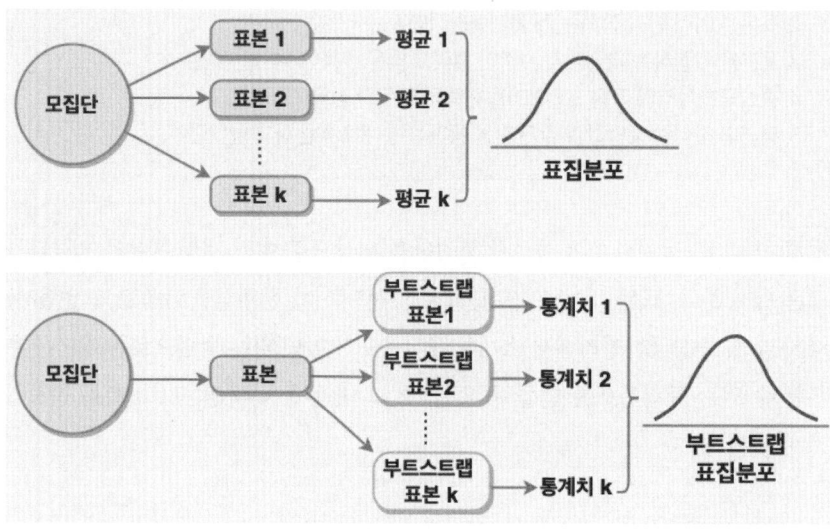

〈그림 3-56. 부트스트랩 표집분포〉

간단한 시뮬레이션을 통해 정말 표집분포가 모집단을 추론할 수 있는지 살펴보자. 먼저 필요한 라이브러리와 통계치를 계산할 수 있는 get_info()를 다시 사용했다. 모집단은 앞서 사용했던 오른쪽 편포를 가진 지수분포에서 10만 개의 값을 무작위로 추출해 데이터프레임 df_population이라 저장했다. 중심극한정리에서 보여준 표집분포와 부트스트랩 표집분포를 만들어 모집단의 모수와 비교해 보자.

```
import numpy as np
import pandas as pd
pd.set_option("display.precision", 2)  # 소수점 둘째 자리 표현

# 앞서 사용한 get_info 사용
```

```python
def get_info(df, col_list):
    # 통계치를 저장할 빈 리스트 설정
    list_std = []
    list_1Q = []
    list_mean = []
    list_median = []

    for col in col_list:
        list_1Q.append(round(np.percentile(df[col], 25),2))
        list_mean.append(round(df[col].mean(),2)) # 평균
        list_median.append(round(df[col].median(),2)) # 중앙값
        list_std.append(round(df[col].std(),2)) # 표준편차

    # 리스트를 데이터프레임으로 변환
    df_info = pd.DataFrame({'열이름': col_list,
                            '크기' : len(df),
                            '표준편차': list_std,
                            '1Q' : list_1Q,
                            '평균': list_mean,
                            '중앙값' : list_median}).set_index('열이름').T
    return df_info

# 랜덤 시드 설정
np.random.seed(100)

# 모집단 만들기
N = 100000 # 모집단 크기
population_x = np.random.exponential(scale=10, size= N) # 비대칭분포
df_population = pd.DataFrame({"모집단": population_x}) # 열 이름 바꾸기
```

먼저 표집분포를 만들어 보자. 모집단에서 표본 크기가 40인 표본을 70번 추출한다. 10만 개 중 40개 표본 크기는 작다고 볼 수 있는데, 표집분포의 평균이 모집단의 평균과 비슷한 값을 가질 수 있을까?

표집은 70번 반복하는데, 표본마다 평균을 구해 sample_mean이라는 비어 있는 리

스트에 넣는다. 이 sample_mean의 리스트가 곧 표집분포가 되는데, df_sam_dis_clt 데이터프레임으로 바꿔 표집분포의 통계치와 모집단의 통계치를 비교해 보자.

모집단의 평균은 10이고 표집분포, 즉 70개 표본의 평균들의 평균값이 9.98이 나왔다. 10만개 중 40개를 추출하여 이 과정을 70번 반복했는데, 표집분포의 평균이 모집단의 평균에 상당히 근접하다. 앞서 표준오차 식($\frac{\sigma}{\sqrt{n}}$)을 통해 계산해 보면 1.58이며, 표집분포의 표준오차를 계산해 보면 1.33으로 1.58에 근접함을 알 수 있다(참고로 표집분포의 표준편차이므로 표준오차를 말한다).

모집단의 분포와 정규분포를 따르는 표집분포가 다르기 때문에 중심극한이론에서 살펴본 평균과 표준오차를 제외한 나머지 통계치는 모집단의 모수와 상당한 차이가 있음을 알 수 있다.

```python
# 표본분포 만들기
sample_mean = []

k=70 # 70번 반복해서 모집단에서 표본 표집
n=40 # 표본 크기
for i in range(k):
    
    # 모집단에서 무작위로 표본 추출
    chosen_idx = np.random.choice(N, replace=False, size=n)
    x = df_population.iloc[chosen_idx]
    
    # 표본에서 평균 계산
    avg = x["모집단"].mean()
    
    # 계산된 평균을 리스트에 추가
    sample_mean.append(avg)

# 70개 각 표본평균으로 이뤄진 표집분포
df_sam_dist_clt = pd.DataFrame({"표집분포": sample_mean}) # 열 이름 바꾸기
```

```python
# 공식에 따른 표준오차
print("표준오차:", round(df_population["모집단"].std()/np.sqrt(n),3))

# 모집단, 표집분포 주요 정보 비교
df_display([get_info(df_population,["모집단"]),
            get_info(df_sam_dist_clt, ["표집분포"])],
           ["모집단", "표집분포_CLT"])
```

```
표준오차: 1.58

모집단                          표집분포_CLT

열이름      모집단                 열이름      표집분포
크기       100000.00           크기       70.00
표준편차    9.99                표준편차    1.33
1Q        2.88                1Q        9.12
평균       10.00               평균       9.98
중앙값     6.95                중앙값     9.86
```

〈그림 3-57. 모집단과 표집분포의 평균 비교〉

이번엔 부트스트랩 방법으로 표집분포를 만들어 보자. 우선 모집단 10만 개 중 50개만 무작위로 추출해 하나의 표본, df_sample을 구한다. df_sample의 인덱스를 기준으로 다시 크기가 30인 부트스트랩 표본을 추출하기 위해 .reset_index()로 인덱스 값을 0부터 설정한 뒤, .np.random.choice() 함수에서 무작위로 인덱스를 추출한다. 여기서 중복 인덱스 허용을 하기 위해 replace=True라 설정하였다. 총 70개의 부트스트랩 표본을 반복해서 추출하는데, 부트스트랩 표본을 추출할 때마다 표준편차, 1사분위, 평균, 중앙값을 계산해 해당 리스트에 추가한다. 차후 이 4개 리스트는 4개의 부트스트랩 표집분포가 된다.

우리의 관심사는 이렇게 만들어진 부트스트랩 표집분포의 평균값이다. 다시 말해, 70개 부트스트랩 표본에서 구한 다음의 통계치를 계산해 sam_dist라는 배열을 만들었다.

    1) 표준편차의 평균: np.mean(sample_std)

    2) 1사분위의 평균: np.mean(sample_1Q)

    3) 평균의 평균: np.mean(sample_mean)

    4) 중앙값의 평균: np.mean(sample_median)

이 배열을 데이터프레임으로 변환하여 모집단, 표본, 부트스트랩 표집분포를 비교해 보자. 크기를 제외하고, 모집단의 모수는 70개 부트스트랩 표본에서 계산된 통계치의 평균과 비슷함을 알 수 있다.

```
# 표본 만들기
n = 50 # 표본 크기
chosen_idx = np.random.choice(N, replace=False, size=n) # 모집단 인덱스에서 무작위 n개 선택
df_sample = df_population.iloc[chosen_idx] # 추출된 인덱스만 선택
df_sample.rename(columns={"모집단":"표본"}, inplace=True)
df_sample.reset_index(drop=True, inplace=True) # 인덱스 값 재설정

# 부트스트래핑 표본 만들기
# 초기 리스트 생성, 차후 한번 부트스트래핑 통계치 계산할 때마다 값 추가 예정
sample_std = []
sample_1Q = []
sample_mean = []
sample_median = []

k=70 # 70번 반복해서 표본에서 부트스트랩 표집
n_bs = 30 # 부트스트래핑 표본 크기
```

```python
# 부트스트랩 표본 만들기
for i in range(k):

    # 표본에서 무작위로 부트스르래핑 표본 추출
    chosen_idx = np.random.choice(n, replace=True, size=n_bs)
    x = df_sample.iloc[chosen_idx]

    # 부트스트래핑 표본에서 통계치 계산
    std = np.std(x)
    Q1 = np.percentile(x, 25)
    avg = np.mean(x)
    median = np.median(x)

    # 계산된 통계치를 리스트에 추가
    sample_std.append(std)
    sample_1Q.append(Q1)
    sample_mean.append(avg)
    sample_median.append(median)

# 4개의 통계치가 각 부트스트래핑 표집분포를 의미
columns=['크기','표준편차','1Q', '평균','중앙값']
sam_dist = np.array([len(sample_mean),
            np.mean(sample_std),
            np.mean(sample_1Q),
            np.mean(sample_mean),
            np.mean(sample_median)])

# 통계치 정보를 차후 표로 비교하기 위해 데이터프레임으로 변환
df_sam_dist = pd.DataFrame(sam_dist.reshape(-1, len(sam_dist)),
columns=columns).T
df_sam_dist.rename(columns={0:"표집분포_BS"}, inplace=True)

df_display([get_info(df_population,["모집단"]),
            get_info(df_sample, ["표본"]),
            df_sam_dist],
           ["모집단", "표본 1개", "표집분포_BS"])
```

모집단		표본 1개		표집분포_BS	
열이름	모집단	열이름	표본	열이름	표집분포_BS
크기	100000.00	크기	50.00	크기	70.00
표준편차	9.99	표준편차	11.40	표준편차	10.73
1Q	2.88	1Q	2.83	1Q	3.20
평균	10.00	평균	11.01	평균	10.71
중앙값	6.95	중앙값	6.82	중앙값	7.16

〈그림 3-58. 모집단, 표본, 표집분포의 통계치 비교〉

가상으로 만든 표집분포의 평균이 모집단의 평균과 가까워지므로 모집단의 모수를 추론할 수 있다는 것을 살펴봤다. 다음 장에서 〈추론〉이 어느 상황에서 쓰이는지 큰 그림을 보고 단계별로 어떤 과정이 필요한지 알아보자.

3.2.14 [가설검정 (1) - 가설 설정] 귀무가설을 $\bar{x}=0$ 이라고 하면 안 되는 이유

연구자는 자연 현상이든, 사회 현상이든 무언가 새로 발견하거나 주장하기 위해 연구하는 사람을 말하는데, 자신의 주장에 대해 현재 잠정적 사실로 받아들이고 있는 기존의 연구/현상과 차이가 있거나 혹은 보다 효과가 있다고 실험이나 증거를 통해 증명해야 한다. 그렇지 못하면 결국 기존의 연구/현상이 맞다는 것으로 결론을 맺는다. 이 과정은 〈그림 3-59〉처럼 세부 단계로 나눌 수 있는데 앞으로 하나씩 살펴보자.

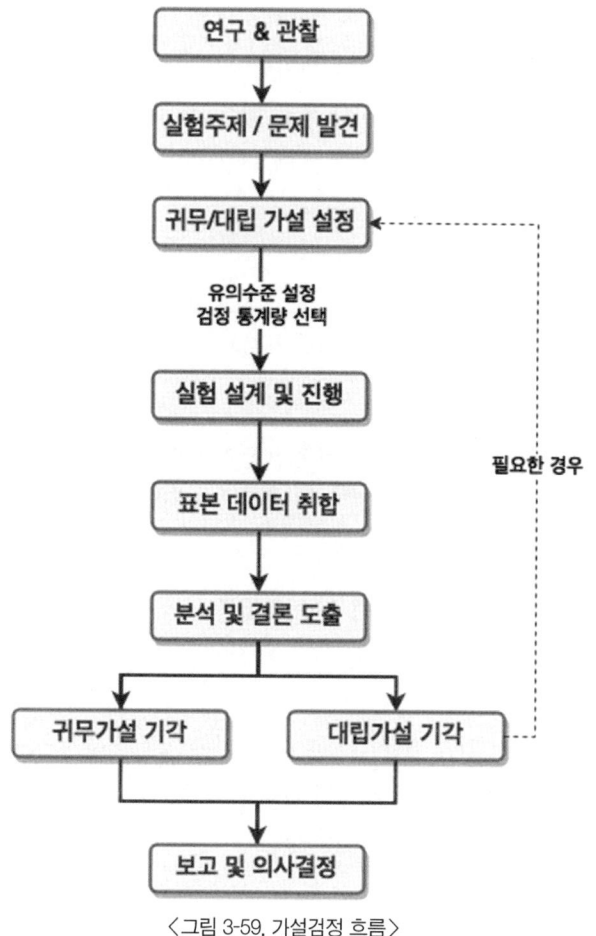

〈그림 3-59. 가설검정 흐름〉

연구자는 자신의 연구분야에 대해 충분히 배경 지식을 쌓는 과정에서 문제를 발견하거나 실험 주제를 찾으면 자신이 새롭게 주장하기 위한 가설을 설정하게 된다. 이 가설설정이 전체 가설검정 흐름의 첫 단계이다.

귀무가설/영가설 (Null hypothesis; H_0) : 현재 사실로 받아들이고 있는 잠정적인 진술
대립가설/연구가설 (Alternative hypothesis; H_1 혹은 H_A) : 연구자가 주장하는 진술

귀무가설은 현재 사실로 받아들이고 있는 잠정적인 진술을 말한다. 이 진술 역시

이렇게 잠정적인 사실로 받아들여지기까지 수많은 가설검정을 거쳤을 것이다. 이런 귀무가설을 뒤엎고 새로운 사실로 받아들여야 할 진술을 대립가설이라고 하는데 결국 연구자가 주장하는 진술이라 볼 수 있다. 회사에서 기존 제품보다 특정 성능을 향상시킨 새 제품을 출시하려고 할 때, 다음처럼 가설을 세울 수 있다.

예제 1.
귀무가설: 새 제품의 성능은 기존 제품과 차이가 없다.
대립가설: 새 제품의 성능은 기존 제품과 차이가 있다.

예제 2.
귀무가설: 새 제품의 성능은 기존 제품과 차이가 같거나 떨어진다.
대립가설: 새 제품의 성능은 기존 제품보다 뛰어나다.

예제 3.
귀무가설: 새 제품의 성능은 기존 제품과 차이가 같거나 뛰어나다.
대립가설: 새 제품의 성능은 기존 제품보다 떨어진다.

μ_1을 새 제품의 특정 성능 평균 값으로 μ_2를 기존 제품의 특정 성능 평균 값으로 가정했을 때 앞서 글로 표현한 서술적 가설을 이번엔 기호나 숫자로 표현한 통계적 가설(Statistical Hypothesis)로 바꿔 보자.

예제 1.
$H_0: \mu_1 = \mu_2$ 혹은 $\mu_1 - \mu_2 = 0$
$H_1: \mu_1 \neq \mu_2$ 혹은 $\mu_1 - \mu_2 \neq 0$

예제 2.
$H_0: \mu_1 \leq \mu_2$
$H_1: \mu_1 > \mu_2$

예제 3.
$H_0: \mu_1 \geq \mu_2$
$H_1: \mu_1 < \mu_2$

첫 번째 주의해야 할 점은, 가설은 모집단의 모수에 대한 잠정적인 진술이므로 모수의 기호를 사용해야 한다. 만약 $\bar{X}=0$처럼 알파벳으로 가설을 표현했다면, 알파벳은 표본에서 사용되는 통계치 기호이므로 잘못된 표현이 된다. 표기가 틀린 게 큰 문제일까? 라고 생각할 수 있지만 우리가 다루는 데이터는 표본이고 추론의 대상은 모집단이라는 것을 잊어선 안된다. 그래야 표집 과정으로 얻은 표본이 모집단을 잘 반영하는지 생각의 고리가 이어지기 때문이다.

두 번째는 등호 표현이다. 예제 1처럼 부등호가 없으면 등가설(Non-Directional Hypothesis)이라 하고, 예제 2와 예제 3처럼 부등호가 있으면 부등가설(Directional Hypothesis)이라 한다. 부등가설에서 귀무가설과 대립가설을 설정할 때, 등호는 귀무가설에 포함되는 점을 주의하자. 그리고 등가설은 두 가설에서 부등호가 없기 때문에 두 값이 서로 다른지를 확인하므로 양방적 검정(Two-tailed Test)이라 하고, 부등가설은 일방적 검정(One-tailed Test)이라 하는데 다음 장에 이어서 소개한다.

A/B 검정 (A/B Testing)

이 가설검정은 실제 업무에서도 활용할 수 있는데 이를 A/B 검정이라 한다. 예로, 웹사이트에 게재할 온라인 광고를 만들었다. 광고에 A라는 문구가 나온지 B라는 문구가 나은지, 혹은 어떤 색상이 나온지 어떻게 알 수 있을까? 혹은, 게임 회사에서 주력 게임에 새로운 기능을 추가하려고 한다. 새로운 기능을 추가하는 것이 옳은 결정인지 어떻게 알 수 있을까? 다양한 전략과 방법 중에서 어떤 것이 뛰어난지 검정(Testing) 과정을 거친다면, 선택으로 인한 위험이나 손실을 최소화하는 등 의사결정이 더 쉬워질 것이다.

간단한 예로 가설 설정을 해보자. 천연 재료를 사용해 인체에 해롭지 않은 가정 용품을 생산하는 회사가 있다. 회사 웹사이트에서 제품을 판매하는데, 화면에 보여지는 제품 문구가 <천연 세제>로 되어 있다. 그런데 웹사이트 유입 방문자의 검색 키워드를 조사해 보니 <친환경 세제>란 단어가 압도적이어서, <천연 세제> 대신 <친환경 세제>로 문구를 바꿨을 때, 제품 클릭률이 더 높아졌는지 A/B 검정을 진행해 보고자 한다.

어떻게 가설을 설정하면 좋을까? 이 가설을 어떻게 기호로 표현할까? 등가설을 사용하면 좋을까? 혹은 부등가설을 사용해야 할까? 가설을 설정하면 생각해야 할 것이 또 있다. 방문자 트래픽 중, 어떤 기준으로 두 그룹으로 나눌까? <친환경 세제>란 문구에 노출된 그룹은 이 웹사이트를 방문하는 사람을 대표할까? 다음 장에서 확인해 보자.

3.2.15 [가설검정 (2) - 유의수준]
가설을 선택하는 기준 & 선택에 따른 오류

<그림 3-59>처럼 가설 설정 후 실험을 진행하기 전에 두 가지를 결정해야 한다. 바로 유의수준과 검정 통계량(Test Statistics)이다. 먼저, 앞서 예시에서 살펴본 <A/B 검정>의 가설을 살펴보자.

A/B 검정 - 가설 설정

회사 웹사이트 제품 문구에서 <천연 세제>를 <친환경 세제>로 바꿨을 때, 제품 클릭률이 더 높아졌는지 살펴보려고 한다. <친환경 세제>로 유입되는 방문자 수가 많으므로 친환경이란 단어를 사용할 때 더 효과가 있다고 실험해 본다면 다음처럼 서술적 가설을 세울 수 있다.

귀무가설: 두 문구에 대한 클릭률 차이가 없다.
대립가설: <친환경 세제> 문구로 바꿨을 때 제품 클릭률이 높다.

이제 두 문구에 대한 클릭률을 기호화해서 서술적 가설을 통계적 가설로 바꿔보자. 여기서 클릭률은 방문자 수 대비 제품을 클릭한 수를 말한다. <친환경 세제>를 A라 하고 <천연 세제>를 B라 하면, 모집단의 클릭률은 P_A, P_B로 기호화할 수 있다.

$$H_0 : P_A = P_B$$
$$H_1 : P_A > P_B$$

잠시 실험과 데이터 분석 과정을 건너뛰고, 이 가설검정을 하는 궁극적인 이유를 생각해 보자. 가설검정으로 내릴 수 있는 의사 결정은 두 가지, 귀무가설을 채택하거나 대립가설을 채택하거나인데, 이 결정은 모집단의 모수를 추리할 뿐 이 결정이 맞는지 틀린지 알 수 없다. 이 알 수 없다는 불확실성은, 결정이 잘못되었을 때 어떤 오류가 있는지, 이 오류에 빠질 확률은 어느 정도인지, 각 오류에 어떤 심각성이 있는지 파악함으로써 불확실성의 정도를 구체화할 수 있다.

먼저 각 의사결정에 따른 오판을 살펴보자. <표 3-5>에서 귀무가설은 "두 그룹 간의 차이가 없다"로, 대립가설은 "두 그룹 간의 차이가 있다"라고 설정했다. 우리는 모수를 모르기 때문에 가설검정으로 내린 의사결정마다 이 선택이 옳은 선택인지 아닌지에 대한 두 가지 경우의 수가 존재한다. 이 잘못된 결정을 구분하기 위해, 실제 두 그룹 간의 차이가 없는데 차이가 있다고 결정한 경우를 <잘못된 결정 1>이라 하고, 실제로 두 그룹 간의 차이가 있음에도 불구하고 두 그룹이 차이가 없다고 결정한 것을 <잘못된 결정 2>라 하자.

		진리	
		두 그룹 차이 없음	두 그룹 차이 있음
의사결정	두 그룹 차이 없음	옳은 결정	잘못된 결정 2
	두 그룹 차이 있음	잘못된 결정 1	옳은 결정

<표 3-5. 가설검정에 따른 의사결정>

어떤 의사결정을 내리든 그 결정이 오판일 수 있는 확률이 존재하기 때문에, "오판이 얼마나 심각한가"와 "오판을 내릴 확률을 어디까지 허용해야할 것인가" 이 두 가지를 생각해야 한다.

심각성부터 살펴보자. 만약 의사가 오진하거나, 판결을 잘못 내리거나 혹은 경영진이 잘못된 전략을 결정하면 환자의 생명, 윤리적인 문제 혹은 금전적 손해 등 사안의 중요성과 규모가 커지면 그 심각성 역시 커질 것이다. 이처럼 오판으로 인한 문제의 심각성이 크다면 우리가 잘못된 결정을 내릴 수 있는 확률을 최소화해야 한다. 예를 들어, 오판일 확률이 10%라면 100번 중 10번은 오판일 수 있다는 뜻이므로 굉장히 위험한 의사 결정이 될 수 있다. 만약 1%라면 100번 중 1번이 오판일 수 있다는 뜻인데 10번보다 1번 잘못된 판단은 허용할 수 있지 않을까? 이처럼 우리는 허용할 수 있는 오판이 있을 확률에 대해 어떤 기준 값이 필요하다. 이 점을 생각하면서 <표 3-6>의 테이블 안에 있는 각 상황을 기호로 표현해 보자.

<잘못된 결정 1>을 제1종 오류(Type I Error)라 한다. 이를 알파(Alpha; α)라는 기

호로 표기하며, 이 알파는 연구자가 주장하는 가설을 채택했을 때 이 선택이 틀릴 수 있는 확률을 말하는데, 대립가설을 채택해도 이 정도의 오판은 우리가 허용할 수 있다라는 기준을 뜻한다. 다른 말로 유의수준(Significant Level)이라 부른다. 오판의 심각성에 따라 이 유의수준은 일반적으로 0.05나 0.01로 설정한다. 중요한 점은, 이 유의수준이 의사결정의 기준이 되기 때문에 본격적인 실험을 계획하기 전에 이 기준을 정해야 한다.

<잘못된 결정 2>는 제2종 오류(Type II Error)라 한다. 이를 확률로 표현하면 베타(Beta; β)로 표기하며, 실제 연구자가 주장한 대립 가설이 맞는데, 귀무가설을 선택하는 오판의 확률을 말한다.

검정력은 실제로 대립가설이 맞을 때, 연구자가 주장하는 가설을 채택할 확률로 $1-\beta$로 표기한다. 간단히 말해 대립가설에 대한 옳은 결정을 말하는데, 연구자는 당연히 이 검정력을 높이고 싶을 것이다.

		진실	
		H_0	H_1
의사결정	H_0	$1-\alpha$	β (제2종 오류)
	H_1	α, 유의수준 (제1종 오류)	$1-\beta$ (검정력)

〈표 3-6. 기호로 표현한 가설검정에 따른 의사결정〉

3.2.16 [가설검정 (3) - 검정 통계량] 통계방법 선택하는 방법

가설을 세우고 유의수준도 정했다면 어떤 통계방법을 사용할지 선택해야 한다. 여기서 가장 기본적인 모수적 통계 검정을 살펴본다. 모수적 통계방법은 가정 조건이 만족돼야 하는데 가정 조건은 마지막에 살펴보며 이를 충족되지 않은 경우는 비모수적 통계 검정 방법을 사용한다. 자세한 설명과 증명 과정은 건너뛰지만 큰 흐름을 이해하는 것이 중요하다. 아래 표에서 대립가설은 양방적 검정과 일방적 검정이 모두 가능하므로 귀무가설만 정리하였다.

먼저 표본이 양적변수(Quantitative Variable)일 때 표본의 개수에 따른 검정 통계 방법을 살펴보자. 아래 표에서 n_1, n_2는 표본 크기이며 $\bar{X}$는 표본 평균 s_1은 표본 표준편차를 말한다.

3.2.16.1 표본의 개수: 1개 (연속변수 단일표본)

모집단에서 추출된 표본의 평균과 연구자가 설정한 수를 비교할 때 사용된다.

❶ 단일표본 t 검정: One Sample t-test

모집단의 표준편차를 알지 못할 때 사용되며, 모집단에서 추출된 표본 평균과 연구자가 설정한 수를 비교할 때 사용한다. 표준오차는 표본 표준편차를 사용하며 자유도(Degrees of Freedom; DF)[5]에 따른 t분포에서 기각값(3.2.17 [가설검정 (4) - α vs. p-value, 임계치 vs. 검정 통계량] 가설검정 결론 내리기 참고)을 이용한다.

---

[5] 주어진 조건에서 제약 없이 자유롭게 결정할 수 있는 수를 말한다. 예를 들어, 5개 데이터(값)과 이 5개의 평균값이 주어지면, 데이터 4개는 어떤 값으로도 자유롭게 정할 수 있지만 나머지 하나는 이미 정해진 평균에 맞춰야 한다. 즉, 5개의 데이터에서 평균 1개라는 제약이 주어진 상황이므로 5개의 값 중 4개는 아무런 제약 없이(Free) 결정되는데 이 개념을 확장하면, 주어진 표본 n개로 모집단 모수를 추정할 때, n-1개의 자유도를 가진다.

❷ **단일표본 Z 검정: One Sample Z test**

모집단의 표준편차를 알고 있을 경우 사용한다. 귀무가설을 기준으로 표집분포(3.2.13 중심극한정리에서 시작하는 추리통계 참고)를 이용해 Z 통계값을 계산한다.

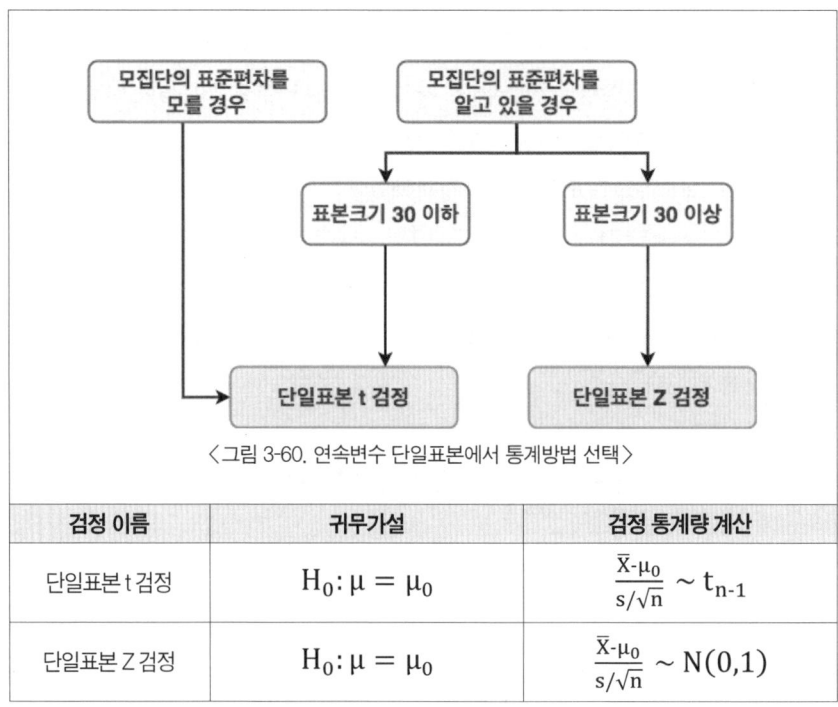

〈그림 3-60. 연속변수 단일표본에서 통계방법 선택〉

검정 이름	귀무가설	검정 통계량 계산
단일표본 t 검정	$H_0: \mu = \mu_0$	$\frac{\bar{X}-\mu_0}{s/\sqrt{n}} \sim t_{n-1}$
단일표본 Z 검정	$H_0: \mu = \mu_0$	$\frac{\bar{X}-\mu_0}{s/\sqrt{n}} \sim N(0,1)$

3.2.16.2 표본의 개수: 2개 (연속변수 두 표본)

두 모집단의 속성(평균)의 유사성을 비교하는 검정통계방법이다. 두 모집단을 대표하는 두 표본이 서로 종속적(Dependent)인지 독립적(Independent)인지에 따라 상황을 나눌 수 있다. 여기서의 표본 역시 연속변수(Continuous Variable)이다.

❶ **두 종속표본 t 검정: Two Dependent Samples t-test; Matched Pair t-test**

두 표본이 서로 종속적이고, 두 모집단의 표준편차를 모를 때 사용한다. 예를 들어, 표본 대상으로 형제자매 혹은 쌍둥이라든가, 사전/사후 검사가 있다. 두 개의 표본끼리 서로 짝이 지어진 것이므로, 두 모집단의 평균 비교가 아니라 두 표본에 대한 차이의 검정으로 귀무가설에서 사용되는 d는 차이(difference)를 말한다. 각 크기가 n개인 두 개의 표본을 가지고 있지만, 실제로 두 표본의 차이(d)를 계산했으므로 사례 수는 n개가 되어 자유도는 n-1이 된다.

❷ 두 종속표본 Z 검정: Two Dependent Z test

두 표본이 서로 종속적이고 두 모집단의 표준편차를 알고 있을 때 사용된다. 이런 상황은 흔치 않지만 큰 흐름을 이해하기 위해 포함했다. 두 표본평균 차이에 대한 표준오차를 계산하는 과정에서, 두 표본이 서로 상관되어 있으므로 상관계수(모집단 ρ rho, 표본 r)가 필요하다. 두 독립표본 Z 검정에서는 이 상관계수가 0이 된다.

❸ 두 독립표본 t 검정: Two Independent t-test

두 표본은 서로 독립적이며, 두 표본의 표준편차로 모집단의 표준편차를 추정한다. 표준오차를 계산할 때, 모집단의 표준오차를 추정해야 한다. 이때 두 가지 상황으로 나눠 볼 수 있다. 첫 번째 모집단과 두 번째 모집단의 분산이 같다는 등분산가정이 충족될 경우와 그렇지 않은 경우다. 등분산가정이 충족되면 각각의 표준편차를 추정하는 대신 두 표본의 표준편차를 통합해 계산해 표준오차를 계산한다. 이를 통합분산(pooled variance; s_p^2로 표기)이라 한다. 표준오차를 계산할 때 두 표본이 통합된 표본분산이 사용되므로 두 표본의 크기가 모두 고려된다. 따라서 자유도 역시 첫 번째 표본의 자유도(n_1-1)와 두 번째 표본의 자유도(n_2-1)를 합한 값이다. 등분산가정이 충족되지 않으면 Welch와 Aspin이 고안한 Welch-Aspin 검정을 사용하며 아래 표에서는 등분산가정이 충족된 경우를 소개한다. 등분산가정을 충족하는지 여부는 "3.2.16.3 표본의 개수: 2개 이상"의 F 검정에서 설명하겠다.

❹ 두 독립표본 Z 검정: Two Independent Samples Z test

두 표본은 서로 독립적이어야 하며, 두 모집단의 표준편차가 같아야 한다. 기본적인 개념은 단일표본 Z검정과 비슷하지만, 표본이 두 개이므로, 평균과 표준오차를 계산할 때 두 표본의 차이값을 계산한다는 점이 다르다.

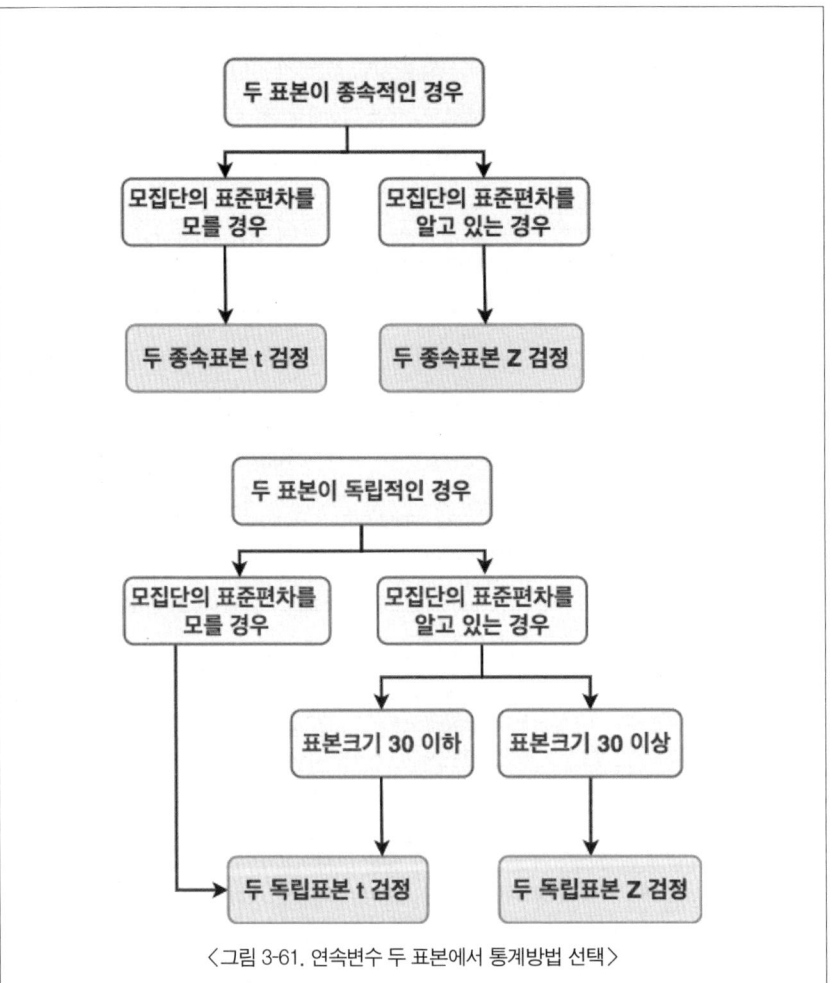

〈그림 3-61. 연속변수 두 표본에서 통계방법 선택〉

검정 이름	귀무가설	검정 통계량 계산
두 종속표본 t 검정	$H_0: \mu_d = 0$ d는 두 표본의 차이	$\dfrac{\bar{d}}{s_d/\sqrt{n}} \sim t_{n-1}$ $s_d = \sqrt{\dfrac{\Sigma(d_i-\bar{d})^2}{n-1}}$
두 종속표본 Z 검정	$H_0: \mu_1 = \mu_2$	$\dfrac{\bar{X}_1 - \bar{X}_2}{\sqrt{\dfrac{\sigma_1^2}{n_1} + \dfrac{\sigma_2^2}{n_2} - 2r\dfrac{\sigma_1}{\sqrt{n_1}} \cdot \dfrac{\sigma_2}{\sqrt{n_2}}}} \sim N(0,1)$

두 독립표본 t 검정	$H_0: \mu_1 = \mu_2$	$\dfrac{\bar{X}_1 - \bar{X}_2}{\sqrt{s_p^2 \left(\dfrac{1}{n_1} + \dfrac{1}{n_2}\right)}} \sim t_{(n_1-1)+(n_2-1)}$ $s_p^2 = \dfrac{(n_1-1)s_1^2 + (n_2-1)s_2^2}{(n_1-1)+(n_2-1)}$
두 독립표본 Z 검정	$H_0: \mu_1 = \mu_2$	$\dfrac{\bar{X}_1 - \bar{X}_2}{\sqrt{\dfrac{\sigma_1^2}{n_1} + \dfrac{\sigma_2^2}{n_2}}} \sim N(0,1)$

3.2.16.3 표본의 개수: 2개 이상

3개 이상 모집단을 비교하려면 각 모집단에서 추출된 표본에서 집단(표본) 간의 변화량(Between Group Variation)과 각 집단 내에서 변화량(Within Group Variation)을 고려해야 한다. 여기서의 변화량은 분산을 통해 알 수 있다. 예를 들어, 최대한 동일한 구성(성별, 나이, 키 등)으로 모집된 A, B, C라는 집단이 있다면, 집단 A, B, C의 차이뿐 아니라 A라는 집단을 구성하는 구성원끼리의 차이도 있을 것이다. 그런데 최대한 동일한 구성으로 모집을 한 뒤, 어떤 실험을 집단별로 진행하고 이 실험이 효과적이라 가정한다면, A 안에서의 구성원 간의 변화량보다 집단 간의 변화량이 더 클 것이다. 이 변화량은 분산으로 계산하기 때문에 이 방법을 분산분석(Analysis of Variance; ANOVA)이라 한다. 분산분석은 Fisher(1924)가 고안한 F분포로 검정하는데, 여기서 F분포란 바로 집단 간의 분산과 집단 내의 분산 비율에 대한 분포를 말한다. 즉, 집단 간의 분산이 집단 내 구성원 간의 분산보다 커질수록 집단 간의 차이가 있다고 해석할 수 있다.

F분포를 통한 분산 분석은 Z 검정, t 검정, F 검정의 등분산가정이 충족되는지 확인하는 작업에 사용할 수 있다. 예를 들어, 두 모집단의 분산이 같은지 확인하고 싶으면 귀무가설 $H_0: \sigma_1^2 = \sigma_2^2$과 대립가설 $H_1: \sigma_1^2 \neq \sigma_2^2$을 설정한다. 그 뒤, 유의수준을 정하고 표본으로부터 분산 s_1^2, s_2^2를 계산한다. 그리고 F값, $F = \dfrac{s_1^2}{s_2^2}$을 계산한다.

❶ 일원분산분석: One-Way Analysis of ANOVA

하나의 독립변수를 2개 이상의 집단으로 나눠, 집단마다 종속변수의 평균을 계산해 집단마다 차이가 있는지 검정하는 방법이다. 예를 들어, 회사 웹사이트에 오후 12시부터 1시까지 접속하는 방문자를 대상으로 웹사이트 주요 배경색(독립변수)을 분홍색, 남색, 회색으로 다르게 적용할 경우, 색깔별 방문자가 머문 평균 시간(종속변수)이 차이가 있는지 검정할 때 사용할 수 있다. 여기서 표본은 독립적이어야 하며, 집단별 모집단의 표준편차는 같아야 한다. 표본은 정규분포를 따르는 모집단으로부터 추출되어야 하며, 이때 종속변수는 연속적인 값을 가진 양적변수이어야 한다.

이처럼 조건을 만족한다면, 귀무가설 $<H_0:\mu_1=\mu_2=\cdots=\mu_k>$과 대립가설 $<H_0:$ 적어도 하나의 집단 평균이 다른 집단 평균과 다르다$>$을 설정하고 유의수준을 정한 뒤 실험을 통해 얻은 값으로 F 통계값 $F=\frac{MS_B}{MS_W}$을 계산한다. 여기서 MS_B는 집단 간(between)의 편차제곱평균(mean square between group) 값이며, MS_W는 집단 내(within)의 편차제곱평균 값이다. 기각값에 따라 의사결정을 내릴 수 있다. 여기서 주의해야 할 점은 만약 대립가설이 채택될 경우, 어느 집단이 다른지는 알 수 없고, 주어진 집단 중 적어도 하나의 집단 평균이 다른 집단과 다르다는 정도만 알 수 있으며, 어떻게 차이가 있는지 확인하려면 대비(Contrast)를 이용한 통계적 방법인 사후비교분석(Post-Hoc Comparison Analysis)을 사용한다.

❷ 이원분산분석: Two-Way Analysis of ANOVA

일원분산분석은 독립변수와 종속변수가 각각 하나일 때 집단 간의 차이(집단별 종속변수의 평균)을 알아보는 방법이라면, 이원분산분석은 독립변수가 두 개일 때 사용된다. 여기서 가정은 집단별 분산이 같아야 하며, 종속변수에 대한 모집단 분포는 정규분포여야 한다는 것이다. 또한 표본은 독립적으로 모집단에서 추출되어야 한다. 이원분산분석은 독립변수가 두 개라서 일원분산분석과 다르게 다음처럼 두 가지 방법으로 가설 검정 설계를 할 수 있다.

예를 들어, 독립변수 A를 〈웹사이트 배경색〉이라 하고, 독립변수 B를 웹사이트의 〈메인 문구〉라 하고, 종속변수는 〈방문자 접속 시간〉이라고 가정해 보자. 〈웹사이트 배경색〉과 〈메인 문구〉가 종속변수에 영향을 주는지의 주 효과(main effect)를 검정할 수 있을 뿐 아니라, 독립변수가 두 개이므로 이 두 개에 대한 상호작용, 즉 〈웹사이트 배경색〉과 〈메인 문구〉를 동시에 바꿨을 때, 종속변수에 영향을 주는지의 상호작용 효과(Interaction Effect; AB로 표기)도 알 수 있다. 이를 교차설계(Crossed Design)라 하며, 다음처럼 귀무가설을 세울 수 있다.

- 독립변수 A 귀무가설: 〈웹사이트 배경색〉은 〈방문자 접속 시간〉에 영향을 주지 않는다.
- 독립변수 B 귀무가설: 〈메인 문구〉는 〈방문자 접속 시간〉에 영향을 주지 않는다.
- 상호작용 A&B 귀무가설: 〈웹사이트 배경색〉과 〈메인 문구〉의 상호작용은 〈방문자 접속 시간〉에 영향을 주지 않는다.

다른 상황을 생각해 보자. 예를 들어, 독립변수 A는 〈성별〉이고, 독립변수 B는 〈나이대〉라고 하고, 종속변수는 〈방문자 접속 시간〉이라 생각해 보자. 〈나이대〉에는 20대와 30대가 있다면, 20대 남성과 30대 남성의 방문자 접속 시간의 차이가 있는지 검정할 수 있는데, 이런 방법을 내재설계(nested design)라 하고 다음처럼 귀무가설을 세울 수 있다.

- 〈남성〉 귀무가설: 성별이 남성일 때, 20대와 30대 간의 〈방문자 접속 시간〉은 차이가 없다.
- 〈여성〉 귀무가설: 성별이 여성일 때, 20대와 30대 간의 〈방문자 접속 시간〉은 차이가 없다.
- 〈20대〉 귀무가설: 나이대가 20대일 때, 남성과 여성의 〈방문자 접속 시간〉은 차이가 없다.
- 〈30대〉 귀무가설: 나이대가 30대일 때, 남성과 여성의 〈방문자 접속 시간〉은 차이가 없다.

3.2.16.4 표본이 범주변수(Categorical Variable)일 때

❶ 단일표본 비율검정: Z test for Proportion
모집단에서 연구하고자 하는 특성을 가진 대상이 어느 정도 되는지 나타내는 값으로, 전체 크기가 n이고 특성을 지닌 대상의 수가 x라 한다면 $p = \frac{x}{n}$로 표현하고 이를 비율이라 한다. 모집단의 비율이 특정 값과 같은지 검정하는 것을 단일표본 비율검정이라 한다. p는 모집단의 모수 기호를 말하며, p_0은 귀무가설에서 얻은 비율을 말한다.

표본의 경우, 이 특성을 갖는지 아닌지에 대해 예/아니오로 표현할 수 있는데 이처럼 둘 중 하나의 답변인 경우 이항분포(Binary Distribution)를 갖지만 np와 $np(1-p)$가 5보다 클 경우, Z 검정을 사용할 수 있다. 이때 Z 검정은 $Z = \frac{\hat{p} - p_0}{\sigma_{\hat{p}}}$으로 계산한다. 여기서 $\hat{p}$는 표본에서 얻은 비율, p_0은 귀무가설에서 설정한 비율이고 표준오차는 $\sigma_{\hat{p}} = \sqrt{\frac{p_0(1-p_0)}{n}}$로 계산한다.

❷ 두 독립표본 비율검정: Two Samples Z test for Proportion
독립적으로 추출된 두 표본 간의 비율이 차이가 있는지 검정하기 위한 방법으로 귀무가설은 <두 집단 간의 비율은 같다>로, 대립가설은 <두 집단 간의 비율은 같지 않다>로 설정할 수 있다. 이 검정 역시 Z 검정($Z = \frac{p_d - E(p_d)}{Var(p_d)}$)을 사용할 수 있는데, 여기서 p_d는 표본에서 얻은 비율 차이($p_d = \hat{p}_1 - \hat{p}_2$)를 말하며, 귀무가설 아래 두 집단의 비율 차의 기댓값 $E(p_d)$은 $E(p_d) = \hat{p}_1 - \hat{p}_2 = p_0 - p_0 = 0$으로 계산할 수 있다. 이때, 두 집단 비율 차이의 분산은 $Var(p_d) = \frac{p_1(1-p_1)}{n_1} + \frac{p_2(1-p_2)}{n_2}$로 계산한다. 여기서 귀무가설이 참이라면 두 집단의 비율이 같으므로 귀무가설의 비율인 p_0으로 대체되어 $Var(p_d) = \frac{p_0(1-p_0)}{n_1} + \frac{p_0(1-p_0)}{n_2}$로 표현할 수 있다. 이제 p_0값을 추정해야 하는데 귀무가설의 전제로 추정하므로, 첫 번째 표본 비율과 두 번째 표본 비율의 평균 비율 ($\bar{p} = \frac{n_1 \hat{p}_1 + n_2 \hat{p}_2}{n_1 + n_2}$) 값으로 대체한다.

❸ 카이제곱검정: χ^2 검정; Chi-Squared test

χ^2 분포는 모집단 평균이 μ_Y이고, 분산이 σ_Y^2인 모집단에서 k개의 표본을 독립적으로 추출했을 때, 각 값을 표준정규분포로 표준화한 후 제곱하여 더해서 만들어진 분포를 말하며 다음처럼 식으로 표현할 수 있다.

$$\chi^2 = \Sigma_{i=1}^{k} \left(\frac{Y_i - \mu_Y}{\sigma_Y} \right)^2$$

카이제곱검정으로 여러 모집단에서 각각의 표본을 추출해 각 모집단 속성이 비슷한지 검정하는 동질성(Homogeneity) 연구를 하거나, 혹은 하나의 모집단에서 하나의 표본을 추출해 표본을 구성하는 변수끼리 서로 관계가 있는지 검정하는 상관성(독립성) 연구를 할 수 있다.

온라인 쇼핑몰 방문자를 대상으로 프로모션을 진행했을 때, 참여도가 성별과 상관이 있는지 알고 싶다고 가정하자. 만약 웹사이트 남자 방문자를 대상으로 200명을 표본으로 구하고, 여자 방문자를 대상으로 200명을 구했다면, 프로모션 여부를 다음처럼 표로 표현할 수 있다. 이때 성별을 J로 표기하고 프로모션 참여 여부를 I라 했을 때, 다음의 표를 I×J 분할표(Contingency Table)라 하며, 각 칸(Cell)에 있는 도수를 획득 도수(Obtained Frequency; f_{ij}, f_{12} 도수는 131을 의미)라 한다.

		J		합계
		남	여	
I	프로모션 참여	98	131	229
	프로모션 비참여	102	69	171
	합계	200	200	400

〈표 3-7. 프로모션에 대한 남녀 간의 참여도: 동질성 연구의 획득 도수〉

여기서의 귀무가설은 〈프로모션에 참여하는 남녀 비율은 같다〉로, 대립가설은 〈프로모션에 참여하는 남녀 비율은 다르다〉로 설정할 수 있다. 귀무가설을 기준으로 400명 중 229명이 프로모션에 참여했으므로 이 비율은 57.2%이다. 만약 귀무가설이 채택되려면 남성의 표본에서도 57.2%가 프로모션에 참여해야 할 것이고, 여성의 표본에서도 57.2%나 프로모션에 참여해야 한다. 이처럼 귀무가설을 기준으로 기대되는 사례 도수(Expected Frequency; F_{ij}, F_{11}은 114.5를 의미)를 다음처럼 표시할 수 있고 만약 귀무가설이 사실이라면 획득 도수와 기대 도수는 별로 차이가 없을 것이다.

		J		합계
		남	여	
I	프로모션 참여	200*229/400 = 114.5	200*229/400 = 114.5	229
	프로모션 비참여	200*171/400 = 85.5	200*171/400 = 85.5	171
합계		200	200	400

〈표 3-8. 프로모션에 대한 남녀 간의 참여도: 동질성 연구의 기대 도수〉

카이제곱 통계값($\chi^2 = \sum_{i=1} \sum_{j=1} \frac{(f_{ij}-F_{ij})^2}{F_{ij}}$)을 계산하면 아래와 같다.

$$\chi^2 = \frac{(98-114.5)^2}{114.5} + \frac{(131-114.5)^2}{114.5} + \frac{(102-85.5)^2}{85.5} + \frac{(69-85.5)^2}{85.5} = 11.12$$

이렇게 계산한 값으로 가설검정의 결론을 내릴 때 그 결론을 내릴 수 있는 기준인 임계치가 필요하다. 임계치와 가설검정 결론에 대한 자세한 개념은 다음 장([가설검정(4) - α vs. p-value, 임계치 vs. 검정 통계량] 가설검정 결론 내리기)을 참고하길 바라며, 이번 예시의 결론을 짧게 정리하자면 다음과 같다. 카이제곱은 자유도에 따라 임계치가 달라지는데 여기서 자유도는 $(I-1)(J-1)$로 계산되어 1이고 유의수준이 0.05일 때 카이제곱의 임계치는 3.84가 된다. 참고로 카이제곱의 임계치는 인터넷에서 카이제곱 임계치 표를 찾거나 혹은 파이썬에서 scipy 라이브러리를 통해 얻을 수 있다. 우리가 얻은 통계값(11.12)은 임계치(3.84)보다 크기 때문에 귀무가설을 기각하여 프로모션에 참여하는 남녀 비율이 다르다고 결론 내릴 수 있다.

```
import scipy.stats
#유의수준 0.05, 자유도가 1일 때 카이제곱 기각값 계산
scipy.stats.chi2.ppf(1-0.05, 1)
```

위의 코드의 결괏값은 아래와 같다.

```
3.841458820694124
```

상관성 연구는 다음처럼 설정할 수 있다. 온라인 쇼핑몰 방문자 500명을 무작위로 추출하여 성별에 따른 프로모션 참여 여부를 살펴봤더니 다음 표와 같았다. 앞서 남성 200명, 여성 200명을 대상으로 두 개의 표본을 통해 얻은 획득 도수가 아닌, 500명의 표본에서 얻은 획득 도수다. 다음의 귀무가설은 <성별과 프로모션 참여도는 관계가 없다>로, 대립가설은 <성별과 프로모션의 참여도는 관계가 있다>로 설정할 수 있다.

		J		
		남	여	합계
I	프로모션 참여	67	194	261
	프로모션 비참여	71	168	239
	합계	138	362	500

〈표 3-9. 프로모션에 대한 남녀 간의 참여도: 상관성 연구〉

만약, 표본 개수를 제외하고 무엇이 다를까?라고 고민한다면 맞게 고민하고 있다. 표본의 개수를 제외하면, 카이제곱 통계값을 계산하는 과정과 그 이후 절차는 동일하기 때문이다. 하지만 조금 더 생각해 보면, 상관성 연구는 결국 하나의 모집단에서 변수마다 집단을 나눠 변수의 연관성이 있는지를 파악하는 목적이라면, 동질성 연구는 연구하고자 하는 종속변수(프로모션 참여 여부)가 여러 모집단에서 서로 유사성이 있는지 파악하는 목적이다.

검정 이름	귀무가설	검정 통계량 계산
단일표본 비율검정	$H_0: \pi = p_0$ π : 모비율	$Z = \dfrac{\hat{p} - p_0}{\sqrt{\dfrac{p_0(1-p_0)}{n}}}$
두 독립표본 비율검정	$H_0: \pi_1 = \pi_2$	$Z = \dfrac{\hat{p}_1 - \hat{p}_2}{\sqrt{\bar{p}(1-\bar{p})\left(\dfrac{1}{n_1} + \dfrac{1}{n_2}\right)}}$ $\bar{p} = \dfrac{n_1 \hat{p}_1 + n_2 \hat{p}_2}{n_1 + n_2}$
카이제곱 검정	$H_0: P_{ij} = P'_{ij}$ (동질성 연구) P_{ij}: 첫 번째 모집단 P'_{ij}: 두 번째 모집단의 칸 ij 비율 $H_0: \phi = 0$ (상관성 연구) ϕ (phi, 피)는 상관계수를 말하며, 카이제곱 값으로 상관계수 추정 $\hat{\phi} = \sqrt{\dfrac{\chi^2}{n}}$	$\chi^2 = \Sigma_{i=1} \Sigma_{j=1} \dfrac{(f_{ij} - F_{ij})^2}{F_{ij}}$

이제까지 간단하게 모수통계 방법을 통한 가설 검증 방법을 살펴보았다. 모수통계를 사용하기 전, 가정 조건이 충족되었는지 확인하는 것이 중요하다. 특히 Z 검정, t 검정, F 검정에서 공통적으로 충족해야 할 기본 가정은 변수가 양적변수이어야 하고 모집단의 분포는 정규분포를 가지며 모집단이 여러 개일 경우, 모집단의 분산이 같아야 한다. Z 검정은 모집단의 표준편차를 알고 있을 때 사용하지만 그렇지 않다면 이를 표본에서 추정해 t 검정을 사용한다. 카이제곱검정에서도 분할표의 각 칸은 0 이상 값을 가지고, 각 칸은 서로 독립적이어야 한다. 또한 기대 도수를 계산할 때 5 이하의 값이 전체 칸 수의 20%가 넘지 않아야 제대로 된 카이제곱 검정이 가능하다.

만약 이런 조건이 만족되지 않은 경우 비모수통계(Non-Parametric Statistics) 방법을 사용한다. 하지만 정규분포인지 알기 힘든 경우가 많고 특히, 모집단의 표준편차를 아는 것은 더욱 흔치 않기 때문에 업무에서 가설검정을 사용하지 않는 경우가 많다. 하지만 가설검정의 기본 흐름을 이해하고 있는 것은 중요하다.

그렇다면 앞서 <A/B 검정>에서 유의수준을 0.05로 설정하고 다음과 같은 결과를 얻었을 때 검정통계량을 계산해 보자.

A/B 검정 - 검정 통계량 계산하기

웹사이트 제품 문구가 <친환경 세제>인 것을 A라 하고 <천연 세제>를 B라 하면, 모집단의 클릭률은 P_A, P_B로 기호화할 수 있었고, 가설을 다음과 같이 설정하였다.

$$H_0 : P_A = P_B$$
$$H_1 : P_A > P_B$$

가설을 세운 뒤, 유의수준을 0.05로 설정했다. 두 그룹에 대한 비율이므로 두 독립표본 비율검정을 사용하기로 했다. 따라서 실험을 통해 웹사이트 방문자 중에 1,500명을 무작위로 추출해 <친환경 세제> 버전의 웹사이트로 연결시켜 몇 명이 제품을 클릭했는지 알아보았고, 기본 웹사이트 방문자 중에 1,500명을 무작위로 추출해 기존 <천연 세제> 버전에서 몇 명이 제품을 클릭했는지 알아보았다. 다음처럼 결괏값을 얻었을 때, Z분포를 이용한 검정 통계량을 계산해 보자.

<친환경 세제> 버전의 웹사이트에서 방문자 1,500명 중 139명이 제품을 클릭한 반면, 기존 <천연 세제> 버전의 웹사이트는 1,500명 중 118명이 제품을 클릭했다.

```python
# 필요한 라이브러리 불러오기
import numpy as np
import pandas as pd

# 실험 결과 데이터프레임 만들기
df_website = pd.DataFrame({
                          '버전': ['친환경', '천연'],
                          '방문자': [1500, 1500],
                          '클릭자수': [139, 118]
                          })[['버전', '방문자', '클릭자수']]
df_website
```

	버전	방문자	클릭자수
0	친환경	1500	139
1	천연	1500	118

〈그림 3-62. 웹사이트 〈친환경 세제〉 버전과 〈천연 세제〉 버전의 방문자 대비 제품 클릭자 수〉

앞서 두 독립표본 비율검정에서 Z 검정 통계값을 직접 계산하거나 파이썬 통계 분석 라이브러리의 proportions_ztest 함수를 사용해 Z 검정 통계량을 구할 수 있다. 두 가지 방법 모두 살펴보자.

앞서 Z분포를 이용한 두 독립표본 비율을 검정하는 식은 다음과 같으며, 여기서 $\bar{p}$는 두 집단에서 얻은 평균비율을 말한다.

$$Z = \frac{\hat{p}_1 - \hat{p}_2}{\sqrt{\bar{p}(1-\bar{p})\left(\frac{1}{n_1} + \frac{1}{n_2}\right)}}$$

$$\bar{p} = \frac{n_1 \hat{p}_1 + n_2 \hat{p}_2}{n_1 + n_2}$$

두 집단의 제품 클릭률을 계산해 보니, 〈친환경 버전〉의 방문자 대비 제품 클릭률은 0.093이고, 기존 〈천연 버전〉의 방문자 대비 제품 클릭률은 0.079가 나왔다. 위의 식을 적용했더니 Z통계값(z_score, 검정 통계량)은 1.370이 나왔으며, 이 통계값의 유의확률(z_score_pr)은 0.085가 나왔다. 유의확률은 다음 장에서 소개한다.

from statsmodels.stats.proportion import proportions_ztest라는 통계 패키지에서 proportions_ztest 함수 입력 값에 관측 수(방문자 수), 그중 성공 수(제품 클릭한 사람의 수), 마지막으로 사용하는 가설이 등가설인지 부등가설인지 설정하면 통계량 유의확률을 얻게 된다. 우리는 〈친환경 세제〉 버전의 제품 클릭률이 더 높은지를 알아보려고 하므로 함수 등가설/부등가설 설정인 alternative에서 larger로 설정했다. 이 함수의 출력값인 Z통계값과 유의확률은 그 전 직접 계산한 값과 같음을 알 수 있다.

```python
print('>>> 직접 계산해서 독립표본 비율 검정하기')

# <친환경 버전 H1> 값 입력
size_a = df_website["방문자"].values[0]
converted_a = df_website["클릭자수"].values[0]
# <천연 버전 H0> 값 입력
size_b = df_website["방문자"].values[1]
converted_b = df_website["클릭자수"].values[1]

# 비율 계산하기 클릭자 수/방문자
prop_a = converted_a / size_a
prop_b = converted_b / size_b
print(f' (친환경 버전 비율) prop_a= { prop_a:.3f}, (천연 버전 비율) prop_b = {prop_b:.3f}')

# 두 집단의 평균비율
prop_pooled = (size_a*prop_a + size_b*prop_b) / (size_a + size_b)

# 두 집단 간 비율의 표준오차 계산
var = prop_pooled * (1 - prop_pooled) * (1 / size_a + 1 / size_b)

# Z분포에 의한 통계값 계산
z_score = np.abs(prop_b - prop_a) / np.sqrt(var)

# Z통계값의 확률 계산
z_score_pr = 1 - stats.norm(loc = 0, scale = 1).cdf(z_score)
print(f' Z통계값(z_score) = {z_score:.3f}, 확률(z_score_pr) = {z_score_pr:.3f}')

print('\n>>> 통계분석 패키지로 검정 통계량 계산')

# 통계분석 패키지 이용
from scipy import stats
from statsmodels.stats.proportion import proportions_ztest
# 입력값: 배열로 & 출력값:z_score, p-value (다음 내용 참조)
converted = np.array(list(df_website["클릭자수"]))
sizes = np.array(list(df_website["방문자"]))
```

```
# 두 독립표본 비율 검정 함수 이용
z_score, z_score_pr = proportions_ztest(converted, sizes,
alternative = 'larger')
print(f' Z통계값(z_score) = {z_score:.3f}, 확률(z_score_pr) = {z_score_pr:.3f}')
```

```
>>> 직접 계산해서 독립표본 비율 검정하기
    (친환경 버전 비율) prop_a= 0.093, (천연 버전 비율) prop_b = 0.079
    Z통계값(z_score) = 1.370, 확률(z_score_pr) = 0.085
>>> 통계분석 패키지로 검정 통계량 계산
    Z통계값(z_score) = 1.370, 확률(z_score_pr) = 0.085
```

〈그림 3-63. 두 독립표본 비율검정의 Z 통계값〉

이제 검정 통계량을 구했으니 결론을 내려 보자.

3.2.17 [가설검정 (4) - α vs. p-value, 임계치 vs. 검정 통계량] 가설검정 결론 내리기

우리에게 필요한 값은 다 얻었으므로 이제 귀무가설을 기각할 것인지, 혹은 대립가설을 기각할 것인지 결론을 내리면 된다. 미리 설정한 유의수준(α) 혹은 임계치를 기준으로 실험을 통해 얻은 값인 p-value 혹은 검정 통계량이 어느 영역에 있는지에 따라 결정하면 된다. 여기서의 영역은 귀무가설을 거절하는 기각역(Rejection Region)과, 귀무가설을 지지하는 채택역(Acceptance Region)이 있다. 이 영역을 그래프로 확인하면서 유의수준과 임계치를 살펴보고, A/B 검정의 예시를 통해 p-value와 검정 통계량으로 결론을 내려 보자.

유의수준과 임계치(Critical Value)는 귀무가설의 기각 여부를 구분하는 기준 값으로, 유의수준은 실제 귀무가설이 맞지만 귀무가설이 아니라고 오판할 확률 값이며, 임계치(Critical Value, 혹은 기각값)는 검정 통계량에서 사용되었던 분포에서 유의수준에 해당하는 통계값을 말한다.

Z 검정을 통한 양방적 검정에서의 기각역과 채택역을 살펴보자. 양방적 검정이므로 귀무가설이 '두 모집단의 평균이 같다'였다면 대립가설은 '두 모집단의 평균이 같지 않다'로 설정되었을 것이다. 따라서 한 모집단이 다른 집단에 비해 크거나 혹은 작은 두 상황을 고려해야 하므로 유의수준을 0.05로 설정했다면, 이 값은 Z분포 양쪽으로 분할되어야 한다. 따라서 분포 오른쪽과 왼쪽에 해당하는 Z값이 임계치가 된다. 〈그림 3-64〉에서 crit_val_p = 1.96, crit_val_n = -1.96, alpha = 0.05로 설정했는데, 양쪽 방향을 합쳐서 0.05이며, 각 방향 유의수준은 0.025가 된다. 이 유의수준은 결국 확률이고 분포에서의 확률은 넓이를 말하므로 이 넓이에 해당하는 영역이 바로 기각역이 된다. 방향마다 0.025에 해당하는 기각역의 시작점은 1.96이다. 전체 영역 중 기각역을 제외한 영역이 채택역이 된다. 만약 일방적 검정이었다면 한쪽 방향만 고려하므로 유의수준을 반으로 나눌 필요가 없다. 만약 유의수준을 0.05로 설정한다면 이때 임계치는 대립가설의 방향에 따라 +1.645이거나 혹은 -1.645가 된다.

```
# 정규분포 생성을 위한 라이브러리 불러오기
from scipy.stats import norm
import scipy.stats
from scipy import stats

# 그래프 관련 라이브러리
import matplotlib
import matplotlib.pyplot as plt
from matplotlib import rc

# matplotlib 폰트 설정 (Mac OS인 경우) 및 유니코드 에러 고치기
rc('font', family='AppleGothic')
plt.rcParams['axes.unicode_minus'] = False
```

```python
plt.rc('font', size=20) # 글씨 크기 설정
plt.rc('figure', figsize=[16,8]) # 크기 설정

x = np.linspace(-3.2, 3.2, 1000) # [-3.2 3.2] 범위에서 개수가 1000개
가 되도록 값 설정
iq = stats.norm(0, 1) # 평균: 0, 표준편차: 1인 pdf

# 임계치 유의수준 설정
crit_val_p = 1.96
crit_val_n = -1.96
alpha = 0.05

# 표준정규분포 그래프 그리기
plt.plot(x, iq.pdf(x), 'black', lw=2.5)

# crit_val을 기준으로 빨간색 점선 추가
plt.axvline(x=crit_val_p, ymax=0.5, color='red',
linestyle='dashed', lw=1.5)
plt.axvline(x=crit_val_n, ymax=0.5, color='red',
linestyle='dashed', lw=1.5)

# crit_val을 기준으로 색 채우기
plt.fill_between(x[x>crit_val_p], 0, norm.pdf(x)[x>crit_val_
p].flatten(), # 색 채울 범위 설정
                alpha=0.3,  # 투명도
                linewidth=0, # 선 두께
                color='red')
plt.fill_between(x[x<crit_val_n], 0, norm.pdf(x)[x<crit_val_
n].flatten(), # 색 채울 범위 설정
                alpha=0.3,  # 투명도
                linewidth=0, # 선 두께
                color='red')

# 화살표 추가
plt.annotate('', # 텍스트 없는 화살표
            xy=(crit_val_n, 0.20), # 범위 설정
```

```
              xytext=(crit_val_p, 0.20), # 범위 설정
              arrowprops=dict(arrowstyle="<->",
                              connectionstyle="arc3",
                              color='green',
                              lw=3))
plt.annotate('', # 텍스트 없는 화살표
             xy=(crit_val_n, 0.20), # 범위 설정
             xytext=(-3.2, 0.20), # 범위 설정
             arrowprops=dict(arrowstyle="->",
                             connectionstyle="arc3",
                             color='red',
                             lw=3))
plt.annotate('', # 텍스트 없는 화살표
             xy=(crit_val_p, 0.20), # 범위 설정
             xytext=(3.2, 0.20), # 범위 설정
             arrowprops=dict(arrowstyle="->",
                             connectionstyle="arc3",
                             color='red',
                             lw=3))

# 그래프에 텍스트 추가
plt.text(-0.3, 0.21, "채택역", size=22)
plt.text(-2.7, 0.21, f"기각역 \n{alpha/2.}", size=22) # 양방적 검정이
므로 2로 나눠줌
plt.text(2.3, 0.21, f"기각역 \n{alpha/2.}", size=22) # 양방적 검정이
므로 2로 나눠줌
plt.text(-1.96, 0, f"임계치:{crit_val_n}", size=22)
plt.text(1, 0, f"임계치:{crit_val_p}", size=22)

plt.title('Z통계값으로 살펴본 양측 검정의 기각역과 채택역')
plt.show()
```

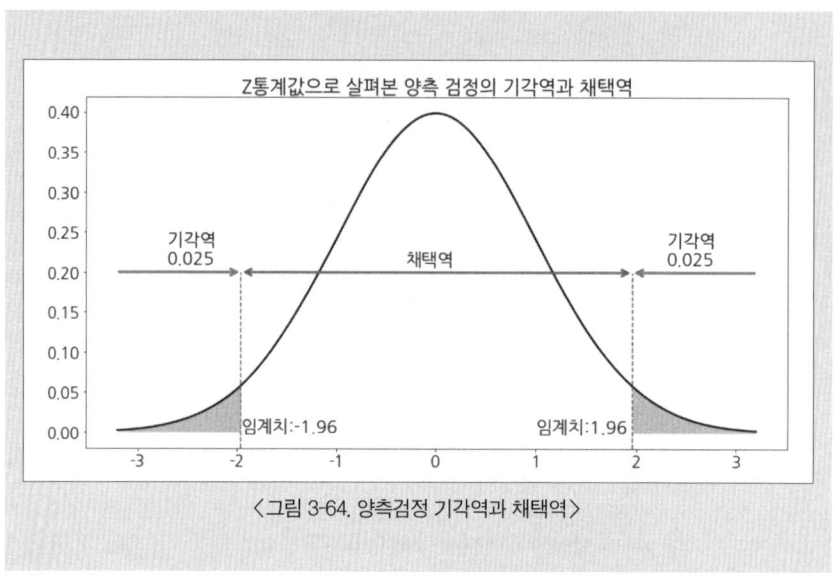

〈그림 3-64. 양측검정 기각역과 채택역〉

임계치를 기준으로 우리가 구한 검정 통계량이 기각역에 있다면 귀무가설을 기각하게 된다. 혹은 확률로도 비교해서 기각 여부를 결정할 수 있다. 검정 통계량에 해당하는 확률을 유의확률(p-value)이라 하는데, 유의확률이 유의수준(0.05)보다 작아서 기각역에 포함되면 귀무가설을 기각한다.

여기서 기각되었다는 의미를 생각해 보자. 귀무가설이 맞다는 전제하에 실험을 진행했으므로 귀무가설이 맞다면 우리가 진행한 실험 결괏값은 흔히 관측될 만한 값이어야 한다. 하지만 실험 결괏값(통계량)을 보니 귀무가설을 기각할 정도로 결론 내릴 수 있을만큼 희박한 경우이므로 귀무가설을 기각하게 되는 것이다. 이제 A/B 검정의 결론을 내려 보자.

A/B 검정 - 결론

웹사이트 제품 문구가 <친환경 세제>를 A라 하고 <천연 세제>를 B라 하면, 모집단의 클릭률은 P_A, P_B로 기호화할 수 있었고, 가설 설정을 다음처럼 세웠다.

$$H_0: P_A = P_B$$
$$H_1: P_A > P_B$$

일방적 검증으로 유의수준은 0.05로 설정했으며 이때의 임계치는 1.645다. 앞서 계산한 검정 통계량은 1.370이고, 이 통계값의 유의확률(p-value)은 0.085가 나왔다. <그림 3-65>에서 검정 통계량을 왼쪽 점선(컬러 이미지로는 파란색 점선)으로 표시했더니 기각역에 들어가지 않는다. 또한 유의확률(0.085)이 유의수준(0.05)보다 더 커서 기각영역보다 더 넓은 범위를 차지하므로 우리의 검정 통계값은 채택역에 해당된다.

따라서 "유의수준을 0.05로 설정했을 경우, 웹사이트 제품 문구를 <친환경 세제> 버전으로 했을 때와 <천연 세제>로 했을 때 모집단의 방문자 대비 제품 클릭 수가 유의미하게 다르다고 할 수 없다."라고 결론을 맺을 수 있다.

```
# 표준정규분포를 그리기 위한 x, y값 설정하기
x = np.linspace(-3.2, 3.2, 1000) # [-3.2 3.2] 범위에서 개수가
1000개가 되도록 값 설정 (그래프 x값)
iq = stats.norm(0, 1) # 평균: 0, 표준편차: 1인 pdf (그래프 y값)

# 표준정규분포 그래프 그리기
plt.plot(x, iq.pdf(x), 'black', lw=2.5)

# 유의수준(α), 임계치 설정
alpha = 0.05
crit_val = norm.ppf(1-alpha) # 유의수준이 0.05일 때, Z값
print(f'유의수준이 {alpha}일 때, 임계치: {crit_val:.3f}') # :.3f
소수점 셋째 자리 표시

# 위에서 계산한 z_score값을 기준으로 파란색 점선 추가
plt.axvline(x=z_score, ymax=0.5, color='blue',linestyle='das
hed', lw=2.5)
```

```
# crit_val을 기준으로 빨간색 점선 추가
plt.axvline(x=crit_val, ymax=0.5,
color='red',linestyle='dashed', lw=2.5)

# crit_val을 기준으로 색 채우기
plt.fill_between(x[x>crit_val], 0, norm.pdf(x)[x>crit_val].
flatten(), # 색 채울 범위 설정
            alpha=0.3,   # 투명도
            linewidth=0, # 선 두께
            color='red')

plt.text(0.27, 0.125,  # 글씨 위치 선정
        f'검정 통계량: {z_score:.3f}', fontsize=16)
plt.text(crit_val+0.08, 0.12,  # 글씨 위치 선정
        f'유의수준(α)이 {alpha}일 때 \n임계치 {crit_val:.3f}',
fontsize=16)
plt.text(crit_val+0.5, 0.05,   # 글씨 위치 선정
        f'기각영역(α)', fontsize=16)
plt.title('일방적 검정(one-tailed test)')
plt.show()
```

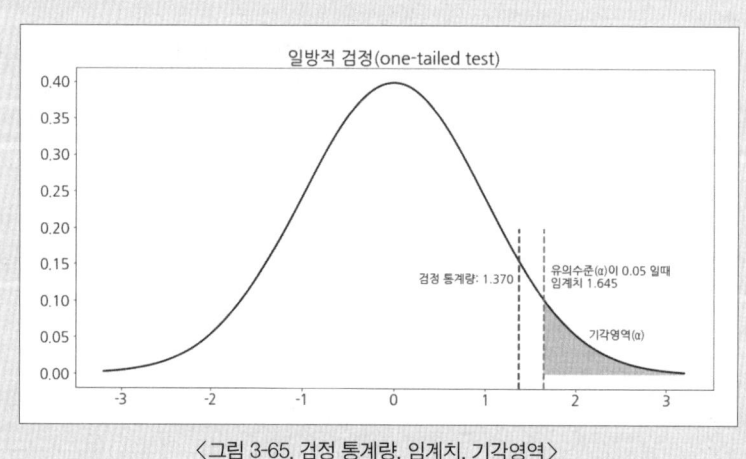

〈그림 3-65. 검정 통계량, 임계치, 기각영역〉

가설검정과 관련해 업무에서 활용할 수 있는 A/B 검정을 알아봤다. 그런데 앞서 살펴본 예시에서 유의확률이 0.085가 아닌 유의수준(0.05)과 비슷한 0.051이 나왔다면 어떤 의사결정을 하면 좋을까? 2016년 미국통계학회(American Statistical Association; ASA)에서 발표한 "The ASA Statement on p-Values: Context, Process, and Purpose"란 저널[6]에 따르면 가설검정에서 유의수준을 왜 0.05로 해야 하는가를 지적하면서 유의수준과 유의확률에 대해 잘못 사용될 수 있는 상황을 지적하였다. 그중 하나가 바로 유의수준과 유의확률의 단순 비교만으로 "예/아니오"의 의사결정은 섣부를 수 있다는 점이다. 대신 실험이 어떻게 구성되었는지, 어떻게 데이터가 측정되었는지, 가정이 충족되었는지 등을 전반적으로 고려하는 것이 중요하며 유의확률뿐 아니라 우도 비율 검정[7], 의사결정이론(Decision-Theoretic Modeling), False discovery rate(FDR; 1종 오류 조정하는 방법) 등 다양한 방법으로 분석이 필요하다고 지적했다.

---

[6] Ronald L. Wasserstein & Nicole A. Lazar (2016) The ASA Statement on p-Values: Context, Process, and Purpose, The American Statistician, 70:2, 129-133, DOI: 10.1080/00031305.2016.1154108

[7] Likelihood Ratio Test: 두 가설의 우도(Likelihood, 가능도 - 주어진 가설이 참일 경우 실험 결과를 얻을 정도) 비(Ratio)를 계산해서 얼마나 유사한지 비교하는 방법을 말한다.

3.2.18 두 개 이상의 변수 관계를 이해할 때 알아야 할 개념: 공분산, 상관계수, 선형성, 공선성, 다중공선성

3.2.18.1 공분산(Covariance), 상관계수(Correlation Coefficient), 선형성(Linearity)

데이터를 이해한다는 것은, 변수를 하나씩 이해하는 작업뿐 아니라, 한 변수가 다른 변수와 어떤 관계가 있는지까지 여러 변수를 같이 이해하는 작업도 포함된다. 앞서 정규분포를 살펴보았을 때, 확률변수를 하나 살펴보았다. 이를 일변량 정규분포(Univariate Normal Distribution)라 하며, 확률변수가 두 개인 경우 이변량 정규분포(Bivariate Normal Distribution), 3개 이상이면 다변량 정규분포(Multivariate Normal Distribution)라 한다. 이변량 정규분포를 살펴본 뒤, 서로 연관된 변수가 여러 개인 경우 어떤 문제가 있는지와 그 해결방법을 소개한다.

정규분포를 따르는 두 개 확률변수 X_1, X_2를 담은 확률벡터 X를 살펴보자.

- 정규분포를 따르는 두 확률변수: $X_1 \sim N(\mu_1, \sigma_1^2)$, $X_2 \sim N(\mu_2, \sigma_2^2)$
- 확률벡터 : $X = \begin{pmatrix} X_1 \\ X_2 \end{pmatrix}$

이 확률벡터의 모집단 평균벡터와 모집단 분산-공분산 행렬은 다음처럼 표기할 수 있다. 여기서 분산-공분산 행렬(Σ)은 확률변수가 2개이므로 2×2 행렬인데, 주대각선(Main Diagonal)은 X_1, X_2의 분산이며, 주대각선을 제외한 요소는 공분산(Covariance)으로 X_1, X_2 두 변수가 동시에 변하는 정도를 말한다. 이처럼 두 변수와의 관계를 상관(Correlation)이라고도 한다. X_1, X_2 표준편차를 σ_1, σ_2라 했을 때, 공분산 σ_{12}는 두 개의 표준편차와 상관계수(Correlation Coefficient; ρ; rho)의 곱으로 이뤄진다.

- 모집단 평균벡터: $\mu = \begin{pmatrix} \mu_1 \\ \mu_2 \end{pmatrix}$
- 모집단 분산-공분산 행렬:
  - $\Sigma = \begin{pmatrix} var(X_1) & cov(X_1, X_2) \\ cov(X_2, X_1) & var(X_2) \end{pmatrix} = \begin{pmatrix} \sigma_1^2 & \rho\sigma_1\sigma_2 \\ \rho\sigma_2\sigma_1 & \sigma_2^2 \end{pmatrix} = \begin{pmatrix} \sigma_1^2 & \sigma_{12} \\ \sigma_{12} & \sigma_2^2 \end{pmatrix}$
  - X_1의 모분산: σ_1^2, X_2의 모분산: σ_2^2
  - 모집단 공분산: $cov(X_1, X_2) = \sigma_{12} = \frac{\Sigma(X_{1i}-X_1)(X_{2i}-X_2)}{n}$
  - 모집단 상관계수: $corr(X_1, X_2) = \frac{cov(X_1, X_2)}{\sqrt{var(X_1)var(X_2)}} = \frac{\sigma_{12}}{\sigma_1\sigma_2} = \rho$

확률변수가 두 개이므로 확률밀도함수는 결합확률밀도함수(Joint Probability Density Function; Joint PDF)라고도 하며 다음 식으로 정의할 수 있다. 변수 각각이 정규분포를 띄므로 두 개의 정규분포 확률밀도함수를 곱한 식에서, 두 변수와의 연관성을 고려하기 위해 상관계수가 반영된 식이다. 따라서 두 확률 변수가 서로 상관이 없다면, 상관계수 ρ가 0이므로 두 확률밀도함수를 곱한 식이 된다. 예를 들어, 정규분포를 띄는 키(X_1)와 몸무게(X_2)의 평균, 분산, 상관계수를 알면 다음 식을 통해 키가 170cm 이상이고 몸무게가 70kg 이상일 확률을 계산할 수 있다.

- 결합 확률밀도함수:

$$f(x_1, x_2) = \frac{1}{2\pi\sigma_1\sigma_2\sqrt{(1-\rho^2)}} exp\left[\frac{1}{2(1-\rho^2)}\left\{\left(\frac{x_1-\mu_1}{\sigma_1}\right)^2 - 2\rho\left(\frac{x_1-\mu_1}{\sigma_1}\right)\left(\frac{x_2-\mu_2}{\sigma_2}\right) + \left(\frac{x_2-\mu_2}{\sigma_2}\right)^2\right\}\right]$$

$$-\infty < x_1, x_2 < +\infty,$$
$$-\infty < \mu_1, \mu_2 < +\infty,$$
$$-1 < \rho < 1$$

이 분포를 기호로 표현하면 다음과 같은데, 이변량 정규분포(BiVariate Normal Distribution; BVN)는 두 변수의 평균, 분산, 두 변수와의 상관계수 모수(혹은 통계치)를 통해 분포를 알 수 있다는 뜻이다.

- 기호로 분포 표현: $\begin{pmatrix} X_1 \\ X_2 \end{pmatrix} \sim BVN(\mu_1, \mu_2, \sigma_1^2, \sigma_2^2, \rho)$

그렇다면 두 변수의 분산-공분산이 달라짐에 따라 분포는 어떻게 달라지는지 그래프로 이해해 보자. multi_norm_3d()라는 함수를 만들어 리스트 형태의 평균과 리스트 안에 또 리스트가 있는 형태의 분산-공분산 값을 입력하면, 3차원 그래프와 등고선 그래프가 반환되어 분포를 확인할 수 있다. 이변량 정규분포를 시각화한 것이므로 두 개의 확률분포 평균 값 2개와, 2×2의 분산-공분산이 입력값이 된다.

이변량 정규분포 결합확률 계산은 from scipy.stats import multivariate_normal 라이브러리를 불러온 뒤, multivariate_normal()을 사용한다. 이 함수의 입력 값은 배열이라서 주어진 리스트 형태의 평균과 분산-공분산을 중간에 배열 형태로 바꿨다. 함수 안에서 X와 Y는 각각 X축, Y축 -7과 7 사이에 있는 100개의 값으로, 이 값의 조합으로 결합확률밀도함수에서 x_1, x_2값을 말한다. 확률 값은 Z로, 3차원 그래프에서 Z축(높이)에 해당된다. 이 3차원 그래프는 fig.gca(projection='3d')로 3개 축을 설정한 뒤, plot_surface()를 통해 표면을 만든다. 같은 그래프 안에서 contourf()를 사용해 Z값을 2차원 등고선 형태로 보여준다. 3차원과 2차원 그래프를 이해하면서 분산과 공분산 값에 따라 분포가 어떻게 달라지는지 살펴보자. X축에 있는 확률변수를 X_1, Y축에 있는 확률변수를 X_2라 하겠다.

```
import pandas as pd
import numpy as np
from scipy.stats import multivariate_normal

# 그래프 관련 라이브러리
import matplotlib
import matplotlib.pyplot as plt
from matplotlib import rc
from matplotlib import cm
from mpl_toolkits.mplot3d import Axes3D

# matplotlib 폰트 설정(Mac OS인 경우) 및 유니코드 에러 고치기
```

```python
rc('font', family='AppleGothic')
plt.rcParams['axes.unicode_minus'] = False
plt.rc('font', size=14) # 글씨 크기 설정
plt.rc('figure', figsize=[16,8]) # 그래프 크기 설정

def multi_norm_3d(mu_list, Sigma_list):
    '''
    입력값(리스트): 평균, 분산-공분산행렬
    출력값(그래프): 주어진 값에 따른 다변량 정규분포 그래프
    '''
    # 2차원 그래프 범위 설정
    N = 100
    X = np.linspace(-7, 7, N) # 범위 [-7, 7] X축 70개 간격 생성, 1xN 행렬
    Y = np.linspace(-7, 7, N) # 범위 [-7, 7] Y축 70개 간격 생성, 1xN 행렬
    X, Y = np.meshgrid(X, Y) # 2차원 평면 X, Y에 격자점 생성, NxN 행렬

    # 3차원 배열 생성
    pos = np.empty(X.shape + (2,)) # 요소가 지정되지 않은 비어 있는 배열 생성,
(N, N, 2)
    pos[:, :, 0] = X
    pos[:, :, 1] = Y

    # 깊이, 행, 열 배열 NxNx2 - 파이썬 설치 및 개념 설명 (xx. p) 참고
    # print(len(pos), len(pos[0]), len(pos[0][0]))

    # 평균 1차원 배열, 분산-공분산 2x2 행렬 설정
    mu = np.array(mu_list)
    Sigma = np.array(Sigma_list)
    Z = multivariate_normal(mu, Sigma).pdf(pos) # 다변량 정규분포 확률밀도값

    # 3차원 그래프
    fig = plt.figure()
    ax = fig.gca(projection='3d') # 3D 좌표로 기준 설정
    ax.plot_surface(X, Y, Z,  # 표면 플롯 생성
                    rstride=2, # 행 방향으로 3 간격
                    cstride=2, # 열 방향으로 3 간격
                    linewidth=1, # 선 두께
                    cmap=cm.coolwarm)
```

```python
# 등고선 그래프 생성
cset = ax.contourf(X, Y, Z,
                   offset=-0.15, # Z축 -0.15 값에 그래프 생성
                   cmap=cm.coolwarm) # 비슷한 값끼리 보여줄 색 설정

ax.set_zlim(-0.15,0.1) # Z축 범위 설정
ax.set_zticks(np.linspace(0, 0.12, 4)) # Z축 눈금 값 설정
ax.view_init(15, 290) # 3D 그래프 방향 설정
ax.set_xlabel('X축: 변수 $X_1$')
ax.set_ylabel('Y축: 변수 $X_2$')

# 눈금값 크기 조절 및 라벨과의 간격 설정
ax.tick_params(axis='x', labelsize=12, pad=0)
ax.tick_params(axis='y', labelsize=12, pad=-1.5)
ax.tick_params(axis='z', labelsize=12, pad=10)
ax.text2D(0.05, 0.95, f'$X_1$ 평균: {mu[0]},  $X_2$ 평균: {mu[1]}', transform=ax.transAxes) # 텍스트 추가
ax.text2D(0.05, 0.90, f'$X_1$ 분산: {Sigma[0][0]},  $X_2$ 분산: {Sigma[1][1]},  공분산: {Sigma[0][1]}', transform=ax.transAxes)
    plt.savefig(f'3장_이변량그래프_{mu[0]}_{Sigma[0][0]}_{Sigma[0][1]}.png', bbox_inches='tight')

return plt.show()
```

평균은 분포에서 위치에 해당하므로 두 확률 변수의 평균은 동일하게 0으로 지정 ([0, 0])했다. 분산-공분산 행렬은 리스트 안에 리스트 형태로 표현할 수 있는데, [[2,0], [0,2]] 입력 값은 행렬 $\begin{pmatrix} 2 & 0 \\ 0 & 2 \end{pmatrix}$와 같다. 두 변수가 전혀 관계 없을 경우 상관계수가 0이 되므로 공분산 값도 0이다. 값이 평균으로부터 퍼져 있는 정도인 분산이 같으므로 등고선 그래프에서 어느 한 축으로 값이 치우치지 않고 동일하게 원형으로 나타난다.

```
multi_norm_3d([0, 0], [[2, 0], [0, 2]])
```

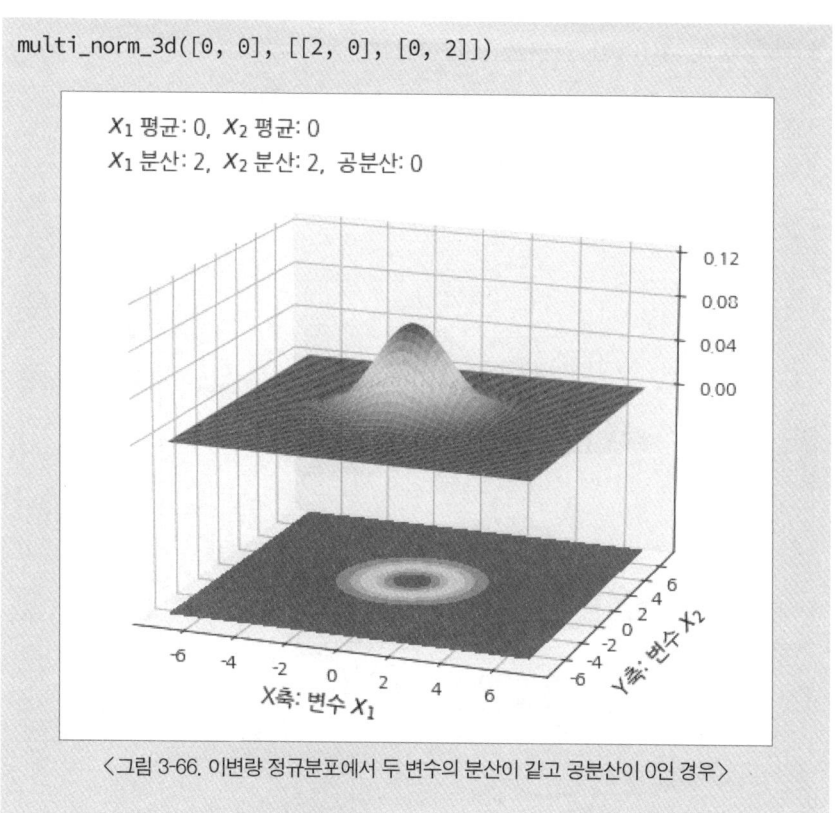

〈그림 3-66. 이변량 정규분포에서 두 변수의 분산이 같고 공분산이 0인 경우〉

그렇다면 확률 변수 X_1 분산이 X_2 분산보다 큰 경우 $\begin{pmatrix} 4 & 0 \\ 0 & 1 \end{pmatrix}$ 와, 반대로 X_2 분산보다 작은 경우 $\begin{pmatrix} 1 & 0 \\ 0 & 4 \end{pmatrix}$ 를 살펴보자. 여기서 공분산은 0이므로 X_1 값이 변함에 따라 X_2 값에 영향을 받지 않으므로 평균을 중심으로 X_1 분산이 더 크면 X축으로 값이 퍼지고, X_2 분산이 크면 Y축으로 값이 퍼진다.

```
multi_norm_3d([0,0], [[4,0], [0,1]])
```

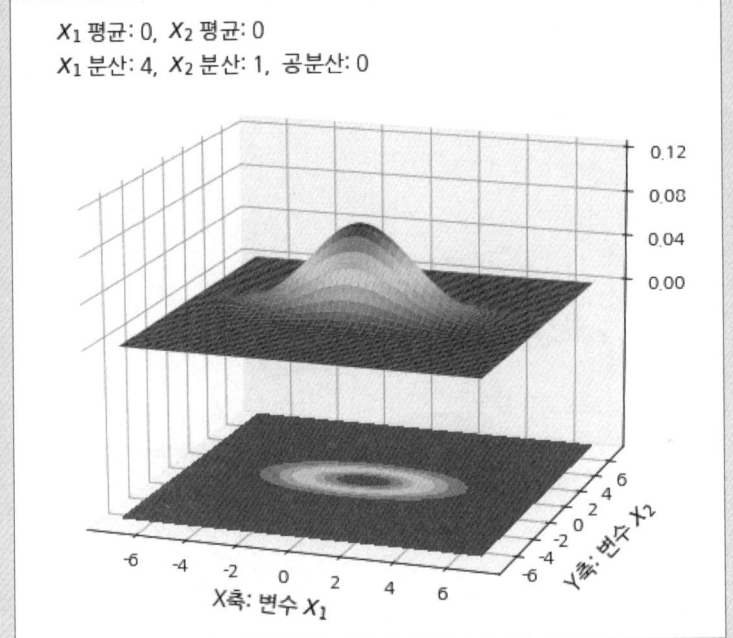

〈그림 3-67. 이변량 정규분포에서 X변수 분산이 크고 공분산이 0인 경우〉

```
multi_norm_3d([0, 0], [[1, 0], [0, 4]])
```

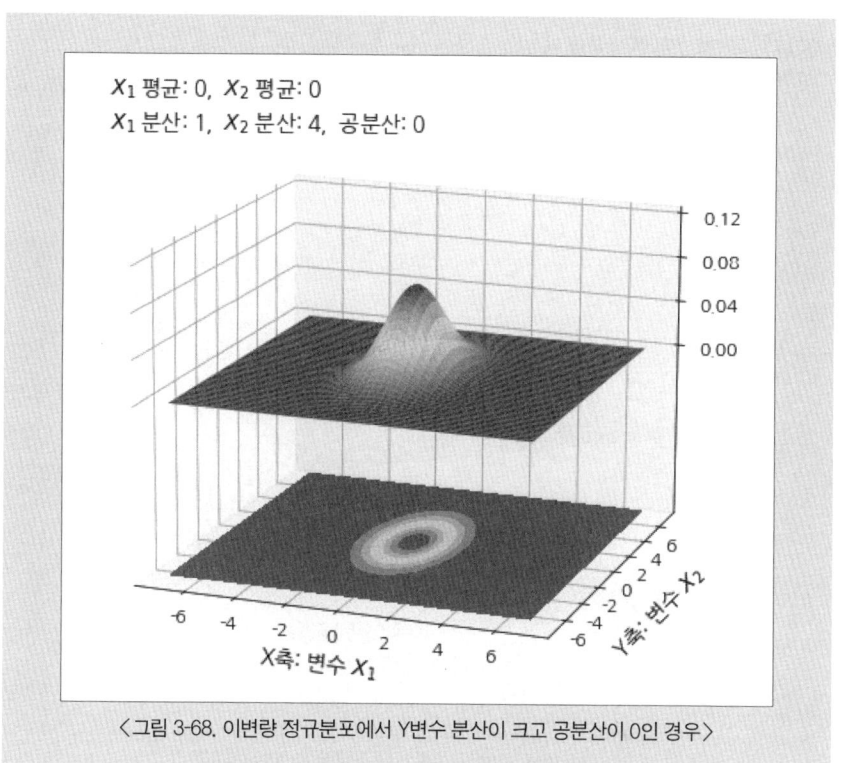

〈그림 3-68. 이변량 정규분포에서 Y변수 분산이 크고 공분산이 0인 경우〉

마지막으로 두 변수의 분산이 같은 상태에서 공분산이 양수인 경우 $\begin{pmatrix} 4 & 3.5 \\ 3.5 & 4 \end{pmatrix}$와 음수인 경우 $\begin{pmatrix} 4 & -3.5 \\ -3.5 & 4 \end{pmatrix}$ 그래프는 어떻게 달라지는지 살펴보자. 분산이 같으므로 평균에서 X축을 기준으로 데이터가 퍼져 있는 정도와, Y축을 기준으로 데이터가 퍼져 있는 정도는 같을 것이다. 다만 공분산이 양수인 경우, X_1이 커짐에 따라 X_2의 값은 더 커지고 공분산이 음수인 경우 X_1이 커짐에 따라 X_2의 값은 더 작아지게 되므로 데이터가 퍼지는 모습은 X축, Y축 기준이 아니라 두 축의 사이에서 이뤄진다. 공분산의 부호와 데이터가 퍼지는 방향을 살펴보자.

```
multi_norm_3d([0, 0], [[4, 3.5], [3.5, 4]])
```

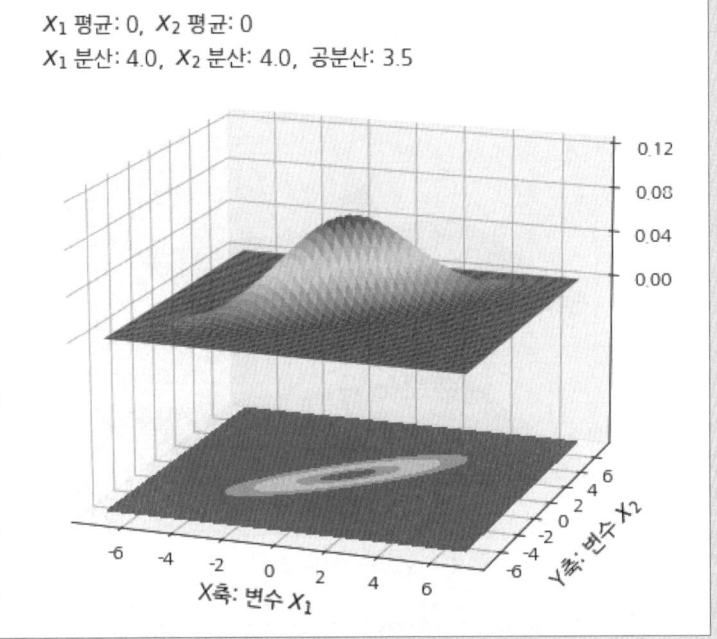

〈그림 3-69. 이변량 정규분포에서 공분산이 양수인 경우〉

```
multi_norm_3d([0, 0], [[4, - 3.5], [- 3.5, 4]])
```

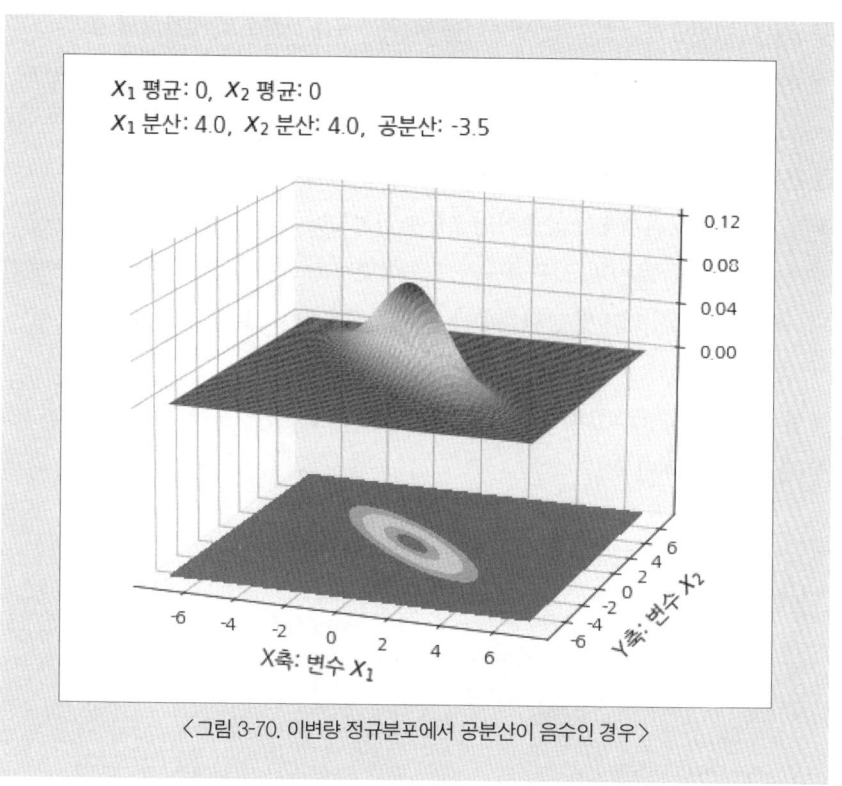

〈그림 3-70. 이변량 정규분포에서 공분산이 음수인 경우〉

분산-공분산 값에 따른 변수 간 관계를 이해하기 위해 3차원과 등고선 그래프를 살펴보았다. 하지만 실제 업무를 할 때, 상관계수로 혹은 각 변수 값을 점으로 도표에 찍은 산포도(Scatter Plot)를 통해 관계를 파악한다. 관측치가 많은 경우 모든 관측치로 산포도를 그리는 대신 표집을 한 후 산포도를 그린다.

앞서 식에서 보았듯이 상관계수는 두 변수의 공분산을 각 변수의 표준편차로 나눈 값으로 -1 이상 +1 이하의 값을 가진다. 값에 따라 해석할 때 절대적인 기준은 없지만 상관계수 절댓값이 1에 가까울수록 상관이 매우 높다고 해석하며 0에 가까울수록 상관성이 낮다고 해석한다.

generate_2rv() 함수를 만들어 평균, 표준편차, 상관계수, 데이터 크기를 입력하면 무작위의 이변량 분포를 띄는 데이터를 만들고 이를 산포도로 시각화해 보자. 표준편차와 상관계수를 계산해 분산-공분산 행렬을 계산하며, np.random.multivariate_normal()을 통해 데이터를 생성한다. 이번 예시에서도 두 변수의 평균은 0이며, 표준편차가 2인 상태에서 상관계수가 ±0.95일 때와 ±0.7일 때를 비교해 보자. 〈그림 3-71〉을 보면 상관계수가 양수이면 X축에 있는 변수가 증가함에 따라 Y축 변수도 증가하는 경향을 보이며, 상관계수가 음수이면 Y축 변수가 감소하는 경향을 보인다. 또한 흩어짐이 커지면 상관계수가 낮다는 것을 알 수 있다.

그런데 상관계수 .corr() 함수를 이용하면 변수와의 상관계수를 계산할 수 있는데 꼭 산포도를 그려야 할까?

```python
# 이변량 정규분포 무작위 생성 함수
def generate_2rv(mu, sd, corr, size):
    '''
    입력값: 평균(리스트), 표준편차(리스트), 상관계수, 크기
    출력값: 이변량 정규분포 데이터프레임
    '''
    np.random.seed(21) # 랜덤 시드 설정
    # 표준편차를 분산-공분산으로 바꿈: ** 제곱
    covs = np.array([[sd[0]**2, sd[0]*sd[1]*corr],
                     [sd[0]*sd[1]*corr, sd[1]**2]])
    
    # 무작위로 이변량 정규분포 만들기
    df_bivar = np.random.multivariate_normal(np.array(mu), covs, size)
    df_bivar = pd.DataFrame(df_bivar) # 데이터프레임으로 변환
    df_bivar.rename(columns={0:"col1", 1:"col2"}, inplace=True) # 열 이름 변환
    return df_bivar

# 상관계수 변화에 따른 데이터프레임 생성
df_high_p = generate_2rv([0,0], [2, 2], 0.95, 50)
df_high_n = generate_2rv([0,0], [2, 2], -0.95, 50)
df_low_p = generate_2rv([0,0], [2, 2], 0.7, 50)
```

```python
df_low_n = generate_2rv([0,0], [2, 2], -0.7, 50)

# 그래프로 표현
plt.figure()
plt.subplots_adjust(wspace=0.2, hspace=0.3) # 그래프 간격

plt.subplot(2, 2, 1) # 행2개, 열2개 서브그래프의 첫 번째 그래프
plt.scatter(df_high_p["col1"], df_high_p["col2"])
plt.title('높은 상관계수(양수)', fontsize=18)

plt.subplot(2, 2, 2) # 행2개, 열2개 서브그래프의 두 번째 그래프
plt.scatter(df_high_n["col1"], df_high_n["col2"])
plt.title('높은 상관계수(음수)', fontsize=18)

plt.subplot(2, 2, 3) # 행2개, 열2개 서브그래프의 세 번째 그래프
plt.scatter(df_low_p["col1"], df_low_p["col2"])
plt.title('낮은 상관계수(양수)', fontsize=18)

plt.subplot(2, 2, 4) # 행2개, 열2개 서브그래프의 네 번째 그래프
plt.scatter(df_low_n["col1"], df_low_n["col2"])
plt.title('낮은 상관계수(음수)', fontsize=18)

plt.suptitle('상관계수와 부호에 따른 산점도', fontsize=20)
plt.show()
```

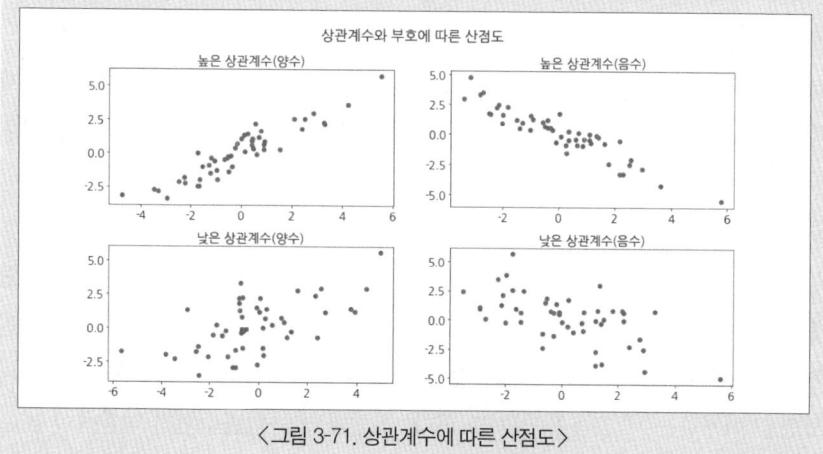

〈그림 3-71. 상관계수에 따른 산점도〉

분석에서 제일 중요한 점은 필요한 가정 조건을 만족했는지 여부이다. 변수 간의 연관성을 분석할 때 상관계수에만 의존하면 안 되며, 산포도를 통해 가정 조건이 충족되는지 확인 작업이 필요하다. 〈그림 3-72〉(a)처럼 한 변수 값이 증가함에 따라 다른 변수가 증가하거나 혹은 감소하는 경향이 보일 때, 관계가 선형성(Linearity)을 가진다라고 말한다. 상관연구의 기본 가정은 두 변수의 관계가 선형성을 가져야 한다는 것이다. (b)의 경우 X_1이 증가할 때 어느 순간까지는 X_2값도 증가하다가 감소하는 경향을 가지는데 이런 경우 선형성을 가지지 않는다. 이럴 때, X_1 전체 범위가 아닌, X_2값이 바뀌는 지점을 찾아 구간별로 상관 분석을 할 수 있겠다. 또 다른 조건으로 등분산성(Homoscedasticity, Equal Variances)을 만족해야 한다. 등분산성이란 (a)처럼 직선을 기준으로 값이 흩어진 정도가 같음을 말한다. (c)의 경우 X_1 변수가 증가함에 따라 X_2의 값이 흩어진 정도가 넓어지면(혹은 감소하면) 이분산성(Heteroscedasticity)을 가진다고 말한다. 선형 회귀 모델, 분산분석(ANOVA), 시계열(Time Series; 일정 시간 간격으로 배치된 데이터)에서도 등분산성을 확인한다. 산포도뿐 아니라 Bartlett's test, Levene's test 등을 통해 변수가 등분산성을 가지는지 아닌지 확인할 수 있다. 이분산성을 해결하는 방법으로 로그 변환(Log Transformation)이나 거듭곱 변환(Power Transformation)을 사용할 수 있지만 이상치에 의해 이분산성이 생길 수 있으므로 변환하기 전 이분산성을 일으킨 요인은 없는지 변환을 했을 때 어떤 장단점이 있는지 생각해 봐야 한다. 마지막으로 두 변수에 이상치가 없어야 한다. 두 변수에 대해 동떨어진 값인 이상치가 있으면 (d)처럼 상관계수가 달라지게 되므로 정확한 분석을 할 수 없다. 따라서 상관계수 통계치만으로 가정 조건이 만족되는지 확인할 수 없으므로 상관분석을 할 경우 산포도를 통한 가정 조건이 충족되었는지 확인해야 한다.

상관계수를 계산해 상관분석을 할 때, 여기서 말하는 두 변수는 종속변수(반응변수)와 독립변수(설명변수)일 수 있고, 혹은 두 개의 독립변수일 수도 있다. 전자인 경우 독립변수 중 어떤 변수가 종속변수와 높은 연관성을 가지는지 파악함으로써 모델을 이해하는 데 도움을 얻기도 한다. 그렇다면 독립변수끼리 연관성이 높은 경우는 어떨까?

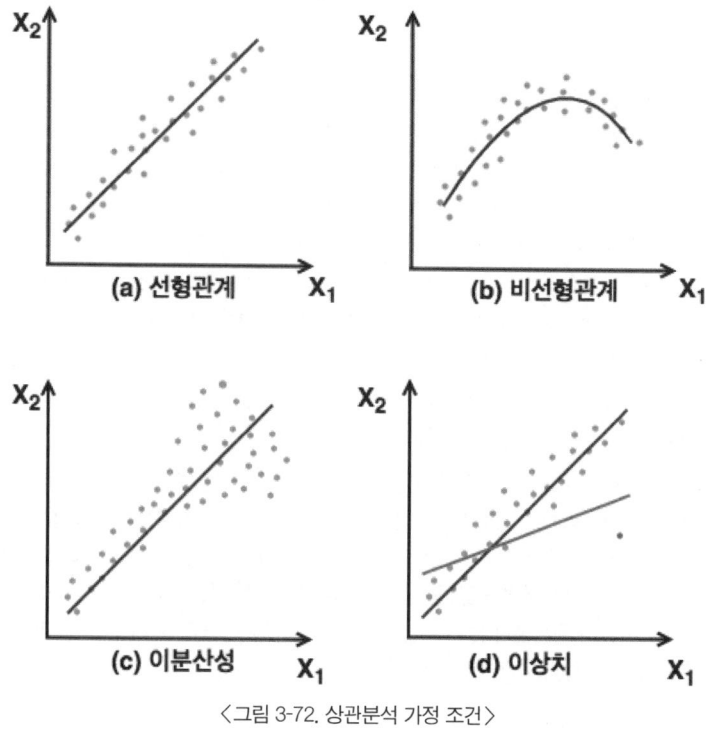

〈그림 3-72. 상관분석 가정 조건〉

3.2.18.2 공선성(Collinearity), 다중공선성(Multicollinearity)

데이터 독립변수 중에서 하나의 독립변수가 다른 하나의 독립변수와 높은 연관성이 있는 경우를 공선성(Collinearity)을 가진다고 말하며, 하나의 독립변수가 다른 여러 개의 독립변수로부터 예측할 수 있는 경우나 혹은 여러 개의 독립변수끼리 상관성을 가진 경우 다중공선성(Multicollinearity)을 가진다고 말한다. 하지만 뚜렷한 구분 없이 두 용어를 같은 의미로 사용한다. 다중공선성이 생길 수 있는 다음의 상황을 살펴보자.

<다중공선성 상황>

상황1. 미가공된 데이터에서 하나의 정보가 여러 단위로 측정되어 여러 변수로 저장된 경우를 흔히 볼 수 있다. 예를 들어, 온도를 섭씨와 화씨로 각각 표현한 변수라든가, 넓이에 대해 평수와 제곱미터, 스퀘어피트로 측정되어 변수로 저장한 경우다. 데이터 변수 개수가 적은 경우, 공선성이 높은 변수를 쉽게 확인할 수 있지만, 열 이름이 명확하게 명시되지 않거나, 혹은 몇백 개의 열이 있다면 어떻게 해야 할까?

상황2. 미가공된 데이터일수록, 데이터를 취합하는 과정에서 불가피하게 여러 정보를 담다 보니 상관성이 높은 데이터가 포함되기도 한다. 예를 들어, 집과 관련된 데이터에서 집 크기, 방 개수, 화장실 개수 등이 있다고 가정해 보자. 집 크기에 따라 방의 개수도 화장실 개수도 많아지므로 상관성이 있는데, 예측 모델을 만들 때 이러한 상관성이 높은 변수를 모두 사용하고 싶다면 어떻게 해야 할까?

상황3. 피처 엔지니어링할 때 자주 사용하는 방법 중 하나는 이웃 수에 따른 k-최근접 이웃(k-NN, 3.2.10 피처 스케일링할 것인가, 말 것인가? 지도학습 사용 목적으로 판단하기 참고)을 꼽을 수 있다. 이때 이웃의 개수(k)를 3, 5, 10, 20 등 원하는 대로 설정할 수 있으며 지정된 이웃에 대해 평균, 중앙값 등 여러 통계치를 활용해 여러 개의 피처를 만들 수 있다. 이렇게 피처를 만들게 되면 피처끼리 상관성이 높게 나타나는데, 여러 개의 피처를 만들어도 괜찮을까?

상관성은 상관계수와 산점도를 통해 두 변수의 상관 정도를 이해하지만, 다중공선성은 VIF(분산팽창계수, Variation Inflation Factor)와 산점도를 통해 파악할 수 있다. 여기서 VIF는 다중 회귀 모델(Multiple Linear Regression; 여러 개의 독립변수를 이용해 하나의 종속변수를 예측하는 회귀 모델)에서 독립 변수끼리 상관관계가 있는지 측정하는 척도를 말하며 다음 식으로 계산할 수 있다.

$$VIF = \frac{1}{1 - R^2}$$

$$R^2 = \frac{\Sigma(\hat{Y}_i - \bar{Y})^2}{\Sigma(Y_i - \bar{Y})^2}$$

설명된 편차(explained deviation): $\hat{Y}_i - \bar{Y}$

총 편차 (total deviation): $Y_i - \bar{Y}$

여기서 R^2은 회귀 모델을 통해 나온 값으로 결정 계수(Coefficient of Determination)라 부른다. 회귀 모델의 회귀선을 통해 종속변수와 독립변수 간의 설명할 수 있는 부분과 오차와 같은 설명되지 않은 편차로 나눌 수 있는데, 이 두 가지를 합친 것을 〈총 편차〉라 한다. 결정 계수는 총 편차 대비 설명된 편차의 비율을 말하며, 0과 1 사이의 값으로 종속변수와 독립변수의 상관관계가 높을수록 1에 가까워진다.

다중공선성을 가지면, 다시 말해 한 독립변수가 다른 여러 개의 독립변수를 통해 예측할 수 있다면, 이 변수들로 회귀 모델을 만들었을 때 높은 R^2 값을 얻는다. 예를 들어, 이 결정 계수가 0.9라면 회귀선을 통해 90%는 다른 독립변수로 설명할 수 있다는 뜻으로, 이때, VIF의 값은 약 5.26(1/(1-0.9²)이다. 절대적인 기준은 없지만 VIF값이 5보다 큰 경우, 다중공선성이 있다고 해석한다.

임의로 다중공선성을 가진 다변량 정규분포를 만든 후, VIF를 계산해 보자. 상관계수가 0.85인 경우, 평균값은 10으로 동일하게 유지하고, 표준편차를 다르게 설정해 임의 다변량 정규분포를 만들었다. col1의 값을 3배한 후 10을 더했을 때의 값을 열(col5)로 만들었는데 이 df_cl 데이터프레임의 상관계수를 계산해 보자. 〈그림 3-73〉에서 대각선은 자기 자신과 상관관계이므로 1을 가지며, col5는 단지 col1의 스케일 변환이므로 역시 1의 상관계수를 갖는다.

```
# 검정, 회귀분석, 시계열분석 등을 제공하는 파이썬 패키지 statsmodels 불러오기
from statsmodels.stats.outliers_influence import variance_inflation_factor

# 소수점 셋째 자리 표기
pd.options.display.float_format = '{:.3f}'.format

mu = np.array([10, 10, 10, 10]) # 평균 동일하게 설정
sd = [1, 2, 3, 4] # 표준편차 다르게 설정
corr = 0.85
n_size = 1000
```

```python
# 분산-공분산 행렬
covs = np.array([
                [sd[0]**2, sd[0]*sd[1]*corr, sd[0]*sd[2]*corr, sd[0]*sd[3]*corr],
                [sd[1]*sd[0]*corr, sd[1]**2, sd[1]*sd[2]*corr, sd[1]*sd[3]*corr],
                [sd[2]*sd[0]*corr, sd[2]*sd[1]*corr, sd[2]**2, sd[2]*sd[3]*corr],
                [sd[3]*sd[0]*corr, sd[3]*sd[1]*corr, sd[3]*sd[2]*corr, sd[3]**2]
                ])

np.random.seed(21) # 랜덤 시드 설정
df_cl = np.random.multivariate_normal(mu, covs, size=n_size) # 다변량 정규분포 생성
df_cl = pd.DataFrame(df_cl) # 데이터프레임으로 변환

df_cl.rename(columns={0:"col1", 1:"col2", 2:"col3", 3:"col4"}, inplace=True) # 열 이름 변환

# col1에서 스케일 변환한 col5 생성
df_cl["col5"] = df_cl["col1"]*3 +10

# 상관계수 계산
df_cl.corr()
```

	col1	col2	col3	col4	col5
col1	1.000	0.877	0.870	0.875	1.000
col2	0.877	1.000	0.859	0.867	0.877
col3	0.870	0.859	1.000	0.866	0.870
col4	0.875	0.867	0.866	1.000	0.875
col5	1.000	0.877	0.870	0.875	1.000

〈그림 3-73. 다변량 정규분포 상관계수〉

variance_inflation_factor() 함수를 이용해 VIF를 계산하는 함수를 만들어 보자. 데이터프레임을 입력하면 데이터프레임에 있는 열에 대한 *VIF*를 계산해 반환한다. 앞서 만든 df_cl 데이터프레임에서 각 열의 *VIF*값을 살펴보면, col1과 col5는 스케일의 변화만 있을 뿐 같은 데이터이므로 높은 *VIF*를 얻었고, col2, col3, col4는 5 이상의 *VIF*를 얻었다. 그렇다면 col1을 지우면 다중공선성을 해결할 수 있을까?

```
# VIF 계산 함수 생성
def get_vif(df):
    '''
    입력값: 데이터프레임
    출력값: VIF
    '''
    vif = pd.DataFrame() # 반환할 VIF 데이터프레임
    vif["열"] = df.columns
    
    # df의 열 모두 VIF 계산 (df.shape[1]: 열 개수)
    vif["VIF"] = [variance_inflation_factor(df.values, i) for i in range(df.shape[1])]
    
    return(vif)

df_cl_vif = get_vif(df_cl)
df_cl_vif
```

	열	VIF
0	col1	5247.923
1	col2	5.734
2	col3	5.478
3	col4	5.822
4	col5	4373.508

〈그림 3-74. 다중공선성이 있는 경우 VIF값〉

데이터프레임에서 col1을 지우고 다시 VIF를 계산해 보았다. 이번엔 모든 열에서 높은 VIF값을 얻게 되었다. 하지만 기존 데이터를 높은 상관계수로 만들었기 때문에 여전히 VIF값은 높다.

```
# 데이터프레임에서 col1 열 지우기
df_cl_drop = df_cl.drop(["col1"],axis=1)
df_cl_vif_drop = get_vif(df_cl_drop)

df_cl_vif_drop
```

	열	VIF
0	col2	132.151
1	col3	55.979
2	col4	30.420
3	col5	63.675

〈그림 3-75. col1을 지웠을 때 VIF값〉

다중공선성의 여부를 확인하지 않고 회귀 모델을 사용하면 괜찮을까? 다중공선성은 특히 회귀 모델에서 문제가 되는데, 회귀 모델에서 중요한 가정 중 하나가 독립 변수는 말 그대로 독립적이어야 한다는 점이기 때문이다. 하지만, 다중공선성이 있는 경우 이를 해결하지 않고 회귀 모델을 만들면 가정 조건이 충족되지 않았으므로 회귀 계수를 신뢰할 수 없을뿐더러, 회귀 모델을 잘못 해석할 수 있다. 반면, 트리 기반 알고리즘을 사용할 경우, 상관성이 높은 피처를 사용해도 예측 성능에 영향을 주지 않기 때문에 앞서 살펴본 상황2처럼 상관성이 높은 피처를 여러 개 만들어 사용하는 경우도 흔히 볼 수 있다.

그렇다면 여기서 이런 질문을 할 수 있다. 회귀 모델을 사용하지 않는 상황에서도 변수 간 상관관계나 다중공선성을 확인해야 할까? 다중공선성을 해결할 수 있는 방법은 무엇이 있을까? 그렇다면 회귀 모델을 사용할 때 낮은 VIF값을 얻을 때까지 열을 지워야 할까? 다음 장에서 다중공선성 문제점과 해결방법을 소개하며 질문에 대한 답을 생각해 보자.

3.2.19 차원의 저주란 무엇일까?

데이터 크기가 큰 경우, 관측치(행)가 많을 수 있지만 때론 변수(열)가 많은 경우도 있다. 관측치가 많은 경우, 표집을 통해 더 적은 용량의 데이터를 다룰 수 있지만 변수가 많은 경우는 다음과 같은 문제가 생긴다.

<변수가 많을 때 상황>
1. 데이터를 이해하고 업무에 필요한 변수가 무엇인지 판단하는 데 상당한 시간이 소요됨
2. 분석 및 모델링 과정에서 메모리 이슈
3. 데이터 용량 문제
4. 다중공선성 문제

앞서 <다중공선성 상황1>에서 하나의 정보가 다른 단위로 측정되어 여러 변수로 저장된 경우가 있다고 소개했다. 이는 <변수가 많을 때 상황1> 데이터 이해하는 데 시간이 걸리는 것과 연관되어 있는데, 스크레이핑과 같은 데이터를 수집하는 단계나 혹은 데이터를 저장하는 단계에서 문제점을 일부 해결할 수 있다. 하지만 데이터 사이언티스트는 주어진 데이터를 이해하는 것이 업무의 출발점이므로 사실상 이런 상황은 늘 존재한다. 따라서 업무에 필요한 변수가 무엇인지를 판단하는 과정에서, 불필요하게 단위 변환으로 중복된 열이 있는지, 각 변수의 정보를 모를 경우 VIF를 계산하면서 비정상적인 수치가 있는지 등은 늘 확인해야 한다.

<변수가 많을 때 상황2 & 상황3> 역시 함수나 반복문, 혹은 모델링 과정에서 큰 용량의 데이터가 사용되는 경우 메모리 부족으로 인한 오류 역시 흔히 발생한다.

수치형 데이터에서 높은 정밀도(소수점자리 표현)가 요구되지 않는다면 데이터 타입을 float64에서 float32로, int64에서 int16으로 정밀도를 낮추거나, 문자열인 경우 object 타입을 category로 바꿔 문자열을 직접 저장하는 대신 생성된 인덱스-문자열 조합 중 인덱스만 저장해 메모리 할당을 줄일 수 있다. 이 과정은 〈그림 3-76〉 데이터프레임.info(memory_usage='deep')를 이용해 할당된 메모리를 확인할 수 있다. 데이터 타입을 바꾸는 방법뿐 아니라, 계산 과정에서 값을 불필요하게 저장하지 않거나, 데이터프레임을 리스트나 딕셔너리와 같은 다른 형태로 변환해 사용하는 방법 등이 있다. 그럼에도 불구하고 여전히 메모리 이슈가 발생하는 경우 클라우드 컴퓨팅 파워를 바꿔 해결할 수 있다.

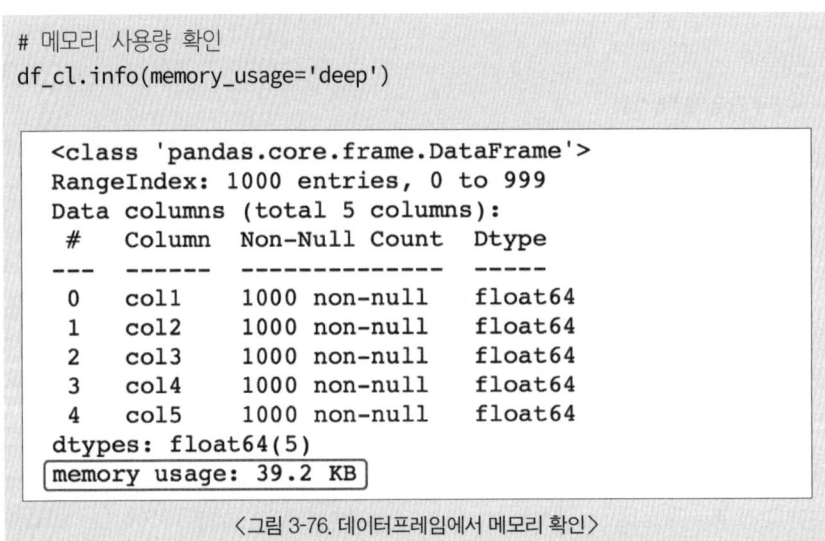

〈그림 3-76. 데이터프레임에서 메모리 확인〉

〈변수가 많을 때 상황4〉에서 변수가 많으면 다중공선성으로 인해 어떤 문제가 생길까? 〈다중공선성 상황3〉에서도 변수를 새로 만드는 과정에서 다중공선성 문제가 생길 수 있다고 했는데 어떤 문제점이 있는지 살펴보자.

다중공선성이 있는 데이터나, 혹은 피처 엔지니어링 작업으로 새로 만들어진 변수가 다중공선성을 가지는 데이터를 가지고 예측 모델을 만들 때, 〈차원의 저주(The Curse of Dimensionality)〉란 문제가 생길 수 있다. 여기서 말하는 차원은 쉽게 말해 변수를 말하는데, 관측치 대비 변수가 많아질수록(고차원이 될수록) 공간에 있는 값이 서로 떨어지게 된다. 따라서 차원의 저주란, 데이터 간의 패턴을 찾아 학습하며 예측 모델을 세워야 하지만, 변수가 많아 오히려 패턴 찾기를 힘들게 하므로 모델 성능을 떨어뜨리는 문제를 말한다. 다음 예시에서 관측치는 그대로 있는 상태에서 차원이 높아질수록 데이터 간의 거리가 얼마나 멀어지는지 살펴보자.

먼저 변수가 하나일 때, 1차원 공간에서 데이터가 어디에 있는지 그래프로 표현해 보자. 변수 X는 1부터 100까지 임의로 50개의 정수를 추출하고, 변수 Y는 동일하게 0으로 설정해 산점도를 그리면 선 위에 변수 X의 값이 표시된다. 변수 Y는 모두 일정하므로 1차원인 변수 X에는 1부터 100까지 총 100개의 데이터 공간이 있는데 그 중 50개 값이 표시됐다. 100개 값이 존재할 수 있는 공간에 50개의 관측치가 있으므로 관측치마다의 거리는 비교적 가깝다고 볼 수 있다.

```
# 1차원
random.seed(123)
x = random.sample(range(1, 101), 50) # 1부터 100까지 50개 임의적으로 추출
y = [0 for val in x] # 1차원이므로 y값은 동일하게 0으로 맞춤
print(f'x 값: {x}\n')
print(f'y 값: {y}')

# 산점도
fig, ax = plt.subplots()
fig.set_size_inches(12, 0.5)
plt.scatter(x, y) # x와 y의 산점도(scatter plot)

for grid_pt in [20, 40, 60, 80]: # 구분선(grid) 추가
    plt.axvline(x=grid_pt, color='silver')

ax.set_xlim((-1,101)) # x축 값 -1부터 101
ax.set_xlabel("변수 X", fontsize=16)
```

```
plt.yticks([], [])  # y값 지워줌

plt.title("1차원", fontsize=18)
plt.show()
```

```
x 값: [7, 35, 12, 53, 99, 14, 5, 49, 69, 72, 43, 44, 100, 21, 18, 89
, 91, 90, 32, 87, 1, 56, 98, 77, 93, 9, 80, 41, 58, 95, 6, 78, 19,
17, 3, 38, 79, 37, 31, 67, 62, 54, 66, 50, 20, 22, 34, 52, 60, 71]
y 값: [0, 0, 0, 0, 0, 0, 0, 0, 0, 0, 0, 0, 0, 0, 0, 0, 0, 0, 0, 0
, 0, 0, 0, 0, 0, 0, 0, 0, 0, 0, 0, 0, 0, 0, 0, 0, 0, 0, 0, 0,
0, 0, 0, 0, 0, 0, 0]
```

〈그림 3-77. 1차원에서 관측치 50개의 산점도〉

그렇다면 관측치 수를 동일하게 유지한 상태에서, 차원이 하나 늘어나면 어떻게 될까? 이번엔 변수 Y 값 역시 1부터 100까지 범위에서 무작위 정수를 추출해 변수 X와 변수 Y값으로 2차원 산점도를 그려보자. 이번에 값마다 번호를 표시해 보니 각 변수 마지막 값($x = 71, y = 62$)은 산점도에서 50으로 표시되어 관측치 수는 여전히 50개임을 알 수 있다. 하지만 2차원에서 데이터 공간은 100x100 = 100^2 = 10,000이다. 10,000개의 데이터가 존재할 수 있는 공간에 50개의 관측치가 있으므로 관측치 간의 거리는 1차원보다 멀어졌다.

```
# 2차원: x, y값 필요
random.seed(123)
x = random.sample(range(1, 101), 50)
y = random.sample(range(1, 101), 50)
print(f'x 값: {x}\n')
print(f'y 값: {y}')
```

```python
# 산점도 그리기
fig, ax = plt.subplots()
fig.set_size_inches(7, 7) # 그래프 사이즈 설정

plt.scatter(x, y) # x, y 산점도

n = list(range(1,51)) # x, y 산점도에 번호 매기기
for i, txt in enumerate(n): # 찍힌 점마다 순서가 몇 번인지 표시
    ax.annotate(txt, (x[i], y[i]), fontsize=12)

for grid_pt in [20, 40, 60, 80]: # 축마다 구분선(grid) 추가
    plt.axvline(x=grid_pt, color='silver')
    plt.axhline(y=grid_pt, color='silver')

ax.set_xlabel("변수 X", fontsize=16)
ax.set_ylabel("변수 Y", fontsize=16)
plt.title("2차원", fontsize=18)
plt.show()
```

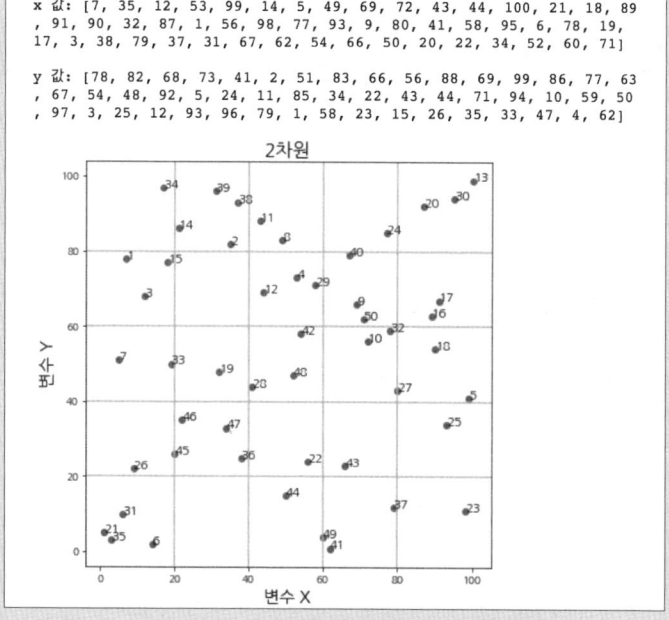

〈그림 3-78. 2차원에서 관측치 50개의 산점도〉

마지막으로 관측치의 수는 여전히 50개인 상태에서 변수가 X, Y, Z인 3차원 공간을 살펴보자. 3차원에서 존재할 수 있는 데이터 공간은 100x100x100 = 100^3 = 1,000,000이며 이 공간에 50개의 관측치가 있으므로 관측치 간의 거리는 2차원보다 훨씬 멀어졌다.

```python
# 3차원: x, y, z 필요
random.seed(123)
x = random.sample(range(1, 101), 50)
y = random.sample(range(1, 101), 50)
z = random.sample(range(0, 101), 50)

print(f'x 값: {x}\n')
print(f'y 값: {y}\n')
print(f'z 값: {z}')

# 3차원에 필요한 라이브러리
from mpl_toolkits import mplot3d

fig = plt.figure()
ax  = fig.add_subplot(1,1,1, projection='3d') # 축 X, Y, Z 설정

fig.set_size_inches(10, 10)
ax.scatter(x, y, z) # 산점도 (구분선은 자동으로 추가)

ax.set_xlabel("x", fontsize=16)
ax.set_ylabel("y", fontsize=16)
ax.set_zlabel("z", fontsize=16)

plt.title("3차원", fontsize=18)
plt.show()
```

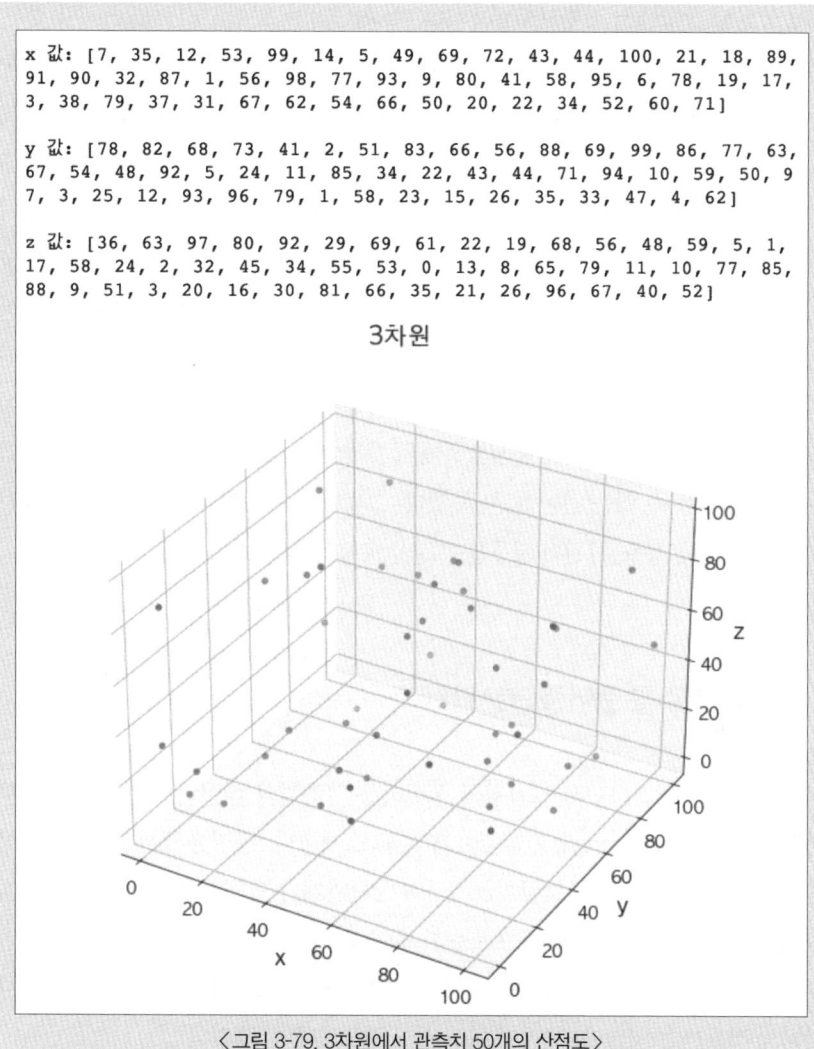

```
x 값: [7, 35, 12, 53, 99, 14, 5, 49, 69, 72, 43, 44, 100, 21, 18, 89,
91, 90, 32, 87, 1, 56, 98, 77, 93, 9, 80, 41, 58, 95, 6, 78, 19, 17,
3, 38, 79, 37, 31, 67, 62, 54, 66, 50, 20, 22, 34, 52, 60, 71]

y 값: [78, 82, 68, 73, 41, 2, 51, 83, 66, 56, 88, 69, 99, 86, 77, 63,
67, 54, 48, 92, 5, 24, 11, 85, 34, 22, 43, 44, 71, 94, 10, 59, 50, 9
7, 3, 25, 12, 93, 96, 79, 1, 58, 23, 15, 26, 35, 33, 47, 4, 62]

z 값: [36, 63, 97, 80, 92, 29, 69, 61, 22, 19, 68, 56, 48, 59, 5, 1,
17, 58, 24, 2, 32, 45, 34, 55, 53, 0, 13, 8, 65, 79, 11, 10, 77, 85,
88, 9, 51, 3, 20, 16, 30, 81, 66, 35, 21, 26, 96, 67, 40, 52]
```

〈그림 3-79. 3차원에서 관측치 50개의 산점도〉

이처럼 관측치 수가 동일한 상태에서 차원이 하나 늘수록 존재할 수 있는 데이터 공간이 기하급수적으로 늘어나므로 관측치 간의 빈 공간이 늘어나는 현상(Sparsity)이 나타난다. 데이터 간의 거리나 패턴을 이용하는 알고리즘을 사용할 경우, 이런 현상으로 제대로 된 성능을 기대할 수 없다.

다중공선성 상황에서 상황3(304p 참고)은 k-최근접 이웃 알고리즘을 이용할 경우, 꼭 필요할 만한 최소한의 변수를 사용해야 한다. 문제는 이 알고리즘으로 이웃 수 (k)에 따른 새로운 변수(피처)를 필요 이상으로 만들 때다. 예를 들어 6개 이웃 3, 5, 10, 20, 50, 100을 만들어 이웃 수마다 평균값과 중앙값을 계산하면 12개(6×2)의 변수가 생성된다. 이 12개의 피처를 다 사용해도 괜찮은지 생각해 봐야 한다. 왜냐하면 이렇게 만들어진 변수는 다중공선성이 있을 확률이 높기 때문에 회귀 모델을 사용하기 전 독립변수 간의 연관성이 있는지 확인해야 한다. 회귀 모델을 사용하지 않더라도, 관측치 개수가 동일한 상태에서 변수 개수가 늘어나게 되므로 차원의 저주로 인해 데이터의 패턴을 학습하는 과정이 올바르지 않을 수 있으며, 데이터 저장 공간, 모델링 시간이 불필요하게 증가하여 새로 변수를 만들 때 얻을 수 있는 점보다 잃을 수 있는 점이 많을 수 있다. 그렇다면 주어진 데이터에서 다중공선성이 이미 있는 경우, 차원의 저주를 해결할 방법을 살펴보자.

3.2.20 저주를 풀어줄 PCA란?

다중공선성을 해결하면서 고차원의 데이터를 저차원의 데이터로 바꾸는 주성분 분석(Principal Component Analysis; PCA)을 소개한다. 방법을 소개하기 전, 주성분 분석의 최종 목표는 〈그림 3-80〉처럼 상관관계가 있는 k개 변수를, 상관관계가 없는 k보다 적은 새로운 변수로 변환하는 것이다. 이때 주성분 분석을 통해 변환된 저차원에서는 k차원에 있는 정보를 최대한 담고 있어야 한다. 그런데 여기서 말하는 정보는 무엇일까? 그리고 어느 정도 정보 손실이 생길까?

관측치 n개, 변수 k개				
인덱스	col_1	col_2	...	col_k
1	xx	xx		xx
2	xx	xx		xx
...	xx	xx		xx
n	xx	xx		xx

PCA →

관측치 n개, 변수 2개		
인덱스	pca_1	pca_2
1	xx	xx
2	xx	xx
...	...	...
n	xx	xx

〈그림 3-80. PCA를 통한 데이터 차원 축소〉

<표 3-5>처럼 두 개 데이터 테이블 A, B가 있다. 만약 9.5란 새로운 값이 주어진다면, 변수 X의 정보를 가지고 9.5 값에 대한 연령 범위가 30대인지 혹은 40대인지 알 수 있을까? 이번엔 변수 Y 정보를 이용하면 판단이 조금 더 수월해질까? 변수 X와 Y 중 어느 변수가 더 많은 정보를 담고 있을까?

데이터 테이블 A		데이터 테이블 B	
연령범위	변수 X	연령범위	변수 Y
30대	9	30대	4
30대	10	30대	6
30대	9	30대	5
40대	9	40대	13
40대	10	40대	14
40대	10	40대	11

〈표 3-5. 분산으로 이해하는 정보〉

변수 X의 평균은 9.5이고 변수 Y의 평균은 8.83으로 비슷하지만, 변수 X 분산은 0.3인 반면 변수 Y 분산은 18.97이다. 변수 X 분산은 거의 0에 가까운데, 극단적으로 분산이 0이라고 생각해 보자. 분산이 0이란 의미는 각 값이 평균으로부터 떨어져 있지 않다는 의미로 모든 관측치가 같은 값(상수, Constant)을 갖게 된다. 따라서 변수 X가 모두 같은 값을 가지면 이 값으로 30대와 40대의 특징을 찾을 수 없다. 데이터에 대한 특징을 여러 통계치를 통해 수치화할 수 있지만, 그중에서도 분산은 데이터가 평균으로부터 얼마나 떨어져 있는가를 알려주므로 분산을 일종의 정보의 양으로 이해할 수 있다. 따라서 변수 X와 Y를 비교했을 때, 변수 Y가 더 높은 분산을 가지고 있으므로 30대와 40대를 구분할 수 있는 정보의 측면에서 변수 Y가 더 유용하다.

분산 vs. 범위

분산은 데이터가 평균으로부터 얼마나 흩어져 있는지에 대한 값이므로 일종의 범위를 나타내는 값이다. 하지만 분산과 범위(Range)를 혼동해서는 안된다. 데이터 범위는 말 그대로 최솟값과 최댓값의 차이를 말하며, 같은 정보를 담은 변수라 할지라도 이상치 유무에 따라 범위가 크게 달라진다. 반면 같은 범위를 가진 데이터라도 값이 같지 않다면 당연히 분산도 다르다. 다음 예시를 보면 변수 A, B의 범위는 모두 같지만 변수의 분산은 각각 12.17, 8.17로 다른 값을 가진다. 따라서 범위와 분산을 용도에 따라 구분지어 사용해야 하며, 범위로 분산을 추정하거나, 분산으로 범위를 추정해선 안된다.

| 변수 A | 1 | 3 | 5 | 7 | 9 | 10 |
| 변수 B | 1 | 5 | 5 | 5 | 5 | 10 |

〈표 3-6. 같은 범위, 다른 분산 예시〉

따라서, 앞서 언급한 "PCA를 통해 변환된 저차원에서는 k차원에 있는 정보를 최대한 담고 있어야 한다"의 의미는 k차원에서의 분산을 최대한 반영해야 한다는 뜻이다. 왜냐하면 차원을 줄이는 과정에서 어쩔 수 없이 정보 손실이 일어나기 때문이다.

〈그림 3-81〉과 〈그림 3-82〉는 2차원에 있는 동그라미, 세모, 네모 데이터를, 데이터를 바라보는 방향으로 1차원으로 변환/투영(Projection)했을 때 모습이다. 이 시선에 따라 설정된 점선이 1차원 축을 가리키며, 여기에 위치한 데이터는 시선에 따라 변환된(Projected) 데이터로 위치가 바뀌었기 때문에 X로 표기했다. 다음 그림에서 위에서 아래 방향으로 데이터를 변환하면, 동그라미 데이터와 세모

데이터는 1차원에서 같은 곳에 있게 된다. 왼쪽에서 오른쪽으로 데이터를 변환할 경우, 세모 데이터와 네모 데이터는 1차원에서 중복된 데이터로 나타나 정보 손실이 생긴다. 따라서 데이터가 모두 반환될 수 있는 축을 설정해야 한다.

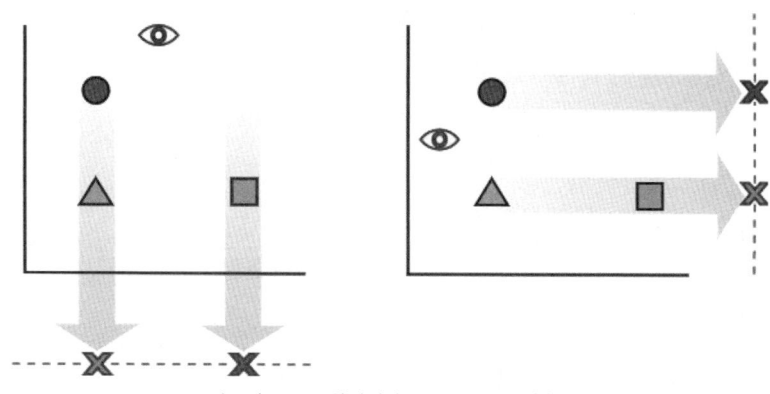

〈그림 3-81. 2차원에서 1차원으로 축소(1)〉

이번엔 사선 방향으로 축을 설정해 보니, 세 개의 데이터 모두 1차원 축에 중복 없이 투영되었다. 그렇다면 〈그림 3-82〉 왼쪽 그림과 오른쪽 그림 중, 어느 방향의 축이 2차원 데이터의 정보를 잘 반영했다고 볼 수 있을까?

아래 그림에서 회색 화살표는 기존 데이터가 1차원으로 투영되었을 때 거리를 말하며 이를 투영 오차(Projection Error)라 한다. 짧게 이동하는 것이 데이터 손실을 최소화하므로 90도인 직교로 투영되는데, 이 투영 오차가 작은 왼쪽 그림의 점선이 2차원의 데이터 정보를 잘 반영했다고 볼 수 있다.

또한 투영된 데이터의 분산을 통해 어느 선이 2차원 데이터 정보를 가장 잘 반영한 선인지를 알 수 있다. 예를 들어, 〈그림 3-81〉 2차원에 있는 동그라미와 네모 간의 거리와 1차원으로 투영되었을 때 거리를 비교해 보자. 물론 1차원으로 데이터가 변환되면 2차원에서의 두 데이터 간의 거리를 정확히 반영할 수 없지만, 오른쪽 그림에서 1차원 축으로 반환되었을 때 동그라미와 네모 간의 거리가 짧은 반면, 왼쪽 그림은 2차원에서의 데이터 간격에 대한 정보가 어느 정도 반영되었으며 1차원으로 투영된 데이터 분산이 오른쪽 그림보다 더 크다.

앞서 정보는 일종의 분산으로 이해할 수 있다고 했는데, 차원을 축소하는 과정에서 데이터를 하나의 축으로 투영했을 때, 분산이 가장 큰 축(왼쪽 그림 점선)이 첫 번째 주성분(Principal Component)이 되며, 이때 투영 오차가 가장 작은 값을 가진다.

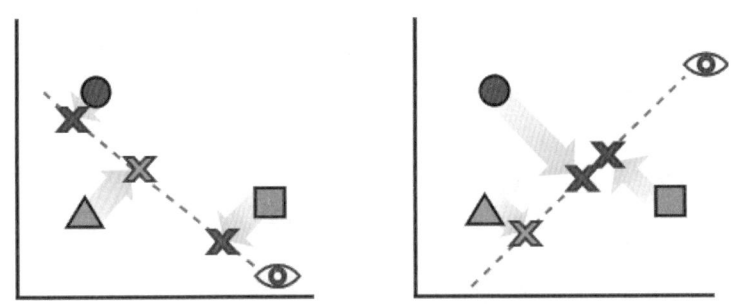

〈그림 3-82. 2차원에서 1차원으로 축소(2)〉

주성분 분석의 핵심은 위의 방법대로 새로운 축(〈그림 3-83〉 PC_1, PC_2축)을 찾는 것인데, 위의 과정으로 첫 번째 주성분을 찾았다면, 데이터의 상관관계를 해결하기 위해 이 축과 직교하는 축이 두 번째 주성분이 된다. 〈그림 3-83〉 그래프 (a)는 X_1 값이 증가함에 따라 X_2 값도 증가하는 상관관계가 있는데, 이 상관관계를 나타내는 각도(45도)를 기울여 새로운 축 PC_1, PC_2를 설정해 보자. 그래프 (b)처럼 새로운 축이 기준일 경우 데이터의 상관관계가 없음을 알 수 있다. 데이터 분산이 큰 쪽이 첫 번째 주성분(PC_1)이 되고, 이 축과 직교하는 축이 두 번째 주성분(PC_2)이 되는데, 첫 번째 주성분보다 분산이 더 작은 것을 알 수 있다.

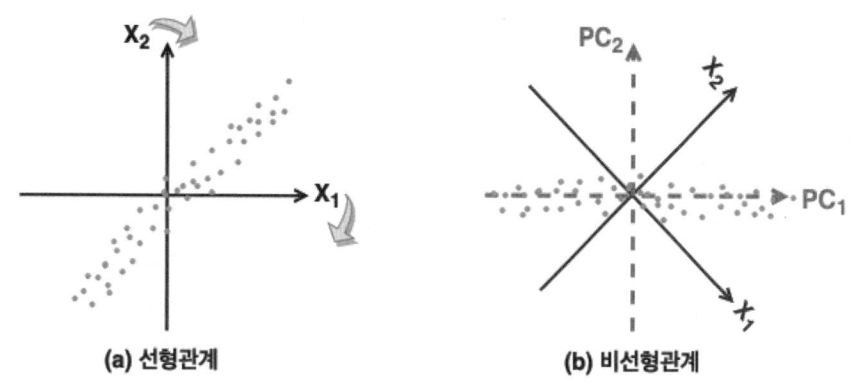

〈그림 3-83. 축 변화에 따른 선형관계 유무〉

이 방법으로 k차원과 같거나 그보다 작은 차원의 주성분을 구하는데, 이렇게 구해진 주성분은 상관관계가 없으므로 다중공선성 문제를 해결할 수 있다. 그렇다면 몇 차원의 주성분을 선택해야 k차원에 담겨 있는 정보의 손실을 최소화하면서 차원까지 줄일 수 있을까? 정보라는 개념이 나왔으니 다시 분산으로 돌아가 보자. 다음 식으로 두 변수를 더했을 때의 분산을 계산할 수 있다. 두 변수 합의 분산은 각 변수의 분산을 더한 뒤, 두 변수의 공분산의 두 배를 더한 값이 된다. 만약 두 변수가 서로 독립적이라면(상관관계가 없다면), 공분산 값이 0이 되므로 두 변수 합의 분산은 각 변수의 분산을 합친 것과 같다.

$$var(X+Y) = var(X) + var(Y) + 2cov(X,Y)$$
$$cov(X,Y) = E[(X-\mu_x)(Y-\mu_y)]$$

예를 들어, 〈그림 3-83〉 PC_1의 분산이 10이고 PC_2의 분산이 2라면 총 분산은 12(10+2)가 된다. 이를 전체 변동(Total Variance)이라 하는데 각 성분의 분산과 전체 분산을 비교해서 각 주성분이 설명하는 변동(Variance)의 비율을 계산할 수 있으며 이를 설명력이라 표현한다. 따라서 PC_1은 83% (10/12*100)의 설명력을 가지며, PC_2는 17% (2/12*100)의 설명력을 가진다. 이 개념을 확장해 주성분이 여러 개일 경우, 분산이 가장 높은 첫 번째 주성분 분산, 그 다음 분산이 높은 두 번째 주성분 분산을 차례대로 더했을 때 누적변동이 85% 이상이면 그만큼의 주성분만을 선택해 사용한다. 차원을 줄이는 것이 주 목표이므로 보통 2~3개 주성분을 선택한다.

하지만 다중공선성이 있는 고차원 변수가 있을 때 주성분 분석을 사용하는 것은 아니다. 여기서 주의해야 할 점은, 기존 데이터의 경우 각 열이 어떤 의미인지 알 수 있지만, 주성분은 새롭게 만들어진 축이기 때문에 각 축에 대한 이해도가 떨어질 수밖에 없다. 따라서 예측 모델에서 독립 변수가 무엇인지에 대한 설명이 필요한 경우, 주성분 분석 사용이 적합하지 않을 수 있다. 대신 다중공선성이 있는 독립 변수 중 일부만 모델에 사용하는 것이 나을 수 있다. 어떤 변수를 선택할 것인지는 다음 장에서 소개한다.

두 번째 주의해야 할 점은 주성분 분석을 진행하기 전, 변수 간의 측정 단위가 일치하지 않거나 스케일이 크게 다를 경우 표준화 작업이 필요하다는 점이다. 데이터 간의 분산을 통해 주성분을 구하므로 표준화의 유무에 따라 주성분의 설명력이 달라지기 때문이다.

마지막으로 주성분 분석을 하기 전, 가정 조건이 충족되는지 확인해야 한다. 기존 데이터는 다변량 정규분포의 형태로 다중공선성 문제가 있어야 한다. 〈그림 3-83〉처럼 변수 간의 관계가 선형관계가 아닌 원형, 나선형, 휘어져 나타나는 등의 비선형 관계인 경우, 이 관계를 나타내는 비선형 함수(Kernel Function)를 통해 데이터를 비선형(Non-Linear)으로 투영(Projection)하는 커널 주성분 분석(Kernel PCA)을 사용하거나, 데이터 간의 거리를 잘 보존하면서 2차원으로 표현할 수 있는 t-SNE(t-분산 확률적 이웃 임베딩, t-Stochastic Neighbor Embedding) 방법 등을 사용할 수 있다.

주성분 분석은 회전 축을 찾는 과정에서 다른 데이터의 정보(정답) 없이 데이터 간의 상관관계로만 축을 찾기 때문에 비지도 학습으로 분류된다. 하지만 차원을 줄이는 방법 중 데이터 타깃이 클래스(그룹)마다 최대한 분리될 수 있는 축을 찾아

차원을 줄이는 방법, 선형판별분석(Linear Discriminant Analysis; LDA)도 있다.

이제까지 살펴본 방법은 변수 추출(Feature Extraction) 방법으로, 여러 개 변수에서 이를 잘 나타낼 수 있는 새로운 변수를 만들었다. 다음 장에서 여러 개 변수 중 목적에 맞게 일부만 선택해 차원을 줄이는 변수 선택(Feature Selection) 방법을 살펴보자.

3.2.21 필요한 변수만 선택해야 할 때 어떤 방법이 좋을까?

변수 선택 방법은 크게 필터 방법(Filter Method), 래퍼 방법(Wrapper Method), 임베디드 방법(Embedded Method)으로 나눌 수 있다. 다음 표에서 소개한 방법으로 변수 중 일부 변수를 선택해 예측 모델을 만들면 다음과 같은 장점이 있다.

- 독립변수와 종속변수 간의 관계를 더 잘 이해할 수 있다.
- 과적합(Overfitting; 학습 데이터를 지나치게 학습하는 경우) 문제를 피한다.
- 예측 모델의 해석/설명력(Interpretation)을 높인다.

방법	필터 방법	래퍼 방법	임베디드 방법
과정	예측 모델을 만들기 전, 독립변수와 종속변수 간의 연관성을 측정해 종속변수와 연관성이 떨어지는 변수(영향력이 적은 변수)를 제외한다.	변수의 일부만 예측 모델에 사용해 성능 측정 작업을 반복한 후, 예측 모델 중 성능이 가장 높았던 조합을 이상적인 변수로 선택한다.	필터 방법과 래퍼 방법의 장점이 결합된 방법으로, 모델 자체에 변수 선택 기능이 포함되어 학습 및 생성 과정에서 최적의 변수를 선택한다.
장단점	독립변수 간의 연관성을 고려하지 않으므로, 필터 방법을 사용하더라도 상관관계가 높은 독립변수가 남아 있는 다중공선성 문제가 생길 수 있다. 고차원일 경우 다른 방법에 비해 필터방법이 더 적합하다.	일단 변수가 선택된 후, 다른 변수를 추가하거나 제거할 경우 예측 모델 성능에 차이가 날 수 있다. 변수 조합마다 모델 성능을 측정하므로 시간이 오래 걸리며, 과적합 문제가 생길 수 있다.	래퍼 방법의 과적합 문제가 발생할 경우 대안 방법으로 사용할 수 있다.

예시			
	• 0에 가까운 분산 (Near Zero Variance) 관측치 대부분이 같은 값을 가질 경우 분산이 0에 가까워 필요한 정보가 충분히 있지 않을 수 있다.

• Pearson's Correlation 종속변수: 연속형 독립변수: 연속형

• ANOVA Correlation 종속변수: 범주형 독립변수: 연속형 또는 종속변수: 연속형 독립변수: 범주형

• Chi-squared test / Information Gain (상호 정보량) 종속변수: 범주형 독립변수: 범주형

• 비모수적 모델 사용 상관관계를 계산할 때, 변수 간의 선형관계라는 조건이 있을 수 있는데, 이 조건이 충족되지 않은 경우 다른 상관계수 방법을 사용하거나 혹은 비모수적 모델(랜덤 포레스트, 의사결정 나무)을 사용해 변수의 중요도를 계산한다. | • 전진선택 (Forward Selection) 변수가 없는 상태에서 시작하며, 변수를 하나씩 선택해 모델 성능을 측정한 후, 그중 성능이 제일 좋은 변수가 선택된다. 앞서 선택된 변수에 새로운 변수를 추가해 다시 모델 성능을 측정해서 성능이 제일 높은 변수가 다음 변수로 추가된다. 이 과정을 모델 성능 향상이 없을 때까지 반복해 최종 변수를 선택한다.

• 후진제거 (Backward Elimination) 모든 변수를 가지고 시작해 변수를 하나씩 제거하면서 성능에 가장 영향이 적은 변수를 제거한다. 이 과정을 원하는 변수 개수 혹은 정해진 성능 기준까지 작업을 반복한다.

• 단계선택 (Stepwise Selection) 전진선택과 후진제거 방법이 결합된 것으로, 모든 변수에서 시작하거나 아무것도 없는 변수에서 시작할 수 있는데 필요 없는 변수를 제거하거나 중요한 변수를 추가하는 과정이 반복된다. | • 라쏘회귀 (Least Absolute Shrinkage and Selection Operator(LASSO) Regression) L1 정규화(Regularization)를 사용하는 회귀 모델로 자세한 내용은 용어설명을 참고한다.

• 릿지회귀 (Ridge Regression) L2 정규화를 사용하는 회귀 모델로 자세한 내용은 용어설명을 참고한다.

• 엘라스틱 넷 회귀 (Elastic Net Regression) 위 두 가지 정규화의 선형결합으로 라쏘회귀와 릿지회귀의 장단점을 서로 보완한다. |

〈표 3-7. 변수 선택 방법과 종류〉

<용어 정리>

Regularization(정규화): <그림 3-84>에서 동그라미 학습 데이터로 회귀 모델의 회귀 계수를 구하려고 한다. 왼쪽 그림에서 실선을 회귀 모델이라고 보았을 때, 학습 데이터를 과하게 학습함으로써 회귀 계수가 많은 복잡한 식이 되어야 한다. 이때, 새로운 데이터(세모 모양으로 표현)를 얻었을 때 실제 값과 모델을 통한 예측 값의 차이(오차, 화살표가 있는 실선)는 커질 수밖에 없다. 이 오차를 제곱해 더한 값을 잔차제곱합(Residual Sum of Squares; RSS)이라 하는데 이 값이 크면 바람직한 예측 모델이 아니다.

그런데 회귀 모델을 구하는 과정에서 모델에 사용되는 회귀 계수 값을 작게 하거나 회귀 계수 자체를 없애는 제약조건을 부여할 수 있다. 제약조건이 강해질수록 오른쪽 그림처럼 회귀 모델(실선)이 덜 복잡하게 되는데, 비록 학습 모델을 자세히 설명하지 않지만 새로운 데이터(세모 모양 데이터)를 얻었을 때 오차가 줄어든 것을 알 수 있다. 예측 모델을 만들 때, 학습 데이터를 학습하는 것도 중요하지만, 새로운 데이터로 예측 값을 구할 때 새로운 데이터의 실제 값과 예측값의 차이가 적어야 바람직한 모델이라 볼 수 있다. 회귀 모델에서 이러한 과적합을 방지하는 방법으로 라쏘회귀와 릿지회귀가 있다.

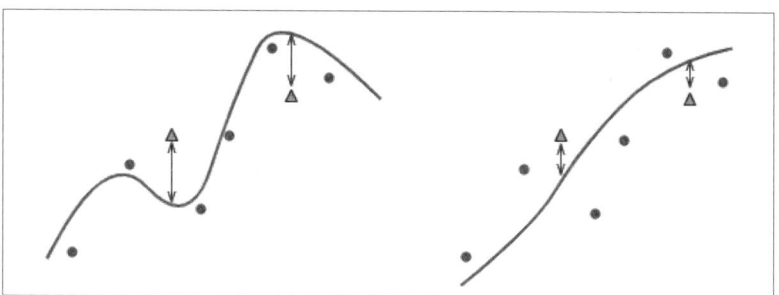

〈 그림 3-84. 정규화 전과 후 실제값과 예측값의 차이 〉

L1 정규화: 라쏘회귀에서 $RSS + \lambda \sum_{j=1}^{p} |\beta_j|$ 식을 최소화하며 회귀 계수를 구한다. 패널티항(제약조건)은 회귀계수 절댓값의 합에서 튜닝 파라미터(Tuning Parameter; 사용자가 직접 값 설정) 람다와 곱한 값이다. 덜 중요한 변수의 회귀 계수가 0이 아닐 때, 0이 아닌 패널티 값을 더해줌으로써 회귀계수를 0으로 만들 수 있는데 이 과정에서 변수 선택 효과가 나타난다.

L2 정규화: 릿지회귀에서 $RSS + \lambda \sum_{j=1}^{p} \beta_j^2$ 식을 최소화하며 회귀 계수를 구한다. 패널티항은 회귀계수 제곱의 합에서 람다를 곱한 값이며, 람다 값을 조절해 회귀 계수가 0과 가까워지도록 유도해 과적합을 막는다. 하지만 회귀 계수를 0과 가까워지게 만들 뿐 0으로 만들지 못하므로 이를 보완한 방법이 라쏘회귀다.

독립변수가 상당히 많은 경우, 릿지회귀를 사용할 경우 회귀 계수를 0에 가깝게 만들 뿐 모든 독립변수가 사용되므로 여전히 예측 모델이 복잡하다는 단점이 있다. 이처럼 많은 변수로 인해 다중공선성 문제가 있을 때 라쏘회귀 성능이 떨어져 릿지회귀를 사용하는 것이 낫다.

엘라스틱 넷 회귀: 라쏘회귀와 릿지회귀의 장단점을 보완한 것이 엘라스틱 넷 회귀로 이때 패널티항은 $\lambda \left(\frac{1-\alpha}{2} \Sigma_{j=1}^{p} \beta_j^2 + \alpha \Sigma_{j=1}^{p} |\beta_j| \right)$이다. 즉, 알파가 0에 가까우면 릿지 패널티 항에 가까워지고 1에 가까워지면 라쏘 패널티 항에 가까워진다.

지금까지 차원을 줄이는 방법을 살펴보았다. 결국 이 작업은 정보를 없애는 작업이기 때문에 차원을 줄임으로써 얻을 수 있는 이득이 무엇인지, 이 업무가 꼭 필요한지, 얼마만큼의 정보 손실이 있는지를 따져봐야 하며, 그러므로 여러 번의 실험 과정이 필요하다.

3.3 100개 지식을 아는 사람 vs. 110개 지식을 아는 사람 누가 진정한 데이터 사이언티스트일까?

매일 새로운 기술이 나오고 알고리즘이 보완되는 현실에서 단순히 지식의 양으로 어떤 사람이 진정한 데이터 사이언티스트인지 구분하는 것은 무의미하다.

여기 두 데이터 사이언티스트가 있다. 한 사람은 100개의 지식을 알고 있고, 다른 한 사람은 110개의 지식을 알고 있다. 물론 이렇게 지식의 정도와 깊이를 수치화할 수는 없지만, 만약 지식의 정도를 단편적으로 수치화한다고 가정했을 때, 더 많이 알고 있는 사람이 더 나은 데이터 사이언티스트라고 말할 수 있을까? 사실 매일 새로운 기술이 나오고 알고리즘이 보완되는 현실에서 단순히 지식의 양으로 어떤 사람이 진정한 데이터 사이언티스트인지 구분하는 것은 무의미하다.

필자는 지식의 양(Quantity)보다 지식을 대하는 태도나 질(Quality)이 더 중요하다고 생각한다.

- 왜 이 지식(개념)을 알아야 할까?
- 어떻게 실무에 올바르게 적용할 수 있을까?
- 미처 파악하지 못했던 부분은 무엇이었을까?
- 더 나은 방법이 있을까?

물론 많은 것을 알고 있으면서도 이를 대하는 태도 역시 바람직하다면 더할 나위

없겠지만, 먼저는 태도의 중요성에 대해 이야기하고 싶다. 데이터 과학에 관심을 갖고 커리어를 쌓는 분들에게 많은 양의 지식을 습득하기보다 지식을 대하는 태도가 중요하다는 것을 알려 주고 싶다. 새로운 개념이나 심화 내용은 언제든 배울 수 있지만, 태도는 쉽게 바뀌지 않기 때문이다. 앞서 필자가 소개한 기본적인 내용들에 대해 위와 같은 질문을 던져 보는 것은 어떨까?

4장

데이터 사이언티스트가 하는 일

4.1 직장인으로서 데이터 사이언티스트

앞서 <1장. 데이터 사이언티스트 이해하기>에서 데이터 사이언티스트가 갖춰야 할 역량으로 통찰력, 기술/개발 능력, 소통 능력을 소개했다. 실제 데이터 사이언티스트로서 일할 경우, 무엇이 가장 중요한지 물어본다면 필자는 이렇게 대답하고 싶다.

"(나는 혹은 우리 팀은) 업무를 제대로 이해했는가"

업무에 있어서 '시작점'이 제일 중요하다. 내가 업무를 이해하지 못하면 앞서 소개한 역량 역시 제대로 발휘하기 힘들다. 물론 어떤 독자는, 당연한 얘기 아닌가? 라고 생각할 수 있지만 업무를 제대로 이해하기 힘든 상황이 상당히 많다. 이번 4장에서 왜 업무를 제대로 이해하기 힘든지, 어떻게 업무를 제대로 이해할 수 있는지, 내가 이해한 방향에 맞춰 업무를 어떻게 수행할 수 있는지, 그래서 이제까지 해 온 업무를 어떻게 보고하면 좋은지 알아보도록 하겠다.

4.1.1 피할 수 없는 '업무 정의의 모호성'

업무를 제대로 이해하지 못한 채 일을 한다는 것은, 문제를 파악하지 못하고 문제를 푸는 것과 같다. 아무리 훌륭한 방법으로 문제를 풀어도 결국 오답이 되는 셈이다. 물론 업무를 시작하기 전, 업무 목적과 방향을 제대로 이해하고 싶겠지만 매번 새로운 일을 하기 때문에 쉽지 않다. 왜냐하면 같은 주제, 같은 목적, 같은 데이터,

같은 팀원과 똑같은 일을 다시 할 경우는 드물기 때문이다. 같은 데이터지만 다른 주제로 작업하거나, 같은 목적이라도 다른 데이터를 사용하거나, 같은 목적과 같은 데이터지만 다른 팀원과 또는 다른 시스템 환경에서 일을 하는 등 매번 새로운 주제나 환경에서 업무를 수행한다. 게다가 처음부터 업무 목적과 방향을 제대로 갖추기 힘들 수도 있고, 프로젝트에 여러 사람이 관여되어 각자 원하는 방향이 다를 수도 있기 때문에 업무 도중 방향이 바뀌는 경우가 많다. 따라서 데이터 사이언티스트는 다른 팀원들의 요구 사항을 어디까지 수용할 수 있는지 생각해야 하는 경우도 많다.

다음 <업무 예시>에서 '업무 방향 및 업무 정의 모호성'이 왜 생길 수밖에 없는지 생각해 보자. 조직 안에서 리더가 팀원에게 구체적인 업무를 지시하지만 <업무 예시>처럼 실제 대부분의 프로젝트는 구체적인 방법이 아닌 목적이나 달성하고자 하는 목표에서 시작한다. 물론 목표를 정한 후, 어떤 장애물이 있는지, 어떤 방법이 있는지 등의 구체적인 업무 계획을 세우지만 계획 단계에서 모든 장애물이나 해결 방법을 파악할 수 있는 것은 아니다.

<업무 예시>
(1) 새로 얻은 클라이언트 데이터를 정리하고 분석해서 어떤 서비스를 제공할 수 있는지 알아보기
(2) 우리가 가진 데이터에서 오류가 얼마나 있는지 측정하기
(3) 같은 값을 예측하는 두 모델 A와 B가 있을 때, 결괏값이 어떻게 달라지는지 알아보기
(4) 예측 모델 A를 어떻게 이해하면 좋을지 알아보기

만약 당신이 다음과 같은 목적의 프로젝트를 진행해야 한다면, 어떻게 이해하고 접근하겠는가?

4.1.2 업무를 제대로 이해하는 방법

업무를 이해한다는 것은 '단순히 어떤 프로그래밍 코드를 입력해야 하는가?'가 아니라, '이 업무와 얽혀 있는 모든 관계를 파악하고 이해'하는 것을 말한다. 이 프로젝트가 왜 만들어졌는지, 배경 상황은 무엇인지, 예측 모델을 만들 경우 이 모델은 누가 사용하며, 데이터 분석 일이라면 이 분석으로 어떤 것을 기대하는지, 그래서 누가 이 프로젝트에 참여하는지 등 여러 각도로 알아야 한다.

4.1.2.1 업무 배경 이해하기

모든 프로젝트에는 그 일이 생기게 된 배경이나 이유가 있다. 〈업무 예시〉의 (1)번처럼 어떤 이익을 창출하기 위해서라든가, 혹은 (2)~(4)번처럼 기존 업무에 대해 문제를 해결하거나, 또는 보완(Upgrade) 목적으로 프로젝트가 생기기도 한다. 즉, 단순히 '이걸 왜 해야 하는가?'가 아니라 '이 업무가 왜 만들어지게 되었는가?' 란 질문으로 접근해서 여기에 대한 답을 많이 할 수 있다면 업무 배경을 잘 이해한 것이다.

(3)번처럼, 때론 같은 값을 예측하는 모델이 〈버전 1〉, 〈버전 2〉처럼 여러 개 있는 경우도 있다. 물론 새로운 버전일수록 속도 혹은 예측 성능을 개선하기 위해 만들어졌겠지만, 모델 버전마다 속도가 어떻게 다른지, 예측 값이 어떻게/왜 달라지는지 등 비교 작업이 필요할 때가 있다. 이런 업무를 할 때, 두 모델이 왜 있게 되었는지, 어떤 목적으로 최신 모델이 만들어졌는지, 각 모델은 누가 만들었는지 등의 질문으로 배경 상황을 이해할 수 있다.

4.1.2.2 업무에 대한 정의를 구체적으로 세우기

여러 사람이 참여할수록 각자 원하는 방향이 다르기 때문에, 프로젝트 최종 목표와 업무 범위를 한번에 파악하기 힘들다. 이때, 논의되는 단어 정의부터 모두 일치하는지 확인하는 것이 좋다. 업무 방향이 합의되지 않은 상태에서 일하는 것은 최종 목적지를 모른 채 항해하는 것과 같기 때문이다.

<업무 예시>의 (2)에서 '오류'란 단어의 뜻을 모르는 사람은 없을 것이다. 하지만 어디까지를 오류라고 정의할지에 대한 범위는 합의점이 필요하다. 왜냐하면 데이터에서 오류를 계속해서 찾아도 다양한 형태의 오류는 여전히 존재하기 때문이다. 예를 들어, <사람 몸무게> 변수에 문자열이나 음수로 된 값은 바로 오류라는 것을 알 수 있다. 그렇다면 문자열과 음수로 된 값만 오류로 볼 것인가? 그렇다면 185kg이란 값은 어떻게 해석해야 할까? 이상치이거나 혹은 오류일 수도 있다. 만약, 값이 58kg이라면, 이 값만으로 오류인지 아닌지 전혀 알 수 없지만 <출생연도>, <키>와 같은 다른 변수와 비교하면 58kg이 잘못된 값일 수 있다. 예를 들어, 만 나이가 5세이고 키가 100cm 이하라 되어 있다면, 58kg 값이 오류일 가능성이 크다. 따라서 잘못 입력된 값만 오류라고 한정 지을지, 혹은 특정 범위 이상의 값이나, 유사도(Similarity; 비슷한 정도)가 높아야 할 집단을 선정한 후 그 집단에서 유사성이 제일 떨어지는 구성원을 오류라고 볼 것인지에 대한 합의점이 필요하다. 그런데 여러 사람이 참여할수록 각자 정의가 다를 수 있으므로, 이런 정의에 대한 합의점 제안은 데이터 사이언티스트가 할 몫이다. 이런 용어에 대한 합의점을 찾는 과정에서 구체적인 업무 방향과 이에 따른 스케줄을 만들 수 있다.

4.1.2.3 내 위치에서 업무 분류하기

업무를 시작하기 전, 세 가지 질문에 답해 보자.

- 전체 업무 중 내가 알고 있는 범위는 어디까지인가?
- 내가 리서치 & 연구해야 할 분야는 어디인가?
- 다른 팀원의 도움이 필요한 부분은 어디인가?

(3)번 업무를 맡았다면, 앞서 언급했듯이 우선 각 예측 모델에 대한 배경부터 이해

가 필요하다. 그 후 자리에 앉아 본격적인 업무를 하기 전, 위와 같은 질문을 던지면서 다시 한번 정리하는 것을 추천한다. 특히 본인이 하지 않았던 일이나 한 번도 경험이 없었던 일을 맡게 되면 리서치해야 할 부분도, 다른 팀원의 도움도 많이 필요하기 때문에 이를 정리하는 것이 좋다. 이 과정을 거치면 어떤 도움을 누구에게 부탁할지가 분명해지고 필요한 부분부터 요청을 한 뒤, 답변을 기다리는 동안 리서치할 부분에 집중하는 등 시간 분배를 효과적으로 할 수 있기 때문이다.

4.1.3 업무의 방향성을 지켜 줄 두 가지의 방법

4.1.3.1 업무 요약 일지 만들기

예측 모델을 만들자마자 (4)번과 같은 후속 업무를 바로 이어서 진행할 수도 있지만, 때론 시간이 지나 예전 업무를 하게 되는 경우가 생긴다. 클라이언트나 다른 팀에서 데이터 사이언티스트가 만든 예측 모델을 사용하면서 후속 작업을 요청하는 경우가 있기 때문이다. 당장은 이 업무를 정확히 알고 있을 수 있지만, 시간이 지나면 자연스레 잊게 되므로 프로젝트의 업무 방향이 크게 바뀔 때마다 자신만의 업무 일지를 만들어 기록하는 습관을 가지자. 업무 일지를 작성하면서 업무의 방향을 객관적으로 이해할 수 있고, 문제점을 어떻게 해결했는지 기록하므로 나중에 참고할 수 있으며, 또한 차후 추가 업무가 들어왔을 때 유용하게 사용할 수 있다.

〈업무 예시〉의 (3)을 바탕으로 업무 요약 일지를 정리해 보았다. 본인을 위한 요약 문서이기 때문에 많은 시간을 할애해서 작업할 필요는 없으며 업무 상황에 맞게 작성하면 된다.

	같은 값을 예측하는 두 모델 A와 B가 있을 때, 결괏값이 어떻게 달라지는지 알아보기		날짜: 2021년 7월 26일
			보고대상: OOO
	항목	세부사항	확인 필요
1	프로젝트 주제	모델 비교 / 분석	
2	프로젝트 이유	모델 A와 모델 B 중, 하나를 주요 모델로 사용할지 아니면 새로운 모델 C를 만들지 결정할 예정	
3	배경	예측 모델 A 2019년 X 팀에서 버전1 예측 모델 만듦 최종 모델 개수 하나 예측 모델 B 2020년 Y팀에서 버전2 예측 모델 만듦 기존 피처 + 피처 D, E, F 추가 경제적, 지역적 요인 고려해 추가 모델 생성 후, 가중치를 부여해 최종 모델 사용	예측 모델 A, B에 대한 설명 자료 있는지 확인
4	팀 구성원 & 자료 출처	모델 A: XYZ API Call 이용 - OOO 업무 분담 모델 B: ABC API Call 이용	
5	업무일정	2021년 5월 17일 업무 시작 2021년 5월 31일 1차 중간 보고 2021년 5월 14일 2차 중간 보고 2021년 6월 29일 최종 보고 예정	프레젠테이션 작업 필요한지 확인
6	정의	비교 방법 필요 중앙값 절대 오차 사용 전체 값 지역/그룹별 값	지역/그룹 정의 특정 시간대를 고려할 것인지 여부
7	방해요인	고객 데이터베이스 접근 - XX팀 도움 필요 데이터에 대한 정보 필요 - XXX 이메일 모델 A & B의 API 사용 제한 (1000 calls /초 이하)	
8	리서치	추가 모델에 사용된 알고리즘 이해 예측 모델 가중치 계산 방법 확인	
9	현재 상황	모델 B에 사용되는 피처 D, E, F의 데이터 수집 방법 및 데이터에 대한 이해	

10	앞으로 업무	모델 B 알고리즘 이해 모델링에서의 A와 B의 차이 정리 입력값의 차이인지 / 모델링의 차이인지 확인 요망 모델 B 결괏값이 A보다 뛰어난 경우, 뛰어나지 않은 경우, 모델 A, B 모두 예측 성능이 뒤떨어진 상황 찾기	입력값 차이 확인 방법: 피처 D, E, F를 제외한 나머지 피처 인풋 동일화 후 OOO 전달
11	결과물 요건사항	예측 값 비교 시 이해하기 쉽도록 단위 변환 필요 사례 찾기	

〈표 4-1. 업무 요약 일지 예시〉

4.1.3.2 업무 노트 만들기

업무 요약 일지가 큰 흐름으로 작업을 정리한 것이라면, 업무 노트는 실제 업무를 구체적으로 정리하는 노트다. 특히 데이터가 복잡할수록, 처리해야 할 사항이 많을수록 업무 노트를 활용하면 차후 문제가 생기거나, 이전 작업을 검토할 때 유용하게 쓰인다. 또한, 다른 팀원과 미팅을 하거나 상사에게 보고하면서 여러 가지 질문을 받게 될 경우 참고 자료로 활용할 수 있다.

업무 노트는 어떤 업무를 하느냐에 따라 유연하게 정리할 수 있다. 〈업무 예시〉 (3)의 예측 모델 B에 대한 업무를 맡았다면, 여기에 사용되는 피처가 무엇이 있는지 파악하고, 예측 모델 A에 사용되는 피처와 B에 사용되는 피처가 어떤 관계가 있는지 작업한다고 가정해 보자. 〈표 4-2〉처럼 업무 노트에 각 모델 A와 B에 사용된 데이터 출처와 각 모델에 사용된 피처 특징을 정리했다.

모델 B에는 모델 A에 사용되지 않은 D, E, F 세 가지 피처가 추가로 있고, 모델 A의 피처와 비교해 보니 피처 이름이 다른 경우도 있어서 이를 정리했다. 모델 A와 모델 B에 사용된 피처의 이름이 코드로 되어 있어, 피처마다 어떤 데이터인지 설명을 적었다. 또한, 데이터에서 기본으로 알아야 할 것들, 예를 들어 데이터 타입이나 문자열일 경우 유일값(Unique Value)은 몇 개 있는지, 숫자형 데이터면 범위는 어떻게 되는지, 결측치와 이상치의 정도 역시 정리하는 것이 좋다. 예시에서도 결측치가 많다면 왜 많은지, 이상치가 있다면 중앙값과 얼마나 차이나는지 적었다. 데이터에 None이 있다면 결측치로 볼 것인지, 다른 값을 의미하는지 확인이 필요한데, 피처에 따라 어떤 확인이 필요한지 정리함으로써 필요한 작업을 꼼꼼히 할 수 있다.

모델 비교 / 분석 작업							피처 분석 기간: 2021년 7월 26일 - 30일 2021년 8월 16일 1차 중간 보고	
A 모델	데이터 출처: XXX 데이터베이스 - 테이블XX/스키마XX 데이터 크기: 80,000							
B 모델	데이터 출처: OOO 데이터베이스 - 테이블OO/스키마OO 데이터 크기: 100,000							
모델 A 피처	모델 B 피처	설명	타입	유일값 / 범위	결측치 %	이상치	문제점	확인여부
없음	D	XX 종류	문자	7	37.5	N/A	N/A	출처 확인 필요
없음	E	미국 금리	소수	[0, 2.5]	N/A	N/A	N/A	N/A
없음	F	지역 이름	문자	10	21.4	N/A	N/A	출처 확인 필요
AA_1	AA_1	ID	문자	8	N/A	N/A	N/A	N/A
AB_12	AB_12	…	시간	1999 - 현재	42	N/A	결측치	데이터 손실
확인 필요	AC_10	…	소수	[0, 29.5]	N/A	중앙값: 4.7	이상치	피처 이름, 이상치 확인 필요
확인 필요	AD_12	…	문자	13	N/A	N/A	N/A	피처 이름 확인 필요
DE_21	DE_12	…	이진 문자	3 (0, 1, np.nan)	3.1	N/A	N/A	N/A
… (중략)	…	…	…	…	…	…	…	…
ZZ_11	ZZ_11	…	문자	21	8.9	N/A	None, np.nan	None 의미 확인 필요

〈표 4-2. 업무 노트 예시〉

4.1.4 당신을 돋보이게 할 상황에 따른 커뮤니케이션 방법

업무만큼 중요한 것이 바로 커뮤니케이션이다. 누구에게, 어떤 목적과 방법으로 커뮤니케이션을 하는지 파악해야 한다. 커뮤니케이션의 대상은 같은 조직 혹은 다른 조직의 팀원이거나, 클라이언트이거나, 혹은 의사결정자일 수 있다. 그런데 이 대상자가 전문가인지 비전문가인지 다시 구분함으로써 어떻게 해야 전달력을 높일 수 있을지 고민해야 한다. 커뮤니케이션 방법을 이메일, 회의, 발표, 보고서 작성으로 나눠 효과적인 커뮤니케이션 방법을 알아보자.

4.1.4.1 이메일(Email)

이메일의 사용 목적은 상대방과 업무에 대해 기록하기 위해서다. 검토(Review)한 것을 알려주거나 새로운 작업을 보고(Update)하거나 도움을 요청(Request)하거나 급한 안건을 알리는 등 이메일 제목에 어떤 목적으로, 또는 어떤 프로젝트인지 핵심 단어를 명시하자. 나중에 다시 이메일을 찾을 것을 대비해 검색 키워드를 제목이나 내용에 적어두는 것이 좋다.

To	받는 사람
CC	참조(Carbon Copy): 업무에 관련된 팀원 포함 이메일 주소 (보통 직급 순서로 작성)
BCC	숨은 참조(Blind Carbon Copy): 메일 수신인에 기재가 되지 않아, 수신자와 참조자에게 해당 이메일을 또다른 누군가 받은 사실을 알릴 필요가 없거나 숨겨야 하는 상황일 때 사용
Subject	[요청] 예측 모델 A & B 비교 - 피처 이름 매칭
Message	인삿말 모델 B에만 사용되는 피처 D, E, F를 제외한 나머지 피처 17개 중, 다음 두 개의 피처(AC_10, AD_12)가 모델 A에는 어떤 피처인지 이름 확인이 필요합니다. 두 피처 정보는 다음과 같습니다. ● AC_10 　○ XXX에 관한 데이터 (소수 형태) 　○ [0, 29.5] 범위에서 중앙값은 4.7로 이상치 이슈가 있음 ● AD_12 　○ XXX에 관한 데이터 (문자열) 　○ 13개의 유일값이 있으며 결측치는 없음 (이하 내용 생략)

4.1.4.2 업무 회의

업무 회의는 목적을 위한 모임이라는 것을 잊지 말자. 내가 주최자인지 혹은 참여자인지에 따라 준비할 범위가 달라지지만, 기본적으로 내가 준비할 것은 없는지 생각해야 한다. 회의 중에는 업무가 어떤 방향으로 향하는지 방향성을 생각해야 하며, 회의가 끝난 후 업무 요약 일지를 보완하거나 혹은 회의에서 논의된 방향에 맞게 업무를 어떻게 계획하면 좋을지 생각해야 한다.

같은 조직 내에서의 업무 회의는 큰 문제가 없지만, 다른 조직이나 비전문가가 포함된 상태에서 본인 업무에 영향을 미치는 회의를 할 경우 특히 주의해야 한다. 회의 과정에서 논의되는 내용이 가능한 업무인지, 방향성이 맞는지, 문제점은 없는지, 그리고 스케줄에는 문제가 없는지 등을 고려해야 한다.

4.1.4.3 발표(프레젠테이션)

청중에 따라, 어떤 목적이냐에 따라 발표 자료의 깊이를 다르게 준비해야 한다. 특히 '청중은 어떤 점을 알고 싶어하는가'에 주목하자. 예를 들어, 팀원 및 상사, 혹은 의사결정자에게 주요 프로젝트가 어떻게 진행되어 어떤 결과를 얻었는지에 대한 발표라면, 다음 세 가지를 정확하게 전달해야 한다.

- 왜 이 프로젝트를 진행했는가?
- 어떻게 했는가?
- 그래서 결론은 무엇인가?

이 세 가지를 설명하려면, <그림 4-1>처럼 상황 소개, 목표, 방법, 사례, 결과, 차후 업무의 흐름으로 자료를 만들 수 있다. 청중이 이해할 수 있도록 정확하면서도 직관적이며 쉬운 언어를 사용해야 한다. 그렇다면 직관적인 언어는 무엇일까?

상황 / 문제점	목표	방법	사례소개	결과 / 결론	차후 업무
프로젝트를 진행하게 된 배경 설명으로 현재 상황이나 기존 문제점 소개	프로젝트를 통해 달성해야 할 목표 소개	어떤 방법으로 목표를 달성할 것인지 청중에 맞게 소개	필요한 경우 사례 소개로 이해도를 높임	소개한 방법으로 어떤 결과를 얻었고 결론이 무엇인지 소개	현 프로젝트에 보완할 수 있는 추가 업무 소개

〈그림 4-1. 발표 흐름〉

예를 들어, 집값에 대해 설명한다고 가정해 보자. 다음 중 어떤 값을 발표 자료에 넣으면 좋을까?

- 아파트 평균값 vs. 아파트 중앙값

만약 청중이 비전문가라면 중앙값이란 개념보다 평균값에 더 익숙할 것이다. 그런데 데이터에 이상치가 있으면 중앙값이 데이터를 더 잘 반영하므로, 이상치를 해결할 수 있는지 여부에 따라 평균값을 사용할지 중앙값을 사용할지 결정할 수 있겠다. 다행히 이상치가 없어서 평균값으로 사용하려는데, 그렇다면 다음 중에는 어떤 값이 더 간결하고 정확한 표현일까?

- 아파트 평균값 vs. XX 지역 아파트 평균값

이미 데이터에 한 지역만 있다면 크게 문제가 되지 않겠지만, 데이터 내에 여러 지역이 섞여 있다면 전체 평균보다 지역별 평균이 더 나은 표현이겠다. 하지만, 같은 아파트라도 집 크기가 다를 텐데 전체 아파트 평균값이 직관적이라 볼 수 있을까?

- XX 지역 아파트 평균값 vs. XX 지역 아파트 제곱미터(㎡)당 평균값

같은 지역이라 할지라도 아파트마다 집 크기가 다르므로, 아파트 전체의 평균보다 면적 대비 평균 값이 더 직관적으로 이해할 수 있다. 그렇다면 이 제곱미터라는 면적은 청중이 이해하기 쉬운 단위일까?

- XX 지역 아파트 제곱미터(㎡)당 평균값 vs. XX 지역 아파트 평당 평균값

비록 데이터에서는 제곱미터로 되어 있더라도, "제곱미터"라는 단위보다 "평수"란 단

위가 더 익숙할 수 있으므로 평수로 변환해서 설명하는 편이 나을 수 있다.

이처럼 <집값>이란 데이터만으로도 다르게 표현할 수 있다. 따라서 어떻게 표현하는 것이 청중이 더 쉽게 직관적으로 이해할 수 있을지 다음 세 가지를 고민해야 한다.

1. 어떤 통계치를 사용할까?
2. 데이터를 특정 범주로 나눌 수 있을까?
3. 단위를 반영한다면 어떤 단위 사용이 좋은가?

4.1.4.4 보고서(도큐멘테이션)

다루는 데이터가 많고 복잡할수록, 여러 프로젝트가 진행될수록 전체 팀원이 접근해 참고할 만한 문서 자료를 만들어야 한다. 조직 내에서 이런 문서가 이미 있고, 양식도 있다면 그 양식을 참고하면 되지만 그렇지 않다면 다음 항목을 포함해 문서화할 것을 권한다.

예를 들어 예측 모델을 만드는 프로젝트를 마쳤다면, 다음 내용이 필요하다.

- 프로젝트 기간 및 완성 날짜
- 프로젝트 참여자
- 인풋 데이터에 대한 출처, 데이터 타입 및 간단 설명
- 인풋 데이터에 따른 아웃풋 데이터(결과물) 샘플
- 예측 모델이 운영되는 경로 (클라우드 서비스 이름 및 소스/경로)

예측 모델뿐 아니라, 클라우드 환경에서 어떤 파이프라인이 운영되는가 혹은 데이터베이스에 어떤 데이터가 있는지에 대해서도 문서화되어 있으면 차후 새로운 팀원이 기존 작업을 익혀야 하거나, 기존 작업을 보완해야 할 경우 등 여러 상황에서 유용하다.

4.2 꼭 알아야 할 키워드

이제 실제 데이터 사이언티스트는 어떤 업무를 하는지 키워드별로 살펴보자. 데이터 사이언티스트가 주로 하는 업무 중 꼭 알아야 할 개념을 소개한다.

4.2.1 모델의 수익화(Web API)

조직 내에서 누구나 만족하는 예측 모델을 만들었으면 그 다음 단계는 무엇일까? 예측 모델을 수익화하는 방법 중 하나인 API(응용 프로그램 프로그래밍 인터페이스, Application Programming Interface)를 소개한다. API를 이해하기 전, 먼저 다음 상황부터 생각해 보자.

익스피디아(Expedia)나 카약(Kayak)과 같은 항공편 비교 웹사이트는 사용자가 비행 날짜와 출발/도착 국가를 선택하면 여러 항공사의 항공 요금을 비교해 준다. 이 웹사이트는 각 항공사의 항공 요금과 관련된 데이터를 가지고 있지 않은데, 어떻게 사용자에게 검색한 비행 날짜와 출발/도착 국가에 따른 비행 요금이나 항공편과 같은 정보를 알고 있는 걸까? 그 이유는 항공편 비교 웹사이트는 각 항공사가 제공하는 API 서비스를 사용해 필요한 데이터를 얻었기 때문이다. 이처럼 API란 사용자가 인터넷 상에서 앱(App; Application의 줄임말)에 접속해 필요한 정보를 양식에 맞게 요청(Request)하면, 이에 따른 정보를 응답(Response) 받을 수 있는 과정을 말한다. 사용자가 이 앱에 접속하거나, 혹은 항공편 비교 웹사이트처럼 앱이 다른 앱에 접속할 수 있다. 이러한 과정은 인터넷에서 일어나므로, 사용자는 웹사이트에서 정보를 주고받을 수 있는 프로토콜(Hypertext Transfer Protocol; HTTP; 예를 들어 http://www.사이트.com/경로)을 통해 정보를 요청하고, 서비스 제공자는 요청에 따른 응답을 XML이나, JSON 포맷으로 앱에 보낸다. 다시 예시로 돌아가 보자.

항공사는 항공 요금과 관련된 데이터베이스가 있는데 항공사 비교 웹사이트가 이 데이터베이스에 접속해 데이터를 조회할 수 없다. 대신 항공사는 도착 국가와 비행 날짜에 따라 항공 요금과 항공편과 같은 데이터를 제공(응답)할 수 있도록 API를 만들어 서비스를 제공한다. 이 요청에 따른 데이터를 제공할 때 무료로 제공할 수 있지만 응답 건수에 따라 비용을 청구할 수 있다. 따라서 데이터나 머신러닝을 이용해 수익화하는 방법은 이런 유료 API 서비스를 만들어 사용자나 클라이언트에게 필요한 정보(예측 값 혹은 데이터)를 제공하는 것이다. 이 과정을 큰 그림으로 살펴보자.

회사에서 Y값을 예측하는 예측 모델이 있다. 이 예측 모델을 만드는 과정은 데이터 사이언티스트의 주 업무로, 아마존 웹 서비스(이하 AWS)의 데이터베이스(DB)에서 필요한 데이터를 가져온 후, 예측 모델을 AWS EC2(Amazon Elastic Compute Cloud; 클라우드상의 컴퓨팅 작업)에서 만든다. 최종 예측 모델이 정해지면, 예측 모델에 사용되는 매개변수(Parameters)나 가중치(Weights)를 AWS S3(Amazon Simple Storage Service; 저장소)에 저장한다. 따라서 예측 값 Y를 얻기 위해 최소한의 데이터 A, B, C 값이 필요하다면, 이 값과 필요할 경우 AWS 데이터베이스에 있는 데이터를 조합해 예측 모델에 사용되는 피처를 만든 뒤, AWS S3에 저장된 최종 매개변수를 이용해 Y값이 계산된다. 만약, 사용자가 A, B, C를 제공해 Y값을 알고 싶어 한다면, 웹 앱을 통해 요청에 따른 데이터(Y)를 제공할 수 있도록 API 서비스를 만들면 된다. API를 만드는 여러 가지 방법 중에서 여기서는 플라스크(Flask), 도커(Docker), AWS ECS(Amazon Elastic Container Service)를 통해 API가 어떻게 작동하는지 소개한다.

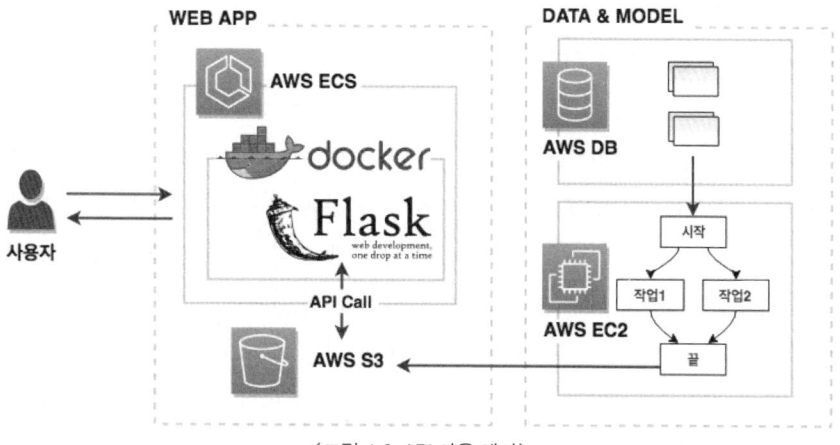

〈그림 4-2. API 사용 예시〉

4.2.1.1 플라스크

플라스크[1]는 파이썬으로 간단한 웹사이트나 API를 만들 수 있는 일종의 틀(Web Framework)로 이해할 수 있다. 플라스크를 이용해 간단한 웹 앱(Web App)을 만들어 보자.

아래 소스코드를 app.py로 저장한 후 터미널에서 python app.py를 실행하면 본인 컴퓨터 웹 브라우저에 http://localhost:8081에서 "Hello World!??"가 뜨는데, 이는 일종의 웹사이트(웹 앱)라 생각하면 된다.

〈그림 4-3〉 코드를 살펴보면, 먼저 플라스크를 사용할 수 있도록 from flask import Flask로 라이브러리를 불러온다. 그리고 모듈 이름을 저장할 수 있는 변수인 __name__을 이용해 해당 모듈의 이름을 app이라 설정했다. 왜냐하면 __name__이란 변수가 '__main__'이란 문자열일 경우, app.py 파일이 다른 파일에 라이브러리로 사용되지 않고 직접 실행될 때, 조건문의 다음 줄인 app.run(host='0.0.0.0',

---

[1] https://flask.palletsprojects.com/en/2.0.x/

port=8081)이 실행되기 때문이다. 따라서 메인 함수(app.run())가 실행될 수 있도록 app이라는 변수 이름부터 미리 설정한다.

메인 함수인 app.run(host='0.0.0.0', port=8081)은 로컬 컴퓨터 웹 브라우저에 http://localhost:8081(http://127.0.0.1::8081과 같은 의미)이라는 URL을 열도록 한다. 여기서 로컬 호스트(Local Host)란 현재 웹 서버가 러닝(Running)하고 있는 컴퓨터를 말하며, 포트 8081번에 웹 서버를 열었다는 의미다(348p 〈app.run(host='0.0.0.0', port=8081)〉 참고). 따라서 〈그림 4-3〉 명령창(cmd or Terminal)에서 python app.py라고 파이썬 파일을 실행한 뒤(필자의 경우, app.py 파일이 python이란 폴더에 위치), 〈그림 4-4〉처럼 웹 브라우저로 http://localhost:8081에 접속하면 'Hello World'가 보인다. 왜냐하면 소스코드 내에 정의한 hello() 함수 때문이다. 예를 들어, http://ds_example.kr/ 웹사이트가 있다고 가정해 보자. 이 웹사이트는 http://ds_example.kr/ex1, 또는 http://ds_example.kr/ex1/ex2처럼 '슬래시(/)' 이후에 경로를 설정할 수 있다. 이때 경로는 각각 다른 역할을 하는 페이지이며, 경로마다 다른 일을 동작하도록 설정하는 것을 라우팅이라 한다. 앱 경로에 따라 특정 함수가 작동할 수 있도록 하는 라우팅 경로는 데코레이터 기능을 사용한다. 여기서 데코레이터란 함수 상단에 @로 시작하는 부분이며 함수에 특정 기능을 추가하는 역할을 한다. 따라서 hello()란 함수 위에 @app.route('/')라고 라우팅 경로를 지정해서, http://localhost:8081 경로일 때의 응답하는 hello() 함수로, 그 반환(Return) 값인 'Hello World!'가 웹 브라우저에 뜬 것이다.

```
from flask import Flask # 플라스크 사용을 위한 라이브러리

app = Flask(__name__) # 주요(main) 함수가 실행될 때 변수(app) 설정

@app.route('/') # / 경로에 응답할 함수
def hello():
    return 'Hello, World!'
```

```
if __name__ == '__main__':  # localhost:8081 서버 app 열기
    app.run(host='0.0.0.0', port=8081)
```

그림 출처: 4_3_py_app1_터미널

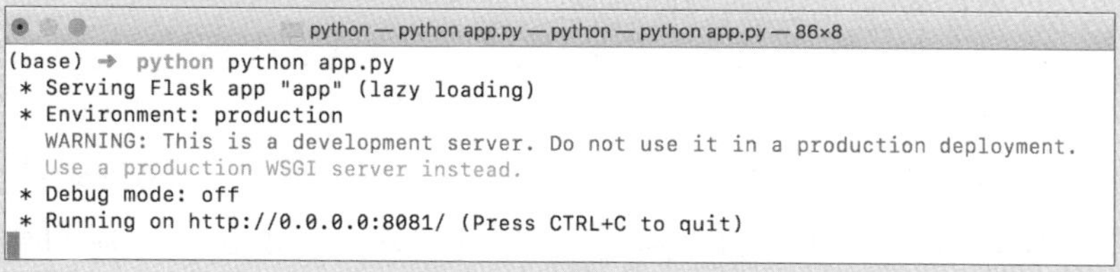

```
python — python app.py — python — python app.py — 86×8
(base) → python python app.py
 * Serving Flask app "app" (lazy loading)
 * Environment: production
   WARNING: This is a development server. Do not use it in a production deployment.
   Use a production WSGI server instead.
 * Debug mode: off
 * Running on http://0.0.0.0:8081/ (Press CTRL+C to quit)
```

〈그림 4-3. 터미널에서 app.py 실행〉

그림 출처: 4_4_py_app1_브라우저

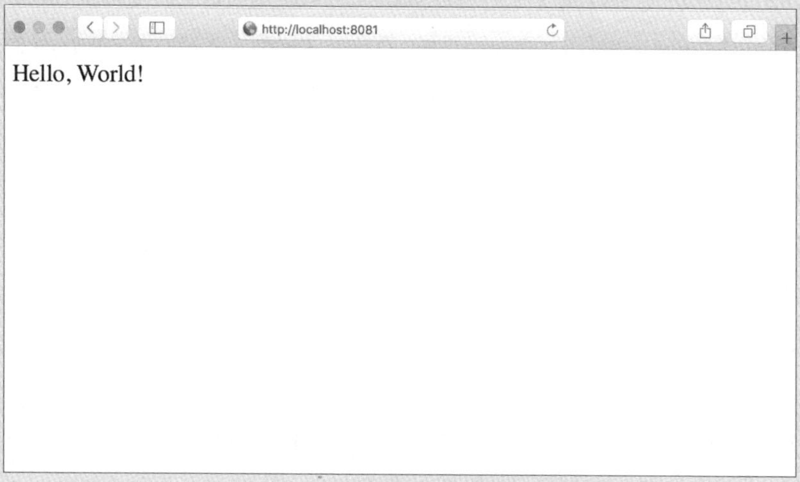

Hello, World!

〈그림 4-4. app.py 실행 후, 웹 브라우저에서 확인〉

<app.run(host='0.0.0.0', port=8081) >

파이썬 플라스크에서 로컬 서버 호스팅 IP는 127.0.0.1이고, 포트(Port)[2] 번호는 5000번을 사용한다. 하지만, 로컬 컴퓨터에서 서버를 열어 외부에서도 이 서버에 접근하려면 IP를 0.0.0.0으로 지정해야 한다. 이때 0.0.0.0은 이 웹 서버에 대한 모든 외부 IP의 접속을 허용한단 뜻이다. 포트 번호 기본값은 5000이지만, 이 번호뿐 아니라 다른 포트로도 서버를 열고 싶다면 숫자를 지정하면 되는데 예시에서 8081을 사용했다. 이때 설정할 수 있는 포트 범위는 1024부터 49151까지다.

경로에 따라 다른 반응을 보이는 기능을 만들어 보자. 예전에 방문했던 고객 이름 A, B, C, D를 리스트[3]([ ]) 안에 넣은 후, 이 키의 값을 IDs로 설정해 딕셔너리[4]({ }) 파일(data)을 만들었다. 누군가 /ID/<name> 경로로 접속했을 때, 여기서 <name>이 data 딕셔너리 파일에 있으면, "Thank you for visiting again, <name>"이라 반응하고, 없으면 "Hi, <name>"이라 반응하도록 한다. 따라서 데코레이터 @app.route('/ID/<name>')로 경로를 지정하고, 다음 줄인 ID() 함수는 경로에 있는 <name>이 data["IDs"]에 있는지 조건문을 통해 확인한다. 예를 들어, http://localhost:8081/ID/A로 접속하면, name이 A이고 이 A는 data 딕셔너리 파일에 있으므로 <그림 4-5>처럼 반응한다. 반면, http://localhost:8081/ID/J로 접속하면 J는 data 딕셔너리 파일에 없으므로 <그림 4-6>의 반응을 한다. 이렇게 app.py 안에 데이터를 지정할 수 있지만 <그림 4-2>처럼 AWS S3와 연결해 S3에 있는 데이터나 예측 모델에 관한 매개변수 등을 불러올 수 있다.

```
from flask import Flask # 플라스크 사용을 위한 라이브러리

app = Flask(__name__) # 주요 함수가 실행될 때 변수(app) 설정
```

---

[2] 네트워크 서비스나 특정 프로세스를 식별하는 논리 단위
[3] 리스트(List): 파이썬에서 자료(데이터)를 담을 수 있는 컨테이너 자료형
[4] 딕셔너리(Dictionary): 파이썬에서 자료(데이터)를 담을 수 있는 컨테이너 자료형으로 키(Key): 밸류(Value) 쌍으로 구성된다

```python
data = {"IDs": ["A", "B", "C", "D"]}

@app.route('/') # / 경로에 응답할 함수
def hello():
    return 'Hello, World!'

@app.route('/ID/<name>') # /ID/<name> 경로에 응답할 함수
def ID(name):
    if name in data["IDs"]: # name이 데이터에 있는 경우
        return f'Thank you for visiting again, {name}!'
    else: # name이 데이터에 없는 경우
        return f'Hi, {name}!'

if __name__ == '__main__': # localhost:8081 서버 app 열기
    app.run(host='0.0.0.0', port=8081)
```

그림 출처: **4_5_py_app2_브라우저**

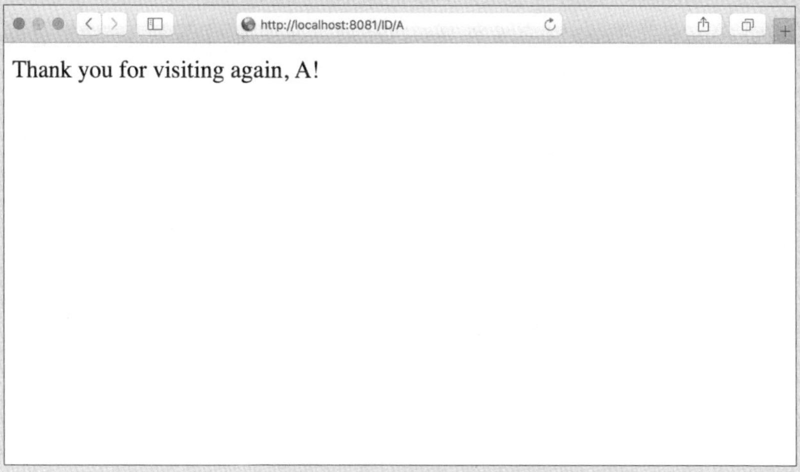

<그림 4-5. /ID/A 경로로, A값이 데이터에 있을 때 반응>

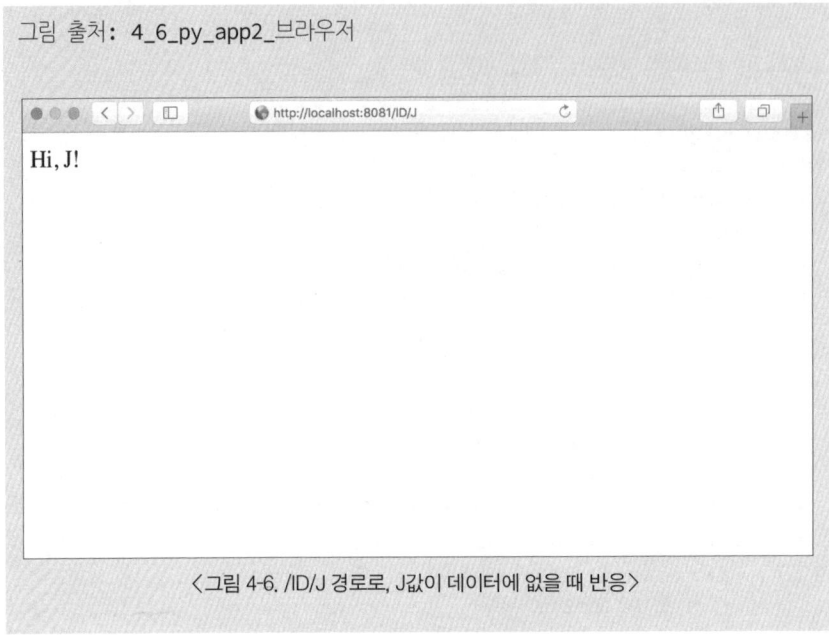

〈그림 4-6. /ID/J 경로로, J값이 데이터에 없을 때 반응〉

이처럼 app.py 소스코드에 필요한 데이터와 예측 모델에 사용하는 정보를 불러온 후, 특정 경로에 예측 값을 반환하도록 설정할 수 있다.

여기까지 예시는 필자의 로컬 컴퓨터에서만 접속할 수 있는 웹사이트다. 예를 들어, 이 app.py를 다른 컴퓨터에서 실행하려면 파이썬 프로그램과 이 파일에 사용되는 라이브러리를 모두 설치해야 하는 번거로움이 있다. 이처럼 컴퓨터마다 다른 환경을 해결해 주기 위해 도커를 사용한다.

4.2.1.2 도커

도커[5]란 컨테이너 기반의 오픈소스 가상화 플랫폼이다. 쉽게 말해 app.py 파일이 실행하는 데에 필요한 시스템 도구, 코드, 라이브러리 등 이 모든 패키지(컨테이너

---

[5] https://www.docker.com/

라고 부름)를 이미지화하여 다른 서버에서도 이미지를 실행할 수 있도록 하는 소프트웨어다. 여기서 도커 이미지(Image)란 웹 서비스 운영에 필요한 모든 실행 파일을 합친 것으로 컨테이너를 생성하는 도면(Template)과 같은 역할을 한다. 도면이 있으면 같은 제품을 여러 개 생산할 수 있듯이, 이 도커 이미지로 같은 컨테이너를 한꺼번에 많이 만들 수 있다. 그리고 여기서 컨테이너란 앱이 실행된 상태를 말하며 예시에서 app.py가 실행된 상태를 말한다.

다시 말해, 이 예시 도커 파일에는 app.py가 파이썬으로 실행되기 때문에 app.py가 실행될 수 있을 만큼의 가벼운 파이썬 프로그램과 코드가 실행되는 데에 필요한 버전의 라이브러리가 설치되도록 설정하고, 필요한 포트 번호도 지정한 뒤, app.py가 실행되도록 하는 명령어 역시 필요하다. 이 도커 파일을 실행하면 도커 이미지가 생성되어 다른 환경에 있는 사람이 컴퓨터에 파이썬 프로그램 없이 도커 이미지로 웹 애플리케이션을 실행할 수 있다. 그런데 이 컨테이너가 여러 개일 경우 이를 관리하는 서비스 역시 필요하다.

4.2.1.3 AWS ECS (Elastic Container Service)

AWS ECS는 컨테이너를 여러 서버(컴퓨터)에 적절하게 배치 및 실행하고 중지할 수 있는 관리 서비스다. ECS에 도커의 어떤 이미지를 사용할지, 몇 개의 컨테이너를 사용할지, 트래픽을 어떻게 분산할지 등을 설정해 도커를 기반으로 웹사이트를 만들 수 있다.

도커가 나오기 전에는 하나의 앱 서비스를 제공하려면 하나의 실제 컴퓨터(머신)가 필요했다. 만약, 사용자가 늘어나면서 트래픽 관리가 필요한 경우, 여러 대의 컴퓨터를 구축해야 하는데 이런 시스템 구축 시간이나 컴퓨터 자원(CPU, 메모리 등)을 낭비하는 문제점이 있었다. 이를 극복하기 위한 방안으로 하나의 컴퓨터에 가상머신(Virtual Machine)[6]을 실행함으로써 낭비된 자원을 활용할 수 있었지만,

---

6 컴퓨팅 환경을 소프트웨어로 구현해 실제 컴퓨터에 가상으로 다른 컴퓨터를 구동함

여전히 대규모 트래픽이 발생할 때 스케일 업(Scale up)과 같은 트래픽 관리가 가능한 웹 서버를 운영하는 데에 한계가 있었다. 하지만, 도커가 나오면서 도커 이미지로 같은 컨테이너를 한꺼번에 많이 만들 수 있게 되어(스케일 업), 트래픽 관리가 더 쉬워졌다. 그리고 한 컴퓨터에 여러 개의 같은 환경(패키지)을 가진 컨테이너를 쉽게 구축하면서 흔한 문제였던 다른 환경으로 인한 에러 문제[7]를 해결할 수 있었다. 이로써 컨테이너를 관리하는 AWS ECS나 AWS EKS(Elastic Kubernetes Service)가 함께 사용되고 있다.

<API 속도>

app.py 파일에 있는 코드(함수)를 생각해 보자. 데이터 크기가 큰 상태에서 k-최근접 이웃(k-NN) 알고리즘이나, 여러 개의 예측 모델을 사용하는 경우 계산 속도는 느려질 수밖에 없다. 예측 값을 반환하기까지 오랜 시간이 걸리면, 사용자 역시 그만큼을 기다려야 한다. 만약, 실시간으로 예측 값을 제공해야 한다면, 사용자가 기다릴 수 있는 시간의 한계는 어느 정도일까? 3초만 지나도 굉장히 느리다고 생각할 것이다. 게다가 사용 시간은 그만큼 클라우드 서비스를 이용하는 것이므로 비용을 의미하기도 한다.

따라서 API를 테스트할 때 실행 시간(Execution Time)이 충분히 빠른지 꼭 확인해야 한다. 실행 시간을 줄이려면 예측 값을 반환하는 함수 역시 작업 시간이 빨라야 하고, 따라서 데이터 사이언티스트는 입력 값에 따른 예측 값을 얻기까지 코드를 개발하는 과정에서 연산(Operation)이 필요 이상으로 긴지와 같은 시간 복잡도를 확인해야 한다. 이 시간 복잡도는 <그림 4-7>처럼 데이터 증가(x축)에 따른 연산 수(y축, 코드가 몇 번 실행되는가)를 수학식인 빅 오 표기법(Big O Notation)으로 표현한다. 예를 들어, 반복문을 사용할 경우, 데이터 크기에 따라 반복문을 사용하는 횟수 역시 데이터 크기만큼 증가하므로 시간 복잡도는 선형 관계(O(n))에 있다. 코드 작업에서 반복문을 피할 수 있는 방법은 없는지, 시간을 줄일 수 있는 다른 방법은 없는지 확인하는 습관을 갖도록 하자. 이와 관련한 예시는 '부록2.1.3 .loc(), apply(), where() 속도 비교'에서 소개한다.

- 상수: 1 = O(1)
  입력 데이터 크기에 상관없이 같은 수의 연산이 필요
- 로그: Log2n = O(Log2n)
  입력 데이터가 커질수록 그 연산 수가 로그만큼 짧아짐

---

[7] 테스트 환경에 앱이 실행되지만 프로덕션 환경에서 에러로 인해 앱이 실행되지 않은 경우

- 선형: n = O(n)
  입력 데이터 크기에 비례해 연산 수가 증가
- 선형로그: n log2n = O(n log 2n)
  입력 데이터가 커질수록 연산 수가 로그 배만큼 늘어남
- 제곱: n^2 = O(n^2)
  입력 데이터가 커질수록 연산 수가 급수적으로 늘어남
- 2의 n제곱: 2^n = O(2^n)
  입력 데이터가 커질수록 연산 수가 기하급수적으로 늘어남
- 팩토리얼: n! = O(n!)
  입력 데이터가 커질수록 연산 수가 팩토리얼만큼 늘어남

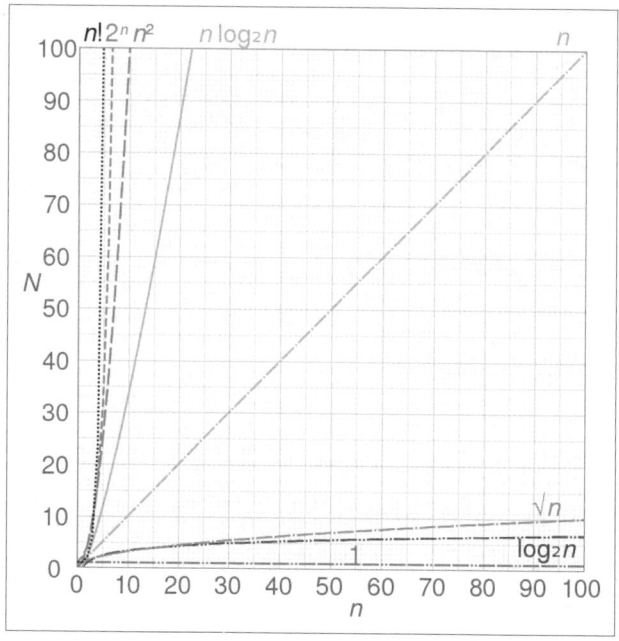

〈그림 4-7. 빅 오 표기법에 따른 성능 비교[8]〉

---

8 출처: https://en.wikipedia.org/wiki/Big_O_notation

4.2.2 불확실성(Uncertainty) 다루기

 상황 4-1 초기 예측 모델을 만든 후

> 서울과 제주 지역 집값을 예측하는 모델 A를 만들고자 한다. 모델을 통해 얻은 예측 값과 실제로 거래된 집값의 차이를 오차(Error)라 하는데, 오차 없는 예측 모델을 만드는 것은 불가능하다. 알고리즘 성능이 뛰어나더라도 결국 오차가 있는데, 집값에 영향을 주는 모든 것(사람들의 심리 상태, 갑자기 발표된 부동산 정책 등)을 데이터화할 수 없고 데이터로 만들더라도 정확하게 측정할 수 없기 때문이다. 하지만 오류가 있다고 해서 예측 값이 잘못된 값은 아니다. 왜냐하면 오류를 최소화하기 위해 <집값>에 영향을 주는 모든 것을 반영해 복잡한 모델을 만드는 것이 궁극적인 목표가 아니라, <집값>에 영향을 주는 핵심만을 파악해 이를 반영한 예측 모델을 만드는 것이 최종 목표이기 때문이다.
>
> 초기 예측 모델 A를 만들었다면 이 모델을 그대로 사용할지 아니면 더 보완할지 어떤 기준으로 결정하면 좋을까? 초기 예측 모델 A를 수정해 예측 모델 B를 얻었다면, 둘 중 어떤 모델을 사용하는 것이 좋을까?

[상황 4-1]에서 초기 예측 모델 A를 만들었다면 이 모델을 그대로 사용할지, 혹은 추가로 보완 작업이 필요할지 의사결정이 필요하다. 결정을 내리기까지 다음과 같은 여러 가지 사항을 고려해야 한다.

- 여러 데이터 중 올바른 혹은 필요한 데이터를 사용했는가?
- 훈련 데이터로만 예측 모델을 만들어야 하는데, 모델을 만드는 과정에서 훈련 데이터 이외 타깃에 대한 정보가 유출되지는 않았는가?
- 코딩 문제점은 없는가?
- 예측 값을 얻기까지 계산 시간이 오래 걸리지 않는가?
- 만족할 만한 모델 성능 값을 얻었는가?

이밖에도 더 고려해야 할 사항이 있겠지만, 가장 중요한 사항 두 가지로 압축하면 <그림 4-8>처럼 예측 모델 성능과 불확실성 두 가지를 꼽을 수 있다.

〈그림 4-8. 의사결정에 고려해야 할 사항〉

먼저 예측 모델 성능부터 생각해 보자. 예를 들어, [상황 4-1]의 훈련 및 시험 데이터에서 예측 모델 성능을 평균 절대 오차(Mean Absolute Error; MAE)로 계산했다고 가정해 보자.[9] MAE는 오류(예측 값과 타깃 값의 차이)에서 절댓값을 취하고 평균을 낸 값으로, 예측 값이 실제 값과 얼마나 다른지의 평균 값을 알 수 있다. 만약, 이 값이 서울 지역의 MAE는 80,000,000원 그리고 제주 지역의 MAE는 30,000,000원이라면 만족할 만한 예측 모델을 만들었다고 판단할 수 있을까? 예측 모델 사용 여부를 결정하는 데에 모델 성능이 중요한 역할을 하지만 특별한 기준이 없다면 초기 모델을 사용할지 판단 여부는 주관적일 수밖에 없다. 또한, A모델을 보완해 모델 B를 만들어서 이번엔 MAE가 서울 지역은 70,000,000원, 제주 지역은 40,000,000원이라 나왔다면 모델 A를 사용할지 혹은 B를 사용할지의 판단 역시 쉽지 않다. 따라서 모델 성능은 꼭 확인해야 할 사항 중 하나지만 앞서 언급한 의사결정에서 절대적인 기준이 될 수는 없다. 따라서 두 번째 사항인 불확실성도 고려해야 한다.

---

[9] MAE를 예로 들었지만, 만약 타깃 범위(Range)가 커서 에러 값이 클 경우 MAE 대신 RMSE(Root Mean Squared Error)를 사용할 수 있다. 왜냐하면 집값이 큰 경우 오차 역시 큰 값을 갖고, 이 오차를 제곱하거나 절댓값을 계산해 평균을 내면 평균값이 큰 값으로 인해 치우치게 된다(3.2.7 중심경향값을 계산하는 대표적인 세 가지는 무엇일까? '평균값' 참고). 이런 특이값에 영향을 덜 받기 위해 루트를 씌우거나 혹은 평균 대신 중앙값을 사용하는 RMSE를 사용하기도 한다(5.3.4.1 회귀 문제 참고).

<3.2.2 수학과 통계는 무엇이 다를까?>에서 통계학은 데이터에 불확실성이 있기 때문에 수학과 다르다는 것을 설명했다. 불확실성의 종류는 크게 두 가지로 나눌 수 있는데, 첫 번째로 무작위 불확실성(Aleatoric Uncertainty)은 데이터가 수집되는 과정에서 발생하는 무작위성(Randomness)으로 인한 불확실성을 말한다. 많은 데이터를 수집하고 모델에 반영한다고 해도 예측 모델의 성능이 더 높아지지 않고 때론 모델 성능이 더 악화될 수 있는데, 그 이유는 데이터가 많아지면 불확실성 역시 커질 수밖에 없기 때문이다. 두 번째는 인식론적 불확실성(Epistemic Uncertainty)으로 지식의 부족으로 인한 불확실성을 말한다. 물론 리서치, 시뮬레이션, 연구를 통해 이 불확실성을 줄일 수 있지만, 예측 모델의 매개변수(모수) 자체를 알지 못하기 때문에 이로 인한 불확실성 역시 여기에 포함된다. 그렇다면 실무에서 불확실성은 무엇이 있고 어떻게 다루는지 알아보자.

먼저 '불확실성을 왜 파악해야 하는지'부터 생각해 보자. 데이터 사이언티스트는 불확실성 때문에 완벽한 예측 모델을 만드는 것은 불가능하다. 하지만 어떤 요인으로 예측 모델이 완벽하지 않은지, 다시 말해 예측 모델을 어느 정도 믿을 만한지는 이해하고 설명할 수 있어야 한다. 앞서 불확실성의 유형을 단순히 무작위로 인한 것인지 혹은 지식의 부족으로 인한 것인지 나눌 수 있었다. 예측 모델이 만들어진 단계에서 불확실성의 유형을 파악함으로써 어떤 종류의 불확실성이 있는지 구체화하거나 정량화(Uncertainty Quantification)할 수 있다. 이 과정으로 예측 모델이 올바르게 만들어졌는지 재점검하거나 예측 모델을 보완할 경우 어떤 점을 보완해야 할지 우선 순위를 정할 수 있으며 예측 모델을 사용할 클라이언트 및 사용자가 갖게 될 의문점 역시 미리 파악할 수 있다.

불확실성을 다루는 방법은 <그림 4-9>처럼 단계별로 나눌 수 있다. 예측 모델이 만들어지는 과정에서 어떤 불확실성이 있는지 종류부터 파악하고 정리하는 단계를 거친 후, 많은 불확실성 중 어떤 것에 집중할지 선택해 어떤 식으로 이를 정량화할지 구체화하는 단계가 필요하다. 만약 이 과정에서 불확실성을 줄일 수 있는 방법이 있다면 실제 적용함으로써 모델을 보완할 수 있다. 이 과정을 예시를 통해 다시 살펴보자.

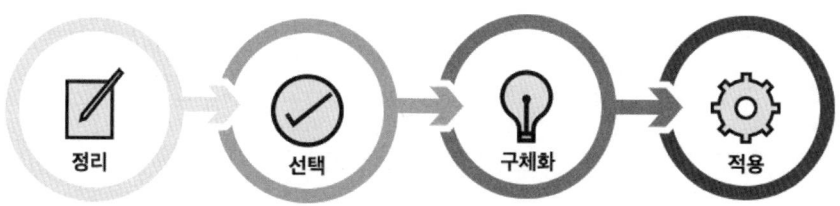

〈그림 4-9. 불확실성 다루기 4단계〉

4.2.2.1 정리

여러 방법으로 어떤 불확실성이 있는지 정리할 수 있겠지만 〈표 4-3〉처럼 업무 흐름에 따라 데이터 자체에서, 이 데이터를 처리하는 과정에서, 훈련 데이터로 모델을 만드는 과정에서 발생하는 불확실성을 정리할 수 있다. 이렇게 정리하고 나면 데이터 생성 과정에서 불가피하게 발생한 오류로서의 불확실성 때문인지 혹은 추가 연구가 필요한지, 아니면 모델을 만드는 과정에서 문제가 있었는지 등을 파악할 수 있다.

과정	종류	예시
데이터	데이터가 수집되거나 추출되는 과정	• 특정 지역에 치우쳐진 데이터가 수집되었는가?
	데이터가 측정되는 과정	• 주어진 피처 및 타깃 값 범위 혹은 분포는 신뢰할 만한가? • 이상치 및 결측치 정도
	데이터가 입력되는 과정에서 발생하는 오류	• 정수로 표현되어야 할 변수에 소수점으로 된 값을 가진 데이터가 있는가? (예) 화장실, 방 개수가 소수점으로 되어 있는가? • 입력값에 오류가 있는가?
데이터 처리	데이터 처리 과정 (입력 값을 바꾸거나 결측치를 채울 경우)	• 실수를 정수로 변환했을 때(화장실 개수가 2.5라고 된 값을 2 혹은 3으로 변환) • 많은 유일값을 줄이기 위해 특정 범위나 기준에 따라 값을 그룹화했을 때
	피처 엔지니어링 / 피처 선택	• 피처 엔지니어링을 통해 피처를 추가로 만들거나 혹은 모델에 필요한 피처를 선택

모델링	훈련 데이터/ 시험 데이터 구분	• 훈련 및 시험 데이터가 무작위로 잘 구분되었는가? • 훈련 데이터와 시험 데이터에서의 피처 및 타깃 분포가 비슷한가?
	매개변수에 관한 불확실성	• 예측 모델 식이 올바른가? • 올바른 알고리즘을 사용했는가? 알고리즘을 사용하기 위해 가정 조건이 있는 경우 이를 만족했는가?

〈표 4-3. 불확실성 정리 단계〉

4.2.2.2 선택 및 구체화

앞서 정리한 불확실성 종류 중 첫 번째에 해당하는 데이터 과정에서 발생할 수 있는 데이터 오류에 대해 더 자세히 알아보자. 모든 데이터는 측정상의 오류나 혹은 데이터 값을 잘못 입력하는 등 어떤 식으로든 불확실성이 있는데, 이를 어떻게 구체화해서 정량화할 수 있을까?

예를 들어, 〈집 가격〉, 〈집 크기〉, 〈주택 종류〉, 〈방 개수〉, 〈집 주소/위치〉란 데이터가 있다면 타깃인 〈집 가격〉이란 데이터에 오류가 어느 정도 있는지 확인할 수 있는 방법을 생각해 보자. 〈위치〉를 제외한 나머지 데이터를 〈그림 4-10〉처럼 히스토그램과 원그래프로 시각화한다면, 이런 데이터의 시각화로 〈집 가격〉에서 어느 정도 오류가 있는지 알 수 있을까?

〈그림 4-10〉의 데이터 시각화는 각 피처가 어떤 분포를 갖는지 정도를 이해하는 것일 뿐 데이터 오류의 유무를 판단할 수 없다. 물론 〈집 가격〉 혹은 〈집 크기〉에서 이상치가 있다면 잘못된 데이터일 수도 있지만, 이상치가 곧 오류라고 섣부르게 판단할 수 없다. 하지만, 비슷한 값을 가져야 하는 데이터에서 전혀 다른 값을 가진 관측치가 있다면 이를 오류라고 의심해 볼 수 있다.

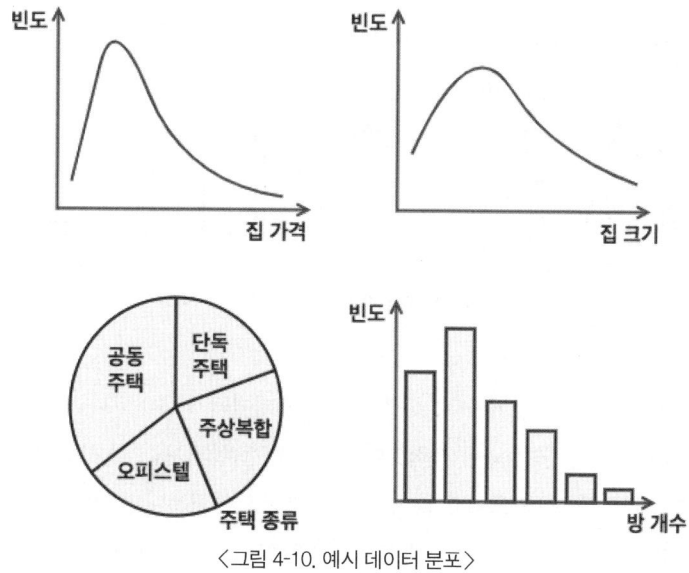

〈그림 4-10. 예시 데이터 분포〉

예를 들어 ○○지역에 여러 종류의 집이 있다고 가정해 보자. 그중 〈주택 종류〉, 〈방 개수〉, 〈집 크기〉에서 같은 값을 가진 관측치만 모은다면, 이 관측치를 가진 〈집 가격〉 역시 서로 비슷한 값일 확률이 높을 것이다. 즉, 〈그림 4-11〉처럼 만약 ○○지역에서 방이 3개 있는 100~130㎡의 크기를 가진 단독 주택끼리 모았을 때, 이 그룹의 집값 역시 비슷한 범위 안에 있어야 할 것이다. 이처럼 같은(혹은 비슷한) 특징을 가진 그룹에서 특정 집 가격이 그룹의 값과 다르다면 특별한 이유가 있거나 혹은 집 가격이 잘못된 것일 수 있다. 같은 우편번호를 사용하는 지역, 같은 도로명을 사용하는 지역, 〈집 주소〉에서 위도와 경도를 이용해 서로 가까운 위치에 있는 지역 등, 다양한 기준으로 가까운 지역을 정의한 뒤 비슷한 그룹에서 다른 값을 가진 관측치를 찾아볼 수 있다.

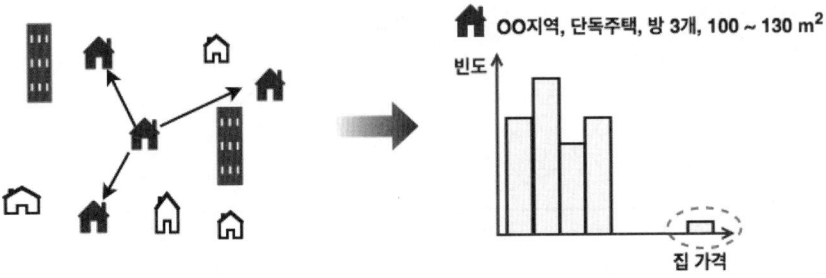

〈그림 4-11. 비슷한 데이터끼리 정리한 후 시각화〉

물론 〈주택 종류〉, 〈방 개수〉, 〈집 크기〉의 데이터가 올바르다는 가정에서 시작된 분석이지만, 단순히 〈집 가격〉이란 데이터를 살펴보는 것보다 비슷한 특성끼리 묶은 데이터를 그룹으로 만들어 〈집 가격〉을 살펴본다면, 어떤 관측치가 특이값(잠정적인 오류)을 갖는지 구체적으로 파악할 수 있다. 이런 특이값이 전체 데이터에서 어느 정도를 차지하는지, 어떤 지역에서 이런 특이값이 많은지 등 구체적으로 분석해 볼 수 있다. 만약 특이 값이 많다면 〈집 가격〉이란 데이터의 불확실성이 높다고 판단할 수 있고, 이런 데이터로 예측 모델을 만들더라도 실제 예측 모델을 사용했을 경우 모델 성능이 떨어질 수 있다. 특히 데이터와 관련한 불확실성은 데이터 품질(Quality)과 연관 있는데, 신뢰할 만한 데이터일수록 예측 모델 역시 신뢰성이 높아지기 때문이다.

주의해야 할 점은 분석 결과가 곧 우리가 알고자 하는 모든 불확실성을 나타내진 않는다는 점이다. 예시에서 비슷한 특성을 가진 집은 비슷한 집 가격을 갖는다라고 가정한 것처럼, 구체화하는 과정에서 또 다른 불확실성이 있다는 점을 염두에 두자.

4.2.2.3 적용

이처럼 불확실성을 구체화하고 정량화했다면, 왜 불확실성이 생기게 되었는지 원인을 찾아보거나 혹은 이를 줄일 수 있는 방법을 찾아 적용하는 것이 업무의 최종 목표가 될 수 있다. 예를 들어 스크레이핑을 통해 데이터를 수집했다면 스크레이핑 과정에서 문제점이 있는지, 특이값을 가진 집에 대해, 데이터 수집 날짜가 달랐다거나, 리노베이션을 해서 <방 개수>나 <집 크기>가 기존 데이터와 달라졌다는 등 그 원인을 찾을 수 있다. 혹은 데이터에서 특이값을 제외한 후 예측 모델을 다시 만들어, 기존 예측 값과 어떻게 달라지는지 비교할 수 있다.

다시 [상황 4-1]로 돌아가 보자. 개발된 예측 모델을 사용할지 여부는 한두 가지 요인으로 결정할 수 없지만 적어도 이 예측 모델을 사용했을 때, 어느 정도 기대하는 성능과 어떤 취약점(불확실성)이 있는지 정도는 미리 파악하는 것이 필요하다. 만약, 예측 모델 A를 사용하기로 결정했다면 이 모델을 사용하는 사람에게 어떻게 설명하면 좋을지 살펴보자.

4.2.3 모델 해석 능력(Interpretability)

예측 모델 하나를 만들기까지 데이터 수집 비용, 클라우드 서비스 사용 비용, 데이터 사이언티스트 업무 시간, 예측 모델과 관련한 사람 및 의사결정자의 업무 시간을 고려한다면 그 시간과 비용은 상당하다. 이렇게 높은 비용을 투자해 만들어진 모델은 누가 사용할까? 예측 모델을 개발했을 때, 이 모델을 회사 내에서 사용할 수 있지만, 클라이언트나 소비자가 사용하는 경우도 많다. 이처럼 사용자와 개발자가 다른 경우, 사용자가 이 예측 모델이 얼마나 신뢰할 수 있는지, 왜 이런 예측값을 얻게 되었는지를 궁금해하는 것은 당연하다. 그런데 이런 궁금증이 해결되지 않으면 예측 모델을 제대로 사용하지 못하거나 잘못 사용할 수 있으며, 이는 결국 잘못된 의사결정으로 이어질 수 있다. 따라서 데이터 사이언티스트는 예측 모델을 사용자가 바르게 이해할 수 있도록 전달해야 한다. 이를 해석력(Interpretability)이라 한다.

그렇다면 데이터 사이언티스트는 사용자에게 예측 모델을 어떻게 설명하면 좋을까? 우선 사용자가 가질 수 있는 궁금증부터 생각해 보자.

 상황 4-2 예측 모델 관련 질문

앞서 [상황 4-1]에서 소개한 <서울과 제주 지역 집값 예측 모델 A>를 사용하기로 했다. 집 주소를 입력하면 입력한 날짜를 기준으로 예상 집 가격이 나오는 API 서비스를 클라이언트에게 제공했다. 클라이언트는 모델 A가 가진 예측 성능에 만족하였으며, 데이터 사이언티스트에게 다음과 같은 질문을 했다.

1. 예측된 집값이 생각보다 낮게(혹은 높게) 계산된 이유
2. 집값에 제일 많은 영향을 주는 요인
3. 만약 방 개수가 하나 더 늘어날 경우 집값이 어떻게 달라지는지
4. 집 연식에 따라 집값이 얼마나 달라지는지
5. 입주 물량이 집값에 얼마나 영향을 미치는지
6. 역세권 혹은 집 주변 상권이 집값에 얼마나 영향을 미치는지
7. 금리, 실업률 등이 집값에 얼마나 영향을 미치는지
8. 새로 나온 부동산 정책이 집값에 얼마나 영향을 미치는지

데이터 사이언티스트는 어떻게 설명하면 좋을까?

최종 사용자는 예측 모델에서 어떤 알고리즘이 사용되었는지 궁금해할 수 있지만 모델 성능에 만족한다면, 어떤 요인(피처)이 타깃(상황 4-1에서 집값)과 연관 있는지에 더 관심이 많다. 다시 말해, 사용자의 주요 질문은 피처(인풋 데이터) 중심이며, 데이터 사이언티스트는 데이터 분석과 예측 모델을 이용해 사용자가 이해할 수 있도록 설명할 수 있어야 한다. 해석력에 대한 분석 및 방법은 여러 가지 있지만, 여기서 [상황 4-2]를 예로 그 방법을 소개한다.

4.2.3.1 질문 분류하기

사용자는 [상황 4-2]처럼 여러 개의 질문을 할 수 있다. 이 질문은 <그림 4-12>처럼 크게 두 가지로 나눌 수 있다.

- **예측 값으로 피처 이해: 왜 이런 예측 값을 얻었는가?**
[상황 4-2]의 질문 1~2번에 해당하는 것으로 예측된 집값이 사용자가 기대했던 것보다 현저히 낮게(혹은 높게) 나왔다고 가정해 보자. 사용자는 예측 모델 성능이 떨어지기 때문에 이런 값을 얻었는지 혹은 사용자가 미처 생각하지 못했던 이유가 있었는지, 예측 값에서 제일 중요한 요인(피처)은 무엇인지에 대한 질문을 할 것이다. 즉, 주어진 예측 값이 어떤 피처와 연관이 있는지, 어떤 피처가 중요한지에 대한 이해가 필요하다.

- **피처로 타깃 이해: 예측 값이 어떻게 달라지는가?**
[상황 4-2]의 질문 3~8번에 해당하는 것으로 특정 피처를 기준으로 타깃과 얼마만큼의 연관성이 있는지 이해하는 것이 목적이다.

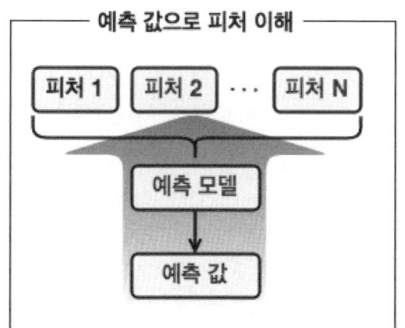 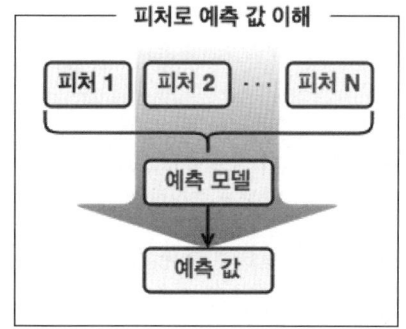

<그림 4-12. 질문 유형>

4.2.3.2 피처 분류하기

앞서 살펴본 질문 유형 모두 어떤 피처가 사용됐는지가 중요하다. 그렇다면 다시 이 피처에 대해 생각해 보자. 우선, 사용자는 예측 모델에 사용되는 피처를 모를 수 있다. <그림 4-13>처럼 사용자는 예측 값을 얻기 위해 필요한 입력 값을 제공한다. 이 입력 값을 바탕으로 데이터가 추가되거나 가공되고 혹은 피처 엔지니어링 작업을 통해 최종 피처가 결정되며, 이 피처가 최종 예측 모델에 이용된다. 따라서 입력 값이 피처는 아니다. 또한, 사용자가 궁금해하는 요인이 피처에 포함되지 않을 수 있다. 이 두 가지를 생각하면서 앞서 살펴본 [상황 4-2]에서 피처를 분류해 보자.

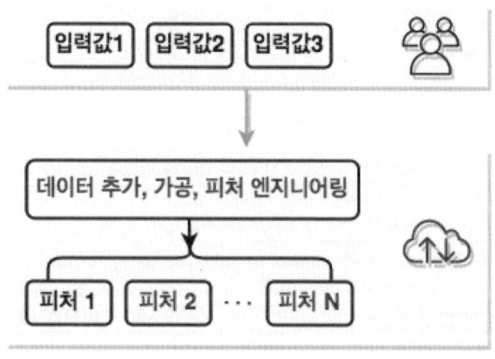

<그림 4-13. 입력값과 피처>

[상황 4-2]에서 사용자는 집 주소를 입력하면 예상된 집 가격을 얻을 수 있다. 즉 입력 값은 집 주소를 말한다. 데이터베이스에 주소지에 해당하는 데이터가 합쳐지며, 가공 및 필요에 따라 피처 엔지니어링 등의 과정을 통해 예측 모델에 들어가는 최종 피처가 만들어진다면 이 피처는 <그림 4-14>처럼 분리할 수 있다.

- 집 특징: 방 개수, 집 크기, 집 연식처럼 집마다 고유의 값을 가진 피처를 말한다.
- 주변 환경: 집 주변 상권이나 역이 얼마나 가깝고 먼지에 관한 피처, 특정 지역의 입주 물량 등과 같은 피처로 비슷한 위치에 있는 집은 비슷한 값을 가진 피처를 말한다.

- 외부 환경: 실업률, 금리, 주택 담보 대출 이자율과 같은 피처로 특정 지역의 집값만이 아니라 전체 집값에 영향을 준다.
- 그 외: 갑작스럽게 발표된 부동산 정책이나 부동산 관련 뉴스, 사람들의 심리와 같은 요인 등, 집값에 영향을 미치지만 정확한 값으로 데이터화하기 힘들다. 사용자는 이런 요인이 예측 값과 얼마나 연관성이 있는지 궁금해할 수 있지만 이 부분은 불확실성에 해당한다.

〈그림 4-14. 집값과 관련 있는 피처〉

4.2.3.3 질문과 피처에 따라 설명 방법 생각하기

다시 '4.2.3.1 질문 분류하기'에서 분류했던 질문으로 돌아가 어떻게 접근하면 좋을지 생각해 보자.

- **예측 값으로 피처 이해: 왜 이런 예측 값을 얻었는가?**
우선 해당하는 피처의 상태부터 살펴봐야 한다. 예를 들어, 20개 피처가 사용되었을 경우, 이 중 몇 개의 피처에 결측치가 있는지, 중요한 피처에 결측치가 있는지, 값이 잘못된 경우는 없는지, 혹은 이상치가 있었는지 등의 추가 확인 작업이 필요하다. 만약, 20개 피처 중, 많은 피처 혹은 집값과 관련 있는 피처의 대부분의 값이 결측치라면 불확실성이 높아지므로 예측 값 역시 신뢰도가 떨어지기 때문이다. 만약, 이런 경우가 아니라면, k-최근접 이웃(k-NN) 방법으로 가까운 지역의 비슷한 집값을 가진 집을 선택해 이들의 피처를 비교할 수도 있다. 이런 유형의 질문은 예측 모델에 사용된 알고리즘보다 사용된 데이터에 이상은 없는지, 계산 과정이 올바른지 등 데이터를 분석해 답변할 수 있다.

- **피처로 타깃 이해: 예측 값이 어떻게 달라지는가?**

〈3.2.4 통계 vs. 머신러닝 그리고 모수 vs. 비모수 차이는 무엇일까?〉에서 언급했듯이 예측 모델은 모수적 모델과 비모수적 모델로 나눌 수 있다. 선형 회귀 모델처럼 모수적 모델을 사용했다면, 피처와 타깃과의 관계, 다시 말해 방 개수 하나가 늘어남에 따라 집 가격이 얼마만큼 상승하는지 설명할 수 있지만, 비모수적 모델을 사용했거나, 여러 개의 예측 모델이 만들어 합쳐서 사용했다면 피처와 타깃 관계를 설명하기 쉽지 않다.

대신 피처와 타깃과의 관계를 다른 방법으로 확인할 수 있는데, 〈그림 4-15〉처럼 관심 있는 피처 하나만 값을 다르게 했을 때 예측 값이 어떻게 달라지는지 부분 의존성 플롯(Partial Dependence Plot)을 그려볼 수 있다. 예를 들어, 집 연식이 달라짐에 따라 집값이 얼마나 변하는지 이해하기 위해 다른 피처 값은 고정된 상태에서 각 관측치의 집 연식 값이 달라질 때마다 집 연식 대비 집값이 어떻게 변하는지 그래프를 그릴 수 있으며, 이때 평균 혹은 중앙값을 계산할 수 있다. 따라서 피처1 구간에 따라 예측 값이 어떻게 달라지는지 이해할 수 있다.

하지만 주의해야 할 점은 피처 1이 다른 여러 개 피처와 관련 있는 경우 그래프를 제대로 분석할 수 없다. 예를 들어, 다른 피처 값은 고정된 상태에서 집 크기 값만 변화할 경우, 이 집 크기는 결국 방 개수, 화장실 개수 등 다른 피처와 관련이 있을 텐데 이를 반영하기 힘들기 때문이다.

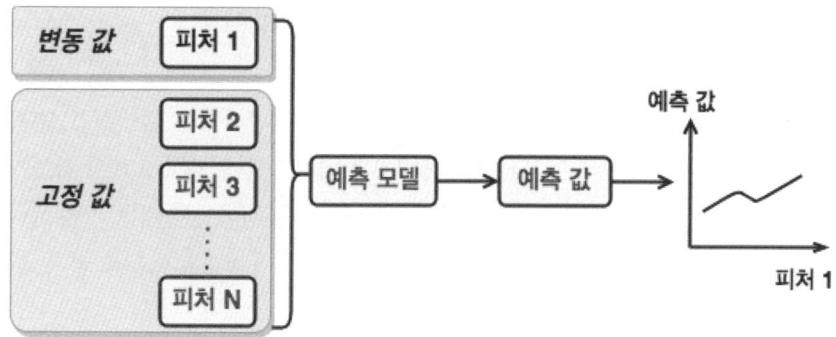

〈그림 4-15. 피처1의 값 변화에 따른 예측 값 변화〉

부분 의존성 플롯은 XAI(eXplainable Artificial Intelligence)라는 설명 가능한 인공지능 기법 중 한 예다. XAI의 또 다른 기법으로, 분류 문제에서도 특정 피처의 일부(Local) 값에 따라 예측 값이 어떻게 분류되는지를 살펴보는 방법인 라임(Local interpretable Model-agnostic Explanations; LIME) 기법[10]이 있다. 이 방법 역시 예측 모델에 사용된 알고리즘과 상관 없이(Model-Agnostic), 피처 값이 조금 달라졌을 때, 예측 값이 크게 바뀌면 예측 모델에서 중요한 역할을 하는 것으로 해석할 수 있다.

만약 최종 사용자가 주요 피처와 타깃 간의 관계만 이해하고 싶다면 굳이 복잡한 모델이 아닌 회귀 모델이나 의사결정나무 등 해석 가능한 모델을 만들어 이를 설명하는 방법도 있다. 이처럼 해석력과 관련된 방법은 여러 가지 있지만 기억해야 할 점은 한 가지 방법만으로 예측 모델을 완벽히 이해할 수 없으며 피처와 타깃 간의 연관성이 곧 인과 관계를 뜻하지는 않는다는 점이다. 해석력에 대한 자세한 방법은 Christoph Molnar의 책, "A Guide for Making Black Box Models Explainable"[11]을 참고하길 바란다.

---

[10] 라임 기법 깃허브: https://github.com/marcotcr/lime

[11] Molnar, Christoph. "Interpretable machine learning. A Guide for Making Black Box Models Explainable", 2019. https://christophm.github.io/interpretable-ml-book/.

4.2.4 업무 효율성 - 자동화 머신러닝, 파이프라인

조직이 커질수록, 또는 프로젝트가 많아질수록 업무의 효율성은 떨어지기 쉽다. 물론 조직 내의 상사나 혹은 프로젝트 매니저와 어떤 일을 언제까지 해야 하는지 업무를 관리하고 논의할 수 있지만, 그렇다고 해서 효율성이 높아지는 것은 아니다. 다음 예시에서 데이터 사이언티스트로서 어떻게 효율적으로 업무를 할 수 있을지 알아보자.

상황 4-3 프로젝트 효율성 높이기

조직 내에서 진행되는 프로젝트가 다음과 같이 있다. 어떻게 업무의 효율성을 높일까?
비즈니스 문제 A를 해결하기 위한 머신러닝 모델 구축
비즈니스 문제 B를 해결하기 위한 머신러닝 모델 구축
비즈니스 문제 C를 해결하기 위한 머신러닝 모델 구축
주기적으로 데이터 수집 후 데이터베이스에 저장(스크레이핑 업무)
기존 머신러닝 모델 X를 이용해 주기적으로 예측값 제공
기존 머신러닝 모델 Y 코드 검토 및 보완 작업
비즈니스 문제 해결 관련 데이터 분석

효율성은 결과물 대비 투입된 시간 및 비용으로 계산할 수 있다. 여기서 시간과 비용은 개인마다 보유 역량 및 전문 분야가 다르기 때문에 누가 어떤 프로젝트를 맡는지, 프로젝트에 누가 관여하는지, 어떤 기술을 사용하는지, 방해 요인이 있는지 등 다양한 원인의 영향을 받는다. 효율성을 높이기 위해 개인의 노력도 물론 중요하지만, 조직에서 효율성을 높일 수 있는 시스템을 구축하는 것이 무엇보다 중요하다. 효율성을 높이려면 프로젝트에 투입되는 시간이나 비용을 줄이면 되므로 이 방법을 소개한다.

먼저 프로젝트에 투입되는 시간을 줄일 수 있는 방법이다. 가장 효과적인 방법은 반복적인 업무가 무엇인지 파악하고 이 부분에 대한 사람의 개입을 최소화하는 방

법을 사용하는 것이다. [상황 4-3]에서 '비즈니스 문제 A, B, C를 해결하기 위한 머신러닝 모델 구축'이란 업무를 각각 프로젝트 A, B, C라 하자. 비즈니스 문제 해결에 맞게 데이터를 수집한 후, 데이터 분석, 가공 및 피처 엔지니어링 과정을 거친다. 최종 예측 모델에 사용될 피처를 선택하고, 여러 알고리즘 중 최적의 알고리즘과 이 알고리즘에 사용되는 하이퍼 파라미터(372p <파라미터(Parameter) vs. 하이퍼 파라미터(Hyperparameter)> 참고) 값 중 최적의 하이퍼 파라미터를 찾는 튜닝 과정을 거쳐 최종 예측 모델을 정한다. 그 후 예측 모델 성능을 분석하고 최종적으로 검토한다. 비록 프로젝트 주제는 다르지만 프로젝트 흐름은 <그림 4-16>처럼 비슷하다. 이 중, 반복적인 업무는 무엇이고 어떻게 자동화할 수 있을까?

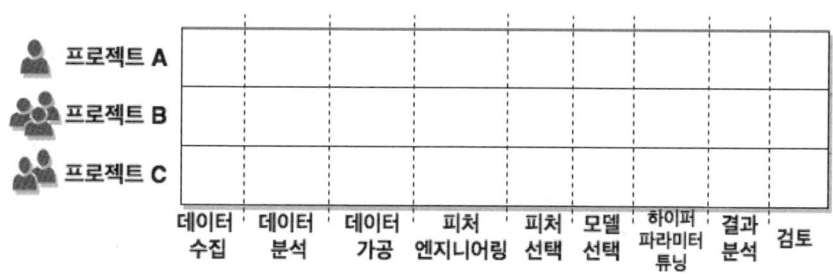

〈그림 4-16. 머신러닝 프로젝트 과정〉

<그림 4-17>에서 프로젝트 A 업무 흐름을 재구성해 보았다. 해결하고 싶은 비즈니스 문제를 머신러닝을 사용할 수 있는 데이터 타입 문제로 변환 후, 필요한 데이터를 수집하고 가공(Cleaning)했다. 최종 예측 모델을 선택하기까지 피처 엔지니어링, 모델 알고리즘, 하이퍼 파라미터 튜닝 등의 과정이 필요한데 어떤 피처를 사용할지, 어떤 알고리즘을 사용할지, 하이퍼 파라미터 값을 어떻게 설정할지에 따라 모델 성능이 달라진다. 자동화 머신러닝 플랫폼을 사용하면 각 조합에 따라 모델 성능을 n번 반복해서 구한 뒤, 가장 높은 모델 성능을 보인 조합을 최종 모델로 선택한다. 여기서 머신러닝 프로젝트 과정 중 최적의 하이퍼 파라미터 값을 찾거나, 여러 알고리즘 중 상황에 맞는 최적의 알고리즘을 찾을 때 같은 작업을 반복하는데, 이런 반복되는 작업을 자동화하는 것을 자동화 머신러닝(Automated Machine Learning; AutoML)이라 한다.

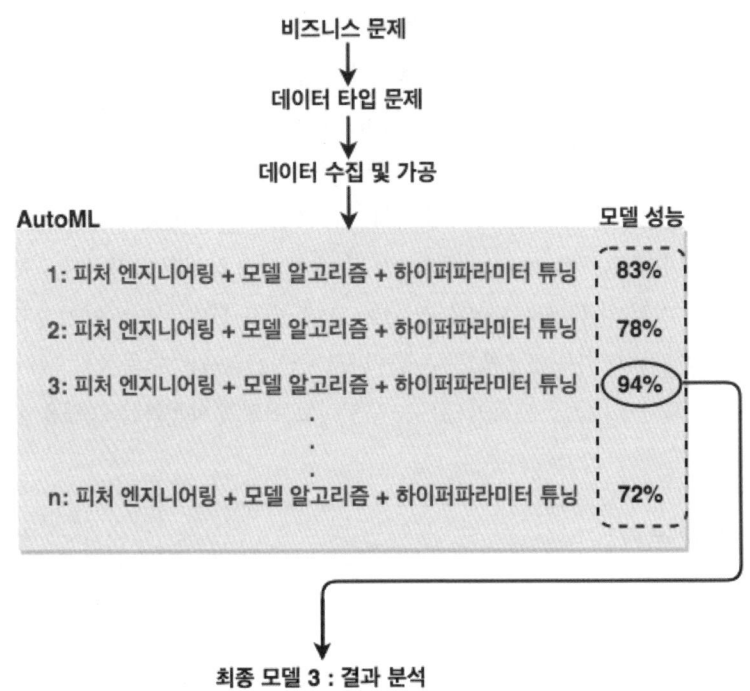

〈그림 4-17. 자동화 머신러닝 예시〉

자동화를 제공하는 기술 및 플랫폼 서비스가 발전하면서 데이터 취합, 가공, 피처 엔지니어링, 모델 성능 분석까지 자동화의 범위는 계속 확장하고 있는데, 이런 자동화 머신러닝 방법을 활용하면 프로젝트에 투입되는 시간을 줄일 수 있다.

자동화 플랫폼으로는 스타트업으로 시작했던 H2O Driverless AI AutoML[12], DataRobot[13] 등의 회사와 각 클라우드사의 자동화 머신러닝 서비스를 꼽을 수 있다. 이 클라우드사의 서비스로는 최적의 모델 알고리즘 선택, 하이퍼 파라미터 튜닝 및 데이터 준비 및 피처 정리 등을 제공하는 AWS SageMaker[14], 코드 없

---

[12] https://www.h2o.ai/products/h2o-driverless-ai/
[13] https://www.datarobot.com/
[14] https://aws.amazon.com/ko/sagemaker

이 예측 모델 구축 및 해석력을 제공하는 Microsoft Azure AutoML[15], 자동화 기능이 포함된 AI 플랫폼, AutoML Vision(자동으로 이미지 분류), AutoML Natural Language(텍스트 구조 의미 파악) 등을 제공하는 Google AutoML[16] 등이 있다. 이런 자동화 머신러닝 플랫폼은 비전문가도 쉽게 사용할 수 있도록 진입장벽을 낮추고, 자동화의 범위를 확장하는 방향으로 발전하고 있다. 이로써 부족한 전문 인력을 대체하거나, 자동화 과정으로 효율성을 높일 수 있다.

그렇다면 이런 플랫폼을 이용하게 될 사용자 입장을 생각해 보자. 이런 자동화 머신러닝이 유용한지는 업종, 데이터 유형, 전문 인력 유무에 따라 다를 수 있으므로, 플랫폼 도입을 결정할 때 다음 사항을 고려해야 한다. [상황 4-3]처럼 조직에서 데이터 사이언티스트나 비슷한 수준의 전문 인력이 있는 경우 특히 마지막 항목에 집중할 필요가 있다.

- 회사 전체 프로젝트 중, 자동화 플랫폼을 이용할 만한 프로젝트는 무엇인가
- 프로젝트 중 어느 부분이 자동화가 필요한가
- 어떤 이유(목적)로 자동화 플랫폼을 사용해야 하는가(전문 인력의 부족/효율성 향상 등)
- 기업 환경에 적합한 플랫폼은 무엇인가
- 플랫폼 서비스를 사용할 경우, 비용 대비 효율성을 얼마나 높일 수 있는가
- 플랫폼 서비스가 제공하는 분석 및 알고리즘 종류는 무엇이며, 제한(한계)점은 무엇이 있는가
- 플랫폼 서비스를 사용하지 않은 경우, 효율성을 높일 수 있는 다른 대안이 있는가

---

15 https://azure.microsoft.com/ko-kr/services/machine-learning/automatedml/
16 https://cloud.google.com/automl/?hl=ko

<파라미터(Parameter) vs. 하이퍼 파라미터(Hyperparameter)>

파라미터는 연구자가 궁극적으로 알고 싶어 하는 값으로, 고정된 값이지만 알 수 없다는 것이 문제다. 따라서 데이터 혹은 예측 모델을 통해 파라미터를 추정한다(3.2.1. 평균인 μ와 $\bar{x}$, 무엇이 다를까? 참고).

하이퍼 파라미터는 예측 모델이 만들어질 때 사용자가 직접 설정한 값을 말한다. 예를 들어, k-최근접 이웃(k-NN)을 사용하려면 이웃의 수를 몇으로 할지 먼저 지정해야 한다. 비모수 모델을 사용할 경우 사용자가 직접 입력하는 모든 값을 하이퍼 파라미터라 말한다. 보통 경험을 통해 값을 지정한 후 최적의 하이퍼 파라미터를 찾기 위해 조정(Hyperparameter Tugning, Hyperparameter Optimization) 작업을 거친다. 대표적인 방법으로 그리드 서치(Grid Search; 각 하이퍼 파라미터가 가질 수 있는 범위 내에서 모든 조합을 시도), 랜덤 서치(Random Search; 하이퍼 파라미터 값을 무작위로 선정해 시도) 등이 있다.

데이터 사이언티스트 및 데이터 엔지니어와 같은 전문 인력이 있는 조직에서 자동화 머신러닝 플랫폼 도입은 쉽지 않다. 왜냐하면 오픈소스를 활용해 자동화 과정을 직접 개발하거나, 머신러닝 과정 중 반복 작업 일부만 자동화 플랫폼을 사용하는 등 여러 대안이 있기 때문이다. 오픈소스로는 AutoML-Zero[17](2020년 구글 머신러닝 연구진이 스스로 진화하는 머신러닝 알고리즘 공개), Auto-Sklearn 2.0[18](scikit-learn 라이브러리를 기반으로 알고리즘 및 하이퍼 파라미터 튜닝 자동화), H2O AutoML[19](오픈소스 머신러닝 플랫폼사로 알고리즘 및 하이퍼 파라미터 튜닝 자동화), TPOP[20](Tree-based Pipeline Optimization Tool; 유전 알고리즘으로 머신러닝 파이프라인 최적화) 등이 있다. 물론 여러 종류의 기술을 시도하는 과정이나 코드를 개발하는 과정에서 추가로 시간과 비용이 든다. 하지만, 차후 자체 기

---

[17] Real, Esteban and Liang, Chen and So, David R and Le, Quoc V AutoML-Zero: Evolving Machine Learning Algorithms From Scratch, Proceedings of the 37th International Conference on Machine Learning, PMLR 119:8007-8019, 2020.
AutoML-Zero: https://github.com/google-research/google-research/tree/master/automl_zero

[18] Auto-Sklearn: https://github.com/automl/auto-sklearn

[19] H2O AutoML: https://docs.h2o.ai/h2o/latest-stable/h2o-docs/automl.html

[20] TPOP: https://github.com/EpistasisLab/tpot

술을 구축하면 각 프로젝트를 커스터마이징할 수 있으며, 코드를 작성하는 시간과 검토하는 시간을 줄일 수 있다. 특히 프로젝트 수가 많아지거나 참여 인원이 많아지게 되어 코드가 복잡해지면, 코드를 개발하는 과정에서 실수가 생기거나, 차후 코드를 리뷰하는 시간이 오래 걸리기도 하는데 자체 개발 코드를 일괄적으로 사용하면 이런 단점을 어느 정도 해소할 수 있다.

예를 들어, [상황 4-3] 조직에서 데이터 분석은 A(Analysis), 데이터 가공은 C(Cleaning), 피처 엔지니어링은 k-NN, 최적 모델 선택은 M(Modelling), 최적 하이퍼 파라미터 튜닝은 T(Hyperparameter Tuning)라는 파이썬 모듈을 자체 개발했다. 프로젝트 A는 자동화 머신러닝 플랫폼을 사용하고 프로젝트 B와 C는 자체 개발한 파이썬 모듈을 사용했다면 자동화된 업무를 〈그림 4-18〉처럼 표시할 수 있다. 업무 전체 중 자동화된 업무로 업무의 양이 줄어들었음을 알 수 있다.

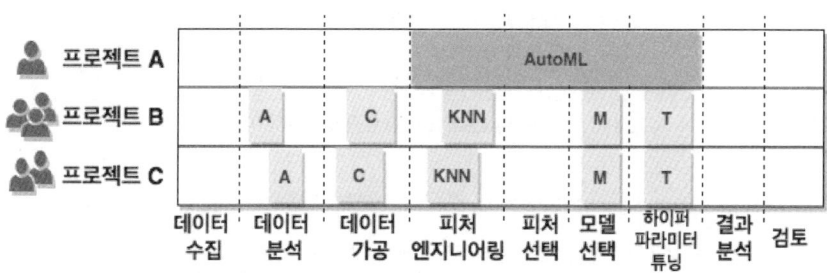

〈그림 4-18. 머신러닝 프로젝트 과정 - 업무 자동화〉

만약 자체적으로 자동화 기술을 개발할 필요 없이 프로젝트 A처럼 자동화 머신러닝 플랫폼을 사용하면 업무 시간을 줄일 수 있다. 하지만, 자동화 머신러닝 플랫폼을 사용할 경우, 더 많은 기능과 서비스가 추가될수록 비용 역시 올라간다. 예를 들어, [상황 4-3] 조직에서 주 업무에 AWS EC2[21] 주피터 노트북을 사용한다고 가정하자. 프로젝트 A의 경우 기본 과정은 EC2를, 자동화 부분은 AWS SageMaker[22]

---

[21] AWS EC2 요금: https://aws.amazon.com/ko/ec2/pricing/on-demand/
[22] AWS Sagemaker 요금: https://aws.amazon.com/ko/sagemaker/pricing/

를 사용한다고 했을 때, 같은 vCPU와 메모리를 사용한다면 SageMaker는 약 20% 정도 추가 비용이 발생한다. 따라서 업무 효율성을 높이기 위해 자동화를 이용할 경우, 어느 부분에서, 어떤 플랫폼 혹은 서비스로, 추가 비용이 얼마나 들어가는지를 고려해야 한다.

vCPU	메모리	SageMaker 인스턴스	SageMaker 요금	EC2 인스턴스	EC2 시간당 요금
2	8Gib	ml.m5.large	0.142	m5.large	0.118
4	16Gib	ml.m5.xlarge	0.283	m5.xlarge	0.236
8	32Gib	ml.m5.2xlarge	0.566	m5.2xlarge	0.472
16	64Gib	ml.m5.4xlarge	1.133	m5.4xlarge	0.944
32	128Gib	ml.m5.8xlarge	2.266	m5.8xlarge	1.888
48	192Gib	ml.m5.12xlarge	3.398	m5.12xlarge	2.832
64	256Gib	ml.m5.16xlarge	4.531	m5.16xlarge	3.776
96	384Gib	ml.m5.24xlarge	6.797	m5.24xlarge	5.664

〈표 4-4. AWS SageMaker & EC2 요금 비교(2021년 기준)〉

- SageMaker: SageMaker Studio 주피터 노트북 표준 인스턴스
- EC2: 온디맨드 요금으로 컴퓨팅 파워에 대해 비용 지불
- vCPU 개수: 지정된 인스턴스 유형에서 사용할 수 있는 기본 및 최대 vCPU 개수
- 시간당 비용 단위: USD, 아시아 태평양(서울) 리전(Region) 기준

[상황 4-3]의 스크레이핑 작업이나 주기적으로 예측 값을 제공하는 업무처럼 같은 작업을 반복할 경우 〈그림 4-19〉처럼 파이프라인을 구축할 수 있다. 먼저 스크레이핑 작업부터 살펴보자. 특정 시간이 되면 AWS 람다(Lambda, λ) 함수를 호출한다. 이 함수는 특정 웹 페이지를 스크레이핑하는 함수이며 이 함수가 오류 없이 잘 마쳤을 경우 데이터가 AWS S3 저장소에 저장되도록 한다. 머신러닝 모델 Y를 이용해 예측 값을 계산하는 경우, AWS S3에 데이터가 업로드되어 람다 함수를 호출

한다. 여기에서의 람다 함수는 필요한 데이터와 매개변수를 불러와 데이터를 변환 후 예측 값을 계산하며, 결괏값을 AWS S3에 저장한다.

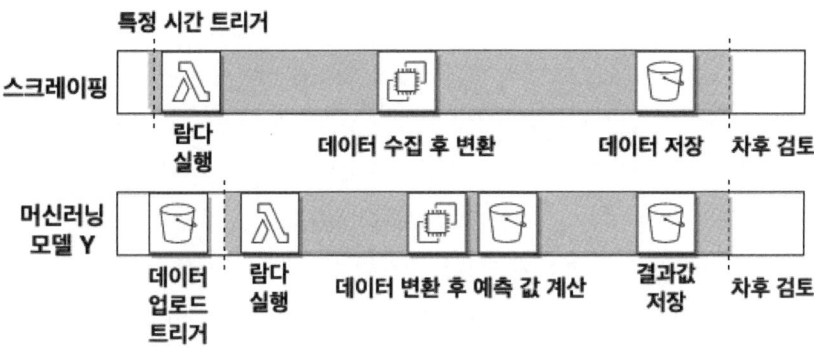

〈그림 4-19. 파이프라인〉

전체 업무 구간 중 회색 구간에서 클라우드 서비스를 통해 업무가 자동으로 진행되므로 사람의 개입이 적은 것을 알 수 있다. 파이프라인의 사용 목적은 반복적인 업무를 최소화하는 것이지만 파이프라인을 만들었다고 해서 문제없이 항상 잘 작동하는 것은 아니다. 메모리 이슈가 생기거나, 혹은 스크레이핑 업무에서 데이터를 수집할 웹사이트 구조가 바뀌거나, 머신러닝 모델에 사용되도록 데이터가 제대로 변환되지 않는 등 언제든 문제(에러)가 생길 수 있다. 파이프라인에서 문제가 생겼을 때, 데이터 사이언티스트는 이를 빨리 감지할 수 있어야 하며, 문제 원인을 해결하는 디버깅(Debugging) 작업이 수월하도록 문제 원인을 쉽게 파악할 수 있어야 한다. 예를 들어, 문제가 생길 수 있는 예상 구간에 미리 프린트(Print) 구문을 넣어 파이프라인이 잘 운영되는지 확인하는 코드의 알람(Alert)처럼 사용할 수 있다. 혹은 특정 구문(코드)을 시도해 문제가 발생하면 파이프라인을 멈추는 것이 아니라 다음 단계나 대안 코드를 실행하도록 하는 try / except 구문[23]을 활용하는 것도 방법이 될 수 있다.

---

[23] 파이썬 예외 처리 기능으로 try에는 기본으로 실행할 코드를 넣고 except에는 에러가 발생했을 경우 시행하는 코드를 넣어 에러가 발생해도 프로그램이 멈추지 않도록 함

만약 문제없이 파이프라인이 잘 운영되면 그걸로 충분한 걸까? 〈그림 4-19〉 머신러닝 모델 Y 파이프라인에서 문제없이 예측 값이 계산되어 저장된다고 가정해 보자. 그런데 예측 값을 계산하기 위해 얻은 데이터 중에서 특정 변수 값이 모델 Y를 훈련했을 때 사용된 훈련 데이터의 범위와 차이가 생기면, 모델 Y는 이 새로운 값으로 학습하지 않았으므로 예측 값에 대한 신뢰도가 떨어지게 된다. 따라서 새로운 값이 포함된 훈련 데이터로 머신러닝 모델 Y를 다시 만들어야 한다. 하지만, 파이프라인은 문제없이 잘 작동한다면 이런 문제를 인식하기 쉽지 않다. 문제없이 파이프라인이 잘 운영된다고 해서 파이프라인을 통해 얻은 최종 값 역시 문제없다고 오해하면 안 된다. 결괏값에 영향을 줄 만한 상황을 미리 파악해 이를 감지하면 사용자에게 알릴 수 있도록 모든 상황(시나리오)을 생각해 코드에 반영해야 한다.

5장

포트폴리오로 시작하기

Goal
Target
Plan
Timeline
issue

5.1 왜 포트폴리오일까?

공개 채용 방식이 점차 사라지고 경력자를 우대하는 상황에서 신입으로서 취업은 쉽지 않다. 학교 성적도 잘 받아야 하고, 비전공자는 데이터 사이언스와 관련된 공부도 해야 하고, 코딩 시험도 준비해야 하고, 공인 영어 시험 점수, 자격증, 경진 대회 참여, 포트폴리오 및 인턴십 등 해야 할 것이 많다.

그렇다면 이력서에 이 모든 과정과 좋은 결과물이 담겨 있어야 최종 합격할 수 있을까? 필자는 취업에 있어서 절대적인 정답은 없으며, 공개 채용 방식이 사라질수록 취업 성공 스토리는 더 다양해질 거라고 생각한다. 어떻게 해야 나만의 취업 성공 스토리를 만들 수 있을까? 먼저 경쟁률부터 따져 보자.

데이터 사이언티스트 신입 채용에 300명이 지원했다고 가정하자. 1차 서류 심사에 50명이 합격했고, 2차 코딩 시험은 10명이 합격했다. 3차 기술 면접은 4명이 합격했으며 4차 최종 면접에서 1명이 합격했다. 그렇다면 합격하기 위한 취업 경쟁률은 얼마로 봐야 할까? 300명 중 1명만 취업하므로 300:1로 봐야 할까?

필자가 생각하기에 진정한 취업 경쟁률은 2차 코딩 시험을 통과한 10명 중 최종 합격자 1명인 1:10 정도다. 서류 심사 통과 여부는 누가 내 이력서를 보는가에 따라 운도 필요하다. 하지만, 본인이 준비할 수 있는 선에서 취업 준비를 했음에도 불구하고 계속 서류에서 떨어진다면 '이력서에 있는 무언가가 잘못되었거나' 혹은 '맞지 않는 직무에 지원했거나'로 나눌 수 있다. 만약, 전자의 상황이라면 이력서의 잘못되거나 부족한 부분을 개선하고, 코딩 시험까지 통과할 수 있도록 준비해야 최종 합격을 기대할 수 있다. 왜냐하면 코딩 시험까지 통과한 10명에서의 최종 합격자 1명은 지원자끼리 비교될 수도 있는 상황이기에 능력이 뛰어나도 떨어질 수 있고, 반대로 실력이 부족하더라도 합격할 수도 있기 때문에 결국엔 '실력'과 '운' 모두 필요하다. '운'은 내가 조절할 수 없는 것이며, '실력'이 있다면 비록 지금 취업에서 떨어지더라도 언젠간 합격한다. 그러니 실력이 충분히 있었음에도 운이 좋지 않아 불합격했다면, 필요 이상으로 좌절하지 않았으면 하는 바람이다.

그렇다면 '실력'은 어떻게 드러낼 수 있을까? 코딩 시험까지 통과했다는 의미는 학교 성적, 공인 영어 시험 점수처럼 기본적인 사항에 이상이 없다고 해석할 수 있다. 따라서 실력은 면접관 질문에 대한 본인의 답변으로 판단될 수 있다. 면접관이 던지는 질문은 크게 두 종류다. 첫 번째는 업무 관련 전공 지식에 대한 질문이고 두 번째는 이력서를 보고 궁금한 점에 대한 질문이다. 첫 번째 질문은 지원자가 준비할 수 있는 범위가 넓지만, 두 번째는 이력서에 어떤 내용을 담을 것인가에 따라 실력을 드러낼 수 있다. 여기서의 어떤 내용이 바로 포트폴리오가 될 수 있다. 따라서 1차 서류 심사 합격을 목적으로 혹은 이력서에 한 줄 채울 목적으로 포트폴리오를 만드는 것이 아니라, 실력을 드러낼 수 있는 방법으로 만들어야 한다.

5.2 당신을 함정에 빠뜨릴 포트폴리오

처음부터 본인이 혹은 면접관이 만족할 만한 포트폴리오를 만들 수는 없다. 하지만 최종 합격이 목표라면, '면접관이 이 포트폴리오로 내 실력을 판단할 수 있을까?'와 같은 생각을 할 필요가 있다. 이 포트폴리오를 통해 실력을 드러낼 수 없다면, 또는 본인이 갖고 있는 실력을 깎아내린다면 오히려 독이 될 수 있다. 지원자를 함정에 빠뜨릴 포트폴리오 세 가지 유형을 소개한다.

5.2.1 누구나 다 아는 데이터

포트폴리오를 만들려면 우선 데이터부터 필요하다. 인공지능 관련 온라인 커뮤니티이자 경진 대회가 열리는 플랫폼인 캐글(https://www.kaggle.com/datasets)에서 데이터를 구할 수 있다. 데이터뿐 아니라 다른 사람들이 어떻게 분석하고 예측 모델을 만들었는지 코드를 볼 수 있기 때문에 포트폴리오를 처음 만든다면 이 웹사이트를 적극 추천한다. 하지만 캐글 웹사이트에서 제공하는 데이터 중 유명한 데이터는 사용하지 말자. 특히 타이타닉 데이터[1]가 그 예다. 캐글 웹사이트에서 이미 30,000팀이 참여한 유명한 문제로 타이타닉 배에 탑승했던 승객 정보(성별, 나이, 방 호수, 티켓 번호 등 총 9개 변수)를 이용해 살아남을 수 있는 승객을 예측하는 문제. 변수 개수가 적고 사이즈도 작기 때문에 입문자용이라 볼 수 있다. 면접관은 타이타닉 데이터로 '승객 정보에 따른 생존 여부'란 주제에 관심이 있는 것이 아니라, 지원자가 어떤 문제를 어떻게 해결했는지 관심이 있다. 따라서 입문자 정도의 데이터로 특별한 문제 제기 없이 모델링을 했다면 면접관은 지원자를 입문

---

[1] https://www.kaggle.com/c/titanic/data

자 정도의 실력으로 판단할 수밖에 없으며, 지원자는 다른 지원자에 비해 경쟁력이 떨어질 수밖에 없다.

〈그림 5-1. 캐글 사이트의 타이타닉 데이터〉

이밖에도 붓꽃 3가지 종을 분류하는 IRIS 데이터,[2] 손글씨의 숫자를 인식하는 MNIST(Modified National Institute of Standards and Technology) 데이터[3] 등 학교 수업, 유튜브, 블로그 등 온라인에서 쉽게 볼 수 있는 데이터는 포트폴리오 대신 개인 학습용으로 활용하길 권한다.

5.2.2 복사 & 붙여넣기 식의 포트폴리오

캐글 웹사이트나 혹은 구글 검색만으로도 데이터 분석 및 모델링과 관련한 프로그래밍 코드를 쉽게 찾을 수 있다. 그런데 누군가 했던 분석과 모델링 내용이 제3자의 포트폴리오에 있다면 면접관은 어떤 생각을 할까? 필자가 면접관으로 있을 때, 캐글 웹사이트에 나온 분석/모델링 내용을 그대로 복사 및 붙여넣기로 포트폴리오로 제출하는 지원자를 종종 보곤 했다. 어떤 지원자는 처음부터 결론 및 내용까지 그대로 복사한 경우도 있었다. 이미 많은 자료가 있으니 이 정도는 복사해도 괜찮지 않을까란 생각을 할 수 있지만, 그 지원자가 간과했던 점은 본인이 봤던 내용

---

[2] https://www.kaggle.com/arshid/iris-flower-dataset
[3] https://www.kaggle.com/c/digit-recognizer

은 면접관도 이미 봤을 확률이 높다는 점이다. 포트폴리오뿐 아니라, 어떤 지원자는 블로그에 논문의 서론만 복사해 올려놓았다. 물론 논문을 찾고 개인 블로그에 붙여넣기를 한 것을 일종의 성실성으로 지원자를 이해할 수 있지만 논문을 이용해 개인 프로젝트에 활용해 포트폴리오를 만들었다면 더 경쟁력 있는 지원자로 최종 합격할 확률도 높을 것이다.

포트폴리오가 취업에 있어서 꼭 정답은 아니지만 개인 학습 용도로 정리한 자료 모음이나 참고 자료는 포트폴리오가 아니라는 점을 기억하자.

5.2.3 양 vs. 질: 양을 선택한 포트폴리오

다양한 주제로 여러 개의 프로젝트를 하다 보면 이 모든 것을 이력서에 담고 싶은 욕심이 생길 수 있다. 물론 개인 블로그나 웹사이트 혹은 깃허브(Github; 프로젝트를 지원하는 웹호스팅 서비스)에 여러 가지 주제의 글이나 혹은 많은 양의 코딩을 게재하는 것은 괜찮다. 하지만, 이력서에 혹은 이력서와 함께 첨부 파일로 포트폴리오를 제출할 경우 많은 양은 바람직하지 않다.

한 사람을 채용하기까지 면접관은 업무 이외에 이력서도 봐야 하고 코딩 결과도 검토하고, 면접 시간 그리고 면접 후 자체 회의 등 많은 시간을 할애한다. 따라서 면접관은 이력서에 할애할 수 있는 시간이 길지 않은데, 이 시간 안에 포트폴리오 내용까지 확인하기 쉽지 않다. 그런데 긴 내용의 포트폴리오에 요약본이 없거나 프로그래밍 코드가 필요 이상 복잡하거나 지저분하다면 면접관이 읽지 않을 확률이 높다. 또 다른 문제는 너무 많은 내용으로 지원자 역시 자신의 포트폴리오를 제대로 기억하기 힘들다는 점이다. 면접관이 이력서나 포트폴리오에 나와 있는 내용을 질문할 때, 지원자가 제대로 답변을 못하면 당연히 신뢰도가 떨어질 수밖에 없다. 적어도 본인이 제출한 포트폴리오만큼은 어떤 질문에서도 정확한 답변을 해야 한다.

포트폴리오는 개인 웹사이트나 블로그와 달리 이제까지 얼마나, 어떻게 공부했는지 보여주는 것보다 실력을 잘 드러낼 수 있도록 정리해야 한다. 다시 말해, 10명의 지원자 중 최종 한 명이 될 수 있도록 도와주는 포트폴리오를 만들어야 한다. 다음 장에서 몇 가지 방법을 소개한다.

5.3 포트폴리오 예시

<그림 5-2>처럼 프로젝트를 구성하는 요소를 크게 6가지 단계로 나눌 수 있다. 먼저, 주제가 있어야 한다. 분류 및 회귀 문제일 수 있고 혹은 어떤 문제점을 제시할 수도 있다. 이 주제 혹은 문제점을 해결할 데이터가 있어야 하는데, 물론 데이터를 먼저 찾은 후 주제나 문제점을 제시할 수도 있다.

그 후 해결 과정을 거쳐 결괏값을 얻는다. 이 과정을 블로그나 개인 웹사이트 등 플랫폼에 게시하거나 혹은 이력서와 함께 제출할 수 있도록 문서화 작업이 필요하다. 그 후 필요에 따라 개인 프로젝트를 재검토하는 과정이 필요하다. 단계별로 중요한 특징을 살펴보자.

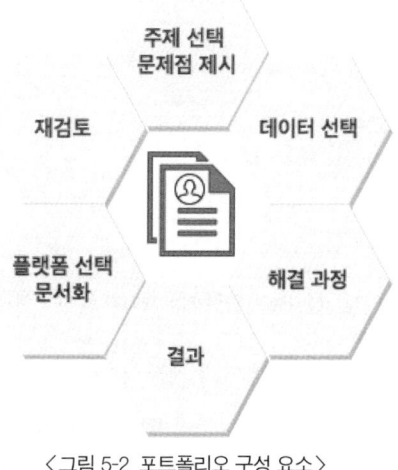

〈그림 5-2. 포트폴리오 구성 요소〉

5.3.1 주제 찾기 & 문제점 제시

어떤 주제를 선택할지 모르겠다면 지원하고자 하는 회사가 현재 하고 있을 만한 프로젝트 주제부터 찾아보자. 예를 들어, 유통 회사에 지원하고 싶다면 캐글 사이트에서 'retail'이란 단어를 검색해 볼 수 있으며, 〈그림 5-3〉처럼 791개 검색 결과를 얻을 수 있다. 모든 검색 결과가 'retail'과 상관있는 것은 아니지만, 어떤 주제로 어떤 종류의 데이터가 있는지 쉽게 찾을 수 있다. 참고로 프로젝트를 하지 않더라도 다양한 종류의 데이터를 접하는 것이 중요하다. 왜냐하면 데이터를 이해하면 산업을 이해할 수 있고, 산업을 이해하면 결국 프로젝트 주제나 문제점을 찾는 데에 도움이 되기 때문이다.

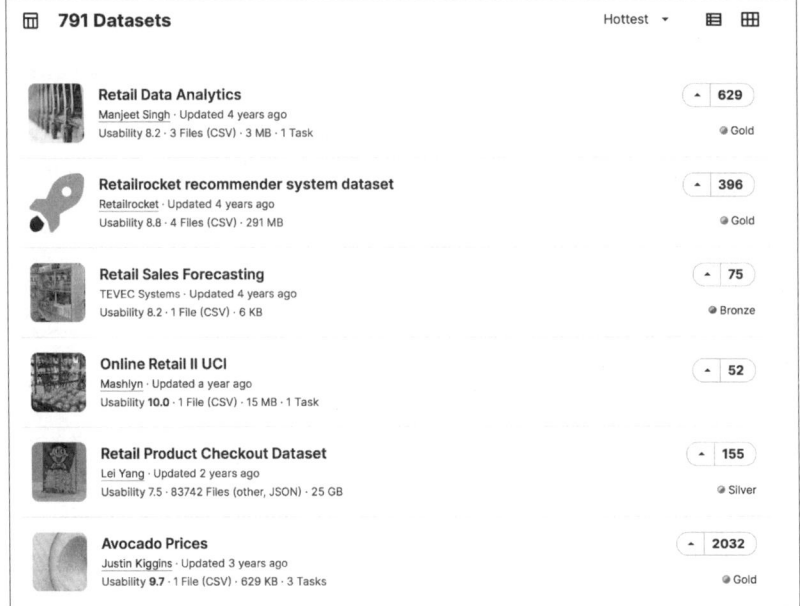

〈그림 5-3. Retail 관련 캐글 데이터 셋 검색 결과〉

검색해 보니 판매 데이터와 관련해 특정 제품의 가격이나 재고를 예측하는 주제가 많았다. 프로젝트를 처음 시작하는 입문자라면, '특정 제품 가격 예측'이란 회귀 유형의 문제로 주제를 정할 수 있다. 그런데 이 회귀 문제에서도 모수적 모델과 비모수적 모델이 얼마나 다른지를 분석하는 주제를 선택할 수 있다. 이 주제로 두 모델 사이에서 성능은 얼마나 차이나는지, 모델마다 어떤 피처가 중요한 역할을 했는지 비교하는 내용의 프로젝트를 진행할 수 있다.

또한, 현재 상황을 반영해 관심 있는 업계에서 어떤 프로젝트를 진행하면 좋을지 생각해 볼 수도 있다. 예를 들어, 코로나 바이러스로 인해 온라인 장보기의 수요가 늘어나고 있다. 고객이 어떤 물건을, 어느 정도의 주기로 구매하는지 등의 구매 데이터를 바탕으로 고객별로 어떤 제품을 추천하면 좋을지와 같은 '추천 시스템(Recommendation System)' 주제를 선택할 수 있다. 추천 시스템을 사용하는 대표적인 회사는 넷플릭스, 유튜브, 스포티파이(뮤직 플랫폼) 등이 있으며, 방대한 데이터 중 사용자가 좋아할 만한 아이템/콘텐츠를 제공할 수 있는 환경이면 추천 알고리즘을 사용할 수 있다. 기본적인 추천 알고리즘은 콘텐츠 기반 필터링(Content Based Filtering)과 협업 필터링(Collaborative Filtering)이 대표적이다. 여기서 필터링이란 여러 아이템 중 특정 아이템을 선택하는 것을 말한다. 콘텐츠 기반 필터링은 사용자가 특정 아이템을 선호하면 그 아이템과 비슷한 특성을 가진 다른 아이템을 추천하는 방식이다. 협업 필터링은 기존 사용자의 행동 정보를 분석한 것을 바탕으로 해당 사용자와 비슷한 기존 사용자를 찾아 이들이 좋아했던 아이템을 추천하는 방식이다. 협업 필터링에서 사용자와 아이템 간의 상호 작용을 추출하는 방법으로 행렬 분해(Matrix Factorization)를 사용하는데 사용자와 아이템 수가 늘어날수록 관계가 복잡해지고 계산 과정이 오래 걸린다는 단점이 있다. 이를 보완하기 위해 딥러닝 뉴럴 네트워크를 이용한 뉴럴 네트워크 필터링(Neural Collaborative Filtering)도 있다. 이처럼 여러 방법의 추천 시스템을 비교하는 주제로 프로젝트를 진행할 수 있다.

이 밖에도 프로젝트 주제가 지도 학습, 비지도 학습을 이용해 어떤 예측 값을 계산하는 내용일 필요는 없다. 데이터를 처리하고 분석하는 것 역시 훌륭한 주제다. 예를 들어, 어떤 물건을 구매했는지에 관한 고객 데이터가 있다고 가정해 보자. 한 사람이 여러 번에 걸쳐 다양한 제품을 구매한 경우 다양하게 분석할 수 있다. 비슷한 특징을 가진 고객이 어떤 제품을 구매했는지 분석해 보거나, 특정 제품을 기준으로 어떤 고객층이 구매했는지 분석하거나, 특정 고객과 특정 제품의 유사성을 계산해 보거나 혹은 날짜나 구매 시간이 있다면 시간대/시기별로 어떤 구매 특징이 있는지 분석할 수 있다.

앞서 소개한 예시뿐 아니라 관심 있는 산업에서 머신러닝/딥러닝과 관련한 최신 논문은 무엇이 있는지 검색해 보는 것을 추천한다. 어떤 주제가 있는지, 기존 알고리즘에 어떤 문제점이 있고 어떤 점을 보완해야 하는지를 이해한다면 보다 넓은 시야를 갖게 된다. 이런 방법으로 주제를 정하면 여기에 맞는 데이터를 선택해야 한다. 물론 데이터를 선택한 뒤 주제를 정해도 무방하다.

5.3.2 데이터

쉽게 데이터를 얻을 수 있는 곳으로 캐글과 UCI Machine Learning Repository[4] 사이트를 꼽을 수 있다. UCI Repository는 현재까지 585개 데이터가 있으며, 관심 있는 주제 데이터를 쉽게 찾을 수 있으며 데이터마다 관련 논문까지 소개되어 있다.

이 밖에도 공공 데이터(Open Data)를 이용할 수 있다. 공공 데이터를 쉽게 접할 수 있는 사이트로는 각 나라 정부에서 제공하는 공공기관 사이트나 국제 기구 사이트가 있다.

- 공공데이터포털: https://www.data.go.kr
- 국가공간정보포털: http://www.nsdi.go.kr
- 국가통계포털: https://kosis.kr
- 서울 열린데이터 광장: https://data.seoul.go.kr/
- 미국 정부: https://www.data.gov

---

[4] https://archive.ics.uci.edu/ml/index.php

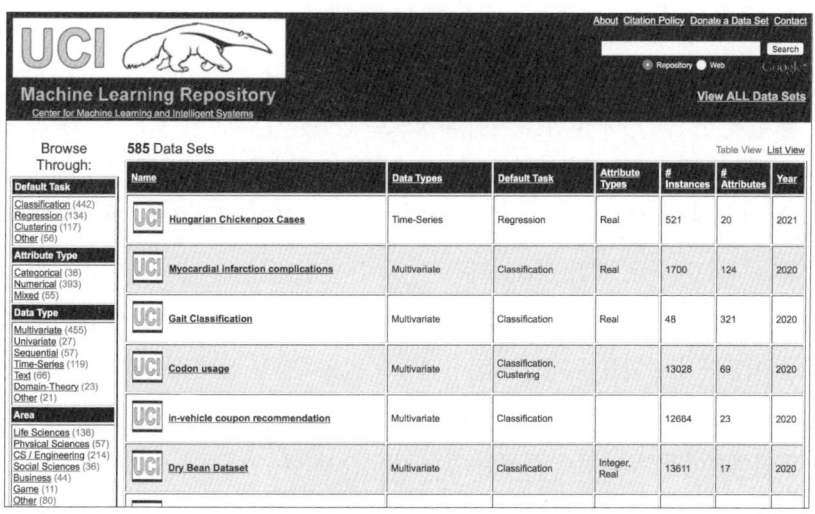

〈그림 5-4. UCI Machine Learning Repository 데이터 셋〉

- 영국 정부: https://data.gov.uk
- World Bank Open Data: https://data.worldbank.org
- International Monetary Fund: https://www.imf.org/en/Data
- United Nations Children's Fund: https://data.unicef.org/resources/resource-type/
- World Health Organization: https://www.who.int/data/collections

그 외 참고할 만한 대표적인 사이트는 다음과 같다.

- 아마존 웹서비스 공공 데이터: https://registry.opendata.aws/
- 구글 클라우드 공공 데이터: https://cloud.google.com/public-datasets
- 미국 온라인 커뮤니티 레딧 사이트 제공 데이터: https://www.reddit.com/r/datasets/
- 논문 및 리서치에 사용된 데이터 모음 사이트: https://academictorrents.com/

이 밖에도 공공 데이터는 많은데 관심 있는 분야의 단어와 'open data'란 단어를 함께 검색해 데이터를 찾을 수 있다. 그리고 데이터를 사용할 때 출처를 꼭 기록해 두자.

5.3.3 해결 과정

주제와 데이터를 정하면 이를 어떤 과정으로 진행할지 큰 흐름부터 생각해 볼 필요가 있다. 예측 값을 계산하는 유형이라면, 어느 피처 위주로 어떻게 분석하면 좋을지, 피처 엔지니어링이 필요한지, 훈련 데이터와 시험 데이터를 어떻게 나누면 좋을지, 알고리즘은 어떤 것을 사용할지 등 큰 틀을 생각한 뒤 항목별로 어떤 과정을 거쳤는지 기록해 두자. 만약, 실험 과정으로 해결해야 할 문제라면 가설 검정을 이용하거나 확률에 기반한 의사결정이 필요하다면 몬테 카를로 시뮬레이션(Monte Carlo Simulation)과 같은 시뮬레이션 방법을 이용할 수 있다. 몬테 카를로 시뮬레이션이란, 무작위로 생성된 입력 값을 모델(함수)에 대입해 결괏값을 얻는 과정을 충분히 반복하여, 입력 값이 불확실하더라도 모델이 어떤 분포를 갖는가를 연구하는 데에 쓰이는 기법이다.

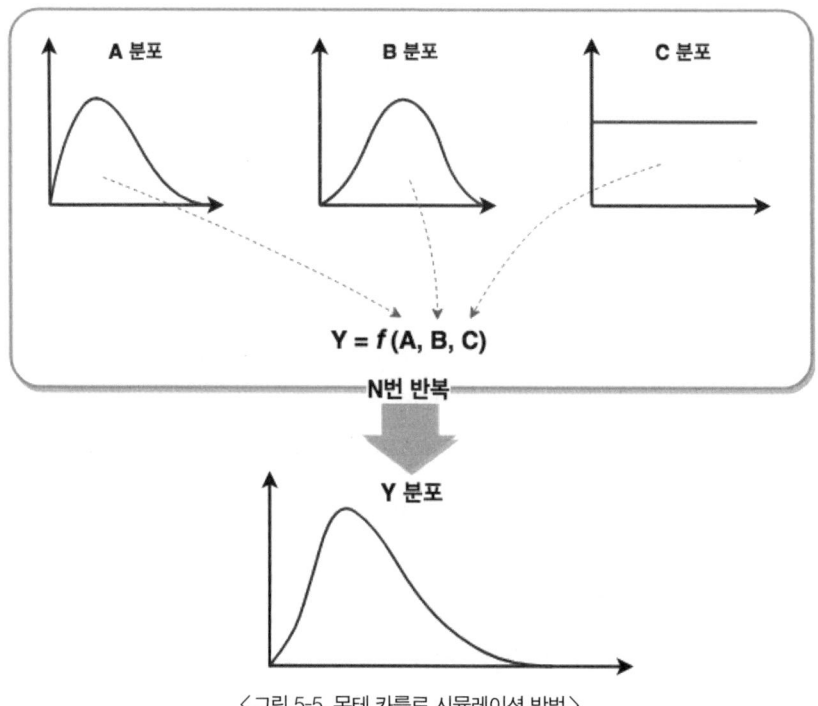

〈그림 5-5. 몬테 카를로 시뮬레이션 방법〉

예를 들어, <그림 5-5> $Y=f(A,B,C)$에서 A, B, C의 변수를 함수(모델)에 입력했을 때 Y를 계산할 수 있다. 그런데 각 변수가 어떤 값을 갖는지 불확실성 때문에 알 수 없다면 Y 역시 어떤 값을 갖는지 이해하기 힘들다. 이때, 변수마다 특정 분포를 가질 경우, 이 분포를 따르는 무작위 수를 임의로 만들어 이 값을 함수에 대입하여 Y를 계산한다. 이 과정을 충분히 반복하면(N번 무작위 입력 값을 만들어 N개의 Y 값을 얻음) Y에 대한 값을 확률 분포로 얻을 수 있다. 각 분포 그래프에서 x축은 해당 변수의 값이며 y축은 확률 밀도를 뜻한다. 입력 값이 불확실하더라도 시뮬레이션을 통해 Y가 어떤 값을 가질지 확률을 계산할 수 있어, 확률에 기반한 의사결정이 필요한 분야인 금융 시나리오 분석, 사업 리스크 분석, 품질관리 분석에서 사용된다.

이처럼 주제에 따라 어떤 과정이 필요한지 큰 그림으로 점검함으로써, 본인이 제안한 과정에 문제점은 없는지, 실험 설계는 올바른지, 비교 대상은 정확한지, 해결 과정을 수식으로 표현할 수 있는지 등을 생각해 볼 수 있다. 만약, 이 과정이 어렵다면 비슷한 주제의 논문을 찾아 논문은 어떤 방법을 사용했는지 참고해 볼 수 있다. 이렇게 큰 흐름을 정했다면 이제 프로그래밍 언어로 구현해야 한다.

프로그래밍 언어는 말 그대로 "언어"다. 같은 주제라 할지라도 가독성이 높고 쉽게 읽히는 글이 있는 반면, 가독성이 낮고 이해하기 힘든 글이 있다. 프로그래밍 언어도 마찬가지다. 만약 <그림 5-6> 왼쪽의 이미지처럼 1,000줄에 걸쳐 코드를 입력해 결괏값을 얻었다면, 결괏값이 어떤지를 떠나 스크립트의 가독성은 굉장히 떨어진다. 따라서 중간 이미지처럼 필요한 부분은 미리 함수로 만든 뒤, 이 함수를 이용해 코드를 작성할 수 있다. 함수를 만들 때마다 입력 값과 출력 값이 어떤지 설명도 넣다 보니 분량이 1,020줄 정도지만, 줄의 코드를 이해하는 것보다 함수를 이해하는 것이 더 쉽기 때문에 가독성을 높일 수 있다. 문제는 여전히 많은 양의 코드가 스크립트 안에 있다는 점이다. 이럴 때에는 오른쪽 그림처럼 파이썬 파일 하나에 필요한 함수를 저장한 후, 이 파일(패키지 혹은 모듈이라 함)을 불러서 사용할 수 있다. Models.py에는 해결 과정에 필요한 함수를 저장했다. 다른 스크립트에 import Models as md를 사용하면 md라는 이름으로 Models란 모듈 안에 있는 함수를 사용할 수 있다. 따라서 새 스크립트는 더 간결하게 작성할 수 있다.

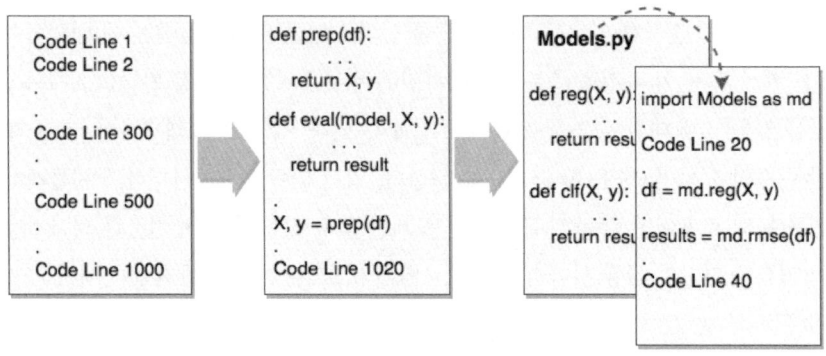

〈그림 5-6. 프로그래밍 언어 가독성 높이기〉

가독성을 높이는 또 다른 방법으로 일관성 있는 코드 작성을 꼽을 수 있다. 파이썬 코드를 어떻게 작성할지에 대한 파이썬 개선 제안(Python Enhancement Proposal) PEP8 가이드라인 스타일을 참고하자. 예를 들어, PEP8에서 한 줄의 최대 문자 길이를 79자로 권장한다. 아래 PEP8에서 제공한 예시처럼 파일을 불러올 때 파일이 저장된 경로가 길어 많은 문자가 필요한 경우 백슬래시(\)를 이용해 줄바꿈을 한다. 물론 절대적으로 지켜야 할 규칙은 아니지만 폭을 제한하지 않으면 스크롤바로 인해 코드를 한눈에 보기 힘들어 가독성이 떨어진다. 또한, 자동으로 줄이 바뀔 경우 구조에 맞춰 줄바꿈이 되지 않기 때문에 백슬래시를 이용해 가독성을 높이도록 한다. 주피터 노트북으로 코드를 작성할 경우 PEP8 스타일을 자동으로 바꿔 주는 기능, 한 줄의 최대 문자 길이가 어디까지인지 표시하는 줄자 기능을 이용할 수 있다. 이 방법은 〈부록1.2 주피터 노트북 환경 설정하기〉를 참고하자.

```
with open('/path/to/some/file/you/want/to/read') as file_1, \
    open('/path/to/some/file/being/written', 'w') as file_2:
    file_2.write(file_1.read())
```

출처: https://www.python.org/dev/peps/pep-0008/

5.3.4 결과

해결 과정을 코드로 구현해 결괏값을 얻었다면 이제 어떻게 정리할지 방법을 생각해야 한다. 회귀 또는 분류 문제인 경우, 예측 모델을 평가하는 지표를 사용할 수 있다. 가설 검정을 했다면 검정 통계량과 임계치를 비교해 결론을 내린다. 시뮬레이션을 이용했다면 <그림 5-5>처럼 함수 값(Y)의 분포로 시각화할 수 있다. 여기서 회귀/분류 문제에서 사용되는 모델 평가 지표를 소개한다.

회귀 및 분류 문제인 경우 예측 모델을 어떤 기준으로 평가했는지가 중요하다. 아래 식마다 y는 실제 값을 말하며 $\hat{y}$은 모델의 예측 값을 말한다. 실제 값에서 예측 값을 뺀 값을 오차($y_i - \hat{y}_i$, 혹은 잔차)라 하며, 오차가 작을수록 회귀 성능이 좋다고 판단할 수 있다.

5.3.4.1 회귀 문제

- 평균 절대 오차, Mean Absolute Error(MAE): 오차의 절댓값에 평균을 낸 값
  - $MAE = \frac{1}{n}\sum_{i=1}^{n}|y_i - \hat{y}_i|$
  - MAE 단위는 예측 변수의 단위와 같다. 예를 들어, 기온을 예측하는 모델일 경우 MAE 값이 섭씨 1도가 나왔다면, 이 예측 모델은 평균적으로 섭씨 1도 정도 오차가 있다는 것을 의미한다.

- 평균 제곱 오차, Mean Square Error(MSE): 오차를 제곱해 평균을 낸 값
  - $MSE = \frac{1}{n}\sum_{i=1}^{n}(y_i - \hat{y}_i)^2$
  - 오차 제곱으로 이상치에 민감하다.
  - 오차 제곱으로 MSE 단위는 예측 변수의 단위와 다르다.

■ Root Mean Square Error(RMSE): MSE 값에 루트를 씌운 값

- $RMSE = \sqrt{\frac{1}{n}\sum_{i=1}^{n}(y_i - \hat{y}_i)^2}$
- RMSE 단위는 예측 변수의 단위가 같다.

■ Mean Absolute Percentage Error(MAPE): MAE를 비율로 계산

- $MAPE = \frac{1}{n}\sum_{i=1}^{n}\frac{|y_i - \hat{y}_i|}{y_i}$
- 값을 퍼센티지로 나타낼 경우 100을 곱한다.
- y값을 나눴기 때문에 이상치에 민감하게 반응하지 않는다.
- 값이 비율이므로 여러 개의 예측 모델끼리 성능 비교가 가능하다.
- y가 0인 경우 에러(Zero-Division Error)가 발생하므로, y값에 0이 포함된 경우, 0이 포함되지 않도록 구간($y>0, y<0$)별로 계산해야 한다.

■ Root Mean Squared Log Error(RMSLE)

- $RMSLE = \sqrt{\frac{1}{n}\sum_{i=1}^{n}(log(y_i + 1) - log(\hat{y}_i + 1))^2}$
- 실제 혹은 예측 값이 0일 때 로그를 취하면 마이너스 무한대를 가지므로 각 값에 1을 더한 후 로그를 씌웠다.
- $log(y_i + 1) - log(\hat{y}_i + 1) = log\frac{y_i+1}{\hat{y}_i+1}$라는 로그 특성으로 예측 값과 실제 값의 상대적인 오차를 측정할 수 있다(아래 내용 참고).

MAE vs. MSE

오차의 절댓값(이하 MAE)과 오차의 제곱값(이하 MSE) 둘 중에서, 둘 중 어느 지표를 사용해야 할까? 여기서 오차를 X라 할 경우 절댓값과 제곱값의 차이를 다음 그래프처럼 표현할 수 있다.

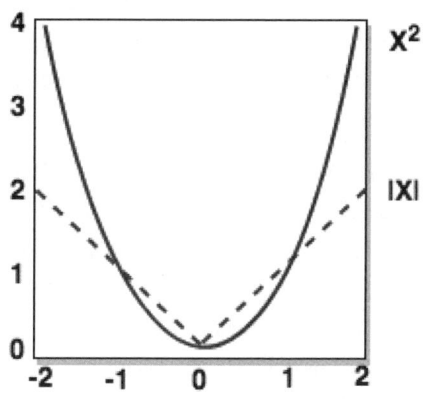

〈그림 5-7. 오차의 절댓값과 오차의 제곱값 그래프〉

오차의 절댓값과 제곱값 모두 양수이며, 절댓값은 오차와 선형 관계로, 제곱값은 2차 함수(곡선 형태) 관계로 나타난다. 즉, 오차와 MAE는 선형 관계로 오차가 커지는 만큼 선형 관계로 MAE값이 나타난다. 반면, 오차와 MSE는 제곱 관계로 오차가 커지면 그 제곱만큼 MSE값을 얻는다. MSE를 사용할 경우, 대부분의 예측 값이 실제 값과 가까워서 예측 모델 성능이 뛰어나다 할지라도 이상치 하나 때문에 이 오차의 제곱으로 MSE값이 굉장히 커질 수 있다. 따라서 MSE를 사용할 경우, 예측 모델에서 이상치의 유무가 중요하다. MAE와 MSE 값을 비교하면서 실제 값에 이상치가 있는지 확인하기도 한다. 또한, MSE를 사용할 경우 이때 단위가 예측 변수(타깃)의 단위와 다르기 때문에 루트를 씌운 RMSE를 사용한다. 두 지표는 절댓값과 제곱으로 음수 역시 양수로 나타나기 때문에 예측 모델이 과대 평가(Over Estimate)하는지, 과소 평가(Under Estimate)하는지 알 수 없다.

RMSE vs. RMSLE

두 지표의 대표적인 차이점은 RMSE는 절대적인 오차이며, RMSLE는 로그 값으로 인해 상대적인 오차라는 점이다. 예를 들어, 실제 값이 10이고 예측 값이 9인 경우와, 실제 값이 1000이고 예측 값이 900인 경우를 생각해 보자. RMSLE는 차례대로 $ln\frac{10}{9}$, $ln\frac{1000}{900}$ 로(실제 및 예측 값이 0이 아니므로 로그에 1을 더하지 않음) 두 RMSLE 값은 같다. 하지만, RMSE는 차례대로 1과 100이므로 다른 값을 갖는다. 따라서 실제 값의 단위가 클 때, RMSE는 절대적인 오차로 RMSE 역시 큰 값을 갖지만, RMSLE는 실제 값과 예측 값의 상대적인 오차를 계산하므로 넓은 범위나 스케일의 영향을 덜 받는다.

또 다른 예로, RMSE는 실제와 예측의 차이에서 제곱을 했기 때문에 오차가 양수로 변환되었으므로 예측 모델이 과대 평가(Over estimation)했는지, 과소 평가(Under estimation)했는지 알 수 없다. 다시 말해, 실제 값이 100이고 예측 값이 90인 경우와 110인 RMSE값은 둘 다 10을 갖는다. 반면 RMSLE는 실제/예측 비율을 계산하므로 분모인 예측 값이 실제보다 작은 경우($\sqrt{\left(ln\frac{100}{110}\right)^2} = 0.095$), 큰 경우($\sqrt{\left(ln\frac{100}{90}\right)^2} = 0.105$)에 따라 그 값이 달라진다. 예측 모델 중, 배달 시간을 예측하거나 부동산을 감정 평가하는 등 예측 모델이 과대 평가하는지 과소 평가하는지를 파악해야 할 경우 RMSLE를 참고할 수 있다.

5.3.4.2 분류 문제

여기서 분류는 Positive(1로 표현; 다른 그룹에 비해 개수가 적은 경우)와 Negative(0으로 표현; 다른 그룹에 비해 개수가 많은 경우)이며, 실제 값과 예측 값은 다음처럼 오차 행렬(Confusion Matrix)로 비교할 수 있다. 오차 행렬에서 T는 True, F는 False, P는 Positive, N은 Negative를 뜻한다.

		실제 값	
		Positive (1)	Negative (0)
예측 값	Positive (1)	TP	FP
	Negative (0)	FN	TN

〈표 5-1. 오차 행렬〉

- True Positives (TP): 예측 모델이 실제 모델과 맞게(True) Positive로 예측
- True Negatives (TN): 예측 모델이 실제 모델과 맞게(True) Negative로 예측
- False Positives (FP): 예측 모델이 실제 모델과 다르게(False) Positive로 예측
- False Negatives (FN): 예측 모델이 실제 모델과 다르게(False) Negative로 예측
  - TP, TN, FP, FN에서 Positive와 Negative의 기준은 예측 값이다.

TP, TN, FP, FN의 상황이 몇 개인지 센(Count) 후, 다음 지표로 예측 모델을 평가한다.

- 정확도, Accuracy
  - 전체 중 예측 모델이 맞게(True) 분류한 비율
  - $\dfrac{TP+TN}{TP+TN+FP+FN}$

		실제 값	
		Positive (1)	Negative (0)
예측 값	Positive (1)	**TP**	FP
	Negative (0)	FN	**TN**

- 정밀도, Precision
  - 예측 모델이 Positive라 분류한 것 중, 실제 값 역시 Positive인 비율
  - $\dfrac{TP}{TP+FP}$

		실제 값	
		Positive (1)	Negative (0)
예측 값	Positive (1)	**TP**	**FP**
	Negative (0)	FN	TN

- 재현율, Recall, Sensitivity, True Positive Rate
  - 실제 값이 Positive인 경우, 예측 모델이 Positive라 분류한 비율
  - $\dfrac{TP}{TP+FN}$

		실제 값	
		Positive (1)	Negative (0)
예측 값	Positive (1)	*TP*	FP
	Negative (0)	FN	TN

- F1 Score
  - 정밀도와 재현율의 조화평균
  - $\dfrac{2 \cdot Precision \cdot Recall}{Precision + Recall}$

		실제 값	
		Positive (1)	Negative (0)
예측 값	Positive (1)	TP	FP
	Negative (0)	FN	TN

- ROC curve / AUC

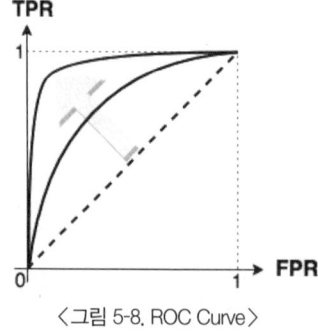

〈그림 5-8. ROC Curve〉

- 예측 값은 확률로 계산되는데(Positive일 확률), 확률 범위 중 어느 기준(임계값, Threshold) 이상으로 Positive로 분류할 것인지에 따라 오차 행렬과 그에 따른 앞서 살펴본 지표 값이 달라짐.
- ROC(Receiver Operating Characteristic) Curve는 모든 임계값에서 모델 분류 성능을 측정한 그래프며, 여러 모델을 비교할 때 그래프가 좌측 상단에 붙을수록 성능이 뛰어난 모델을 의미함
- X축은 False Positive Rate, Y축은 True Positive Rate로 결국 두 축 모두 예측 모델이 Positive로 분류했으나, 잘못 분류한 것과 맞게 분류한 것을 의미
- AUC(Area Under the Curve)는 ROC Curve 아래 넓이로 1에 가까울수록 모델 성능이 뛰어남을 뜻함

정밀도 vs. 재현율

계산 과정에서 두 지표 모두 분자는 TP(실제 값이 Positive)이지만, 정밀도의 분모는 TP + FP, 재현율의 분모는 TP+FN다. FP와 FN는 예측 모델이 잘못된 결정을 내린 것으로 FP는 Positive라 잘못 분류하였고, FN는 Negative라 잘못 분류했다. FP와 FN의 숫자에 따라 정밀도와 재현율 값이 달라지는데, 어느 상황의 숫자가 많은 것이 더 최악의 상황일까?

이메일이 스팸 이메일로 판단되면 스팸 보관함에 저장된다고 생각해 보자. 정상 이메일이 스팸 이메일(Positive; 스팸 이메일 수가 더 적으므로 positive로 표기)로 잘못 분류되어 스팸 보관함에 정상 이메일이 저장되는 FP인 상황이 있다. 또한, 스팸 이메일이 정상 이메일(Negative)로 잘못 분류되어 정상 이메일 보관함에 스팸 이메일이 저장되는 FN인 상황이 있다. 정상 이메일이 중요한 이메일인데 스팸 보관함에 저장되어 이를 확인하지 못하는 경우(FP)가 더 좋지 않다. 따라서 FP의 숫자가 높을수록 예측 모델 성능이 떨어지므로 FP를 고려하는 정밀도를 살펴봐야 한다.

치료 부작용은 적지만 초기 치료가 중요한 병을 진단할 경우, 실제 병에 걸린 환자에게 아니라고(Negative; 정상 판정 숫자가 많으므로 negative라 표기) 진단(예측)하는 FN의 상황이 FP의 상황보다 더 최악이다. 따라서 FN의 숫자가 높을수록 예측 모델 성능이 떨어지므로 FN를 고려하는 재현율을 살펴봐야 한다.

정확도 vs. F1 Score

두 개 그룹(클래스)으로 나누는 분류 모델에서 다수를 차지하는 그룹을 Negative(0)로, 소수를 차지하는 그룹을 Positive(1)로 설정한다. 타깃에서 두 그룹의 비율이 비슷하면 클래스 간의 균형이 있다고 말하고, Positive에 해당하는 그룹 수가 Negative에 해당하는 그룹보다 훨씬 적은 경우 데이터가 불균형(Imbalance)하다고 말한다. <정밀도 vs 재현율>에서 언급한 예시 역시 불균형 분류 문제에 해당한다. 이 외에도 신용 카드 사기 거래 감지(Fraud Detection), 고객 이탈(서비스 해지 등) 여부(Churn Prediction), 온라인 광고를 보고 반응(클릭, 제품 구매 등)할지 예측(Conversion Prediction) 등 분류 문제에 데이터 불균형인 경우가 많다.

데이터의 불균형이 아주 심한 경우 가장 큰 문제점은 훈련 데이터에서 Positive에 해당하는 관측치 수가 너무 적어, Positive에 대한 상황을 제대로 학습하지 못한다는 점을 꼽을 수 있다. 이때, 예측 모델이 Positive라 예측하는 경우가 굉장히 드물기 때문에 TP(실제 Positive 케이스를 맞게 예측)나 FP(실제 Negative지만 Positive로 예측)의 값이 때론 0이 될 수도 있다. 이처럼 TP나 FP의 값이 0이면 정밀도나 재현율 값이 1 혹은 0으로 나오게 되는데, 이럴 경우 훈련 데이터에 Positive에 대한 케이스가 제대로 훈련되지 않았음을 의미한다.

따라서 데이터를 훈련 데이터와 시험 데이터로 나눌 때, Positive 케이스가 양쪽 데이터에 잘 들어갈 수 있도록 샘플링 테크닉을 사용하기도 한다. 그 방법으로 오버 샘플링(Oversampling; Positive 케이스를 복사해서 positive 개수를 늘리는 방법), 언더 샘플링(Undersampling; Negative 케이스 중 일부만 추출해 negative 케이스를 더 작은 수로 감소), 혹은 SMOTE(Synthetic Minority Oversampling Technique; Positive 케이스에서 최근접 이웃을 이용해 원본 데이터의 피처 값을 약간만 변경한 후 Positive 케이스를 만듦)이 있다.

불균형 데이터에서 다음처럼 오차 행렬을 얻었을 때 평가 지표를 계산해 보자.

		실제 값		
		Positive (1)	Negative (0)	합계
예측 값	Positive (1)	TP = 1	FP = 1	2
	Negative (0)	FN = 4	TN = 994	998
	합계	5	995	n=1000

정확도: $\frac{1+994}{1000} = 0.995$, 정밀도: $\frac{1}{1+1} = 0.5$, 재현율: $\frac{1}{1+4} = 0.25$, F1: $\frac{2 \cdot 0.5 \cdot 0.25}{0.5 + 0.25} = 0.33$

예측 모델은 굉장히 높은 정확도(99.5%)를 갖지만 사실 Negative 케이스가 많기 때문에 정확도를 이용해 모델을 평가할 수 없다. 예측 모델이 1,000개 중 2개만 Positive라 분류했고 그중 실제 Positive인 경우는 1개이므로 정밀도는 0.5며, 실제 5개의 Positive 케이스에서 예측 모델은 1개만 맞게 분류했기 때문에 재현율은 0.25다. 따라서 불균형 데이터인 경우 정밀도와 재현율을 고려해야 하며, 둘 중 더 작은 값으로 평균값을 매기는 F1 Score값을 살펴야 한다.

산술평균 vs. 기하평균 vs. 조화평균

- 산술평균(Arithmetic Mean): 주어진 수의 합을 수의 개수로 나눔
  - $\frac{x_1 + x_2 + \cdots + x_n}{n}$
  - 주어진 수 중 극단적인 수(예를 들어, 이상치)가 있는 경우, 큰 값에 가중치가 생겨 평균이 가중치에 영향을 받음

- 기하평균(Geometric Mean): n개 양수 값을 모두 곱한 것의 n 제곱근
  - $\sqrt[n]{x_1 \cdot x_2 \cdot \ldots \cdot x_n}$
  - 극단적인 수가 있더라도(이상치가 있거나 범위가 다르더라도) 서로 곱셈을 통해 특정 값에 가중치가 생기지 않음

- 조화평균(Harmonic Mean): n개 양수에 대해 그 역수를 산술평균한 것의 역수
  - $1 \Big/ \left(\frac{1/x_1 + 1/x_2 + \ldots + 1/x_n}{n} \right)$
  - 데이터 측정 기간이 다르거나, 수마다 다른 가중치를 부여할 경우 역수의 개념이 필요할 때 사용되며, 역수로 인해 평균은 산술평균과 다르게 작은 값에 가까워짐

ROC Curve 이해하기

예를 들어, 고양이와 개를 분류하는 모델이 다음 10개 데이터의 예측 값을 확률(ID가 고양이일 확률)로 계산했다. 이때 임계치(Threshold)를 어떻게 정하냐에 따라 고양이와 개를 다음처럼 분류할 수 있다. 만약 예측 값이 실제 값과 맞는 경우 **파란색 글씨로 표시했다.**

ID	실제 값	예측 값(확률, 임계치에 따른 분류)			
		예측 확률	0.9 이상	0.7 이상	0.5 이상
1	고양이	0.92	**고양이**	**고양이**	**고양이**
2	고양이	0.89	개	**고양이**	**고양이**
3	개	0.85	**개**	고양이	고양이
4	개	0.78	**개**	고양이	고양이
5	고양이	0.75	개	**고양이**	**고양이**
6	개	0.69	**개**	**개**	고양이
7	개	0.68	**개**	**개**	고양이
8	고양이	0.66	개	개	**고양이**
9	개	0.52	**개**	**개**	고양이
10	개	0.47	**개**	**개**	**개**

- 임계치에 따른 분류를 실제 값과 비교해 오차 행렬을 만들고 TPR과 FPR을 계산해 보자.

$$\cdot\ TPR = \frac{TP}{TP+FN}$$

$$\cdot\ FPR = \frac{FP}{FP+TN}$$

- 임계치 0.9: (x, y) = (FPR, TPR) = (0, 0.25)

임계치 0.9 이상 고양이라고 분류		실제 값		계산
		고양이	개	TPR = 1/4 = 0.25
예측 값	고양이	TP = 1	FP = 0	FPR = 0/6 = 0
	개	FN = 3	TN = 6	(그래프에서 A)

실제 값이 '개'인 경우, 예측 모델은 하나도 빠짐없이 '개'라고 맞게 분류했다. 다시 말해 FP 개수가 0이여서 FPR은 0이다. 실제 값이 '개'인 경우, 예측 모델 성능은 훌륭하지만 문제는 실제 값이 '고양이'인 경우, 예측 모델이 '고양이'라고 맞게 분류한 값, TPR은 0.25로 낮다.

만약 FN과 FP 케이스가 0이면 예측 값이 실제 값과 같으므로 (x, y) = (FPR, TPR) = (0, 1)이 된다.

- 임계치 0.7: (x, y) = (FPR, TPR) = (0.33, 0.75)

임계치 0.7 이상 고양이라고 분류		실제 값		계산
		고양이	개	TPR = 3/4 = 0.75
예측 값	고양이	TP = 3	FP = 2	FPR = 2/6 = 0.33
	개	FN = 1	TN = 4	(그래프에서 B)

임계치를 0.9에서 0.7로 내리면, TPR은 0.25에서 0.75로 올랐지만 FPR 역시 0에서 0.33으로 조금 올랐다. A와 비교했을 때, 비록 예측 모델이 Positive라 한 경우 잘못 분류한 케이스도 생기지만('고양이'라고 분류했지만 실제 '개'인 경우), 맞게 분류한 케이스('고양이'라고 분류했는데 실제로도 '고양이'인 경우)도 많으므로 0.9의 임계치보다 0.7의 임계치를 사용하는 게 낫다고 볼 수 있다.

- 임계치 0.5: (x, y) = (FPR, TPR) = (0.83, 1)

임계치 0.5 이상 고양이라고 분류		실제 값		계산
		고양이	개	TPR = 4/4 = 1
예측 값	고양이	TP = 4	FP = 5	FPR = 5/6 = 0.83
	개	FN = 0	TN = 1	(그래프에서 C)

임계치를 0.7에서 0.5로 내리면, 실제 '고양이'인 값 모두 예측 모델이 정확하게 '고양이'로 분류되어 TPR이 0.75에서 1로 올랐다. 하지만, 실제 '개'지만 '고양이'로 분류한 개수도 늘게 되어 FPR이 0.33에서 0.83으로 높아졌다.

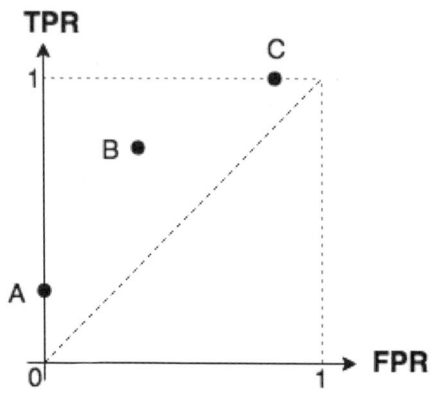

〈그림 5-9. 세 개의 임계치에 따른 (FPR, TPR) 값〉

예측 모델의 성능이 뛰어나려면 오차 행렬에서 TP와 TN의 개수가 많아야 한다. 하지만, FP와 FN의 개수가 TP와 TN과 비슷할 경우(예측 모델이 반은 틀리고 반은 맞은 경우), 예측 모델이 무작위하게(Randomly) 분류했다고 볼 수 있으므로 ROC Curve의 그래프는 점선(y=x)과 가까워진다.

예시로 들었던 3개의 임계치가 아닌, 임계치가 가질 수 있는 모든 범위(예측 값은 확률로 표현되므로 임계치 역시 0과 1 사이 모든 값이 될 수 있음)의 TPR과 FPR을 계산해 그래프에 표시하면 ROC Curve가 된다. 다시 말해, 일단 예측 모델을 만들어 분류 성능이 고정된 상태에서 임계치 값만 변할 때 (x, y)=(FPR, TPR)의 값이 바로 ROC Curve를 말한다.

예측 모델 성능을 수치로 표현할 경우 ROC Curve의 그래프 대신 커브 아래 면적인 AUC를 사용한다.

5.3.5 플랫폼 선택, 문서화

프로젝트 과정도 중요하지만, 이를 잘 기록하거나 포장하는 것 역시 중요하다. 개인 웹사이트, 블로그와 같은 플랫폼을 이용해 게재하거나, 혹은 포트폴리오로 제출할 수 있도록 보고서처럼 문서화 작업이 필요하다.

포트폴리오 목적에 적합한 블로그 플랫폼으로 깃허브(GitHub; https://github.

com/; GitHub Pages 블로그 서비스인 github.io 사용), 벨로그(Velog; https://velog.io; 개발자를 위한 블로그 서비스), 미디엄(Medium; https://medium.com/; 온라인 출판 플랫폼으로 글쓰기와 발행에 중점을 둠)을 꼽을 수 있다. 플랫폼마다 장단점이 있으므로 사용할 플랫폼을 정할 때 다음 항목을 고려해야 한다.

- 프로그래밍 코드 및 수학 수식어 입력 환경
- 구글 검색 노출 여부
- 초기 세팅 투자 시간 및 글 작성 편의
- 커스터마이징 가능 여부
- 광고 수입 발생 가능 여부
- 블로그 통계 기능
- 퍼스널 브랜딩 성장 가능성
- 디자인

포트폴리오 목적이라면 위 항목 중 특히 프로그래밍 코드를 원하는 방식으로 입력할 수 있는지 확인해야 한다. 줄 바꿈, 들여쓰기, 색 적용 등 코드 사용이 여전히 불편하다면 GitHub Gist(https://gist.github.com), Color Scripter(https://colorscripter.com) 등 외부 사이트를 이용해 블로그에 코드를 적용하는 방법도 있다.

제출용으로 포트폴리오를 작성할 경우, 이 포트폴리오의 주요 독자는 면접관이다. 따라서 <프로젝트 소개 - 주제/문제점 - 데이터 - 해결 과정 - 결론> 과정을 최대한 간결하게 작성해야 한다. 그래프를 넣고 싶다면, 프로젝트 전체 과정에서 제일 중요한 항목이 무엇인지, 그래서 이 부분을 그래프로 명확하게 표현할 수 있는지 고려해야 한다. 다시 말해, "제한된 짧은 시간 안에서, 나는 독자에게 무엇을 꼭 전달해야 하는가"를 생각하며 작성하길 권한다.

5.3.6 재검토

취업 목적으로 포트폴리오를 만들었다면 재검토하는 시간이 꼭 필요하다. 특히 면접을 보기 전, 다음 질문에 대답할 수 있도록 준비하자.

- 왜 이 주제를 선택했는가?
- 무엇을 알고 싶어서 이 프로젝트를 하게 되었는가?
- 어디서 데이터를 얻었는가?
- 데이터는 언제, 어떻게 표집되었는가?
- 데이터 크기는 어느 정도며 주요 변수는 무엇인가?
- 데이터에 대한 특이점이 있었는가?
- 어떤 분석 방법을 사용했는가?
- 어떤 예측 알고리즘을 사용했는가?
- 예측 값을 얻기까지 어느 정도 계산 시간이 걸리는가?
- 예측 모델의 성능은 어느 정도인가? 혹은 어떤 성과가 있었는가?
- 이 프로젝트를 통해 배운 점은 무엇인가?
- 데이터 사이언티스트가 아닌 사람에게 프로젝트를 어떻게 설명할 수 있을까?
- 어느 부분이 제일 힘들었고 어떻게 해결했는가?
- 프로젝트에 대해 개선할 점은 무엇인가?
- 프로젝트를 완성하기까지 투자한 시간은 어느 정도인가?

5.3.7 마치며

프로젝트에서 어떤 문제점을, 얼마나 많은 고민을 했고, 결국 어떻게 해결했는지가 중요하다. 하지만, 한번의 과정으로 완벽하게 프로젝트를 마치는 게 쉽지 않다. 시간이 지나 기존 프로젝트에 도움되는 새로운 데이터를 얻기도 하고, 때론 놓쳤던 문제점이나 보완할 점이 나중에 보이기도 한다. 따라서 차후 재검토하는 과정에서 다양한 관점으로 바라보고 보완하며 프로젝트 완성도를 더 높이도록 하자.

부록

프로그래밍 환경 준비하기

Goal
Target
Plan
Timeline
issue

부록 1.1 파이썬 및 주피터 노트북 설치하기

파이썬은 윈도우, 맥(Mac), 리눅스 운영 체제(Operating System, 이하 OS)에 설치할 수 있으며 책에서는 윈도우와 맥 OS에 파이썬 및 주피터 노트북을 설치하는 방법을 소개한다. 파이썬 소프트웨어 재단에서 2020년 1월 1일로 파이썬 2.x 버전 지원을 종료했으므로 파이썬 버전 3.x로 설치하도록 한다.

현재 파이썬 버전은 〈3.6.x〉, 〈3.7.x〉, 〈3.8.x〉, 〈3.9.x〉가 있으며, 〈3〉으로 시작하는 버전을 다운받으면 문제없이 파이썬을 사용할 수 있다.

부록 1.1.1 윈도우 운영체제

파이썬 공식 웹사이트에 접속해 다운로드(https://www.python.org/downloads)를 클릭하면 사이트에 접속한 운영체제에 맞는 최신 버전의 프로그램이 뜬다. 〈그림 부록 1-1〉은 윈도우 운영체제로 웹사이트에 접속했을 때의 모습이며, 다운로드를 클릭한 후 프로그램 설치를 시작한다.

〈그림 부록 1-2〉처럼 프로그램 설치 화면이 나타나면, 먼저 Add Python 3.9 to PATH(파이썬 프로그램이 저장된 위치와 상관없이 컴퓨터가 파이썬을 실행하도록 함)를 체크한 후, Install Now를 클릭해 설치를 시작한다. 기본 경로는 C:\Users\〈사용자이름〉\AppData\Local\Programs\Python\Python39이며, 다른 경로로 지정할 수 있다.

〈그림 부록 1-1. 파이썬 공식 웹사이트 다운로드 페이지 - 윈도우 OS로 접속〉

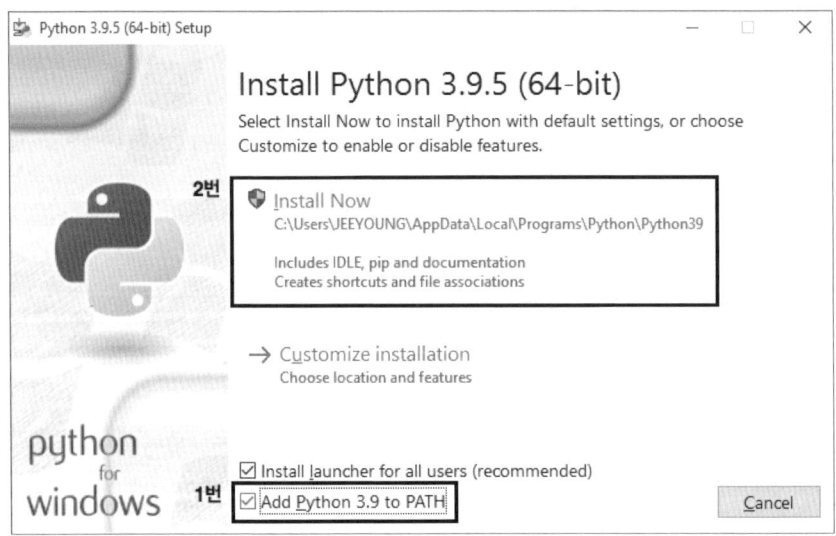

〈그림 부록 1-2. 프로그램 설치〉

프로그램 설치가 끝나면 시작화면 〈최근에 추가한 앱〉에 프로그램이 나타난다. 이제 파이썬을 실행해 보자.

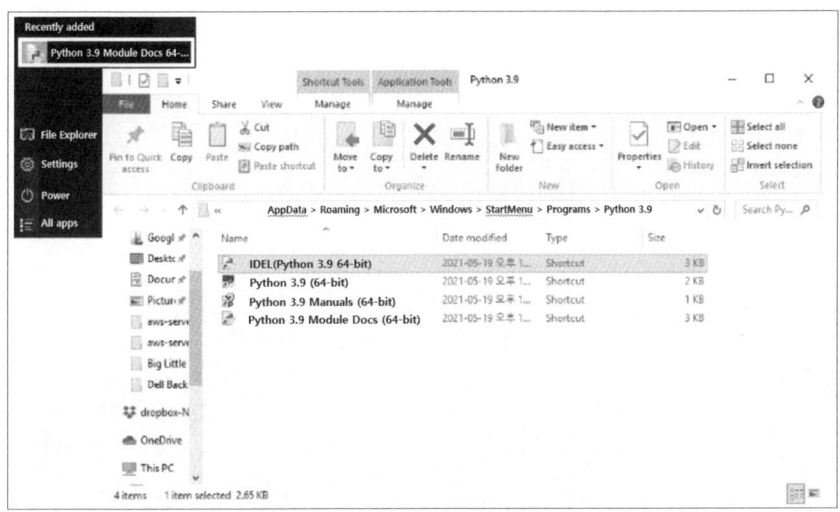

〈그림 부록 1-3. 프로그램 설치 후 폴더 생성〉

파이썬을 실행하는 방법은 두 가지가 있다. 첫 번째는 생성된 폴더에서 IDLE(통합 개발 및 학습 환경, Integrated Development Environment)을 클릭하면 IDLE Shell 이라는 창이 뜨며 여기서 파이썬 코드를 작성할 수 있다.

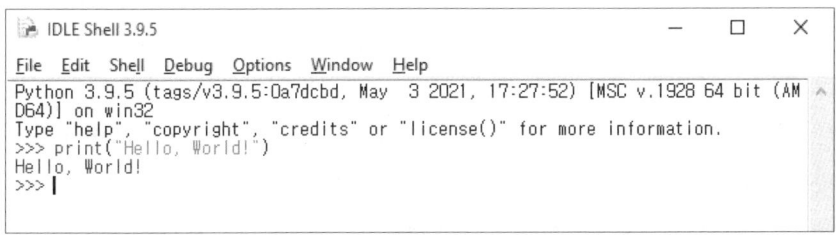

〈그림 부록 1-4. IDLE Shell에서 파이썬 실행〉

두 번째로 cmd(명령 프롬프트)를 이용해서 파이썬을 실행할 수 있다. 검색창에서 cmd를 입력하거나 혹은 단축키 〈윈도우〉 + 〈R〉을 누른 후 cmd를 입력해 명령 프롬프트를 열고, python이라 입력하면 다음 그림처럼 파이썬이 실행된다. 파이썬을 종료할 때는 quit() 혹은 〈Ctrl〉 + 〈Z〉를 사용한다.

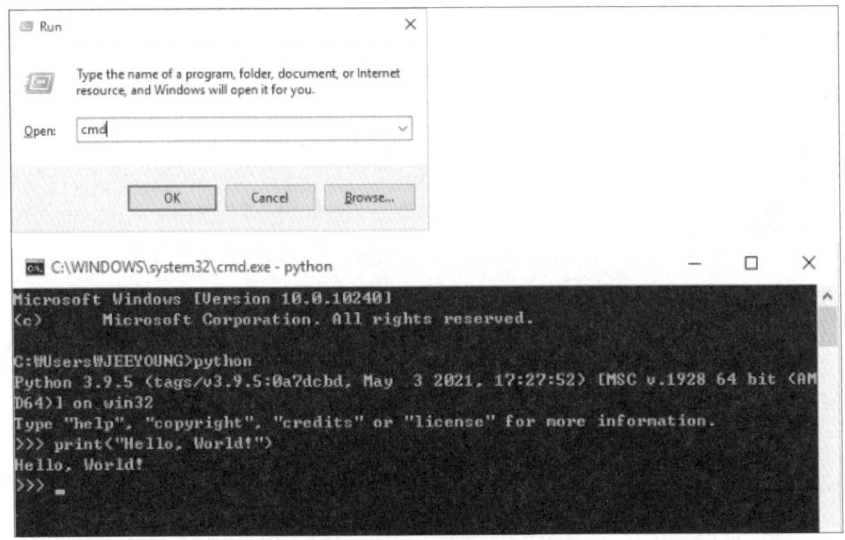

〈그림 부록 1-5. cmd에서 파이썬 실행〉

IDLE이나 cmd창에서 파이썬을 실행할 수 있지만, 코드를 실제 작성하는 과정에서 코드를 수정하거나 결괏값을 확인할 때 많은 불편함이 있다. 이런 불편함을 줄이고, 내가 작성하고 있는 파일에 다른 사람도 접근할 수 있으며, 코드에 설명을 넣거나, 멀티미디어 및 시각화 자료까지 결합할 수 있는 등 〈노트북〉 개념의 프로그램을 사용하면 코드 개발이 더 쉬울 것이다. 이 기능은 바로 주피터 노트북(Jupyter Notebook, https://jupyter.org)을 통해 가능하다. 주피터 노트북이란 웹브라우저에 파이썬 코드를 입력하고 실행할 수 있는 오픈소스 웹 애플리케이션으로, 웹 브라우저로 실행되므로 자신의 로컬 컴퓨터로 작업하지만 원격 서버에 호스팅할 수 있다.

먼저 pip3 install −upgrade pip 코드로 pip를 최신 버전으로 업데이트한 후, pip3 install jupyter 명령어로 주피터 노트북을 설치한다. 설치가 완료된 후, cmd창에서 jupyter notebook이라 입력하면 로컬 환경에서 자동으로 웹브라우저(http://localhost:8888)가 열린다. 주피터 노트북에 대한 설명은 부록 1.2에서 소개한다.

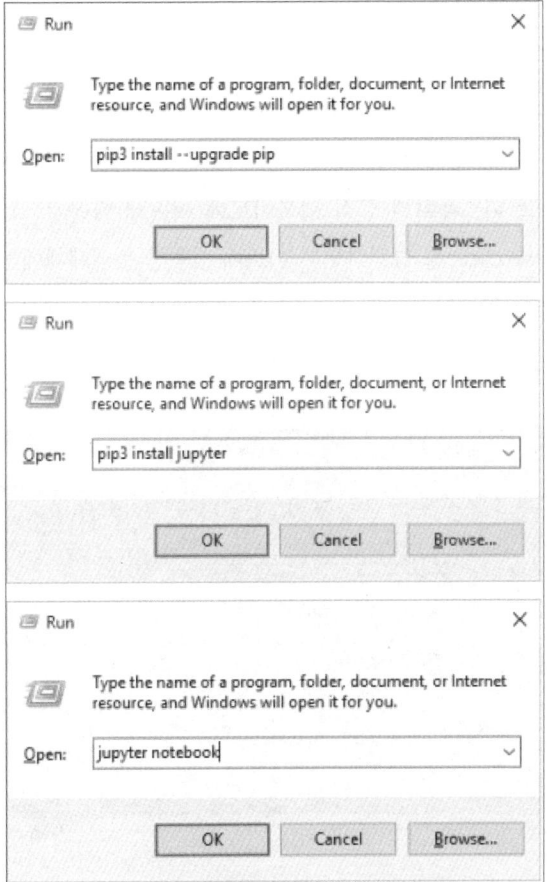

〈그림 부록 1-6. 주피터 노트북 설치〉

부록 1.1.2 맥 운영체제

Mac OS에 기본적으로 Python 2.x 버전이 설치되어 있지만, 파이썬 소프트웨어 재단에서 2020년 1월 1일로 파이썬 2.x 버전 지원을 종료했으므로 파이썬 버전 3.x로 설치하도록 한다. 파이썬 공식 웹사이트에 접속해 다운로드(https://www.python.org/downloads)를 클릭하면 사이트에 접속한 운영체제에 맞는 최신 버전의 프로그램이 뜬다. 〈그림 부록 1-7〉은 맥 OS에서 웹사이트에 접속했을 때 모습이며, 다운로드를 클릭한 후 프로그램 설치를 시작한다.

〈그림 부록 1-7. 파이썬 공식 웹사이트 다운로드 페이지 - 맥 OS로 접속〉

맥 OS 10.9 이후 버전으로 파이썬 설치가 가능하며, 〈Continue〉를 클릭해 설치를 시작한다. 〈License〉에서 소프트웨어 라이선스 약관에 동의하기를 클릭한다.

모든 설치가 완료되면 응용프로그램 > Python 3.9 경로로 파이썬 폴더가 생성된다. 이제 파이썬을 실행해 보자.

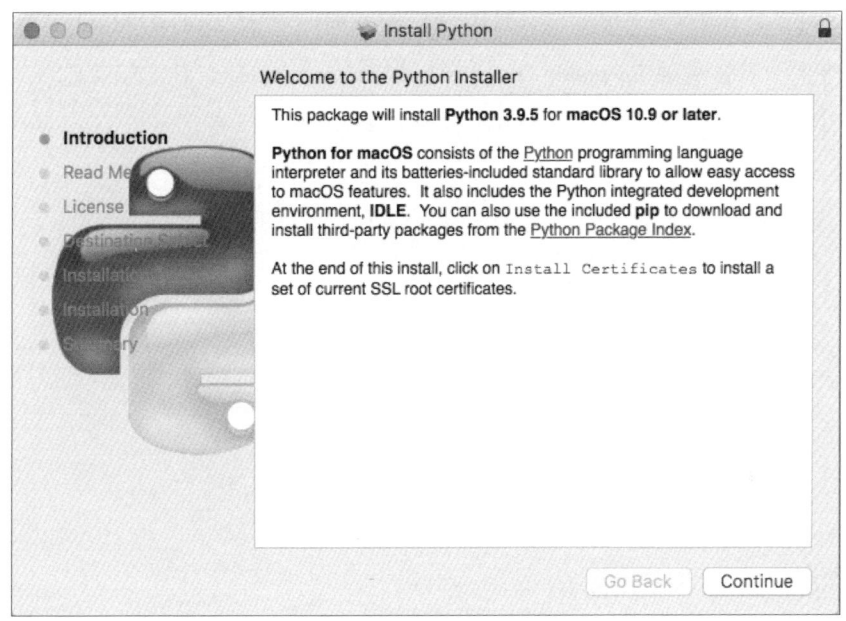

〈그림 부록 1-8. 프로그램 설치〉

〈그림 부록 1-9. 파이썬 설치 후 생성된 폴더〉

부록 1_ 프로그래밍 환경 준비하기

파이썬을 실행하는 방법은 두 가지가 있다. 첫 번째는 생성된 폴더에서 IDLE(통합 개발 및 학습 환경, Integrated Development Environment)를 클릭하면 IDLE Shell 이라는 창이 뜨며 여기서 파이썬 코드를 작성할 수 있다.

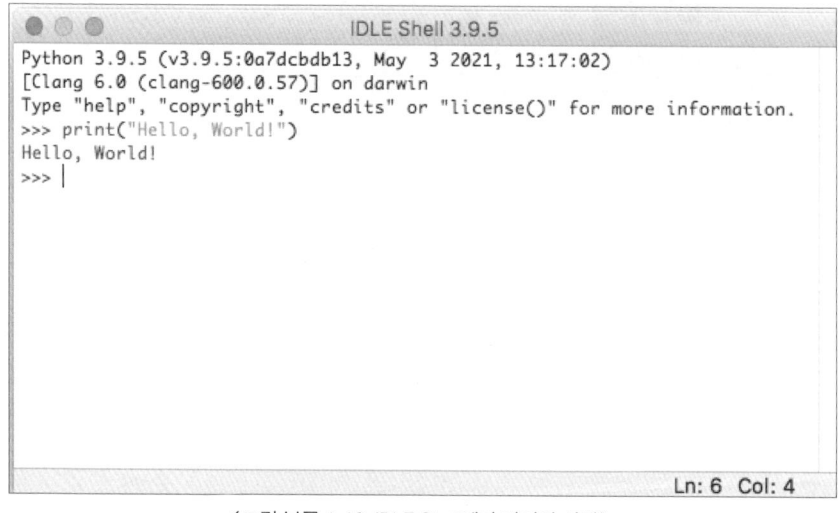

〈그림 부록 1-10. IDLE Shell에서 파이썬 실행〉

두 번째는 터미널(Terminal) 창에서 파이썬을 이용하는 방법이다. 터미널 창에 python만 입력했을 경우 기본으로 설치되어 있는 Python 2.x 버전이 실행되므로, python3로 입력해야 새로 설치한 버전을 사용할 수 있다. 참고로 파이썬 버전 2에서 사용됐던 문법이 파이썬 버전 3에서 SyntaxError(구문 오류; 문법이 잘못되었을 때 발생)가 발생할 수 있으므로 버전 3.x를 사용하자. 파이썬을 종료할 때는 quit() 혹은 〈Ctrl〉+〈Z〉를 사용한다

IDLE이나 터미널에서 파이썬을 실행할 수 있지만, 코드를 실제 작성하는 과정에서 코드를 수정하거나 결괏값을 확인할 때 많은 불편함이 있다. 이런 불편함이 없고, 내가 작성하고 있는 파일에 다른 사람도 접근할 수 있고, 코드에 설명을 넣거나 멀티미디어 및 시각화 자료까지 결합할 수 있다면 코드 개발이 더 쉬울 것이다. 그리고 바로 이 기능들이 가능한 프로그램이 주피터 노트북((Jupyter Notebook;

https://jupyter.org)이다. 주피터 노트북이란 웹브라우저에 파이썬 코드를 입력하고 실행할 수 있는 오픈소스 웹 애플리케이션이다. 웹 브라우저로 실행되므로 자신의 로컬 컴퓨터로 작업하지만 원격 서버에 호스팅할 수 있다.

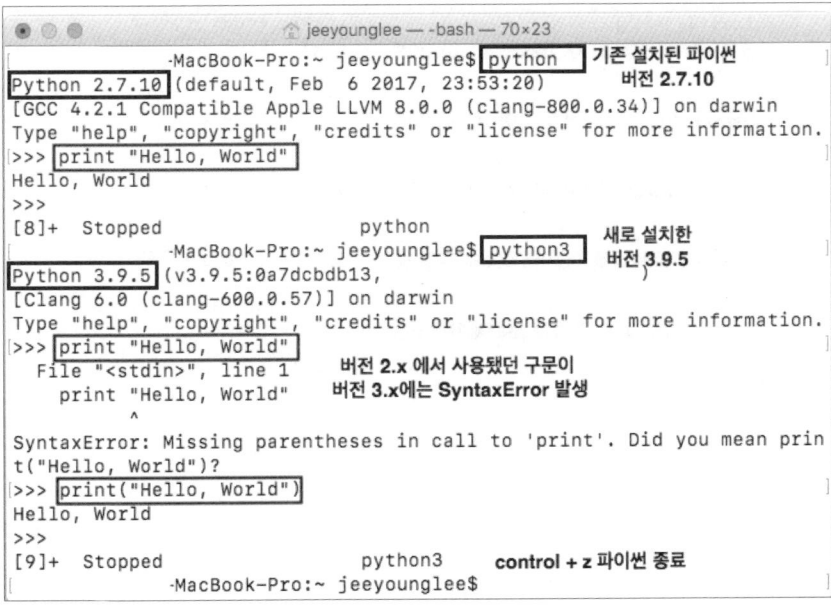

〈그림 부록 1-11. 터미널 창에서 파이썬 실행〉

먼저 터미널에서 pip3 install -upgrade pip를 입력해 명령어 pip를 최신 버전으로 업데이트한 후, pip3 install jupyter 명령어로 주피터 노트북을 설치한다. 설치가 완료되면 터미널 창에서 jupyter notebook이라 입력하면 로컬 환경에서 자동으로 웹 브라우저(http://localhost:8888)가 열린다. 주피터 노트북에 대한 설명은 〈부록 1.2 주피터 노트북 환경 설정하기〉에서 소개한다.

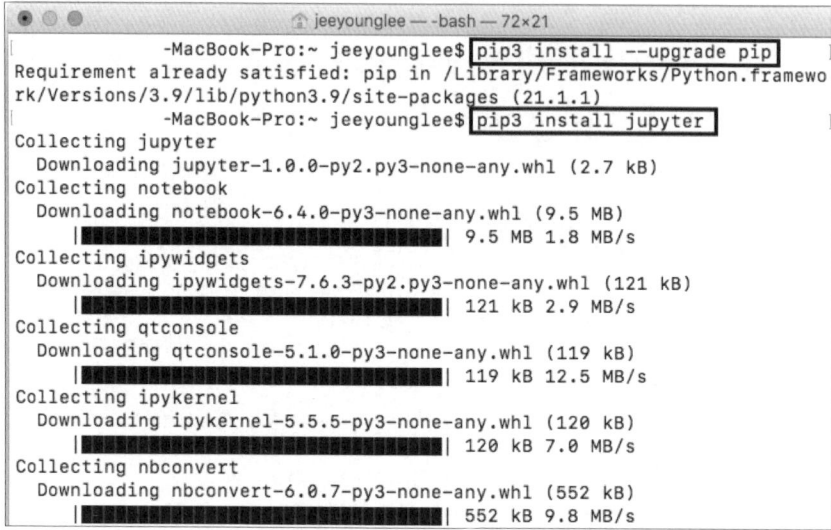

〈그림 부록 1-12. 주피터 노트북 다운로드〉

부록 1.2 주피터 노트북 환경 설정하기

윈도우나 맥 OS 명령창(cmd 또는 터미널)에서 jupyter notebook을 입력하면 로컬 환경에서 자동으로 웹브라우저(http://localhost:8888)가 열린다. 파이썬 파일을 저장하고 싶은 경로로 이동한 뒤, New > Python 3을 클릭하면 코드를 입력할 수 있는 창이 뜬다. 코드 작업을 하기 전, 주피터를 편리하게 사용할 수 있는 환경부터 설정하자.

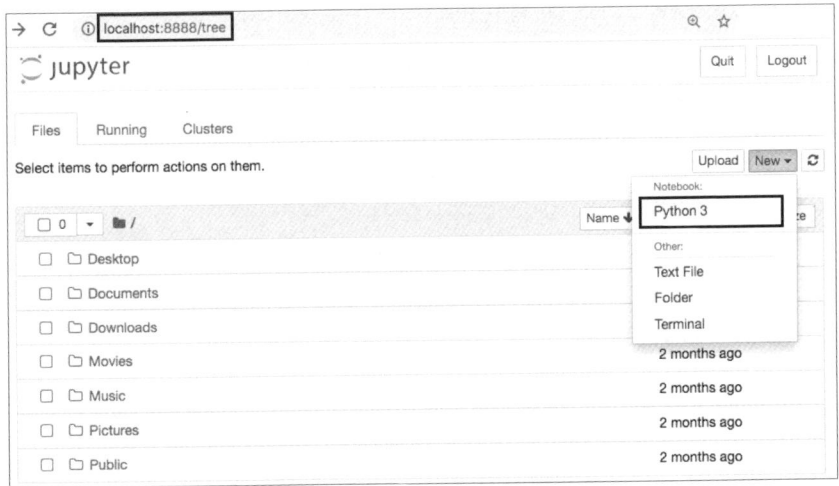

〈그림 부록 1-13. 주피터 노트북 웹브라우저 실행〉

Nbextensions[1]는 주피터 노트북을 편리하게 사용할 수 있는 확장 프로그램의 모음이다. 터미널 창에서 pip3 install jupyter_contrib_nbextensions를 입력해 설치 프

---

[1] https://jupyter-contrib-nbextensions.readthedocs.io/en/latest/install.html

로그램을 다운로드한 뒤, jupyter contrib nbextension install--user를 입력해 주피터 노트북에 확장 프로그램을 적용한다. 주피터 노트북을 다시 실행하면 <그림 부록 1-14>처럼 예전에 없었던 Nbextensions라는 탭이 생기고 여러 기능을 추가할 수 있다.

참고로 맥 OS에서 만약 <그림 부록 1-14>처럼 확장 기능이 뜨지 않는 경우, 주피터 노트북 버전을 6.1.5로 다운그레이드하면 pip3 install notebook==6.1.5 문제를 해결할 수 있다.

추천할 만한 기능은 다음과 같다.

- **Ruler:** 한 줄에 코드 문자 길이 제한 등의 목적으로 열 방향으로 선 추가
- **Table of Contents:** 마크다운 heading값에 따라 목차 생성
- **Codefolding:** 클래스, def 함수, 반복문의 단위로 묶어서 접는 기능
- **ExecuteTime:** 셀이 작업을 마친 시간 및 총 실행한 시간 표시
- **Toggle all line numbers:** 코드 번호 생성
- **Autopep8:** PEP8 스타일로 코드 재정리

  https://www.python.org/dev/peps/pep-0008/

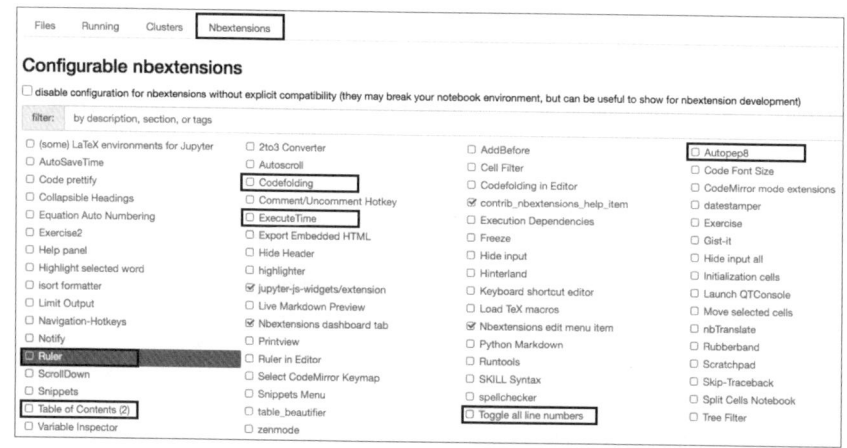

〈그림 부록 1-14. 주피터 노트북 확장 기능〉

〈그림 부록 1-15〉에서 하나씩 기능을 살펴보자. 〈그림 부록 1-13〉에서 New > Python 3을 클릭하면 새로운 창이 뜬다. 1번처럼 맨 위에 'Untitled'라는 제목으로 된 파일이며 파일 이름은 Untitled.ipynb(노트북 확장자 ipynb)으로 되어 있다. Untitled를 클릭하면 제목을 수정할 수 있다. 2번처럼 입력은 'Code' 모드와 'Markdown' 모드를 선택할 수 있다. 여기서 마크다운(Markdown)이란 텍스트 기반의 마크업 언어다. 문법 작성은 공식 사이트(https://www.markdownguide.org/)의 Cheat Sheet를 참고하자. 주피터 노트북에서 코드나 마크다운 언어를 셀(Cell) 안에 작성할 수 있다. 2번에서 마크다운으로 ## 예제1 (마크다운에서 제목을 #을 통해 표기)라고 입력했을 때, 이 제목값(# 개수)에 따라 'Table of Contents' 기능을 통해 3번처럼 목차에 반영되었다. 셀이 코드일 경우 'Toggle all line numbers' 기능을 추가해 4번처럼 코드마다 번호가 생겼다. 그리고 5번처럼 셀이 실행(Run)된 날짜와 셀 전체 코드가 실행이 끝나기까지 총 시간이 표시된다. 6번에서 코드가 길어질 경우 'Codefolding' 기능으로 코드를 접거나 펼칠 수 있다. 코드가 길어질 경우 일정하게 줄바꿈할 수 있도록 7번처럼 'Ruler' 기능을 추가해 표시할 수 있다.

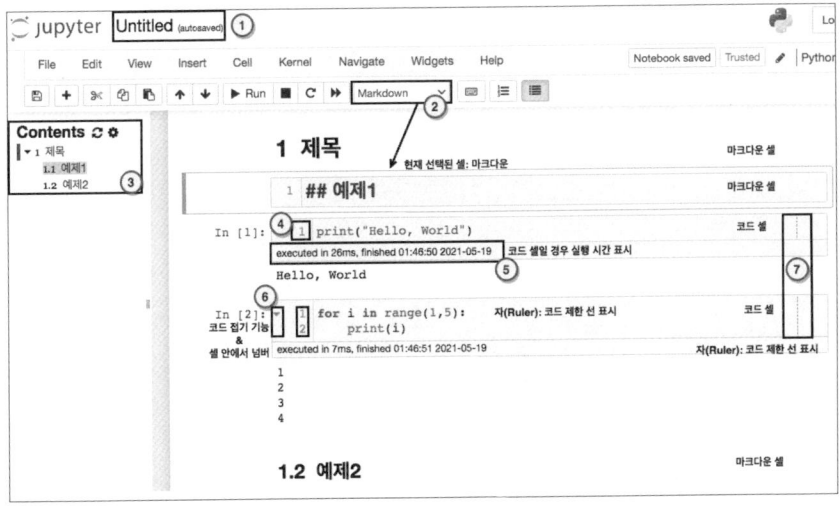

〈그림 부록 1-15. 주피터 노트북 확장 기능 예시〉

부록 **2**

프로그래밍 활용하기

Goal
Target
Plan
Timeline
issue

부록 2.1 대표적인 라이브러리

머신러닝 모델을 만들 때 주로 사용하는 라이브러리는 다음 표와 같다. 라이브러리마다 사용 목적이 다르지만 그중에서 중요한 라이브러리를 꼽자면 데이터를 다루는 판다스와 넘파이다.

업무를 할 경우, 사용 목적에 따라 데이터를 변환하는 경우가 많은데, 정확하게 사용해야 분석이나 예측 값을 신뢰할 수 있으며 잘못 조작한 데이터를 아무리 예쁘게 시각화하더라도 의미없는 그래프이기 때문이다. 여기에서 판다스와 넘파이의 주요 개념을 간략하게 소개한다.

이외에도 미적분, 선형 대수, 행렬 연산 등 빠른 수학 연산을 하도록 도와주는 사이파이(Scipy, https://www.scipy.org/), 통계 기법이나 통계 모델을 사용하는 스탯모델(statmodels, https://www.statsmodels.org/stable/index.html) 등이 있다. 필요한 라이브러리가 설치되지 않았다면 주피터 노트북 코드 셀에서 !pip3 install <라이브러리 이름>을 실행해 라이브러리를 설치할 수 있다.

사용 목적	라이브러리 이름	설명
데이터 조작	판다스 pandas	https://pandas.pydata.org/ 데이터프레임의 형태로 데이터를 부르고 합치고 나누는 등의 데이터를 조작하거나 분석을 쉽게 할 수 있도록 하는 라이브러리
	넘파이 NumPy	https://numpy.org/ 여러 개 값을 가진 벡터에서 벡터의 원소끼리 직접적인 연산(행렬, 수치 계산 등)을 돕는 라이브러리
데이터 시각화	맷플롯립 matplotlib	https://matplotlib.org/ 넘파이와 판다스와 연계해 데이터를 시각화하는 데에 사용
	시본 seaborn	https://seaborn.pydata.org/ 맷플롯립을 기반으로 통계 데이터 시각화에 최적화된 라이브러리
	플롯틀리 plotly	https://plotly.com/python/ 인터랙티브한 데이터 시각화 라이브러리로 (마우스)커서를 가져가면 해당 데이터의 세부 정보를 팝업 정보창을 통해 확인 가능
머신러닝 모델	사이킷런 scikit learn	https://scikit-learn.org/stable/ 회귀 및 분류 모델, 차원 축소, SVM, 랜덤 포레스트, k-means clustering과 같은 머신러닝 사용을 위한 넘파이 기반의 라이브러리
	XGBoost & Light GBM LightGBM	https://xgboost.readthedocs.io/en/latest/index.html https://lightgbm.readthedocs.io/en/latest/index.html 사이킷런에서 제공하지 않은 부스팅(Boosting)[1] 기반 머신러닝 모델

〈표 부록 2-1. 데이터 분석 및 머신러닝에 주로 사용되는 파이썬 라이브러리〉

---

[1] 앙상블(Ensemble) 학습은 하나의 결정 트리(Decision Tree)가 아닌 여러 개의 결정 트리를 만들어 결합하는 머신러닝 기법이다. 여러 개의 결정 트리를 만들어 학습하려면 훈련 데이터에서 여러 샘플을 구해야 한다. 이 방법에 따라 크게 배깅(Bagging)과 부스팅(Boosting)으로 나뉘는데, 배깅은 학습 데이터를 여러 개의 샘플로 나눈 후 샘플별로 모델을 학습(병렬로 학습)시켜 최종 모델을 만든다. 반면, 부스팅은 순차적으로 학습하면서 샘플을 통해 한번 학습이 끝나면 예측 성능에 따라 오답에 대해 높은 가중치를 부여해 다음 학습에 반영할 수 있도록 한다. 다시 말해, 초기엔 오답이었지만 계속 학습에 반영함으로써 정답으로 맞출 수 있도록 순차적으로 학습하는 방법을 말한다.

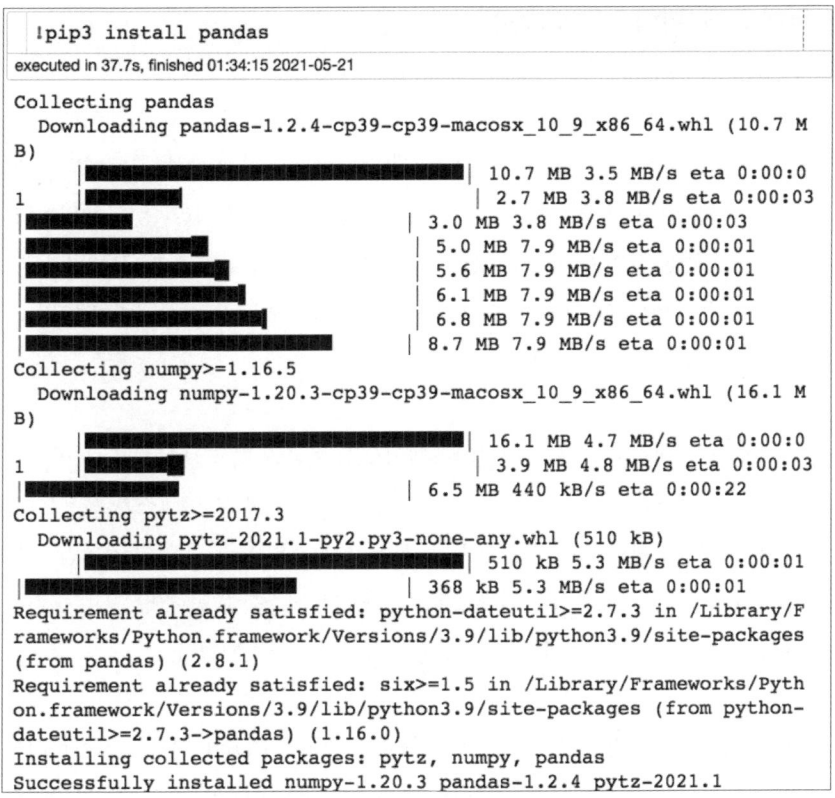

〈그림 부록 2-1. 주피터 노트북에서 필요한 라이브러리 설치〉

부록 2.1.1 판다스(Pandas)

판다스는 데이터 분석을 위한 라이브러리로 csv, Excel, JSON과 같은 데이터 파일을 불러온 후, 시리즈(Series)나 데이터프레임(DataFrame) 형태에서 데이터를 분석(정렬, 선택, 변경, 연산, 함수 적용 등)할 수 있다. 여기서 시리즈란 1차원 배열을 의미하며 특정 값이 위치하고 있는 정보인 인덱스(Index)와 함께 저장된다. 데이터프레임은 인덱스와 컬럼(Column)의 조합으로 데이터가 저장되며, 데이터프레임에서 각 열은 하나의 시리즈를 뜻한다.

다음 코드는 두 개의 시리즈가 데이터프레임으로 변환한 것을 보여준다. 시리즈를 생성할 때 인덱스를 지정하지 않으면 0, 1, 2, …와 같은 정수 인덱스가 사용된다. .shape는 몇 개의 행과 열이 있는지 튜플(사용자가 값을 바꿀 수 없고 읽기만 가능한 파이썬 기본 자료 유형으로 리스트([ ])와 다르게 원소를 () 안에 넣음)로 표현하는데 다음 예시 시리즈는 5개의 행이 있으므로 (5,)로 표기되었다.

데이터프레임을 만드는 데에는 리스트, 시리즈, 딕셔너리(Dict), 넘파이 라이브러리의 ndarrays 등을 이용할 수 있다. 예시의 딕셔너리(데이터를 {키(Key): 밸류(Value)} 쌍으로 저장할 수 있는 파이썬 기본 자료 유형)에서 각 시리즈를 "A"와 "B"라는 값으로 키(Key)를 지정한 후, 이 딕셔너리를 데이터프레임으로 변환했다. 여기서 키는 데이터프레임에서 열 이름이 된다. 이렇게 두 개의 시리즈를 데이터프레임으로 변환했으므로 shape는 (5, 2)다.

```
# 판다스 라이브러리를 불러온 후 pd로 지정
import pandas as pd

# 시리즈 두 개 생성하기
series_1 = pd.Series(["a", "b", "c", "d", "e"])
series_2 = pd.Series([1, 2, 3., 4, 'five'])

# 인덱스를 따로 지정하지 않으면 0, 1, 2, ... 정수로 인덱스가 지정됨
print(f'series_2 Shape:{series_2.shape}') # 행과 열을 튜플(사용자가
값을 바꿀 수 없음)로 표시
print(f'series_2 \n{series_2}, \n')

# 두 개 시리즈를 합쳐 데이터프레임으로 변환
df_ex1 = pd.DataFrame({'A': series_1,
                       'B':series_2})

print(f'df_ex1 Shape:{df_ex1.shape}') # 행과 열을 튜플로 표시
df_ex1
```

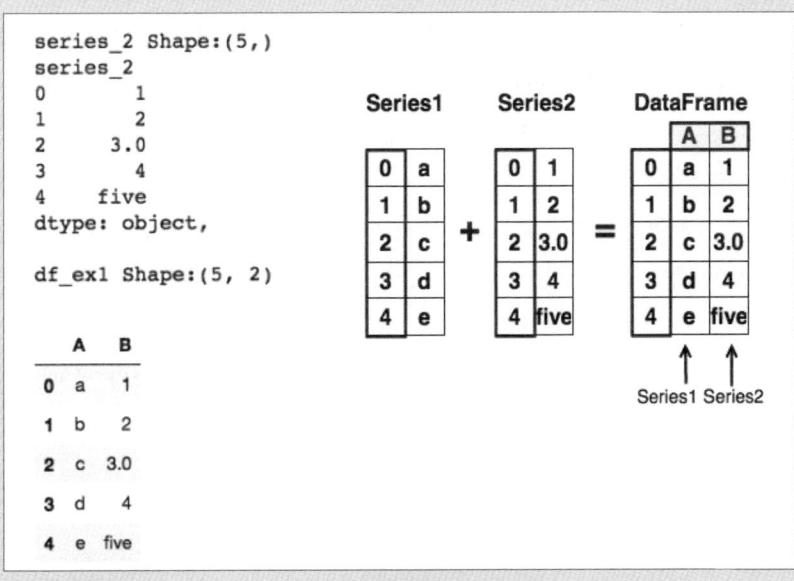

〈그림 부록 2-2. 시리즈, 데이터프레임〉

데이터가 데이터프레임 형태일 때 어떤 열에 어떤 값이 있는지 쉽게 확인할 수 있어서 데이터프레임 형태로 분석하는 경우가 많다. 데이터프레임을 다룰 때 중요한 것 중 하나는 내가 원하는 값이나 범위를 정확하게 선택하는 것이다.

데이터를 선택할 때, .loc, .iloc, .ix, 슬라이싱(Slice 기능으로 선택하고 싶은 범위를 콜론(:)을 이용해 시작위치:끝위치를 이용해 지정) 또는 조건을 이용하는 방법을 사용한다. .loc는 인덱스 라벨 기준이고 .iloc는 위치를 나타내는 정수 값을 기준으로 값을 선택한다. 예를 통해 알아보자. 이번엔 세 개의 시리즈를 만들었는데, 인덱스가 정수가 아닌 문자열을 지정했다. 이 시리즈로 데이터프레임을 만들었을 때, 인덱스값 역시 문자열로 되어 있음을 알 수 있다. 이 데이터프레임에서 .loc와 .iloc를 이용해 값을 선택해 보자.

만약 두 번째 행 전체를 선택하려면 .loc['b'](두 번째 인덱스 라벨, 'b' 사용) 혹은 .iloc[1](인덱스 순서는 0부터 시작하므로 두 번째 행의 위치 정수는 1이 됨)을 사용할 수 있다. 데이터프레임에서 특정 값(원소)을 선택할 때는 .ax를 사용하는데 만약 라벨을 이용할 때는 .ax[행 인덱스 라벨, 열 이름]을 사용하거나 .iax[행 인덱스 위치 정수, 열 이름]을 사용한다. 만약, 값을 여러 개 선택할 경우 슬라이스(:) 기능을 이용할 수 있으며 범위를 지정하면 된다. df_ex1.iloc[7:9, 0:2]라 할 경우, 행 인덱스 7, 8과 열 인덱스 0, 1을 의미해 행 인덱스 9와 열 인덱스 2가 포함되지 않는다. 반면, df_ex1.loc['h':'i', "column_A":"column_B"]를 사용할 경우 행 인덱스 i와 열 이름 column_B가 포함된다. df_ex1[df_ex1["column_C"] > 29][['column_B', 'column_C']]처럼, df_ex1 데이터프레임의 column_C란 열이 29보다 클 때, column_B와 column_C의 값을 나타내는 것처럼 조건을 사용할 수 있다.

```
# 인덱스 지정
idx = ['a', 'b', 'c', 'd', 'e', 'f', 'g', 'h', 'i', 'j']

# 지정한 인덱스로 시리즈 생성
series_1 = pd.Series(list(range(1, 11)), index= idx)
series_2 = pd.Series(list(range(11, 21)), index= idx)
series_3 = pd.Series(list(range(21, 31)), index= idx)

# 시리즈에서 데이터프레임으로 변환
df_ex1 = pd.DataFrame({'column_A': series_1,
                       'column_B': series_2,
                       'column_C': series_3})
df_ex1
```

	column_A	column_B	column_C	
a	1	11	21	
b	2	12	22	• df_ex1.loc['b'] • df_ex1.iloc[1]
c	3	13	23	
d	4	14	24	• df_ex1.loc['d', "column_B"] • df_ex1.at['d', "column_B"]
e	5	15	25	
f	6	16	26	• df_ex1.iloc[5, 1] • df_ex1.iat[5, 1]
g	7	17	27	
h	8	18	28	• df_ex1.loc['h':'i', "column_A":"column_B"] • df_ex1.iloc[7:9, 0:2]
i	9	19	29	
j	10	20	30	

- df_ex1[['column_B', 'column_C']][9:10]
- df_ex1[df_ex1["column_C"] > 29][['column_B', 'column_C']]

〈그림 부록 2-3. 데이터 선택 예시2〉

이제 데이터를 선택했으니 이 값을 변환해 보자. 먼저, .loc를 이용해 특정 열에서 조건에 맞는 값만 새로운 값으로 변환할 수 있다. pd.DataFrame.loc[condition, column_label] = new_value에서 condition이 참일 경우 column_label이라고 지정된 열에서 new_value라는 새로운 값으로 변환한다. .iat를 이용해 특정 값을 바꿀 수 있으며 .replace()를 이용해 여러 값을 한 번에 바꿀 수 있다. 여기서 원하는 값을 정확하게 바꾸는 것도 중요하지만 또 고려해야 할 점이 있다. 바로 작업 시간이다. 이 부분은 '2.1.3 .loc(), apply(), where() 속도 비교'에서 소개한다.

```
# .loc로 조건을 사용해 값을 변환
df_ex1.loc[df_ex1['column_A'] < 5,'column_C']= 100

# 특정 값을 다른 값으로 변환
df_ex1.iat[5, 1] = 500

# replace()로 값 변환
df_ex1 = df_ex1.replace([10, 20, 30], ['X', 'Y', 'Z'])

# 최종 데이터프레임
df_ex1
```

	column_A	column_B	column_C
a	1	11	100
b	2	12	100
c	3	13	100
d	4	14	100
e	5	15	25
f	6	500	26
g	7	17	27
h	8	18	28
i	9	19	29
j	X	Y	Z

〈그림 부록 2-4. .loc, .iat, .replace로 데이터 변환 예시〉

이 밖에 판다스에 대한 자세한 내용은 판다스 사용자 가이드[2]를 참고하자.

---

[2] 공식 홈페이지: https://pandas.pydata.org/docs/user_guide/index.html
깃헙: https://github.com/pandas-dev/pandas

부록 2.1.2 넘파이(Numpy)

넘파이는 Numerical Python의 줄임말로 벡터, 다차원 행렬 자료구조 ndarray를 이용해 선형 대수(Linear Algebra) 계산을 할 수 있는 라이브러리다.

np.array()는 리스트나 튜플로부터 인덱스가 항상 0으로 시작하는 ndarray를 만든다. 1차원, 2차원 그리고 3차원 배열을 만들어 보자. 우선 배열을 넣으면 어떤 배열인지 알려주는 get_info()란 함수를 만들고 각 차원의 배열을 만들 때마다 이 함수를 사용해 보도록 한다.

```
import numpy as np

# 함수에 배열을 넣으면 배열에 관한 정보를 나타내는 함수
def get_info(arry):
    print(f'<배열 정보>\n{arry}')
    print(f'* 차원 수: {arry.ndim}')
    print(f'* Shape: {arry.shape}') # 크기
    print(f'* 데이터 타입: {arry.dtype}')
    print(f'* Size: {arry.size}')
```

먼저 1차원 배열(Vector)을 만들어 보자. np.array() 안에 리스트를 넣어 배열로 만들었다. 이때 get_info() 함수를 이용해 배열의 정보를 보자면, 1차원으로 정수 형태의 5개의 원소(Element)를 가진 배열이다. 만약, 리스트 안에 숫자와 문자가 섞인 경우 배열의 모든 원소는 문자열로 변한 것을 알 수 있다(리스트와 배열의 차이는 '2.1.3 .loc(), apply(), where() 속도 비교'에서 소개한다).

```
# 1차원 배열 예시
dim1 = np.array([1,2,3,4,5])
get_info(dim1)

# 숫자와 문자가 섞인 경우, 배열은 문자열(<U32)로 변환
```

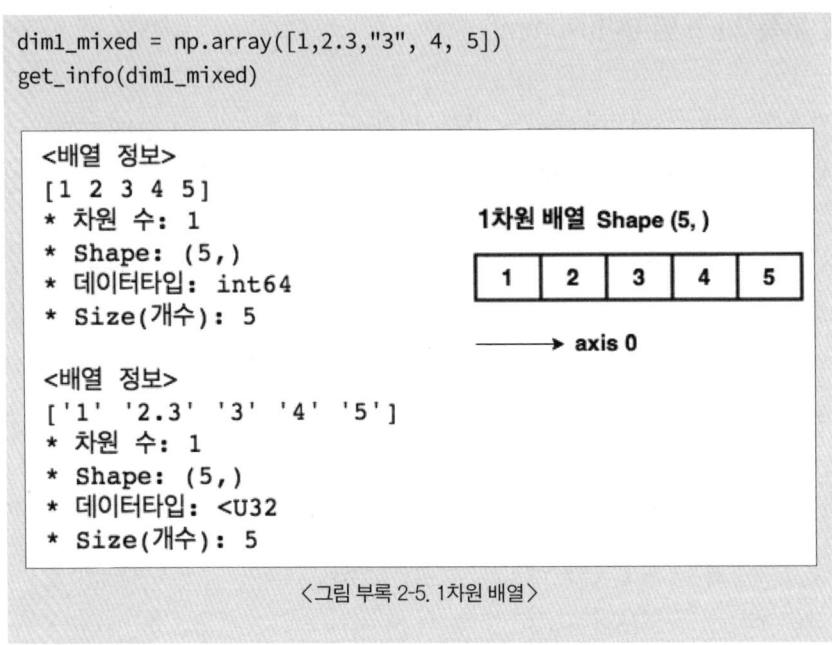

〈그림 부록 2-5. 1차원 배열〉

2차원 배열을 만들 때, [[1,2,3,4,5],[6,7,8,9,10]]에서 리스트([ ]) 안에 첫 번째 행의 리스트([1,2,3,4,5])와 두 번째 행의 리스트([6,7,8,9,10])를 넣어준다. 두 개의 리스트로 구성되어 이를 중첩 리스트(Nested List)라 한다.

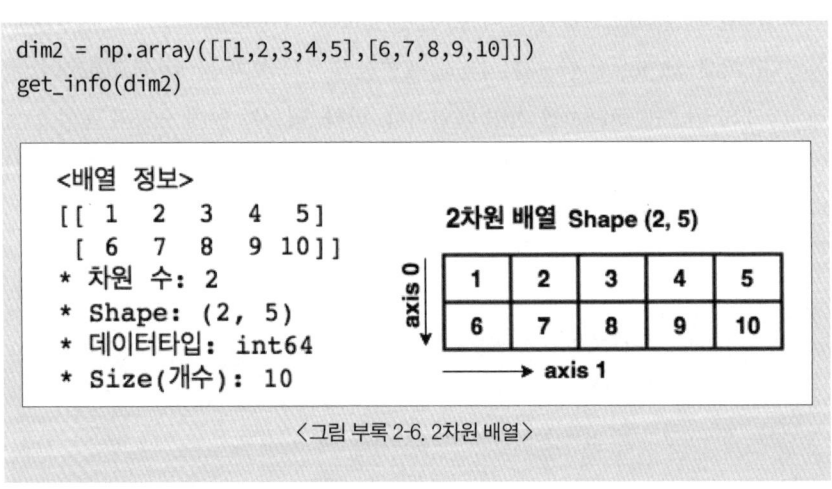

〈그림 부록 2-6. 2차원 배열〉

3차원 배열은 세 개의 리스트를 이용할 수 있다. 3차원 배열에서 shape는 차례대로 깊이/세트, 행, 열을 의미하며 아래 예시에서 2×4의 배열이 총 3개 세트로 되어 있음을 알 수 있다.

```
dim3 = np.array([[[1, 1, 1, 1],
                  [1, 1, 1, 1]],
                 [[2, 2, 2, 2],
                  [2, 2, 2, 2]],
                 [[3, 3, 3, 3],
                  [3, 3, 3, 3]]])
get_info(dim3)
```

```
<배열 정보>
[[[1 1 1 1]
  [1 1 1 1]]

 [[2 2 2 2]
  [2 2 2 2]]

 [[3 3 3 3]
  [3 3 3 3]]]
* 차원 수: 3
* Shape: (3, 2, 4)
* 데이터타입: int64
* Size(개수): 24
```

〈그림 부록 2-7. 2차원 배열〉

1차원에서의 인덱스는 리스트의 인덱스처럼 0부터 시작하며, 반대 방향으로 시작할 경우 인덱스는 -1부터 음수 값을 갖는다. 이런 인덱스를 바탕으로 값을 선택할 때, 다차원 배열인 경우 [행 인덱스, 열 인덱스]를 이용하며, 여러 개를 선택할 경우 슬라이싱과 콤마를 이용한다. 배열 [A:B:C]처럼 Extended Slices[3]를 이용하는 방법

---

[3] NumPy 레퍼런스: https://numpy.org/doc/stable/reference/arrays.indexing.html

이 있는데, 인덱스 A부터 인덱스 B까지 C 간격 선택을 뜻한다. 따라서 a[::2, 1::3]에서 ::2는 첫 번째 행(인덱스 0부터 시작)을 포함한 매 두 번째 행을 선택하라는 것을 말하며, 1::3은 인덱스 1부터 시작해 이 값을 포함한 세 번째 열들을 선택하라는 것을 말한다.

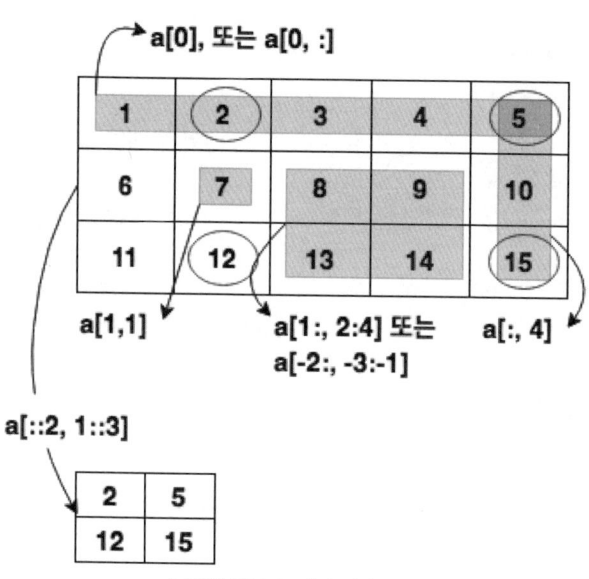

〈그림 부록 2-8. 배열 인덱스〉

배열 차원은 .reshape() 안에 바꾸고 싶은 shape를 지정해 바꿀 수 있다. 예를 들어, 〈그림 부록 2-9〉 1차원 배열 a를 2차원으로 변환하고자 한다. 그렇다면 6개의 원소가 2차원에 들어가려면 1×6, 6×1, 2×3, 3×2처럼 2차원 배열 안에 총 6개의 원소가 들어가야 한다. 만약, 행과 열 중 하나의 값을 지정하면, 나머지 값은 자동으로 정해진다. 따라서 a를 1×6의 2차원으로 바꿀 때, a.reshape(1, 6)을 사용할 수 있지만, 행을 1개로 지정하는 순간 열은 자동으로 6이 될 수밖에 없으므로 6이라는 값을 계산해 사용하는 대신 -1로 대체해서 사용할 수 있다. 이 밖에 배열을 분리, 추가, 계산하는 등 다양한 함수가 있는데 넘파이 공식 웹사이트 사용자 가이드[4]를 참고하자.

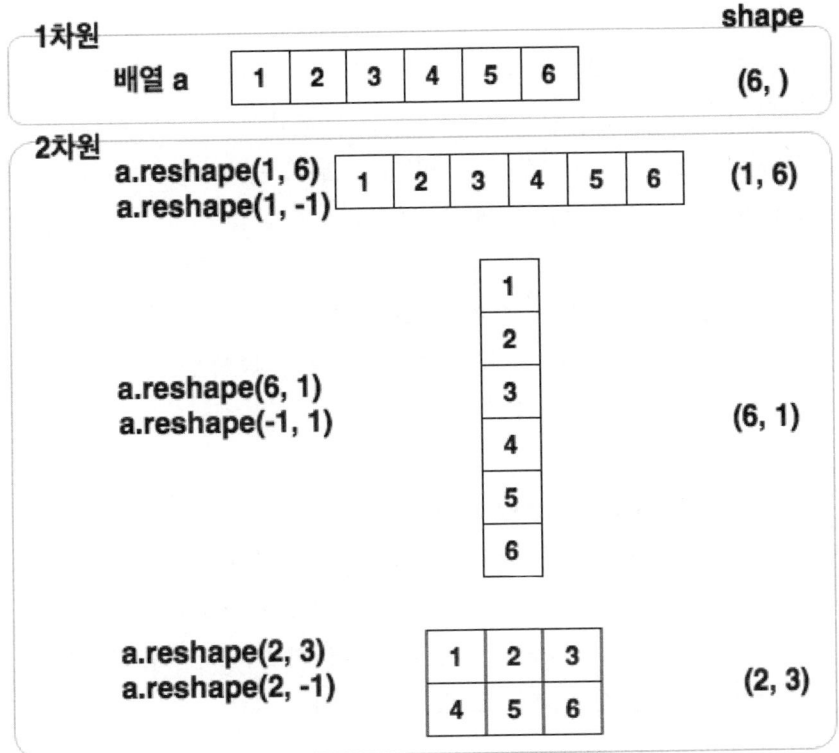

〈그림 부록 2-9. 배열 차원 바꾸기〉

---

[4] 공식 홈페이지: https://numpy.org/doc/stable/user/index.html
깃헙: https://github.com/numpy/numpy

부록 2.1.3 .loc(), .apply(), .where() 속도 비교

코드를 작성할 때 제일 중요한 점은 정확성이다. 본인이 원하는 대로 결괏값이 정확하게 나왔는지 항상 확인하는 습관을 갖자. 코드 과정에 있어서 같은 결괏값을 갖더라도 메모리를 줄이거나 속도를 높일 수 있는 또 다른 방법이 있는지 찾아보자.

앞서 판다스 라이브러리를 소개할 때 사용했던 데이터프레임 df_ex1에서 .loc(), .apply(), .where() 함수로 값이 짝수일 때 0으로 변환해 보자. 파이썬에서 나머지를 구할 때는 퍼센트(%) 기호를 사용하며, 값을 2로 나눴을 때 나머지가 0과 같다면(파이썬 기호 ==) 그 값을 0으로 바꾸고자 한다.

- .loc(): df_ex1.loc[조건, 적용할 열] = 새로 지정할 값 [5]
    df_ex1의 column_A에서 각각의 값을 2로 나눴을 때 나머지가 0인 조건이 만족하면 그 값을 0으로 새롭게 입력한다.

- .apply(): df_ex1[열 이름].apply(함수) [6]
    기존에 있는 함수를 사용하거나 혹은 람다(Lambda)를 통해 사용자가 함수를 정의하기도 한다. 여기서 람다는 def 함수와 같은 기능으로 lambda 입력변수: 리턴값으로 column_B의 값 x에서 2로 나눴을 때 나머지가 0이 아니면 x값 그대로 두고, 나머지가 0이 될 때 x 값을 0으로 바꾼다는 뜻이다.

- .where(): np.where(조건[, x, y]) [7]
    df_ex1["column_C"]% 2 == 0 조건이 만족(True)되면 0(이때, x값)을 반환하고, 그렇지 않으면 df_ex1["column_C"](이때, y값)를 반환한다.

---

[5] https://pandas.pydata.org/docs/reference/api/pandas.DataFrame.loc.html
[6] https://pandas.pydata.org/docs/reference/api/pandas.DataFrame.apply.html?highlight=apply#pandas.DataFrame.apply
[7] https://numpy.org/doc/stable/reference/generated/numpy.where.html

df_display(3.2.11 피처 스케일링 방법 중 선택 기준이 있을까? 226p 함수 참고)으로 기존 df_ex1 데이터프레임과 세 가지 함수를 사용하고 난 후 df_ex1 데이터프레임을 비교해 보니 세 함수 모두 제대로 작동하는 것을 알 수 있다.

```
# df_ex1 데이터프레임을 df_ex_org에 복사
df_ex1_org = df_ex1.copy()

# loc를 이용해 column_A값을 2로 나눴을 때 나머지 0인 경우 그 값을 0으로 변환
df_ex1.loc[df_ex1['column_A'] % 2 == 0,'column_A']= 0

# apply를 이용해 column_B값을 2로 나눴을 때 나머지 0인 경우 그 값을 0으로 변환
df_ex1["column_B"] = df_ex1["column_B"].apply(lambda x: x if x%2 != 0 else 0)

# where를 이용해 column_C 값을 2로 나눴을 때 나머지 0인 경우, 그 값을 0으로 변환
df_ex1["column_C"] = np.where(df_ex1["column_C"]% 2 == 0, 0, df_ex1["column_C"])

df_display([df_ex1_org, df_ex1],
          ['df_ex1 데이터', '값 변환 후 데이터'])
```

df_ex1 데이터

	column_A	column_B	column_C
a	1	11	21
b	2	12	22
c	3	13	23
d	4	14	24
e	5	15	25
f	6	16	26
g	7	17	27
h	8	18	28
i	9	19	29
j	10	20	30

값 변환 후 데이터

	column_A	column_B	column_C
a	1	11	21
b	0	0	0
c	3	13	23
d	0	0	0
e	5	15	25
f	0	0	0
g	7	17	27
h	0	0	0
i	9	19	29
j	0	0	0

〈그림 부록 2-10. df_ex1 세 가지 함수 이용 후 결괏값〉

그렇다면 세 함수 중 어떤 함수를 사용하는 것이 좋을까? 데이터 크기에 따라 세 함수가 작업하는 시간을 계산해 보자. 다시 df_ex1이라는 데이터프레임을 만드는데, 이때 column_A, colmn_B, column_C 모두 1에서 10까지 값을 갖도록 한다. column_A는 .loc(), column_B는 .apply(), column_C는 .where() 함수를 사용해 값을 바꾸고자 한다. 반복문을 통해 df_ex1 크기가 10^4, 10^5, 10^6, 10^7으로 커질 때 df_big이라는 데이터프레임으로 새로 지정한 후 이 데이터프레임에서 세 함수의 작업 시간을 각각 time_loc, time_apply, time_where라는 리스트에 저장한다. 여기서 시간은 timeit[8]이라는 라이브러리에서 timeit함수를 사용했다. exp_loc_time = timeit.timeit(stmt = exp_loc, globals ={'df_big': df_big}, number = num)에서 exp_loc라는 문구를 지정한 number만큼 반복해서 실행했을 때 걸린 작업 시간(단위: 초)을 exp_loc_time에 저장한다는 뜻이다. 여기서 50번을 반복했으므로 최종 time_loc에 저장할 시간은 반복한 횟수만큼 나눈다(exp_loc_time/num). globals는 stmt에 사용하는 변수(df_big)가 어떤 변수인지 지정한다. 데이터 크기와 크기에 따른 세 함수의 작업 시간을 리스트로 얻을 수 있으므로 그래프를 통해 함수의 작업 시간을 비교해 보자.

```
# 시간 계산 라이브러리
From timeit import timeit

# 데이터 준비
series_1 = pd.Series(list(range(1, 11)))
df_ex1 = pd.DataFrame({'column_l': series_1,
                       'column_a': series_1,
                       'column_w': series_1})

# 데이터 크기가 10⁴, 10⁵, 10⁶, 10⁷ 커질 때 각 방법의 작업 소요 시간 계산
size_list = [] # 실험에 사용될 데이터 크기
time_loc = [] # loc를 이용했을 때 작업 시간 저장할 리스트
time_apply = [] # apply를 이용했을 때 작업 시간 저장할 리스트
```

---

[8] https://docs.python.org/3/library/timeit.html

```python
time_where = []  # where를 이용했을 때 작업 시간 저장할 리스트
num = 50  # timeit에서 사용될 반복 횟수

for i in np.array([10000, 100000, 1000000, 10000000]):

    # 데이터 준비
    df_big = pd.concat([df_ex1]*i, ignore_index=True)
    size_list.append(len(df_big))  # 데이터 크기 저장

    # 실험 1: .loc() 이용 시간 계산
    exp_loc = '''df_big.loc[df_big['column_l'] % 2 == 0,'column_l']= 0'''
    exp_loc_time = timeit(stmt = exp_loc,
                          globals ={'df_big': df_big},
                          number = num)
    time_loc.append(exp_loc_time/num)

    # 실험 2: .apply() 이용 시간 계산
    exp_apply = '''df_big["column_a"] = df_big["column_a"].apply(lambda x: x if x%2 != 0 else 0)'''
    exp_apply_time = timeit(stmt = exp_apply,
                            globals ={'df_big': df_big},
                            number = num)
    time_apply.append(exp_apply_time/num)

    # 실험 3: .where() 이용 시간 계산
    exp_where = '''df_big["column_w"] = np.where(df_big["column_w"]% 2 == 0, 0, df_big["column_w"])'''
    exp_where_time = timeit(stmt = exp_where,
                            globals ={'df_big': df_big, "np":np},
                            number = num)
    time_where.append(exp_where_time/num)
```

그래프에서 사용할 폰트와 글씨 크기를 설정한 뒤, plt.subplots()로 세 가지 함수의 작업 시간을 선 그래프로 그려 보자. 여기서 x축은 데이터 크기를 말하며 y축은 작업 시간(초)을 뜻한다. 작업 시간을 비교해 보면 .loc()와 .where()의 속도는 비슷하지만 .apply()는 두 함수에 비해 속도가 훨씬 느린 것을 확인할 수 있다. 그렇다

면 .apply() 대신 .loc()나 .where() 함수를 사용하는 것이 더 낫다. 대신 .apply()는 라이브러리에서 제공하는 함수가 아닌 사용자가 특정 함수를 만들어야 할 때 람다를 통해 함수를 적용해 사용하는 것이 더 적합하다.

```
# 그래프 설정
size = 13
params = {'figure.figsize': [10, 7], # 그래프 사이즈 설정
        'legend.fontsize': size,
        'font.size':size,
        'figure.titlesize': size*1.3,
        'axes.labelsize': size,
        'xtick.labelsize': size,
        'ytick.labelsize': size,
        'mathtext.rm': 'Arial', # 한글 폰트 사용 시 마이너스 기호 깨짐 해결(Mac OS)
        'mathtext.fontset': 'custom'}
plt.rcParams.update(params)
rc('font', family='AppleGothic') # 한글 폰트 깨짐 수정(Mac OS)

# 세 개의 실험 결괏값 그래프 그리기
fig, ax = plt.subplots()
ax.loglog() # 각 축 로그 스케일링으로 값 변환
ax.plot(size_list, time_loc, marker="o", lw=1.5, label='loc')
ax.plot(size_list, time_apply, marker="^", lw=1.5, label='apply')
ax.plot(size_list, time_where, marker="s", lw=1.5, label='where')
plt.grid(True) # 그리드(격자) 설정
plt.legend(loc='upper left') # 범례 위치 설정
plt.title(".loc & .apply & .where 비교")
plt.xlabel("크기")
plt.ylabel("시간 (초)")
```

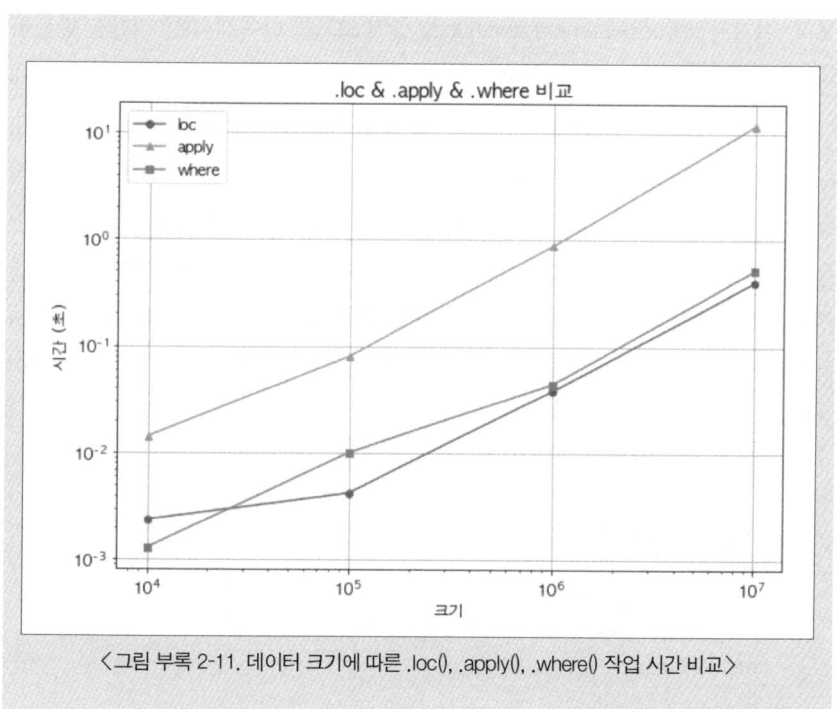

〈그림 부록 2-11. 데이터 크기에 따른 .loc(), .apply(), .where() 작업 시간 비교〉

.apply()와 .where()의 작업 시간이 차이나는 이유는 벡터화의 유무라 볼 수 있다. 여기서 벡터 개념을 쉽게 말해 넘파이 라이브러리의 배열로 이해할 수 있다. .apply()는 판다스 라이브러리로 주어진 축을 기준으로 값마다 함수를 적용해 반복문으로 계산하지만, .where()는 numpy 라이브러리의 배열을 이용한 함수로, 배열은 반복문을 사용하지 않은 채 원소의 연산이 가능하므로 .where() 역시 반복문을 사용하지 않는다. 이처럼 배열 안에 원소끼리 연산할 수 있는 것을 벡터화 연산(Vectorized Operation)이라고 한다. 벡터화에 따라 작업 속도가 얼마나 차이나는지 살펴보자.

non_vec()는 주어진 x 모든 원소에서 같은 위치에 있는 y 원소끼리 곱해 그 결괏값을 반환하는 함수다. 반면, vec()는 반복문 없이 바로 원소끼리 곱해 값을 반환한다. 1부터 100까지 있는 1차원 배열 a를 두 함수에 적용했을 때 작업 시간을 비교해 보자. 여기서 %timeit는 time과 iteration을 합쳐 코드를 반복해 평균 시간을 반환하며, 라이브러리를 부르지 않더라도 사용할 수 있는 매직 커맨드(Magic Command; 코드 한 줄 적용 %; 셀 전체 적용 %% 사용)를 이용했다. 작업 시간을 비교하면, non_vec()인 경우 70마이크로초(Microsecond; μs)지만 vec()는 2마이크로초로 작업 시간이 상당히 차이나는 것을 알 수 있다. 게다가 코드의 복잡한 정도를 비교했을 때 vec() 함수가 non_vec()보다 훨씬 간결하다. 작업 시간이나 코드의 복잡한 정도를 고려했을 때 벡터화가 된 방법을 사용하는 것을 권장한다. 물론 vec()를 사용하려면 벡터화가 된 유형만 가능하다. 바로 리스트와 배열의 가장 큰 차이점[9]이기도 하다.

```
def non_vec(x, y):
    output = []
    for i in range(len(x)):
        output.append(x[i]*y[i])
    return output

def vec(x, y):
    return x * y

a = np.arange(1,101) # 1차원 배열 만들기
get_info(a) # 배열 a 정보

# 반복문으로 계산했을 때 작업 시간
print(f'non_vec 함수 사용 (결괏값 일부):', non_vec(a,a)[:10])
%timeit non_vec(a,a)

# 벡터화했을 때 작업 시간
print(f'vec 함수 사용 (결괏값 일부):', vec(a,a)[:10])
%timeit vec(a,a)
```

---

[9] https://www.pythonlikeyoumeanit.com/Module3_IntroducingNumpy/VectorizedOperations.html

```
<배열 정보>
[  1  2  3  4  5  6  7  8  9 10 11 12 13 14 15 16 17 18
  19 20 21 22 23 24 25 26 27 28 29 30 31 32 33 34 35 36
  37 38 39 40 41 42 43 44 45 46 47 48 49 50 51 52 53 54
  55 56 57 58 59 60 61 62 63 64 65 66 67 68 69 70 71 72
  73 74 75 76 77 78 79 80 81 82 83 84 85 86 87 88 89 90
  91 92 93 94 95 96 97 98 99 100]
* 차원 수: 1
* Shape: (100,)
* 데이터 타입: int64
* Size: 100
non_vec 함수 사용 (결괏값 일부): [1, 4, 9, 16, 25, 36, 49, 64, 81, 100]
25.2 µs ± 309 ns per loop (mean ± std. dev. of 7 runs, 10000 loops each)
vec 함수 사용 (결괏값 일부): [  1   4   9  16  25  36  49  64  81 100]
518 ns ± 27.8 ns per loop (mean ± std. dev. of 7 runs, 1000000 loops each)
```

〈그림 부록 2-12. 벡터화 유무에 따라 작업 시간 비교〉

그렇다면 리스트에 vec() 함수를 사용할 수 있을까? 리스트와 배열의 대표적인 차이는 벡터화다. 배열 arr에서 각 원소를 두 배씩 하는 곱셈 연산을 할 때 반복문 없이 바로 원소에 *2가 가능하다. 반면 리스트 lst는 곱셈 연산을 사용할 경우 원소의 두 배 값을 반환하는 것이 아니라 lst 한 개가 두 개로 되어 [1, 2, 3, 4, 5, 1, 2, 3, 4, 5]의 값이 반환되었다. 만약, 리스트 원소가 두 배가 되도록 계산하려면 반복문을 통해 리스트의 원소마다 곱셈 연산을 해야 한다. 따라서 원소 값에 대해 연산이 필요한 경우, 벡터화 연산이 가능한 배열로 바꿔 작업하는 것이 더 효율적이다.

```
# 배열과 리스트의 차이
arr = np.array([1, 2, 3, 4, 5])
print(f'배열 arr: {arr}')
print(f'arr 각 원소 2배하기: {arr*2}')

lst = [1, 2, 3, 4, 5]
print(f'리스트 lst: {lst}')
print(f'arr와 같은 연산자(*) 사용: {lst*2}')
print(f'lst 각 원소 2배하기 (반복문 사용):{[i*2 for i in lst]}')
```

```
배열 arr: [1 2 3 4 5]
arr 각 원소 2배하기: [ 2  4  6  8 10]

리스트 lst: [1, 2, 3, 4, 5]
arr와 같은 연산자(*) 사용: [1, 2, 3, 4, 5, 1, 2, 3, 4, 5]
lst 각 원소 2배하기 (반복문 사용):[2, 4, 6, 8, 10]
```

〈그림 부록 2-13. 배열과 리스트 차이〉

데이터를 다룰 때, 특히 복잡한 함수를 사용할수록 어떤 라이브러리의 어떤 함수를 사용하냐에 따라 작업 속도나 코드의 복잡성이 달라지므로 특정 코드를 사용했을 때 다른 효율적인 방법은 없는지 생각해 보자.

 **에필로그**

여러분 각자는 정확히 어떤 그림으로 완성될지 모르는 퍼즐을 가지고 있습니다. 수많은 퍼즐 조각이 흩어져 있죠. 하지만 여러분은 이 책을 읽기 시작하면서 저와 함께 퍼즐 테두리 혹은 중요한 단서가 될 퍼즐의 일부를 맞췄습니다. 이제 어떤 그림으로 퍼즐이 완성될지, 최종 그림을 볼 수 있을지는 오롯이 여러분의 몫입니다.

이 책을 마친 지금, 여러분은 남아 있는 조각 중 어떤 조각을 고르실 건가요?

책에서 이해되지 않은 부분을 다시 혼자 공부해 봐도 좋습니다. 책에서 다루지 않았던 딥러닝을 공부해도, 데이터 과학 분야의 또 다른 책을 읽어도, 바로 포트폴리오를 만들어도 좋습니다. 결국 다음 조각은 그림의 한 부분을 차지하는 것이고, 나아가 큰 그림을 완성하는 데 꼭 필요한 일부입니다.

그래서 저는 여러분이 선택한 퍼즐 한 조각에 오랜 시간을 붙잡고 있는다 해도 그것이 시간 낭비라 생각하지 않습니다. 만약 다음에 딱 맞는 조각을 맞추기가 버겁게 느껴진다면 그냥 다른 모양의 조각을 잡아도 괜찮다고 말하고 싶어요. 다른 조각과 맞춰지는 것에 기쁨을 느끼고, 그래서 어떤 그림이 될지 기대하고 다시 새로운 조각들로 과정을 쌓아가다 보면 어느새 여러분의 멋진 퍼즐은 완성될 테니까요.

물론 제 퍼즐 역시 아직 완성되지 않았습니다. 다만 여러 조각이 맞춰져 만들어진 그림은 또 다른 그림의 일부가 되어 더 큰 그림의 퍼즐 맞추기를 하고 있죠. 모든 퍼즐을 맞춰야 얻을 수 있는 찰나의 기쁨보다, 퍼즐을 맞추는 과정에서 얻을 수 있는 소소한 기쁨을 여러분이 마음껏 즐기셨으면 하는 바람입니다. 왜냐하면 이 과정은 결국 퍼즐을 시작한 사람만 누릴 수 있는 특권이니까요.

여러분의 시작, 그리고 그 과정을 응원합니다.

찾아보기

한 글

ㄱ

가능도 (우도) 155
가설검정 260
검정력 266
결정 계수 305
결측치 62, 75
결합확률밀도함수 291
경사하강법 218
공공 데이터 388
공분산 290
공선성 303
과적합 323
관계형 데이터베이스 50
귀무가설 261
기각역 282
기술통계 157

ㄷ

다봉분포 193, 210
다중공선성 303
대립가설 261
단봉분포 193
단일표본 비율검정 274
단일표본 t 검정 267
단일표본 Z 검정 268
데이터 레이크 17

데이터프레임 27
데이터 합치기 105
도수분포표 179
도커(Docker) 350
두 독립표본 비율검정 274
두 종속표본 t 검정 268
두 종속표본 Z 검정 269
두 독립표본 t 검정 269
두 독립표본 Z 검정 269
딕셔너리 37

ㄹ

라임기법 367
라쏘 회귀 324
래퍼 방법 323
로지스틱 회귀 213
리스트 30
릿지 회귀 324

ㅁ

막대그래프 179
머신러닝 158
명목 데이터 64
모델 148, 150
모수 149
모수적 모델 161
모집단 148
모집단분포 249

ㅂ

박스 플롯 ... 204
박스-콕스 변환 ... 243
반정형 데이터 ... 55
배깅(Bagging) ... 426
배열 ... 27
범주형 데이터 ... 64
변수 선택(Feature Selection) ... 323
부스팅(Boosting) ... 426
부적편포 ... 198
부트스트랩 분포 ... 253
분류 모델 ... 212
분류 트리 ... 213
분산분석(ANOVA) ... 271
분산팽창계수(VIF) ... 304
분포 ... 166
불확실성 ... 354
비관계형 데이터베이스 ... 53
비모수적 모델 ... 161
비용함수 ... 220
비정형 데이터 ... 52
비지도 학습 ... 212
빅 오 표기법(Big O Notation) ... 352

ㅅ

산포도 ... 186
상관계수 ... 290
서포트 벡터 머신 ... 213, 216
서포트 벡터 회귀 ... 213
선형성 ... 290, 302
선형 회귀 ... 213
손실함수 ... 220
수치형 데이터 ... 64
순서 데이터 ... 64
스키마 ... 51
시험데이터 ... 63
식별키 ... 50, 101

ㅇ

알파 ... 265
엘라스틱 넷 회귀 ... 324
연속 데이터 ... 65
연속분포 ... 167
오차 행렬 ... 396
왜도 ... 200
유의수준 ... 266, 282
의사결정나무 ... 215
이변량 정규분포 ... 290
이봉분포 ... 193, 210
이산 데이터 ... 65
이산분포 ... 167
이원분산분석 ... 272
이항 데이터 ... 64
일원분산분석 ... 272
임베디드 방법 ... 323

ㅈ

자동화 머신러닝 ... 369
재현율 ... 398
적률 ... 200
정규분포 ... 169, 196
정규화 ... 224, 325
정량적 데이터 ... 64
정밀도 ... 397
정성적 데이터 ... 64
정적편포 ... 197
정형 데이터 ... 50
정확도 ... 397
주성분 분석 ... 316
중복 데이터 ... 94
중심경향 ... 186
중심극한정리 ... 248, 252

중앙값 191
지도 학습 212
직렬화 / 역직렬화 27

ㅊ

차원의 저주 309
첨도 200
최대우도추정 155
최빈값 193
추리통계 157

ㅋ ~ ㅌ

카이제곱검정 275
클라우드 서비스 19
통계 158

ㅍ

파라미터 372
파이썬 넘파이 433
파이썬 라이브러리 426
파이썬 판다스 428
파이썬 FuzzyWuzzy 95
파이썬 lambda 71
파이썬 MaxAbsScaler 236
파이썬 MinMaxScaler 234
파이썬 np.nan, None 78
파이썬 np.where() 72, 438
파이썬 pd.concat() 120
파이썬 pd.merge() 106
파이썬 plotly 181, 204
파이썬 processing 서브패키지 224
파이썬 RobustScaler 232
파이썬 SciPy 202
파이썬 StandardScaler 229
파이썬 stats 라이브러리 174
파이썬 .append() 130
파이썬 .apply() 72, 438
파이썬 .join() 114
파이썬 .replace() 84
판다스 27
평균 189, 200, 250
평균 절대 오차(MAE) 355, 393, 395
평균 제곱 오차(MSE) 393, 395
표본 148, 150
표본분포 249
표준편차 250
표준화 224
표집분포 249
표집오차(Sampling Error) 251
플라스크(Flask) 345
피처 변환(Feature Scaling) 215
피처 엔지니어링 142
필터 방법 323

ㅎ

하이퍼 파라미터 372
해석력(Interpretability) 361
확률 155
확률밀도함수 167
확률분포 167
확률질량함수 167
회귀 모델 213
회귀 트리 213
훈련 데이터 63
히스토그램 179

영어

A ~ J

- Accuracy ... 397
- AUC ... 398
- AWS ECS ... 351
- AWS EC2 ... 21
- AWS Lambda ... 22
- AWS S3 ... 21, 375
- A/B 검정 ... 263
- F1 Score ... 398
- Inner Join ... 108
- JSON ... 53

K ~ O

- Kurtosis ... 200
- k-최근접 이웃 ... 213, 216
- Left join ... 109
- MAE ... 355, 393, 395
- MAPE ... 394
- MSE ... 393, 395
- Negatively Skewed Distribution ... 197
- Outer Join ... 109

P ~ R

- Positively skewed distribution ... 197
- Precision ... 397
- Recall ... 398
- Right Join ... 110
- RMSE ... 394, 396
- RMSLE ... 394, 396
- ROC Curve ... 398, 402

S ~ X

- Sensitivity ... 398
- Skewness ... 200
- SQL ... 52
- Supervised Learning ... 212
- True Postive Rate ... 398
- Unsupervised Learning ... 212
- XML ... 55

기타

- 제1종 오류 ... 265
- 제2종 오류 ... 266

데이터 사이언티스트 실전 노트
데이터의 핵심부터 포트폴리오까지, 한 권으로 돌파하기

초판 1쇄 발행 | 2022년 06월 29일

지은이 | 이지영
펴낸이 | 김범준
기획·책임편집 | 오소람
교정교열 | 이현혜
편집디자인 | 김옥자
표지디자인 | 김민영

발행처 | 비제이퍼블릭
출판신고 | 2009년 05월 01일 제300-2009-38호
주 소 | 서울시 중구 청계천로 100 시그니쳐타워 서관 10층 1060호
주문·문의 | 02-739-0739   팩스 | 02-6442-0739
홈페이지 | http://bjpublic.co.kr   이메일 | bjpublic@bjpublic.co.kr

가 격 | 30,000원
ISBN | 979-11-6592-152-1
한국어판 ⓒ 2022 비제이퍼블릭

이 책은 저작권법에 따라 보호받는 저작물이므로 무단 전재와 무단 복제를 금지하며,
내용의 전부 또는 일부를 이용하려면 반드시 저작권자와 비제이퍼블릭의 서면 동의를 받아야 합니다.

잘못된 책은 구입하신 서점에서 교환해드립니다.